JN132201

「新たな日商簿記検定試験（２級）」

【新たな日商簿記検定試験】

日商簿記２級、３級検定試験は、2021 年度から年３回の全国統一日（６月第２日曜日、11 月第３日曜日、２月第４日曜日）に、ペーパー試験方式で実施する「**統一試験**」に加えて、企業・教育機関等に出向いてペーパー試験方式で実施する「**団体試験（出前方式）**」及び随時パソコンで実施する「**ネット試験**」を導入し、試験時間・試験内容も変更した「新たな日商簿記検定試験（以下、「**新検定試験**」という）」が開始されました。

(1) 試験時間について

日商簿記２級検定の試験時間：新検定試験 **90 分**（2020 年度までは 120 分）

日商簿記３級検定の試験時間：新検定試験 **60 分**（2020 年度までは 120 分）

(2) 試験内容について

「**新検定試験**」においては、「**統一試験**」、「**ネット試験**」、「**団体試験（出前方式）**」の３つの試験方式があることから、受験生によって試験方式が異なり、その結果、試験問題が異なることになります。また、「**ネット試験**」の場合は、さらに、同一試験日・同一試験時間であっても、それぞれの受験生の試験問題が異なることになります。そのため、「**新検定試験**」においては、どの試験方式であっても、また、ネット試験内すべての受験生の試験問題において、試験レベル等が平等である必要があります。このことから、「**新検定試験**」の試験内容は、「**基本的**」「**標準的**」な理解を確認する試験内容となりました。

【「新検定試験」の学習方法】

(1)　「基本的」「標準的」な理解をする学習方法を。

「新検定試験」においては、「**基本的**」「**標準的**」な理解を確認する試験内容となるため、検定試験の範囲の基本的・標準的な理解を重視した学習を心掛ける必要があります。そのことは、検定試験の範囲の「**網羅的**」な学習をすることでもあります。

(2)　「効率的」に解答する学習方法を。

「新検定試験」においては、試験時間が大幅に短縮されましたので、時間内に「**効率的**」に、「**スピード感**をもって」解答する学習方法を取り入れることが必要です。

(3)　試験方法に対応した学習方法を。

「新検定試験」においては、「**ペーパー試験**」としての「**統一試験**」、「**団体試験（出前方式）**」とパソコンを使った「**ネット試験**」に分かれますが、「**ペーパー試験**」と「**ネット試験**」のそれぞれの試験の特性に対応した実践的な学習方法を取り入れる必要があります。

【「新検定試験」の学習効果】

(1)　真の「簿記」学習

「新検定試験」においては、「**基本的**」「**標準的**」な理解を「**網羅的**」に学習するため、いわゆる、検定試験対策の学習ではなく、**真の「簿記」**の学習が期待できます。

(2)　「達成度」「到着度」の測定

「新検定試験」においては、「**基本的**」「**標準的**」な理解を「**網羅的**」に確認する出題がなされるため、その時点における簿記の学力の**「達成度」「到着度」**を確認することができ、高校・大学における簿記の基本的な学力測定として活用することが期待できます。

(3)　「スピード」と「正確性」の定着

「新検定試験」においては、限られた試験時間の中で、一定のボリューム感のある試験問題を解答することになるため、**「スピード」と「正確性」**が必要となります。ビジネス社会において、「**企業言語**」としての簿記をすらすらと活用できるようになることが重要です。そのためには、**「スピード」と「正確性」**を身に付けることが大切になりますが、**「新検定試験」**の学習を通して、これらの能力を身に付けることが期待できます。

【「日商簿記２級」の試験問題】

「新検定試験」の「**日商簿記２級**」の試験は、大問５問以内となっており、想定される試験問題は、下記のとおりです。

第１問：仕訳問題（20点）→５問程度の商業簿記の仕訳問題
第２問：系統問題（20点）→連結会計、株主資本等変動計算書等の系統別総合問題
第３問：総合問題（20点）→財務諸表作成等の決算を中心とした総合問題
第４問(1)：仕訳問題（12点）→３問程度の工業簿記の仕訳問題
第４問(2)：総合問題（16点）→第５問以外の工業簿記の総合問題
第５問：総合問題（12点）→標準原価計算の差異分析、直接原価計算、ＣＶＰ分析等

【合格のポイント】

① 第１問と第４問(1)の仕訳問題を正確に解答できるようにすること。
② 第４問(2)と第５問の工業簿記の精度を高め、高得点を目指せるようにすること。
③ 第２問と第３問の個別決算、連結決算を中心に、財務諸表である損益計算書、貸借対照表、株主資本等変動計算書の作成、連結精算表・連結財務諸表の作成を身に付け、可能な限り、系統別問題である「現金預金」「商品売買」「有価証券」「固定資産」等を練習すること。

以上

出題論点表

出題論点表の説明

・問題実施、自己採点後、誤っていた問題のチェックボックス（□）に✓をつけてください。

・✓の多い論点は、理解が不十分であることがわかります。会計サポートをご利用されている方は、関連する会計サポートのテキスト・答案練習をもう一度確認し、効率的な復習に役立ててください。

Ⅰクール・Ⅱクールの説明

・日商簿記検定２級の出題範囲を難易度に応じて、ⅠクールとⅡクールに区分しました。

・Ⅰクールは本試験を70点程度で合格可能な出題範囲とし、Ⅱクールは本試験を90点程度で合格可能な出題範囲としています。したがって、ⅡクールはⅠクールに比べて難易度が高まることになりますのでご留意ください。なお、満点での合格を目指したい場合には、『２級 第２問・第３問 追加問題』及び『２級 仕訳コンプリートチェック』を活用してください。

チャレンジ問題の説明

・第３問について、各回の終わりに追加問題を収録しました。

・出題論点表に誤った問題として、✓が多くついてしまった場合や、より多くの問題にチャレンジしたい場合に活用してください。

凡例		
共　通	テキスト	会計サポートの「テキスト」ページ数を意味します。 例「一般ＳⅠ－２－１」：一般簿記ステップⅠ第２章１ページを意味します。
	答案練習	会計サポートの「答案練習」の問題番号を意味します。
第１問	①	問題番号
第３問	①	未処理事項または決算整理事項の問題番号
	チ	チャレンジ 第３問
第４問(1)	①	問題番号
第４問(2)	チ	チャレンジ 第４問(2)

第1問

大区分	中区分	テキスト	Iクール 第1回	Iクール 第2回	Iクール 第3回	Iクール 第4回	Iクール 第5回	IIクール 第1回	IIクール 第2回	IIクール 第3回	IIクール 第4回	IIクール 第5回
現金預金	銀行勘定調整表	一般SⅠ - 1 - 6									□ ①	
棚卸資産	売上原価対立法	一般SⅡ - 2 - 1						□ ⑤				□ ①
債権債務	手形の裏書	一般SⅠ - 3 - 5				□ ④						
	手形の割引	一般SⅠ - 3 - 8				□ ④						
	手形の更改	一般SⅠ - 3 - 11								□ ②		
	手形の不渡り	一般SⅠ - 3 - 12		□ ⑤		□ ④						
	貸倒引当金	一般SⅠ - 3 - 14			□ ④		□ ④					
	外貨建取引	一般SⅠ - 3 - 20 一般SⅡ - 3 - 7	□ ①④		□ ①				□ ⑤		□ ②	
	営業外手形	一般SⅡ - 3 - 1							□ ②		□ ③	
	クレジット売掛金	一般SⅡ - 3 - 2										□ ①
	電子記録債権・電子記録債務	一般SⅡ - 3 - 4				□ ⑤				□ ②		□ ③
	債権の譲渡	一般SⅡ - 3 - 14				□ ⑤						□ ③
有価証券	取得	一般SⅠ - 4 - 3				□ ③					□ ④	
	売却	一般SⅠ - 4 - 7 一般SⅡ - 4 - 1					□ ②					
	評価	一般SⅠ - 4 - 8			□ ⑤							
	端数利息	一般SⅡ - 4 - 3							□ ①	□ ③		
固定資産	売却	一般SⅠ - 5 - 2				□ ②						
	減価償却	一般SⅠ - 5 - 4 一般SⅡ - 5 - 1			□ ②					□ ⑤		
	建設仮勘定	一般SⅠ - 5 - 7										□ ④
	買換え	一般SⅠ - 5 - 8									□ ⑤	
	除却	一般SⅠ - 5 - 9				□ ②						
	未決算勘定	一般SⅠ - 5 - 11					□ ①	□ ⑤				
	ソフトウェア	一般SⅠ - 5 - 14								□ ④		
	投資その他の資産	一般SⅠ - 5 - 15									□ ③	

大区分	中区分	テキスト	Ⅰクール					Ⅱクール				
			第1回	第2回	第3回	第4回	第5回	第1回	第2回	第3回	第4回	第5回
固定資産	圧縮記帳	一般SⅡ - 5 - 2						□ ③				
	有形固定資産の割賦購入	一般SⅡ - 5 - 6									□ ③	
	リース取引	一般SⅡ - 5 - 8										□ ④
	ソフトウェア仮勘定	一般SⅡ - 5 - 15								□ ④		
引当金	修繕引当金	一般SⅠ - 6 - 2 一般SⅡ - 6 - 1	□ ②									
	退職給付引当金	一般SⅠ - 6 - 4			□ ③							
	賞与引当金	一般SⅡ - 6 - 2		□ ③								
	役員賞与引当金	一般SⅡ - 6 - 4		□ ③								
純資産	設立と増資	一般SⅠ - 7 - 3					□ ③	□ ②				
	剰余金の配当と処分	一般SⅠ - 7 - 7 一般SⅡ - 7 - 1							□ ④			
	損失の処理	一般SⅠ - 7 - 12		□ ②								
損益と税金	研究開発費	一般SⅠ - 8 - 4								□ ①		
	繰延資産	一般SⅠ - 8 - 5					□ ③	□ ②				
	法人税、住民税及び事業税	一般SⅠ - 8 - 8						□ ①				
	消費税	一般SⅡ - 8 - 1									□ ①	
	税効果会計	一般SⅡ - 8 - 11		□ ③	□ ②⑤							
収益の認識	サービス業の会計処理	一般SⅡ - 9 - 3							□ ③			
	収益の認識(**新出題範囲**)	一般SⅡ - 9 - 5	□ ③				□ ⑤	□ ④				□ ⑤
本支店会計	本支店間の取引	構造SⅠ - 1 - 2				□ ①						
企業結合	事業譲渡・合併	構造SⅠ - 2 - 1		□ ①								□ ②
連結会計	連結修正仕訳	連結SⅠ - 1 - 1	□ ⑤	□ ④								

第２問

大区分	中区分	テキスト	答案練習 第２問対策	Ⅰクール 第１回	Ⅰクール 第２回	Ⅰクール 第３回	Ⅰクール 第４回	Ⅰクール 第５回	Ⅱクール 第１回	Ⅱクール 第２回	Ⅱクール 第３回	Ⅱクール 第４回	Ⅱクール 第５回
出題論点													
現金預金	全般	一般第１章 一般第10章	一般ＳⅠ①② 一般ＳⅡ①② 一般ＳⅢ①										
棚卸資産	全般	一般第２章 一般第10章	一般ＳⅠ③④ 一般ＳⅡ③④⑤ 一般ＳⅢ②										
有価証券	全般	一般第４章	一般ＳⅠ⑤⑥ 一般ＳⅡ⑥⑦							□			
固定資産	全般	一般第５章	一般ＳⅠ⑦⑧ 一般ＳⅡ⑧⑨									□	
純資産	株主資本等変動計算書	一般第７章 構造第２章	一般ＳⅠ⑨⑩ 一般ＳⅡ⑩⑪ 構造ＳⅠ①		□		□				□		
連結会計			次ページ参照	□		□		□	□				□

大区分	中区分	テキスト［連結会計］	答案練習 第２問対策	Ⅰクール 第１回	Ⅰクール 第２回	Ⅰクール 第３回	Ⅰクール 第４回	Ⅰクール 第５回	Ⅱクール 第１回	Ⅱクール 第２回	Ⅱクール 第３回	Ⅱクール 第４回	Ⅱクール 第５回
連結会計出題形式													
連結精算表		SⅡ-2-2	SⅡ①③ SⅢ①②⑤	□		□		□	□				
連結財務諸表		SⅡ-2-9	SⅡ②④ SⅢ③④⑥⑦										□
連結修正仕訳													
連結会計	投資と資本の相殺消去	SⅠ-1-7		□		□		□					
	開始仕訳	SⅢ-3-15							□				□
	のれん償却	SⅠ-1-18		□		□		□	□				□
	当期純利益の按分	SⅠ-1-19		□		□		□	□				□
	剰余金の配当	SⅠ-1-21		□		□		□	□				□
	取引高と債権債務の相殺消去	SⅠ-1-25		□		□		□	□				□
	貸倒引当金の調整【ダウン・ストリーム】	SⅠ-1-28 SⅢ-3-17		□									□
	貸倒引当金の調整【アップ・ストリーム】	SⅠ-1-41 SⅢ-3-31						□	□				
	棚卸資産に含まれる未実現損益の消去【ダウン・ストリーム】	SⅠ-1-29 SⅢ-3-20		□									□
	棚卸資産に含まれる未実現損益の消去【アップ・ストリーム】	SⅠ-1-37 SⅢ-3-27				□		□	□				
	土地に含まれる未実現損益の消去【ダウン・ストリーム】	SⅠ-1-33				□			□				
	土地に含まれる未実現損益の消去【アップ・ストリーム】	SⅠ-1-42						□					□

第3問

大区分	中区分	テキスト［一般簿記］	答案練習 第3問対策	Iクール 第1回	Iクール 第2回	Iクール 第3回	Iクール 第4回	Iクール 第5回	IIクール 第1回	IIクール 第2回	IIクール 第3回	IIクール 第4回	IIクール 第5回
出題形式													
損益計算書		特定なし	SⅠ①② SⅡ①②	□ 本問	□ チ		□ チ	□ 本問	□ チ	□ 本問	□ チ	□ 本問	
貸借対照表		特定なし	SⅠ③④ SⅡ③④	□ チ	□ 本問		□ 本問	□ チ	□ 本問	□ チ	□ 本問	□ チ	
決算整理後残高試算表		特定なし	SⅠ⑤ SⅡ⑤			□ 本問							□ 本問
精算表		特定なし	該当なし			□ チ							□ チ
未処理事項													
現金預金	現金（通貨代用証券）	SⅠ - 1 - 1					□ ①						
	銀行勘定調整表	SⅠ - 1 - 6		□ ①									
棚卸資産	割戻	SⅠ - 2 - 8								□ ①			
債権債務	手形の割引	SⅠ - 3 - 8											□ ①
	貸倒引当金	SⅠ - 3 - 14							□ ①				
	外貨建取引	SⅠ - 3 - 20									□ ②		
	営業外手形	SⅡ - 3 - 1											□ ②
有価証券	売却	SⅠ - 4 - 7					□ ②						
固定資産	売却	SⅠ - 5 - 2			□ ①								
	建設仮勘定	SⅠ - 5 - 7				□ ①							
	除却	SⅠ - 5 - 9							□ ③				
	未決算勘定	SⅠ - 5 - 11									□ ①		
	圧縮記帳	SⅡ - 5 - 2						□ ①					
	リース取引	SⅡ - 5 - 8						□ ②				□ ①	
引当金	修繕引当金	SⅡ - 6 - 1				□ ②							
	商品保証引当金	SⅠ - 6 - 3		□ ②									
損益と税金	研究開発費	SⅠ - 8 - 4										□ ②	
収益の認識	売上計上基準	SⅡ - 9 - 1			□ ②								
	収益の認識**（新出題範囲）**	SⅡ - 9 - 5							□ ②	□ ②			

大区分	中区分	テキスト[一般簿記]	答案練習 第3問対策	Iクール 第1回	Iクール 第2回	Iクール 第3回	Iクール 第4回	Iクール 第5回	IIクール 第1回	IIクール 第2回	IIクール 第3回	IIクール 第4回	IIクール 第5回
決算整理事項													
現金預金	現金の範囲	SⅢ - 10 - 1									□ ①		
棚卸資産	売上原価の計算	SⅠ - 2 - 1 SⅡ - 2 - 1		□ ②	□ ②	□ ③	□ ②	□ ②	□ ①	□ ②	□ ②	□ ②	□ ①
債権債務	貸倒引当金の設定	SⅠ - 3 - 14		□ ①	□ ①	□ ②	□ ①	□ ①	□ ②	□ ①	□ ③	□ ①	□ ②
	外貨建取引	SⅠ - 3 - 20				□ ①							
有価証券	売買目的有価証券の評価	SⅠ - 4 - 9					□ ③	□ ④		□ ③			
	満期保有目的の債券の評価	SⅠ - 4 - 11			□ ④								□ ⑥
	子会社・関連会社株式の評価	SⅠ - 4 - 15			□ ⑤			□ ④		□ ③			
	その他有価証券の評価	SⅠ - 4 - 17								□ ③	□ ⑥		
固定資産	有形固定資産の減価償却	SⅠ - 5 - 4 SⅡ - 5 - 1		□ ③	□ ③	□ ④	□ ④	□ ③	□ ③	□ ④	□ ④	□ ③	□ ③
	無形固定資産の減価償却	SⅠ - 5 - 13		□ ④					□ ④		□ ⑤		□ ④
引当金	修繕引当金	SⅠ - 6 - 2				□ ⑤							
	商品保証引当金	SⅠ - 6 - 3		□ ⑤									
	退職給付引当金の設定	SⅠ - 6 - 4 SⅢ - 11 - 14				□ ⑥				□ ⑤		□ ④	
	賞与引当金の設定	SⅡ - 6 - 2							□ ⑤	□ ⑥			
損益と税金	費用の前払	SⅠ - 5 - 15		□ ⑥	□ ⑦		□ ⑥	□ ⑤		□ ⑦		□ ⑥	
	費用の未払	SⅠ - 8 - 2							□ ⑥		□ ⑦	□ ⑤	□ ⑤
	収益の前受	SⅠ - 8 - 12			□ ⑥	□ ⑦			□ ⑦				
	収益の未収	SⅡ - 8 - 6					□ ⑤	□ ⑥					
	法人税、住民税及び事業税	SⅠ - 8 - 8		□ ⑦	□ ⑧	□ ⑧	□ ⑧	□ ⑧	□ ⑧	□ ⑧	□ ⑧	□ ⑦	□ ⑦
	消費税	SⅡ - 8 - 1					□ ⑦	□ ⑦					
	税効果会計	SⅡ - 8 - 11		□ ⑧			□ ①④⑧				□ ⑧	□ ⑧	□ ⑧
	源泉税額	SⅢ - 11 - 16									□ ①		

第４問(1)

大区分	中区分	テキスト［工業簿記］	答案練習 第4･5問対策	Ⅰクール 第1回	Ⅰクール 第2回	Ⅰクール 第3回	Ⅰクール 第4回	Ⅰクール 第5回	Ⅱクール 第1回	Ⅱクール 第2回	Ⅱクール 第3回	Ⅱクール 第4回	Ⅱクール 第5回
費目別計算① 費目別計算②	材料費の購入	SⅠ‐ 4‐ 1 SⅠ‐ 6‐ 1	SⅠ⑮～⑲ SⅡ⑧⑨		□ ①								
	材料費の消費			□ ①②					□ ①	□ ③			
	材料副費差異					□ ③							
	労務費の消費	SⅠ‐ 4‐ 7					□ ②	□ ②		□ ②	□ ①		
	賃率差異	SⅠ‐ 6‐13						□ ①		□ ②			□ ①
	経費の消費	SⅠ‐ 4‐13 SⅠ‐ 6‐19		□ ②									
	製造間接費配賦差異	SⅠ‐ 4‐20					□ ③				□ ②		
	予算差異・操業度差異	SⅠ‐ 6‐23							□ ③	□ ①			
	原価差異の振替	SⅡ‐13‐20						□ ①					
個別原価計算		SⅠ‐ 2‐ 1		□ ③								□ ②	□ ②
部門別計算		SⅠ‐ 8‐ 1										□ ①	
標準原価計算		SⅠ‐10‐ 1			□ ②	□ ②					□ ③	□ ③	
本社工場会計	工場側	SⅠ‐ 7‐ 1	SⅠ⑳～㉔		□ ③	□ ①							□ ③
	本社側						□ ①	□ ③	□ ②				

第 4 問(2)

大区分	中区分	テキスト［工業簿記］	答案練習 第 4・5 問対策	Ⅰクール 第 1 回	Ⅰクール 第 2 回	Ⅰクール 第 3 回	Ⅰクール 第 4 回	Ⅰクール 第 5 回	Ⅱクール 第 1 回	Ⅱクール 第 2 回	Ⅱクール 第 3 回	Ⅱクール 第 4 回	Ⅱクール 第 5 回
個別原価計算		SⅠ - 2 - 1 SⅡ - 13 - 1	SⅠ①～③ SⅡ①～③						□ 本問		□ 本問		□ チ
総合原価計算	単純総合原価計算	SⅠ - 3 - 1 SⅡ - 13 - 7	SⅠ④～⑨ SⅡ④～⑦									□ 本問	
	工程別総合原価計算			□ チ						□ 本問			
	原材料の追加投入				□ 本問				□ チ				
製造業のF/S	財務諸表作成	SⅠ - 5 - 1	SⅠ⑫～⑭			□ 本問				□ チ			
	勘定記入											□ チ	
部門別計算		SⅠ - 8 - 1 SⅡ - 13 - 32	SⅠ㉕～㉗ SⅡ⑪⑫								□ チ		□ 本問
製品別計算	組別総合原価計算	SⅠ - 9 - 1	SⅠ㉘～㉛	□ 本問		□ チ							
	等級別総合原価計算						□ チ	□ 本問					
標準原価計算	シングル・プラン	SⅠ - 10 - 1	SⅠ㉜～㊱				□ 本問	□ チ					
	パーシャル・プラン				□ チ		□ 本問						

第 5 問

大区分	中区分	テキスト［工業簿記］	答案練習 第 4・5 問対策	Ⅰクール 第 1 回	Ⅰクール 第 2 回	Ⅰクール 第 3 回	Ⅰクール 第 4 回	Ⅰクール 第 5 回	Ⅱクール 第 1 回	Ⅱクール 第 2 回	Ⅱクール 第 3 回	Ⅱクール 第 4 回	Ⅱクール 第 5 回
標準原算計算	変動予算 4 分法	SⅠ - 10 - 1 SⅡ - 13 - 36	SⅠ㉜～㊱ SⅡ⑬						□				
	変動予算 3 分法 AQ 基準			□	□								
	変動予算 3 分法 SQ 基準											□	
	固定予算												□
CVP分析		SⅠ - 11 - 1	SⅠ㊲～㊵ SⅡ⑭⑮			□	□	□		□			
直接原価計算によるP/L 作成		SⅠ - 12 - 1 SⅡ - 13 - 40				□		□			□		

ＡＱ基準：【能率差異を変動費と固定費から計算する場合】【能率差異は標準配賦率を用いて計算する場合】

ＳＱ基準：【能率差異を変動費のみから計算する場合】

日商簿記２級 模擬問題集 目次

日商簿記検定２級　全国統一模擬試験Ⅰ　第１回

問題・答案用紙

（制限時間　90 分）

受験者への注意事項

1. 本冊子は、持ち帰りできませんので全ページを必ず提出してください。持ち帰った場合は失格となり、以後の受験をお断りする場合があります。
2. 答えは、問題文の指示に従い定められたところに、誤字・脱字のないよう、ていねいに書いてください。
3. 答案の記入にあたっては、黒鉛筆または黒シャープペンシルを使用してください。仕訳問題の答案の記入方法は、下記を確認してください。
4. 問題および答案用紙の余白は計算用紙として使用できます（解答欄にかぶらないようにしてください）。

仕訳問題の解答にあたっての注意事項

以下の正答例を参考に、仕訳問題における各設問の解答にあたっては、各勘定科目の使用は、借方・貸方の中でそれぞれ１回ずつとしてください（各設問につき、同じ勘定科目を借方・貸方の中で２回以上使用してしまうと、不正解となります）。

ア．現金　　イ．売掛金　　ウ．売上

［正答例：勘定科目を借方・貸方の中で１回だけ使用している］

借方		貸方	
記号	金額	記号	金額
（ ア ）	10	（ ウ ）	100
（ イ ）	90	（　　）	

［誤答例：同じ勘定科目を貸方の中で２回使用してしまっている］

借方		貸方	
記号	金額	記号	金額
（ ア ）	10	（ ウ ）	10
（ イ ）	90	（ ウ ）	90

商　業　簿　記

第１問（20点）

下記の各取引について仕訳しなさい。ただし、勘定科目は、設問ごとに最も適当と思われるものを選び、答案用紙の（　）の中に記号で解答すること。

1．3月1日、米国の政治情勢の影響から今後ドル安円高になっていくことが予想されることを受け、取引銀行との間で4月30日に回収予定の売掛金8,600ドルについて、1ドル￥110の為替予約を締結した。為替予約は振当処理を適用し、売上日である2月1日の為替相場による円への換算額と、為替予約による円換算額との差額はすべて当期の損益として処理する。なお、直物為替相場は、2月1日が1ドル￥116、3月1日が1ドル￥112であった。

ア．売上　イ．為替差損　ウ．受取手形　エ．当座預金
オ．売掛金　カ．雑益　キ．為替差益　ク．仕入

2．×6年6月1日に取得した店舗用建物(取得原価：￥5,000,000、残存価額：￥500,000、耐用年数：30年、償却方法：定額法、記帳方法：減価償却費を取得原価から直接減額させない方法)について当期首(×15年4月1日)に修繕を行い、代金￥1,350,000は小切手を振り出して支払った。なお、支払額のうち￥750,000は店舗の残存耐用年数を5年延長する効果があると認められた。前期において設定した修繕引当金の残高は￥800,000であった。

ア．建物　イ．当座預金　ウ．修繕費　エ．建物減価償却累計額
オ．備品　カ．建設仮勘定　キ．減価償却費　ク．修繕引当金

3．当社は￥50,000の商品（プランター）と￥500,000の商品（観葉植物）を株式会社インテリアへ販売する契約を締結するとともに、商品（プランター）を株式会社インテリアへ引き渡した。なお、代金は商品（観葉植物）を引き渡した後に請求する契約となっており、商品（プランター）の￥50,000についてはまだ顧客との契約から生じた債権となっていない。また、商品（プランター）の引き渡しと商品（観葉植物）の引き渡しは、それぞれ独立した履行義務として識別する。

ア．仕入　イ．売上　ウ．前払金　エ．売掛金
オ．買掛金　カ．当座預金　キ．契約資産　ク．契約負債

4．アメリカの仕入先より商品5,000ドルを仕入れた。代金のうち300ドルは手付金として小切手を振り出して予め支払済みであるため相殺し、残額を掛けとした。また、仕入れと同時に掛代金の為替変動リスクを回避するために、1ドル￥112の為替予約を行った。為替予約の処理は、振当処理を採用する。なお、手付金支払時の為替相場は1ドル￥108、仕入時の為替相場は1ドル￥110である。

ア．前受金　イ．当座預金　ウ．売掛金　エ．前払金
オ．買掛金　カ．仕入　キ．為替差益　ク．為替差損

5．ＴＡ株式会社は、ＡＣＴ株式会社に対して30%の利益を付加して商品を販売している。ＡＣＴ株式会社に対する×2年度中の売上高は￥2,600,000であり、同年度末におけるＡＣＴ株式会社の商品在庫のうち、￥520,000はＴＡ株式会社から仕入れたものである。加えて、×2年度においてＴＡ株式会社は、土地(帳簿価額￥1,800,000)を￥2,500,000でＡＣＴ株式会社に売却し、現金を受け取っている。なお、ＡＣＴ株式会社は当該土地を決算日時点において保有し続けている。また、ＡＣＴ株式会社は×1年度末にＴＡ株式会社の発行済株式総数の80%を取得し支配している。×2年度において、必要な連結修正仕訳を答えなさい。問題文から判明しない事項については無視し、仕訳作成にあたり、勘定科目は相殺しないこと。

ア．土地　イ．売上　ウ．非支配株主持分　エ．売上原価
オ．非支配株主に帰属する当期純利益　カ．商品　キ．固定資産売却益
ク．固定資産売却損

全国統一模擬試験Ⅰ第1回 答案用紙 **2級① 商業簿記**

採点欄	
第1問	

第1問（20点）

	借方		貸方	
	記号	金額	記号	金額
1	（　）		（　）	
	（　）		（　）	
	（　）		（　）	
	（　）		（　）	
	（　）		（　）	
2	（　）		（　）	
	（　）		（　）	
	（　）		（　）	
	（　）		（　）	
	（　）		（　）	
3	（　）		（　）	
	（　）		（　）	
	（　）		（　）	
	（　）		（　）	
	（　）		（　）	
4	（　）		（　）	
	（　）		（　）	
	（　）		（　）	
	（　）		（　）	
	（　）		（　）	
5	（　）		（　）	
	（　）		（　）	
	（　）		（　）	
	（　）		（　）	
	（　）		（　）	

第 2 問 (20 点)

次に示したＰ商事株式会社(以下「Ｐ社」という。)の［資料］にもとづいて、答案用紙の連結精算表を完成しなさい。当期は×6 年 4 月 1 日から×7 年 3 月 31 日までの 1 年間である。なお、本問では連結財務諸表欄のみを採点対象とし、該当数値がない場合は「－」と記入すること。

［資料］

1．Ｐ社は×6 年 3 月 31 日に、Ｓ商事株式会社(以下「Ｓ社」という。)の発行済株式数の 80%を￥1,600,000 で取得し、支配を獲得した。
2．×6 年 3 月 31 日のＳ社の貸借対照表上、資本金￥1,000,000、資本剰余金￥150,000、利益剰余金￥350,000 が計上されていた。
3．のれんは発生年度の翌年から 10 年にわたり定額法により償却する。
4．Ｓ社は、当期中に繰越利益剰余金を財源に￥40,000 の配当を行っている。
5．当期よりＰ社はＳ社に商品を掛けで販売している。Ｐ社のＳ社への売上高は￥800,000 であり、売上総利益率は 25%である。
6．Ｓ社はＰ社から仕入れた商品のうち、￥260,000 が期末商品棚卸高に含まれている。
7．Ｐ社の売掛金のうち￥350,000 はＳ社に対するものである。Ｐ社は売上債権期末残高に対して 4%の貸倒引当金を差額補充法により設定している。
8．Ｐ社は×7 年 3 月 31 日にＳ社に対して￥20,000 を貸し付けている。
9．Ｓ社は×6 年 10 月 1 日よりＰ社に対して土地を貸しており、賃貸料は年額￥120,000 である。なお、賃貸料は 10 月 1 日に向こう 1 年分を受け取っている。

全国統一模擬試験Ⅰ第1回 答案用紙 2級② 商業簿記

採点欄	
第2問	

第2問 (20点)

連結第1年度

連結精算表

(単位:円)

科目	個別財務諸表		修正・消去		連結財務諸表
	P社	S社	借方	貸方	
貸借対照表					連結貸借対照表
現金預金	640,000	884,000			
売掛金	1,700,000	1,400,000			
貸倒引当金	△ 68,000	△ 56,000			△
商品	750,000	600,000			
貸付金	250,000	—			
前払費用	60,000	—			
土地	500,000	400,000			
S社株式	1,600,000	—			
のれん	—	—			
資産合計	5,432,000	3,228,000			
買掛金	1,362,000	1,158,000			
借入金	—	200,000			
前受収益	—	60,000			
未払法人税等	270,000	100,000			
資本金	2,500,000	1,000,000			
資本剰余金	500,000	150,000			
利益剰余金	800,000	560,000			
非支配株主持分	—	—			
負債・純資産合計	5,432,000	3,228,000			
損益計算書					連結損益計算書
売上高	6,100,000	3,600,000			
売上原価	4,200,000	2,800,000			
販売費及び一般管理費	1,380,000	480,000			
営業外収益	402,000	202,000			
営業外費用	252,000	172,000			
法人税等	270,000	100,000			
当期純利益	400,000	250,000			
非支配株主に帰属する当期純利益					
親会社株主に帰属する当期純利益					
株主資本等変動計算書					連結株主資本等変動計算書
資本金当期首残高	2,500,000	1,000,000			
資本金当期末残高	2,500,000	1,000,000			
資本剰余金当期首残高	500,000	150,000			
資本剰余金当期末残高	500,000	150,000			
利益剰余金当期首残高	700,000	350,000			
剰余金の配当	300,000	40,000			
親会社株主に帰属する当期純利益	400,000	250,000			
利益剰余金当期末残高	800,000	560,000			
非支配株主持分当期首残高					
非支配株主持分当期変動額					
非支配株主持分当期末残高					

第 3 問（20 点）

次に示した会計サポート株式会社の［資料Ⅰ］、［資料Ⅱ］および［資料Ⅲ］にもとづいて、答案用紙の損益計算書を完成しなさい。なお、会計期間は×7 年 4 月 1 日から×8 年 3 月 31 日までの 1 年間である。

［資料Ⅰ］決算整理前残高試算表

決算整理前残高試算表

×8 年 3 月 31 日　（単位：円）

借　方	勘定科目	貸　方
517,600	現金	
823,000	当座預金	
400,000	受取手形	
1,800,000	売掛金	
740,000	繰越商品	
220,000	仮払法人税等	
72,000	前払保険料	
	貸倒引当金	17,000
12,000,000	建物	
800,000	備品	
	建物減価償却累計額	5,934,000
	備品減価償却累計額	350,000
10,200,000	土地	
108,000	商標権	
203,000	繰延税金資産	
	支払手形	360,000
	買掛金	1,756,000
	商品保証引当金	23,500
	資本金	10,000,000
	資本準備金	1,280,000
	利益準備金	700,000
	繰越利益剰余金	3,621,600
	売上	25,000,000
	固定資産売却益	123,960
13,795,000	仕入	
5,960,000	給料	
309,460	水道光熱費	
478,000	保険料	
737,000	修繕費	
3,000	手形売却損	
49,166,060		49,166,060

［資料Ⅱ］未処理事項

1．当座預金の銀行残高と当社残高の不一致原因を調査したところ、仕入代金の支払いのために￥100,000 の小切手を振り出していたが、金庫に保管されたままであることが判明した。

2．前期に保証付きで販売した商品について顧客から修理の申し出があり、修理業者に修理を依頼し、修理代金￥19,000 を現金で支払っていたが、未処理であった。

［資料Ⅲ］決算整理事項

1．売上債権の期末残高に対して 1%の貸倒引当金を差額補充法により計上する。

2．商品の期末帳簿棚卸高は￥964,000 であり、実地棚卸高（原価）は￥900,000、実地棚卸高（時価）は￥745,000 であった。なお、時価の下落は臨時の事象に起因し、かつ、その金額は多額であると認められる。

3．固定資産の減価償却を次のとおり行う。

建物：定額法　耐用年数 30 年　残存価額は取得原価の 10%

備品：定率法　償却率 25%

建物には、×7 年 11 月 1 日に購入した￥3,400,000 が含まれている。なお、減価償却方法は他の建物と同様（月割計算）とし、これ以外の有形固定資産は期首以前から所有している。

4．商標権は、×4 年 4 月 1 日に取得したものであり、5 年間の定額法で償却を行っている。

5．前期に販売した商品の保証期限が経過したため、この保証のために設定していた決算整理前残高試算表の商品保証引当金の残高を取り崩すとともに、当期に販売した商品にかかる保証費用を売上高の 0.1%と見積り、商品保証引当金として計上する。なお、当該保証は商品が合意された仕様に従っているか否かについてのみの保証である。

6．前払保険料の残高は、×7 年 7 月 1 日に 1 年分の保険料を前払いしたものである。

7．￥875,000 を法人税、住民税及び事業税に計上する。なお、当期に中間納付した金額￥220,000 を仮払法人税等に計上している。

8．税効果会計の対象となる一時差異の残高は、次のとおりであり、法定実効税率は 25%である。なお、法人税等調整額が貸方残高となる場合には、金額の前に△を付けること。

	期　首	期　末
貸倒引当金損金算入限度超過額	￥ 12,000	￥ 15,000
減価償却費償却限度超過額	￥800,000	￥997,000

全国統一模擬試験Ⅰ第1回 答案用紙 2級③ 商業簿記

採点欄	
第3問	

第3問 (20点)

損益計算書

自×7年4月1日 至×8年3月31日 (単位:円)

Ⅰ 売上高		( )
Ⅱ 売上原価		
1 期首商品棚卸高	( )	
2 当期商品仕入高	( )	
合計	( )	
3 期末商品棚卸高	( )	
差引	( )	
4 棚卸減耗損	( )	( )
( )		( )
Ⅲ 販売費及び一般管理費		
1 給料	( )	
2 水道光熱費	( )	
3 保険料	( )	
4 修繕費	( )	
5 貸倒引当金繰入	( )	
6 減価償却費	( )	
7 商標権償却	( )	
8 商品保証引当金繰入	( )	( )
( )		( )
Ⅳ 営業外収益		
1 商品保証引当金戻入		( )
Ⅴ 営業外費用		
1 手形売却損		( )
( )		( )
Ⅵ 特別利益		
1 固定資産売却益		( )
Ⅶ 特別損失		
1 ( )		( )
税引前当期純利益		( )
法人税、住民税及び事業税	( )	
法人税等調整額	( )	( )
当期純利益		( )

工　業　簿　記

第4問（28点）

(1)　下記の各取引について仕訳しなさい。ただし、勘定科目は、設問ごとに最も適当と思われるものを選び、答案用紙の（　）の中に記号で解答すること。

1．兵庫そろばん工場に関する当月の素材消費額を先入先出法、補修用材料消費額を平均法で計上する。当月の素材に関する資料は、月初有高200個（@450円）、当月仕入高900個（@500円）、当月消費量1,000個である。当月の補修用材料に関する資料は、月初有高80個（16,000円）、当月仕入高320個（80,000円）、月末有高50個である。なお、素材の月末実地有高は80個であった。

ア．仕掛品	イ．現金	ウ．材料
エ．製造間接費	オ．製品	カ．賃金・給料

2．新潟ナイフ・フォーク工場は、下記について現金で支払ったため、仕掛品勘定または製造間接費勘定に振り替えた。

水道光熱費：644,500円　通信費：594,000円　特許権使用料：200,000円
外注加工賃：423,000円　買入部品費：200,000円（すべて消費）　消耗工具器具備品費：60,000円

ア．当座預金	イ．現金	ウ．製造間接費
エ．賃金・給料	オ．製品	カ．仕掛品

3．愛媛タオル工場に関する当月の労務費の消費高を計上する。当工場では、個別原価計算制度を採用しており、当月の直接工の作業時間報告書には、製造指図書＃1000のための作業70時間、製造指図書＃2000のための作業130時間、製造指図書番号を特定できない作業50時間と記載されている。なお、当工場において適用する予定賃率は1,200円/時間である。

ア．製品	イ．仕掛品	ウ．材料
エ．売上原価	オ．製造間接費	カ．賃金・給料

(2)　当社は、αとβの2種類の組製品を製造・販売しており、組別総合原価計算を採用している。原料費は各組に直課し、加工費は機械作業時間にもとづいて実際配賦している。次の［資料］にもとづいて、下記の**問**に答えなさい。仕掛品および製品の原価配分方法として、α製品は先入先出法、β製品は平均法を用いている。

［資料］

1．生産・販売データ

	α製品	β製品
月初仕掛品	250　個　（60%）	80　個　（80%）
月末仕掛品	150　個　（80%）	60　個　（25%）
当月完成品	4,000　個	800　個
月初製品	300　個	80　個
月末製品	100　個	20　個
当月販売品	4,200　個	860　個

（注）　原料はすべて工程の始点で投入し、（　）内は加工進捗度である。

2．当月の加工費　5,955,000円

3．当月の機械作業時間	α製品	4,806時間	β製品	4,094時間
4．当月の月初製品原価	α製品	336,000円	β製品	414,800円
5．1個当たりの販売金額	α製品	1,200円	β製品	7,200円

問1　組別総合原価計算表を完成しなさい。

問2　月次損益計算書の一部を完成しなさい。

全国統一模擬試験Ⅰ第1回 答案用紙 2級④ 工業簿記

採点欄	
第4問	

第4問（28点）

(1)

	借方 記号	借方 金額	貸方 記号	貸方 金額
1	(　　)		(　　)	
	(　　)		(　　)	
	(　　)		(　　)	
2	(　　)		(　　)	
	(　　)		(　　)	
	(　　)		(　　)	
3	(　　)		(　　)	
	(　　)		(　　)	
	(　　)		(　　)	

(2)

問1

組別総合原価計算表　（単位：円）

	α製品		β製品	
	原料費	加工費	原料費	加工費
月初仕掛品原価	79,500	123,500	100,800	259,900
当月製造費用	1,365,000		1,098,900	
合計				
月末仕掛品原価				
完成品総合原価				
完成品単位原価		円／個		円／個

問2

月次損益計算書　（単位：円）

売上高		(　　　　)
売上原価		
月初製品有高	(　　　　)	
当月製品製造原価	(　　　　)	
合計	(　　　　)	
月末製品有高	(　　　　)	(　　　　)
売上総利益		(　　　　)

第５問（12点）

東工業株式会社では、材料を工程の始点で投入し、これを加工することによって製品Ｍを製造し、販売している。また、原価管理のために、パーシャル・プランの標準原価計算制度を採用している。そこで、次の［資料］にもとづいて、標準原価差異分析表を作成しなさい。

［資料］

1．製品Ｍ１個当たりの標準原価

直接材料費	@　300円/kg×8kg
直接労務費	@1,320円/時間×5時間
製造間接費	@1,200円/時間×5時間

2．当月実績データ

販売価格	@24,000円
実際材料消費量	15,050kg
実際直接作業時間	11,000時間
直接材料費	4,214,000円
直接労務費	14,960,000円
製造間接費	15,150,000円

3．当月の生産・販売実績

月初仕掛品	200個	(5%)	月初製品	250個
当月着手	1,860個		完成品	1,960個
合計	2,060個		合計	2,210個
月末仕掛品	100個	(50%)	月末製品	150個
完成品	1,960個		販売品	2,060個

(　)内は加工進捗度を示す。

4．製造間接費

・年間予算額

変動費：　69,120,000円

固定費：103,680,000円

・正常年間直接作業時間

144,000時間

5．その他の資料

(1) 製造間接費は直接作業時間にもとづき製品に標準配賦している。

(2) 能率差異は、変動費と固定費からなるものとして計算する。

Ⅰ第１回　チャレンジ 第４問(2)　工程別総合原価計算

香川工場では2つの工程を経て製品Ｗを連続生産しており、累加法による工程別総合原価計算を行っている。下記の［資料］にもとづいて、答案用紙の工程別総合原価計算表を完成させるとともに、完成品単位原価を計算しなさい。なお、原価投入額を完成品総合原価と月末仕掛品原価とに配分する方法は、第１工程では平均法・第２工程では先入先出法を用いている。

［資料］

1．当月の生産実績

	第１工程		第２工程	
月初仕掛品	500 kg	(1/5)	600 kg	(1/3)
当月投入	3,500 kg		3,000 kg	
合計	4,000 kg		3,600 kg	
月末仕掛品	900 kg	(2/3)	600 kg	(2/5)
減損	100 kg		－ kg	
仕損品	－ kg		200 kg	
完成品	3,000 kg		2,800 kg	

2．原料はすべて第１工程の始点で投入される。

3．(　　)内の数値は、加工進捗度を示している。

4．第１工程の途中で減損が発生しており、通常発生する程度のもの（正常減損）である。

5．第２工程の終点で仕損が発生しており、通常発生する程度のもの（正常仕損）である。なお、評価額はゼロであった。

全国統一模擬試験Ⅰ第1回 答案用紙 2級⑤ 工業簿記

採点欄	
第5問	

第5問 (12点)

標準原価差異分析表

直接材料費差異			
材料価格差異		円	借方差異・貸方差異
材料数量差異		円	借方差異・貸方差異
直接労務費差異			
労働賃率差異		円	借方差異・貸方差異
労働時間差異		円	借方差異・貸方差異
製造間接費差異			
予算差異		円	借方差異・貸方差異
能率差異		円	借方差異・貸方差異
操業度差異		円	借方差異・貸方差異

※　借方差異の場合は借方差異を、貸方差異の場合には貸方差異を○で囲むこと。

チャレンジ第4問(2) [答案用紙]

工程別総合原価計算表　(単位：円)

	第1工程			第2工程		
	原料費	加工費	合計	前工程費	加工費	合計
月初仕掛品原価	189,000	30,800		360,000	64,000	
当月製造費用	1,137,000	1,049,200			1,064,000	
合計						
月末仕掛品原価						
完成品総合原価						

完成品単位原価	円

Ⅰ第1回　チャレンジ 第3問　貸借対照表作成

問題文は、Ⅰクール第1回をそのまま使用してください。

貸借対照表

×8年3月31日　　(単位：円)

資産の部		
Ⅰ 流動資産		
現金預金		(　　)
受取手形		(　　)
売掛金		(　　)
商品		(　　)
(　　)		(　　)
貸倒引当金		(△　　)
Ⅱ 固定資産		
建物	(　　)	
減価償却累計額	(△　　)	(　　)
備品	(　　)	
減価償却累計額	(△　　)	(　　)
土地		(　　)
(　　)		(　　)
繰延税金資産		(　　)
資産合計		(　　)
負債の部		
Ⅰ 流動負債		
支払手形		(　　)
買掛金		(　　)
商品保証引当金		(　　)
(　　)		(　　)
負債合計		(　　)
純資産の部		
Ⅰ 株主資本		
資本金		(　　)
資本準備金		(　　)
利益準備金		(　　)
繰越利益剰余金		(　　)
純資産合計		(　　)
負債・純資産合計		(　　)

日商簿記検定２級　全国統一模擬試験Ⅰ　第２回

問題・答案用紙

（制限時間　90分）

受験者への注意事項

1.　本冊子は、持ち帰りできませんので全ページを必ず提出してください。持ち帰った場合は失格となり、以後の受験をお断りする場合があります。
2.　答えは、問題文の指示に従い定められたところに、誤字・脱字のないよう、ていねいに書いてください。
3.　答案の記入にあたっては、黒鉛筆または黒シャープペンシルを使用してください。仕訳問題の答案の記入方法は、下記を確認してください。
4.　問題および答案用紙の余白は計算用紙として使用できます（解答欄にかぶらないようにしてください）。

仕訳問題の解答にあたっての注意事項

以下の正答例を参考に、仕訳問題における各設問の解答にあたっては、各勘定科目の使用は、借方・貸方の中でそれぞれ１回ずつとしてください（各設問につき、同じ勘定科目を借方・貸方の中で２回以上使用してしまうと、不正解となります）。

ア．現金　　イ．売掛金　　ウ．売上

［正答例：勘定科目を借方・貸方の中で１回だけ使用している］

借方		貸方	
記号	金額	記号	金額
（ア）	10	（ウ）	100
（イ）	90	（　）	

［誤答例：同じ勘定科目を貸方の中で２回使用してしまっている］

借方		貸方	
記号	金額	記号	金額
（ア）	10	（ウ）	10
（イ）	90	（ウ）	90

商 業 簿 記

第1問 (20点)

下記の各取引について仕訳しなさい。ただし、勘定科目は、設問ごとに最も適当と思われるものを選び、答案用紙の（　）の中に記号で解答すること。

1．北工業株式会社は、南工業株式会社が持つ技術力およびその経営ノウハウを獲得し、業界におけるマーケットシェアを拡大する目的で南工業株式会社を￥800,000で買収した。買収代金は普通預金で支払っている。南工業株式会社の財政状態は、当座預金(帳簿価額￥360,000、時価￥360,000)、建物(帳簿価額￥800,000、時価￥900,000)、機械装置(帳簿価額￥300,000、時価￥200,000)、買掛金(帳簿価額￥200,000、時価￥200,000)および借入金(帳簿価額￥500,000、時価￥500,000)である。

ア．建物　イ．のれん　ウ．機械装置　エ．負ののれん発生益
オ．当座預金　カ．借入金　キ．買掛金　ク．普通預金

2．ここ数年の当社が属する業界の景気が低迷しており、当社の業績も悪化している。前期の決算にあたり、当期純損失￥600,000と計算され、繰越利益剰余金残高が￥200,000(借方残高)となった。そこで、繰越利益剰余金の借方残高を補填するために別途積立金￥300,000を取り崩すことを株主総会で決定しており、本日効力発生日を迎えた。なお、株主総会直前における、繰越利益剰余金を除く純資産の構成は資本金￥1,000,000(貸方残高)、資本準備金￥200,000(貸方残高)、別途積立金￥300,000(貸方残高)である。

ア．当座預金　イ．資本金　ウ．資本準備金　エ．利益準備金
オ．別途積立金　カ．別段預金　キ．繰越利益剰余金　ク．その他資本剰余金

3．本日決算日(3月31日)にあたり、当社の業績が過去最高となることが想定されたため、翌期に備え賞与引当金および役員賞与引当金を計上する。賞与支給見込額は￥6,300,000であり、支給対象期間は当期の12月から次期の5月まで、支給時期は次期の6月である。また、役員賞与については、利益概算額￥90,000,000の5%を支給する予定であり、次の株主総会の議案に役員賞与の支給に関する内容が含められている。なお、賞与引当金および役員賞与引当金は、その全額が税法上損金に算入することが認められないため、税効果会計(法定実効税率30%)を適用する。

ア．賞与引当金　イ．役員賞与引当金　ウ．繰延税金負債　エ．賞与引当金繰入
オ．役員賞与引当金繰入　カ．繰延税金資産　キ．法人税等調整額　ク．賞与

4．ＩＴ商事株式会社に対する×4年度の売上高は￥4,600,000、同年度末の受取手形残高は￥400,000、売掛金残高は￥1,000,000であった。当社は、売上債権残高に対して2.5%の貸倒引当金を差額補充法によって設定している。なお、当社は、×3年度末にＩＴ商事株式会社の発行済株式総数の85%を￥8,500,000で取得し、支配している。×4年度の連結財務諸表作成上必要な連結修正仕訳を答えなさい。なお、問題文から判明しない事項については無視すること。

ア．買掛金　イ．受取手形　ウ．売上原価　エ．売掛金
オ．貸倒引当金　カ．貸倒引当金繰入　キ．支払手形　ク．売上

5．得意先広島商店に対して、前期に償還請求をしていた不渡手形の額面￥800,000と償還請求費用￥16,000のうち、￥350,000を現金で回収した。償還請求していた不渡手形は、前期販売した商品の代金として受取った広島商店振出の約束手形であり、償還請求費用は当座預金から支払っている。不渡手形の額面および償還請求費用の合計額と本日回収分との差額については、回収の見込みがないことから貸倒れの処理を行う。なお、当該不渡手形に関して貸倒引当金が￥400,000設定されている。

ア．不渡手形　イ．支払手数料　ウ．貸倒損失　エ．当座預金
オ．現金　カ．貸倒引当金　キ．受取手形　ク．貸倒引当金繰入

全国統一模擬試験Ⅰ第２回 答案用紙 ２級① 商業簿記

採点欄	
第1問	

第１問（20点）

	借方		貸方	
	記号	金額	記号	金額
1	（　）		（　）	
	（　）		（　）	
	（　）		（　）	
	（　）		（　）	
	（　）		（　）	
2	（　）		（　）	
	（　）		（　）	
	（　）		（　）	
	（　）		（　）	
	（　）		（　）	
3	（　）		（　）	
	（　）		（　）	
	（　）		（　）	
	（　）		（　）	
	（　）		（　）	
4	（　）		（　）	
	（　）		（　）	
	（　）		（　）	
	（　）		（　）	
	（　）		（　）	
5	（　）		（　）	
	（　）		（　）	
	（　）		（　）	
	（　）		（　）	
	（　）		（　）	

第 2 問（20 点）

下記の［資料］にもとづいて、煉獄工業株式会社の×19 年度（自×19 年 4 月 1 日　至×20 年 3 月 31 日）の株主資本等変動計算書(単位：千円)を完成しなさい。答案用紙の（　　）に語句を記入する場合は、下記の中から最も適当と思われるものを選び記号で解答すること。なお、同じ記号は複数回使用してもよい。また、税効果会計を適用し、法定実効税率は 30%とする。

ア．利益準備金　　イ．繰越利益剰余金　　ウ．資本準備金　　エ．資本剰余金
オ．資本金　　カ．その他有価証券評価差額金　　キ．その他利益剰余金

［資料］

1．×19 年 6 月 25 日、定時株主総会を開催し、剰余金の配当および処分を次のように決定した。
① 株主への配当について、その他資本剰余金を財源として￥2,000,000、繰越利益剰余金を財源として￥3,000,000、合計￥5,000,000 の配当を行う。
② 上記の配当に関連して、会社法が定める金額を準備金(資本準備金および利益準備金)として積み立てる。
③ 繰越利益剰余金を処分し、別途積立金￥3,000,000 を積み立てる。

2．×19 年 9 月 10 日に株主総会で承認されていた計数の変動(資本準備金￥5,000,000 を減少させ、資本金を同額増加させる)について、法的手続が完了した。

3．×19 年 10 月 1 日に増資を行い、5,000 株を 1 株につき＠￥7,000 で発行し、払込金は全額当座預金に預け入れた。なお、資本金は会社法で規定する最低額を計上することとした。

4．×20 年 2 月 1 日に株式会社狛治を吸収合併した。株式会社狛治の諸資産は帳簿価額￥68,000,000 に対して時価は￥75,000,000、諸負債は帳簿価額￥50,300,000 で時価と同額であった。なお、諸資産には、株式会社花火の有価証券￥10,000,000(時価)が含まれており、当該有価証券を長期的には売却する計画で保有し続ける意思決定をしている。合併の対価として株式会社狛治の株主に当社の株式 3,400 株（時価＠￥7,500）を交付した。株式の交付にともなって増加する株主資本については、資本金￥10,000,000、資本準備金￥10,000,000 とし、残額をその他資本剰余金とした。

5．×20 年 3 月 31 日に決算を行った結果、当期純利益は￥7,200,000 となった。また、株式会社花火の有価証券の時価は￥10,500,000 であった。

全国統一模擬試験Ⅰ第２回 答案用紙 ２級② 商業簿記

採点欄	
第2問	

第２問（20点）

株主資本等変動計算書

自×19年4月1日　至×20年3月31日　（単位：千円）

	株主資本			
	（　　）	（　　）		
		（　　）	その他資本剰余金	（　　）合計
当期首残高	200,000	10,000	5,000	15,000
当期変動額				
剰余金の配当と処分		（　　）	（　　）	（　　）
準備金の資本組入	（　　）	（　　）		（　　）
新株の発行	（　　）	（　　）		（　　）
吸収合併	（　　）	（　　）	（　　）	（　　）
当期純利益				
株主資本以外の項目の当期変動額（純額）				
当期変動額合計	（　　）	（　　）	（　　）	（　　）
当期末残高	（　　）	（　　）	（　　）	（　　）

（下段へ続く）

（上段から続く）

	株主資本					評価・換算差額等		純資産合計
	利益剰余金				株主資本合計	（　　）	評価・換算差額等合計	
	（　　）	（　　）		利益剰余金合計				
		別途積立金	（　　）					
当期首残高	3,750	7,000	15,000	25,750	240,750	—	—	240,750
当期変動額								
剰余金の配当と処分	（　　）	（　　）	（　　）	（　　）	（　　）			（　　）
準備金の資本組入					—			—
新株の発行					（　　）			（　　）
吸収合併					（　　）			（　　）
当期純利益			（　　）	（　　）	（　　）			（　　）
株主資本以外の項目の当期変動額（純額）						（　　）	（　　）	（　　）
当期変動額合計	（　　）	（　　）	（　　）	（　　）	（　　）	（　　）	（　　）	（　　）
当期末残高	（　　）	（　　）	（　　）	（　　）	（　　）	（　　）	（　　）	（　　）

（注）純資産額が減少する項目には、「△」を付すこと。

第 3 問 (20 点)

次に示した会計サポート株式会社の［資料Ⅰ］、［資料Ⅱ］および［資料Ⅲ］にもとづいて、答案用紙の貸借対照表を完成しなさい。なお、会計期間は×3 年 4 月 1 日から×4 年 3 月 31 日までの 1 年間である。

［資料Ⅰ］決算整理前残高試算表

決算整理前残高試算表

×4 年 3 月 31 日　　(単位：円)

借　方	勘 定 科 目	貸　方
200,000	現金	
934,000	当座預金	
1,000,000	受取手形	
1,200,000	売掛金	
230,000	仮払法人税等	
856,000	繰越商品	
	貸倒引当金	15,200
7,200,000	建物	
1,800,000	備品	
	建物減価償却累計額	3,600,000
	備品減価償却累計額	648,000
6,500,000	土地	
988,000	満期保有目的債券	
300,000	子会社株式	
144,000	長期前払費用	
	支払手形	1,800,000
	買掛金	1,720,000
	長期借入金	2,000,000
	資本金	7,000,000
	利益準備金	500,000
	繰越利益剰余金	1,400,900
	売上	26,500,000
	有価証券利息	30,000
	受取家賃	600,000
17,500,000	仕入	
5,560,000	給料	
660,500	水道光熱費	
593,600	旅費交通費	
48,000	保険料	
100,000	支払利息	
45,814,100		45,814,100

［資料Ⅱ］未処理事項

1．×3 年 8 月末に不用となった備品（取得原価：￥200,000、×2 年 10 月 1 日取得、減価償却方法は他の備品と同じ方法による）を￥190,000 で売却し、代金は小切手で受け取っていたが、すべて未処理であった。

2．商品の売上(売価￥80,000、原価￥56,000)について、3 月 31 日までに出荷済みであり、既に代金を受領していたため売上計上の仕訳を行っていたが、先方で検収がされていないことが判明した。なお、当社では、売上の認識については検収基準を採用している。

［資料Ⅲ］決算整理事項

1．得意先甲社に対する売掛金￥280,000 については、債権額から担保処分見込額￥160,000 を控除した残額の 50%の金額を、貸倒引当金として設定することにした。甲社に対する売掛金以外の売上債権(その他の売上債権)については、貸倒実績率 1%として貸倒引当金を設定する。なお、試算表の貸倒引当金はその他の売上債権に対するものである。また、売掛金は甲社に対する分も含めて流動資産に表示する。

2．商品の期末帳簿棚卸高は￥764,000、実地棚卸高は￥724,000 であった。なお、収益性の低下は生じておらず、［資料Ⅱ］2．の商品は帳簿棚卸高と実地棚卸高のいずれにも含まれていない。

3．有形固定資産の減価償却を次のとおり行う。
建物：耐用年数 30 年、残存価額ゼロ、定額法
備品：償却率年 20%、定率法

4．満期保有目的債券は、A 社が×2 年 4 月 1 日に、額面￥1,000,000、償還期間 5 年、年利率 3%、利払い年 2 回（3 月末日、9 月末日）という条件で発行した社債を、発行と同時に額面￥100 につき￥98.5 で引き受けたものである。満期保有目的債券の評価は、償却原価法（定額法）による。

5．子会社株式の当期末における時価は￥334,000 である。

6．受取家賃の残高には、翌期分の賃貸料￥120,000 が含まれている。

7．長期前払費用の残高は、当期の 8 月 1 日に 3 年分の火災保険料を支払ったものであり、当期分を月割で費用に計上するとともに、1 年以内に費用化される部分の金額を前払費用に振り替えることにした。

8．課税所得￥1,874,500 の 40%を法人税、住民税及び事業税に計上する。なお、仮払法人税等に計上された金額は、中間納付したものである。

採　点　欄
第3問

全国統一模擬試験Ⅰ第2回 答案用紙 2級③ 商業簿記

第3問（20点）

貸借対照表

×4年3月31日　（単位：円）

資産の部		負債の部	
Ⅰ 流動資産		Ⅰ 流動負債	
現金預金	（　）	支払手形	（　）
受取手形	（　）	買掛金	（　）
貸倒引当金	（△　）	（　）	（　）
売掛金	（　）	未払法人税等	（　）
貸倒引当金	（△　）	前受収益	（　）
商品	（　）	流動負債合計	（　）
（　）	（　）		
流動資産合計	（　）		
Ⅱ 固定資産		Ⅱ 固定負債	
有形固定資産		長期借入金	（　）
建物	（　）	固定負債合計	（　）
減価償却累計額	（△　）	負債合計	（　）
備品	（　）		
減価償却累計額	（△　）		
土地	（　）		
有形固定資産合計	（　）	純資産の部	
投資その他の資産		Ⅰ 資本金	（　）
投資有価証券	（　）	Ⅱ 利益剰余金	
関係会社株式	（　）	利益準備金	（　）
長期前払費用	（　）	繰越利益剰余金	（　）
投資その他の資産合計	（　）	利益剰余金合計	（　）
固定資産合計	（　）	純資産合計	（　）
資産合計	（　）	負債及び純資産合計	（　）

工　業　簿　記

第４問（28点）

⑴　下記の各取引について仕訳しなさい。ただし、勘定科目は、設問ごとに最も適当と思われるものを選び、答案用紙の（　　）の中に記号で解答すること。

1．福井メガネ工場では、当月、購入代価800,000円の買入部品を掛けで購入した。なお、購入に際して、外部材料副費に分類される引取運賃90,000円を現金で支払い、内部材料副費に分類される保管料は、購入代価の5%として予定配賦している。

ア．仕掛品	イ．現金	ウ．製品
エ．材料	オ．買掛金	カ．内部材料副費

2．島根ノートパソコン工場は、標準原価計算制度を採用し、勘定記入はパーシャル・プランで行っている。当月、ノートパソコンの製造に着手し720個が完成した。製品1個当たりの原価標準は11,000円である。当月完成した720個について、仕掛品勘定から製品勘定に振り替えなさい。なお、当月実際に発生した直接材料費は、4,200,000円、直接労務費は2,150,000円、製造間接費は1,650,000円であった。月初・月末仕掛品は存在しなかった。

ア．製品	イ．仕掛品	ウ．賃金・給料
エ．材料	オ．現金	カ．製造間接費

3．栃木餃子製作所は、本社会計から工場を独立させている。製品倉庫は本社にあり、製品勘定は本社で記帳されている。当月、製造していた製品3,421,000円が完成したため、工場から本社の倉庫に納入した。工場での仕訳を示しなさい。

ア．売上原価	イ．売上	ウ．製品
エ．売掛金	オ．仕掛品	カ．本社

⑵　石川製作所ではケーキを生産・販売し、実際総合原価計算を採用している。次の［資料］にもとづいて、下記の**問**に答えなさい。なお、原価投入額合計を完成品総合原価と月末仕掛品原価に配分する方法として先入先出法を用いること。また、該当数値がない場合は「 0 」と記入すること。

［資料］

1．生産データ

月初仕掛品	1,300	kg	(30%)
当月着手	16,410	kg	
合　計	17,710	kg	
正常減損	1,270	kg	
月末仕掛品	1,200	kg	(80%)
完成品	15,240	kg	

（注）A材料は工程の始点で投入、B材料は工程の60%の時点で投入、C材料を工程の終点で投入し、（　　）内は加工進捗度である。正常減損はC材料費を投入した直後に発生したものとする。

2．原価データ

月初仕掛品原価		
A材料費	62,460	円
B材料費	（　　　）	円
C材料費	（　　　）	円
加工費	76,640	円
計	（　　　）	円
当月製造費用		
A材料費	820,500	円
B材料費	3,825,360	円
C材料費	4,572,000	円
加工費	3,245,200	円
計	12,463,060	円
	12,602,160	円

問1　総合原価計算表を完成しなさい。

問2　完成品単位原価を計算しなさい。

全国統一模擬試験Ⅰ第2回 答案用紙 2級④ 工業簿記

採点欄	
第4問	

第4問 (28点)

(1)

	借方		貸方	
	記号	金額	記号	金額
1	(　　)		(　　)	
	(　　)		(　　)	
	(　　)		(　　)	
2	(　　)		(　　)	
	(　　)		(　　)	
	(　　)		(　　)	
3	(　　)		(　　)	
	(　　)		(　　)	
	(　　)		(　　)	

(2)

問1

総合原価計算表 (単位：円)

	A材料費	B材料費	C材料費	加工費	合計
月初仕掛品原価					
当月製造費用					
合計					
月末仕掛品原価					
完成品総合原価					

問2 [　　　　] 円/kg

第５問（12点）

製品Wを製造する当社は、標準原価計算を採用しパーシャル・プランを用いて記帳している。次の［資料］にもとづいて、答案用紙の原価差異分析表を作成しなさい。なお、材料はすべて工程の始点で投入されており、能率差異は変動費と固定費からなるものとして計算しなさい。

［資料Ⅰ］製品Wの標準原価カード

	標準単価		物量標準		原価標準
直接材料費	？　円/kg	×	4kg/個	＝	？　円/個
直接労務費	1,700円/h	×	？h/個	＝	？　円/個
製造間接費	3,000円/h	×	？h/個	＝	？　円/個
	製品W　1個当たりの標準原価				？　円/個

［資料Ⅱ］年間予算に関する資料
製造間接費予算：221,400,000円（変動費77,490,000円　固定費143,910,000円）
（注）製造間接費は直接作業時間にもとづき製品に標準配賦している。

［資料Ⅲ］当月の生産に関する資料
月初仕掛品量：240個(40%)　　月末仕掛品量：180個(70%)　　当月製品完成量：960個
（注）(　)内の数値は加工進捗度を示している。

［資料Ⅳ］当月の実際発生額に関する資料
直接材料費：11,424,000円（実際材料消費量3,400kg）
直接労務費：10,268,400円（実際直接作業時間5,970時間）
製造間接費：18,085,500円

Ⅰ第２回　チャレンジ 第４問(2)　費目別計算

当社の東北工場では、直接材料を工程の始点で投入し、単一の製品Xをロット生産している。標準原価計算制度を採用し、勘定記入の方法はパーシャル・プランによる。次の［資料］にもとづいて、答案用紙の損益計算書を完成しなさい。なお、加工費の原価差異（当月分）として336,000円（借方差異）が生じている。原価差異は月ごとに損益計算に反映させており、その全額を売上原価に賦課する。また、月初に直接材料、製品の在庫は存在しなかった。

［資料］

１．製品Xの原価標準

直接材料費	標準単価	2,400 円	標準消費量	2kg	4,800	円
加工費	標準配賦率	3,000 円	標準作業時間	1時間	3,000	円
					7,800	円

２．当月の生産実績
月初仕掛品　40個（加工進捗度40%）
完成品　720個
月末仕掛品　80個（加工進捗度70%）

３．当月の販売実績
販売品　600個（販売単価　10,000円／個）
月末製品　120個

４．当月の材料費実際発生額
3,840,000円　（実際消費量1,500 kg）

採　点　欄
第5問

全国統一模擬試験Ⅰ第２回 答案用紙 ２級⑤ 工業簿記

第５問（12点）

原　価　差　異　分　析　表

直接材料費差異			
価格差異	544,000 円（不利　有利）※不利に○	数量差異	円（不利　有利）
直接労務費差異			
賃率差異	円（不利　有利）	時間差異	51,000 円（不利　有利）※不利に○
製造間接費差異			
予算差異	円（不利　有利）	能率差異	円（不利　有利）
操業度差異	円（不利　有利）		

※　不利差異の場合には不利、有利差異の場合には有利を○で囲むこと。

チャレンジ第４問(2)［答案用紙］

仕　掛　品　（単位：円）

月初有高	（　）	製品	（　）
直接材料費	（　）	月末有高	（　）
加工費	（　）	標準原価差異	（　）
標準原価差異	（　）		
	（　）		（　）

（注）　標準原価差異は、借方または貸方のどちらか一方に解答し、不要な解答欄には「－」を記入すること。

損　益　計　算　書

（単位：円）

Ⅰ 売上高		（　）
Ⅱ 売上原価		
当月製品製造原価	（　）	
月末製品棚卸高	（　）	
標準売上原価	（　）	
原価差異	（　）	（　）
売上総利益		（　）

（注）　原価差異は、標準売上原価に対してプラスの場合は「＋」、マイナスの場合は「△」を金額の前に付けること。

Ⅰ第2回　チャレンジ 第3問　損益計算書作成

問題文は、Ⅰクール第2回をそのまま使用してください。

損　益　計　算　書

自×3年4月1日　至×4年3月31日　（単位：円）

Ⅰ　売上高		(　　　)
Ⅱ　売上原価		
1　期首商品棚卸高	(　　　)	
2　当期商品仕入高	(　　　)	
合計	(　　　)	
3　期末商品棚卸高	(　　　)	
差引	(　　　)	
4　棚卸減耗損	(　　　)	(　　　)
売上総利益		(　　　)
Ⅲ　販売費及び一般管理費		
1　給料	(　　　)	
2　水道光熱費	(　　　)	
3　旅費交通費	(　　　)	
4　保険料	(　　　)	
5　貸倒引当金繰入	(　　　)	
6　(　　　)	(　　　)	(　　　)
営業利益		(　　　)
Ⅳ　営業外収益		
1　(　　　)	(　　　)	
2　受取家賃	(　　　)	(　　　)
Ⅴ　営業外費用		
1　支払利息		(　　　)
経常利益		(　　　)
Ⅵ　特別利益		
1　(　　　)		(　　　)
税引前当期純利益		(　　　)
法人税、住民税及び事業税		(　　　)
当期純利益		(　　　)

日商簿記検定２級　全国統一模擬試験Ⅰ　第３回

問 題・答 案 用 紙

（制限時間　90 分）

受験者への注意事項

1.　本冊子は、持ち帰りできませんので全ページを必ず提出してください。持ち帰った場合は失格となり、以後の受験をお断りする場合があります。
2.　答えは、問題文の指示に従い定められたところに、誤字・脱字のないよう、ていねいに書いてください。
3.　答案の記入にあたっては、黒鉛筆または黒シャープペンシルを使用してください。仕訳問題の答案の記入方法は、下記を確認してください。
4.　問題および答案用紙の余白は計算用紙として使用できます（解答欄にかぶらないようにしてください）。

仕訳問題の解答にあたっての注意事項

以下の正答例を参考に、仕訳問題における各設問の解答にあたっては、各勘定科目の使用は、借方・貸方の中でそれぞれ１回ずつとしてください(各設問につき、同じ勘定科目を借方・貸方の中で２回以上使用してしまうと、不正解となります)。

ア．現金　　　イ．売掛金　　　ウ．売上

［正答例：勘定科目を借方・貸方の中で１回だけ使用している］

借方		貸方	
記号	金額	記号	金額
（ ア ）	10	（ ウ ）	100
（ イ ）	90	（　　）	

［誤答例：同じ勘定科目を貸方の中で２回使用してしまっている］

借方		貸方	
記号	金額	記号	金額
（ ア ）	10	（ ウ ）	10
（ イ ）	90	（ ウ ）	90

商　業　簿　記

第 1 問（20 点）

下記の各取引について仕訳しなさい。ただし、勘定科目は、設問ごとに最も適当と思われるものを選び、答案用紙の（　）の中に記号で解答すること。

1．本日決算日(3 月 31 日)であるため、外貨建売掛金 3,800 ドルおよび外貨建買掛金 2,500 ドルについて円換算を行う。外貨建売掛金は、3 月 9 日にグアムにある得意先に対して商品を販売した時に発生したものであり、外貨建買掛金は、2 月 14 日にハワイにある仕入先から商品を仕入れた時に発生したものである。2 月 14 日の為替相場は 1 ドル￥125、3 月 9 日の為替相場は 1 ドル￥124、3 月 31 日の為替相場は 1 ドル￥127 であった。なお、仕訳作成にあたり、為替差益と為替差損の両方が生じる場合には集約すること。

ア．買掛金　イ．売上　ウ．仕入　エ．為替差益
オ．支払手形　カ．売掛金　キ．為替差損　ク．受取手形

2．決算にあたり、当期首に取得した備品(取得価額￥560,000、残存価額ゼロ、耐用年数 4 年)について、定額法により減価償却(直接法)を行った。当社は、耐用年数を使用予定にもとづいて独自に見積り、適正な減価償却費を計算することにこだわっている。しかし、税法上において当該備品に対して認められている耐用年数は 10 年であり、税法上で認められる償却額を超過した部分は損金に算入することが認められない。そのため、減価償却費の計上とともに税効果会計を適用する。税効果会計を適用するにあたり、法定実効税率は 40%であるものとする。

ア．備品　イ．備品減価償却累計額　ウ．固定資産売却損　エ．法人税等調整額
オ．繰延税金負債　カ．繰延税金資産　キ．固定資産売却益　ク．減価償却費

3．株式投資および不動産投資を主たる業務としているＫＴトレード株式会社は、当期決算日である 3 月 31 日に定年退職する従業員 8 名に対して、退職金総額￥32,000,000 を従業員の給与受取口座(普通預金口座)に当社の当座預金口座から振り込んだ。退職した従業員は自社の業務経験にもとづき、退職金を元手に資産運用を行うため、受給方法について年金受け取りではなく一時金受け取りを選択している。なお、ＫＴトレード株式会社は、前期末の時点で当該定年退職する従業員 8 名に対して、退職給付引当金を総額￥29,000,000 計上している。

ア．退職給付引当金　イ．退職給付費用　ウ．売買目的有価証券　エ．給料
オ．当座預金　カ．賞与引当金　キ．普通預金　ク．賞与

4．本日、前期の商品販売によって発生した売掛金￥80,000 のうち、￥50,000 を現金で回収した。当該売掛金は、前期末において、6 ヶ月以上回収が滞っていたため当社の社内基準にもとづき貸倒処理を行っている。貸倒処理は、当該売掛金に対して貸倒引当金を設定していたため、全額貸倒引当金を取り崩す仕訳をしている。

ア．貸倒損失　イ．現金　ウ．貸倒引当金戻入　エ．売掛金
オ．貸倒引当金　カ．売上　キ．貸倒引当金繰入　ク．償却債権取立益

5．前期決算において保有する東北商事株式会社の株式(長期利殖目的で購入)の時価評価を行っていたため、本日(当期首)、洗替処理を行った。前期決算時点の東北商事株式会社の株式の帳簿価額は￥1,200,000、時価は￥1,500,000 であり、帳簿価額と時価の差額については税効果会計(法定実効税率 30%)を適用する。当社は、その他有価証券の評価にあたり、全部純資産直入法を採用している。

ア．その他有価証券　イ．繰延税金負債　ウ．繰延税金資産　エ．投資有価証券売却益
オ．法人税等調整額　カ．その他有価証券評価差額金　キ．売買目的有価証券
ク．投資有価証券売却損

全国統一模擬試験Ｉ第３回 答案用紙　２級①　商業簿記

採点欄	
第1問	

第１問　(20点)

	借方		貸方	
	記号	金額	記号	金額
1	(　　)		(　　)	
	(　　)		(　　)	
	(　　)		(　　)	
	(　　)		(　　)	
	(　　)		(　　)	
2	(　　)		(　　)	
	(　　)		(　　)	
	(　　)		(　　)	
	(　　)		(　　)	
	(　　)		(　　)	
3	(　　)		(　　)	
	(　　)		(　　)	
	(　　)		(　　)	
	(　　)		(　　)	
	(　　)		(　　)	
4	(　　)		(　　)	
	(　　)		(　　)	
	(　　)		(　　)	
	(　　)		(　　)	
	(　　)		(　　)	
5	(　　)		(　　)	
	(　　)		(　　)	
	(　　)		(　　)	
	(　　)		(　　)	
	(　　)		(　　)	

第2問（20点）

次に示したP商事株式会社(以下「P社」という。)の［資料］にもとづいて、答案用紙の連結精算表を完成しなさい。当期は×6年4月1日から×7年3月31日までの1年間である。本問では連結財務諸表欄のみを採点対象とする。なお、連結精算表作成上、該当数値がない場合は「－」と記入すること。

［資料］

1．P社は×6年3月31日に、S商事株式会社(以下「S社」という。)の発行済株式数の70%を￥1,400,000で取得し、支配を獲得した。
2．×6年3月31日のS社の貸借対照表上、資本金￥1,000,000、資本剰余金￥150,000、利益剰余金￥350,000が計上されていた。
3．のれんは発生年度の翌年から10年にわたり定額法により償却する。
4．S社は、当期中に繰越利益剰余金を財源に￥100,000の配当を行っている。
5．当期よりS社はP社に商品を掛けで販売している。S社のP社への売上高は￥1,200,000であり、売上総利益率は25%である。
6．P社がS社から仕入れた商品のうち、￥280,000が期末商品棚卸高に含まれている。
7．S社の売掛金のうち￥350,000はP社に対するものである。S社はP社への売上債権に対して貸倒引当金を設定していない。
8．P社は×6年12月1日にS社に対して期間3年、年利率3%、利払日12月1日および6月1日の条件で￥200,000を貸し付けている。
9．P社はS社に対して×6年10月1日に土地（簿価￥200,000）を￥300,000で売却した。なお、S社は当該土地を決算日時点において保有し続けている。

全国統一模擬試験Ⅰ第3回 答案用紙 2級② 商業簿記

採点欄	
第2問	

第2問 (20点)

連結第1年度　　　　連結精算表　　　　(単位：円)

科目	個別財務諸表		修正・消去		連結財務諸表
	P社	S社	借方	貸方	
貸借対照表					連結貸借対照表
現金預金	1,256,000	955,000			
売掛金	1,500,000	1,000,000			
貸倒引当金	△ 46,000	△ 40,000			△
商品	1,750,000	980,000			
前払費用	—	15,000			
土地	800,000	600,000			
貸付金	200,000	250,000			
S社株式	1,400,000	—			
のれん	—	—			
資産合計	6,860,000	3,760,000			
買掛金	990,000	1,180,000			
前受収益	20,000	—			
未払法人税等	300,000	180,000			
借入金	1,000,000	600,000			
資本金	2,500,000	1,000,000			
資本剰余金	350,000	150,000			
利益剰余金	1,700,000	650,000			
非支配株主持分	—	—			
負債・純資産合計	6,860,000	3,760,000			
損益計算書					連結損益計算書
売上高	8,800,000	5,200,000			
売上原価	6,400,000	3,740,000			
販売費及び一般管理費	1,321,000	835,000			
営業外収益	518,000	364,000			
営業外費用	397,000	289,000			
特別利益	150,000	30,000			
特別損失	250,000	80,000			
法人税等	400,000	250,000			
当期純利益	700,000	400,000			
非支配株主に帰属する当期純利益					
親会社株主に帰属する当期純利益					

第 3 問 (20 点)

次に示した会計サポート株式会社の［資料Ⅰ］、［資料Ⅱ］および［資料Ⅲ］にもとづいて、**問**に答えなさい。なお、会計期間は、×6 年 4 月 1 日から×7 年 3 月 31 日までの 1 年間である。

［資料Ⅰ］決算整理前残高試算表

決算整理前残高試算表

×7 年 3 月 31 日　(単位：円)

借　方	勘定科目	貸　方
580,100	現金預金	
740,000	受取手形	
2,246,200	売掛金	
345,000	繰越商品	
4,320,000	建物	
1,200,000	備品	
3,800,000	土地	
600,000	建設仮勘定	
	支払手形	595,000
	買掛金	429,000
	貸倒引当金	18,500
	修繕引当金	400,000
	退職給付引当金	1,360,000
	建物減価償却累計額	576,000
	備品減価償却累計額	300,000
	資本金	4,000,000
	利益準備金	500,000
	繰越利益剰余金	2,097,200
	売上	27,630,000
	受取家賃	405,000
16,842,000	仕入	
6,927,400	給料	
710,000	修繕費	
38,310,700		38,310,700

［資料Ⅱ］未処理事項

1. 建設中の店舗が完成し、×6 年 7 月 1 日に引渡しを受けて使用を開始した。引き渡しを受けた際に工事代金の残金￥200,000、登記費用￥40,000 について小切手を振り出して支払っていたが、一切未処理である。なお、建設仮勘定は当該店舗にかかるものである。
2. ×6 年 10 月 1 日に￥660,000 をかけて建物の修繕を行い、すべて修繕費として処理していたが、代金のうち￥420,000 は資本的支出であると認められた。なお、修繕引当金は当該修繕のために設定されていた。

［資料Ⅲ］決算整理事項

1. 売掛金期末残高には、期中に外貨建てで生じた売掛金￥336,000(2,800 ドル)が含まれている。決算日の為替相場は 1 ドル￥116 となっている。
2. 売上債権について、差額補充法により、次のように貸倒引当金の設定を行う。
   ① 甲社に対する売掛金￥80,000：債権額から担保処分見込額￥24,000 を控除した残額の 50%の金額
   ② その他の売上債権：貸倒実績率 2%を用いて設定
3. 商品の期末棚卸高は次のとおりである。
   帳簿棚卸高：数量 2,000 個 原価 @￥140
   実地棚卸高：数量 1,920 個 正味売却価額 @￥125
4. 有形固定資産の減価償却は次の要領で行う。
   建物：定額法、耐用年数 30 年、残存価額ゼロ
   備品：定率法、償却率 25%
   期中増加した固定資産は同種固定資産と同様の方法で減価償却を行う。なお、［資料Ⅱ］未処理事項以外に増加した固定資産はない。
5. 修繕が翌期に予定されているため、修繕引当金を洗替法によって￥400,000 計上する。
6. 従業員に対する退職給付を見積もった結果、当期末に￥1,620,000 の退職給付引当金を計上する必要があると算定された。
7. 受取家賃は、毎年同額を 10 月 1 日に向こう 1 年分をまとめて受け取っている。
8. 税引前当期純利益￥3,000,000 に法定実効税率 30%を乗じた金額を「法人税、住民税及び事業税」に計上する。

問 1　答案用紙の決算整理後残高試算表を完成しなさい。

問 2　当期純利益または当期純損失の金額を答えなさい。
なお、当期純損失の場合は金額の頭に△を付すこと。

採点欄	
第3問	

全国統一模擬試験Ⅰ第3回 答案用紙 2級③ 商業簿記

第3問 (20点)

問1

決算整理後残高試算表

×7年3月31日 (単位：円)

借方残高	勘定科目	貸方残高
	現金預金	
	受取手形	
	売掛金	
	繰越商品	
	建物	
	備品	
	土地	
	支払手形	
	買掛金	
	貸倒引当金	
	修繕引当金	
	(　　　)法人税等	
	(　　　)家賃	
	退職給付引当金	
	建物減価償却累計額	
	備品減価償却累計額	
	資本金	
	利益準備金	
	繰越利益剰余金	
	売上	
	受取家賃	
	(　　　)戻入	
	仕入	
	棚卸減耗損	
	商品評価損	
	給料	
	退職給付費用	
	修繕費	
	貸倒引当金繰入	
	(　　　)繰入	
	減価償却費	
	(　　　)	
	法人税、住民税及び事業税	

問2 当期純利益または当期純損失の金額 ¥

工　業　簿　記

第4問（28点）

(1)　下記の各取引について仕訳しなさい。ただし、勘定科目は、設問ごとに最も適当と思われるものを選び、答案用紙の（　　）の中に記号で解答すること。

1．富山ファスナー製作所は、本社会計から工場を独立させている。工場従業員に対する賃金・給料は、工場に賃金・給料勘定を設定して記帳し、給料等の支払いはすべて本社が行っている。工場は、本社で工場従業員への給料800,000円(所得税預り金50,000円控除後)について、小切手を振り出して支払ったと連絡を受けた。工場での仕訳を示しなさい。

ア．工場	イ．仕掛品	ウ．所得税預り金
エ．本社	オ．賃金・給料	カ．当座預金

2．山形スリッパ工場は、標準原価計算制度を採用し、勘定記入はシングル・プランで行っている。当月、スリッパの製造に着手し720個が完成した。当月の製造間接費に関する実際発生額は1,670,000円、予算許容額は1,710,000円、標準配賦額は1,625,000円であった。なお、月初・月末仕掛品は存在しなかった。製造間接費を仕掛品勘定に振り替えなさい。

ア．製品	イ．仕掛品	ウ．賃金・給料
エ．材料	オ．売上原価	カ．製造間接費

3．鹿児島かつお加工工場では、材料の購入に際して、購入量1kg当たり20円として材料副費を予定配賦している。当月の材料購入量2,000kgに対する材料副費の実際発生額は50,000円であった。材料副費予定配賦額と実際発生額との差額を材料副費差異勘定に振り替える。

ア．材料副費差異	イ．仕掛品	ウ．製品
エ．買掛金	オ．材料	カ．材料副費

(2)　北海道製作所の下記の［資料］にもとづいて、当月の製造原価報告書の作成および当月の売上原価の金額の計算を行いなさい。なお、原価差異は売上原価に賦課するものとする。

［資料］

1．棚卸資産有高（単位：円）

	月初有高	月末有高		月初有高	月末有高
素　　材 ※	480,000	520,000	仕　掛　品	1,328,000	1,351,000
補修用材料	62,000	84,000	製　　品	2,200,000	1,295,000

※　実地棚卸を行ったところ、454,800円であった。その他は帳簿上の金額と一致していた。

2．直接工に関するデータ（単位：時間）

直接工の勤務時間の内訳は下記のとおりである。なお、1時間当たり1,400円の予定賃率で労務費の消費額を計算している。

段取時間 :200　　間接作業時間 :1,400　　手待時間 :800　　加工時間 :8,000　　定時休憩時間 :250

3．支払高等（単位：円）

	月初未払高	当月支払高	月末未払高		当月支払高
直接工賃金	810,000	15,320,000	650,000	素　　材	4,916,000
間接工賃金	200,000	5,987,000	340,800	外注加工賃	3,162,000
給　　料	320,000	10,200,400	200,000	製造用工具 ※	329,000
電　気　料	？	1,920,000	？	補修用材料	1,700,000

※　耐用年数は1年未満である。

4．その他

電気料（測定額）：1,860,000円

減価償却費（年間見積額）：79,200,000円

製造間接費は直接作業時間を基準に1時間当たり3,600円で予定配賦している。

全国統一模擬試験Ⅰ第3回 答案用紙 2級④ 工業簿記

採点欄	
第4問	

第4問（28点）

(1)

	借方		貸方	
	記号	金額	記号	金額
1	（　）		（　）	
	（　）		（　）	
	（　）		（　）	
2	（　）		（　）	
	（　）		（　）	
	（　）		（　）	
3	（　）		（　）	
	（　）		（　）	
	（　）		（　）	

(2)

製造原価報告書　（単位：円）

直接材料費		（　）
直接労務費		（　）
直接経費		（　）
製造間接費		
間接材料費	（　）	
間接労務費	（　）	
間接経費	（　）	
合計	（　）	
製造間接費配賦差異	（　）	（　）
当月製造費用		（　）
月初仕掛品原価		（　）
合計		（　）
月末仕掛品原価		（　）
当月製品製造原価		（　）

※ 製造間接費配賦差異は、合計に対してマイナスする場合は、数字の前に△を付すこと。

当月の売上原価 [　　　　] 円

第５問（12点）

Ｘ社の当期の全部原価計算方式による損益計算書、販売および原価データは下記のとおりである。なお、期首と期末に仕掛品および製品の在庫はなかった。

損　益　計　算　書

売上高	36,000,000円
売上原価	23,994,000円
売上総利益	12,006,000円
販売費及び一般管理費	5,310,000円
営業利益	6,696,000円

販売および原価データ

(1)　販売数量：9,000個

(2)　1個当たり製造原価

直接材料費(変動費)：@1,000円

直接労務費(変動費)：@900円

製造間接費：変動費@300円　固定費@466円

(3)　販売費及び一般管理費

変動費1,800,000円　　固定費3,510,000円

問１　答案用紙の直接原価計算方式の損益計算書を完成しなさい。

問２　当期の損益分岐点売上高を計算しなさい。

問３　当期の安全余裕率を計算しなさい。ただし、1%未満は四捨五入のこと。(例) 13.4% → 13%

問４　当期の期首時点で掲げた目標営業利益は8,400,000円であった。目標営業利益を達成する売上高を計算しなさい。

問５　次期の目標営業利益率を15%に設定した。目標営業利益率を達成する次期の販売数量を計算しなさい。ただし、次期においては、同業他社との競争および材料費の高騰が予想されるため、計算にあたっては、販売単価の10%値下げ、直接材料費の1個当たりの製造原価の3%値上げ、販売費及び一般管理費の固定費9%値上げを考慮し、他の原価データは当期と同一とすること。

Ⅰ第３回　チャレンジ 第４問(2)　組別総合原価計算

蒔田製作所では、Ｐ、Ｑの２種類の異種製品を同一工程で連続生産しているため、組別総合原価計算を採用して製造原価の計算を行っている。当製作所では、製造費用を原料費と直接労務費および製造間接費に分類し、原料費と直接労務費は各組に直課し、製造間接費は原料費と直接労務費の合計額を配賦基準として各組に実際配賦している。なお、原価投入額合計を完成品総合原価と期末仕掛品原価に配分するにあたり、Ｐ製品は先入先出法、Ｑ製品には平均法を用いること。また、正常仕損品には処分価値はないものとする。下記［資料］にもとづいて、答案用紙の組別総合原価計算表を作成しなさい。

［資料］

1．生産データ（原料はすべて工程の始点で投入される）

	Ｐ製品		Ｑ製品	
月初仕掛品	400 個	(0.25)	250 個	(0.4)
当月投入	800 個		750 個	
合計	1,200 個		1,000 個	
正常仕損品	100 個	(1.0)	100 個	(0.4)
月末仕掛品	200 個	(0.5)	300 個	(0.5)
当月完成品	900 個		600 個	

※　(　　)内は、加工費の進捗度を示している。
なお、(1.0)は工程の終点を意味する。

2．原価データ

月初仕掛品原価

原料費：1,260,000円(うち、Ｑ製品760,000円)

加工費：　754,160円(うち、Ｐ製品341,560円)

当月製造費用

原料消費価格：@　800円/kg

消費賃率：@1,350円/時間

材料消費量：4,800kg(うち、Ｐ製品1,250kg)

直接作業時間：2,200時間(うち、Ｑ製品1,760時間)

製造間接費：2,724,000円

全国統一模擬試験Ⅰ第３回 答案用紙 ２級⑤ 工業簿記

採点欄	
第5問	

第５問 （12点）

問１

直接原価計算方式による損益計算書 （単位：円）

売上高	（ ）
変動売上原価	（ ）
変動製造マージン	（ ）
変動販売費	（ ）
貢献利益	（ ）
製造固定費	（ ）
固定販売費及び一般管理費	（ ）
営業利益	（ ）

問２ 円

問３ ％

問４ 円

問５ 個

チャレンジ第４問(2) ［答案用紙］

組別総合原価計算表 （単位：円）

	P製品		Q製品	
	原料費	加工費	原料費	加工費
月初仕掛品原価	（ ）	341,560	760,000	（ ）
当月製造費用	（ ）	（ ）	（ ）	（ ）
合計	（ ）	（ ）	（ ）	（ ）
月末仕掛品原価	（ ）	（ ）	（ ）	（ ）
完成品原価	（ ）	（ ）	（ ）	（ ）
完成品単位原価	（ ）		（ ）	

I 第3回　チャレンジ 第3問　精算表作成

問題文は、Iクール第3回をそのまま使用してください。

精　　算　　表

勘定科目	残高試算表		修正記入		損益計算書		貸借対照表	
	借方	貸方	借方	貸方	借方	貸方	借方	貸方
現金預金	580,100							
受取手形	740,000							
売掛金	2,246,200							
繰越商品	345,000							
建物	4,320,000							
備品	1,200,000							
土地	3,800,000							
建設仮勘定	600,000							
支払手形		595,000						
買掛金		429,000						
貸倒引当金		18,500						
修繕引当金		400,000						
退職給付引当金		1,360,000						
建物減価償却累計額		576,000						
備品減価償却累計額		300,000						
資本金		4,000,000						
利益準備金		500,000						
繰越利益剰余金		2,097,200						
売上		27,630,000						
受取家賃		405,000						
仕入	16,842,000							
給料	6,927,400							
修繕費	710,000							
	38,310,700	38,310,700						
(　　　)								
貸倒引当金繰入								
棚卸減耗損								
商品評価損								
減価償却費								
(　　　)戻入								
(　　　)繰入								
退職給付費用								
(　　)家賃								
(　　)法人税等								
法人税等								
当期純(　　)								

日商簿記検定２級　全国統一模擬試験Ⅰ　第４回

問題・答案用紙

（制限時間　90 分）

受験者への注意事項

1.　本冊子は、持ち帰りできませんので全ページを必ず提出してください。持ち帰った場合は失格となり、以後の受験をお断りする場合があります。
2.　答えは、問題文の指示に従い定められたところに、誤字・脱字のないよう、ていねいに書いてください。
3.　答案の記入にあたっては、黒鉛筆または黒シャープペンシルを使用してください。仕訳問題の答案の記入方法は、下記を確認してください。
4.　問題および答案用紙の余白は計算用紙として使用できます（解答欄にかぶらないようにしてください）。

仕訳問題の解答にあたっての注意事項

以下の正答例を参考に、仕訳問題における各設問の解答にあたっては、各勘定科目の使用は、借方・貸方の中でそれぞれ１回ずつとしてください(各設問につき、同じ勘定科目を借方・貸方の中で２回以上使用してしまうと、不正解となります)。

ア．現金　　　イ．売掛金　　　ウ．売上

［正答例：勘定科目を借方・貸方の中で１回だけ使用している］

借方		貸方	
記号	金額	記号	金額
（ ア ）	10	（ ウ ）	100
（ イ ）	90	（　　）	

［誤答例：同じ勘定科目を貸方の中で２回使用してしまっている］

借方		貸方	
記号	金額	記号	金額
（ ア ）	10	（ ウ ）	10
（ イ ）	90	（ ウ ）	90

商　業　簿　記

第１問（20点）

下記の各取引について仕訳しなさい。ただし、勘定科目は、設問ごとに最も適当と思われるものを選び、答案用紙の（　）の中に記号で解答すること。

１．東京商事株式会社は、渋谷にある本店の他に新宿支店をオープンしている。本日決算にあたり、以下の３つの事項が判明した。

① 本店は、新宿支店に対して商品￥125,000（振替価額）を販売していたが、新宿支店で未処理であった。

② 新宿支店は、本店の広告宣伝費￥96,000を現金で立替払いしていたが、本店に未達であった。

③ 本店は、新宿支店の売掛金￥200,000を得意先から現金で回収していたが、新宿支店に未達であった。

判明した未処理・未達事項について、新宿支店で必要な仕訳を行いなさい。なお、東京商事株式会社では、支店独立会計制度を採用している。仕訳作成にあたり、勘定科目は相殺しないこと。

ア．本店　イ．支店へ売上　ウ．売掛金　エ．広告宣伝費
オ．未収入金　カ．現金　キ．本店より仕入　ク．支店

２．期首（×9年４月１日）に、事業の撤退によって不用となった備品２つを処分する。１つは￥150,000で売却でき、代金は翌月末に受け取ることになったが、もう１つは売却できなかったため、除却（処分価値￥100,000）することにした。当該備品は、いずれも×1年10月１日に購入代価￥700,000、据付費用￥100,000で取得したものであり、残存価額はゼロ、耐用年数は10年、償却方法は定額法、記帳方法は間接法によっている。なお、決算日は３月31日である。

ア．固定資産売却損　イ．備品　ウ．未収入金　エ．備品減価償却累計額
オ．支払手数料　カ．貯蔵品　キ．固定資産売却益　ク．固定資産除却損

３．鹿児島商事株式会社は、青森商事株式会社に対して影響力を行使することを目的として青森商事株式会社が発行する株式の50%に当たる5,400株を１株当たり￥250で購入し、普通預金口座から支払った。また、得意先である大分産業株式会社との長期にわたる取引関係を維持するために同社株式の2,500株を￥700,000で購入し、後日支払うことにした。なお、購入に際して生じた証券会社に対する手数料が生じており、それぞれの株式購入価額の5%を現金で支払っている。

ア．子会社株式　イ．買掛金　ウ．売買目的有価証券　エ．未払金
オ．関連会社株式　カ．現金　キ．その他有価証券　ク．普通預金

４．ＵＴ株式会社から売掛金の回収として受け取り、日本銀行で割引いた同社振出の約束手形￥300,000、仕入先に対して裏書譲渡していた同社振出の約束手形￥200,000について、満期日に支払拒絶を受けたとして償還請求を受けたため、満期日後の延滞利息￥2,200とともに小切手を振り出して決済した。また、当社が保有している千葉商店振出の約束手形￥250,000について支払拒絶されたため、千葉商店に対して償還請求した。なお、償還請求の諸費用￥8,000を現金で支払っている。

ア．現金　イ．支払利息　ウ．支払手数料　エ．売掛金
オ．手形売却損　カ．受取手形　キ．不渡手形　ク．当座預金

５．買掛金の支払いにあたり短期的な資金が必要となった。そのため、かねて売掛金の対価として現金￥30,000と共に受け取っていた得意先振り出しの約束手形￥120,000および保有する電子記録債権のうち￥400,000を取引銀行で割引き、割引料￥9,600（約束手形￥6,000、電子記録債権￥3,600）を差し引いた残額を当座預金口座に預け入れた。なお、当社は各割引料について独立の勘定科目を使用して記帳している。

ア．手形売却損　イ．現金　ウ．電子記録債権　エ．当座預金
オ．電子記録債権売却損　カ．受取手形　キ．支払手形　ク．電子記録債務

全国統一模擬試験Ⅰ第４回 答案用紙 ２級① 商業簿記

採点欄	
第1問	

第１問 (20点)

	借方		貸方	
	記号	金額	記号	金額
1	(　　)		(　　)	
	(　　)		(　　)	
	(　　)		(　　)	
	(　　)		(　　)	
	(　　)		(　　)	
2	(　　)		(　　)	
	(　　)		(　　)	
	(　　)		(　　)	
	(　　)		(　　)	
	(　　)		(　　)	
3	(　　)		(　　)	
	(　　)		(　　)	
	(　　)		(　　)	
	(　　)		(　　)	
	(　　)		(　　)	
4	(　　)		(　　)	
	(　　)		(　　)	
	(　　)		(　　)	
	(　　)		(　　)	
	(　　)		(　　)	
5	(　　)		(　　)	
	(　　)		(　　)	
	(　　)		(　　)	
	(　　)		(　　)	
	(　　)		(　　)	

第 2 問 (20 点)

下記の［資料］にもとづいて、答案用紙に示した(　　)に適切な金額を記入して、株式会社姫路商事の×7 年度(自×7 年 4 月 1 日　至×8 年 3 月 31 日)の株主資本等変動計算書(単位：千円)を完成しなさい。なお、解答数値がゼロの場合は「0」を記入し、純資産の各項目が減少する場合には、金額の前に△を付して解答すること。

［資料］

1．×7 年 6 月 26 日に開催された株主総会において、剰余金の配当が次のとおり承認された。
（1）その他資本剰余金を財源とする剰余金の配当
①　株主への配当　2,000 千円で実施する。
②　株主への配当にともなう準備金の積立　会社法で規定する金額を積み立てる。
（2）繰越利益剰余金を財源とする剰余金の配当
①　株主への配当　3,000 千円で実施する。
②　株主への配当にともなう準備金の積立　会社法で規定する金額を積み立てる。

2．×7 年 7 月 1 日に岐阜商会株式会社を吸収合併した。岐阜商会の諸資産は帳簿価額 108,000 千円に対して時価 120,000 千円、諸負債は帳簿価額 90,000 千円で時価も同額であった。合併の対価として岐阜商会株式会社の株主に当社の株式 5,000 株（時価@￥9,000）を交付した。なお、株式の交付にともなって増加する株主資本は、資本金 20,000 千円、資本準備金 20,000 千円とし、残額をその他資本剰余金とした。

3．×7 年 10 月 1 日に増資を行い、4,000 株を 1 株につき￥3,500 で発行した。払込金は全額当座預金に預け入れた。なお、資本金の額は会社法が認める最低額とする。

4．×7 年 12 月 31 日に株主総会で決議した、その他資本剰余金 2,500 千円を減少させ、資本金に 1,500 千円組み入れ、残額を資本準備金とする効力発生日を迎えた。

5．×8 年 3 月 31 日、決算を行った結果、当期純損失が 3,000 千円計上された。

6．当社では、繰越利益剰余金がマイナス残高となった場合、マイナス残高がゼロになるように任意積立金で補填することにしている。

全国統一模擬試験Ⅰ第４回 答案用紙 ２級② 商業簿記

採点欄	
第2問	

第 2 問 (20 点)

株主資本等変動計算書

自×7年4月1日　至×8年3月31日　(単位：千円)

	株主資本			
	資本金	資本剰余金		
		資本準備金	その他資本剰余金	資本剰余金合計
当期首残高	60,000	10,000	5,000	15,000
当期変動額				
剰余金の配当		(　)	(　)	(　)
吸収合併	(　)	(　)	(　)	(　)
新株の発行	(　)	(　)		(　)
計数の変動	(　)	(　)	(　)	(　)
当期純損失				
損失の補填				
当期変動額合計	(　)	(　)	(　)	(　)
当期末残高	(　)	(　)	(　)	(　)

(下段へ続く)

(上段から続く)

	株主資本					純資産合計
	利益剰余金				株主資本合計	
	利益準備金	その他利益剰余金		利益剰余金合計		
		任意積立金	繰越利益剰余金			
当期首残高	4,700	3,000	5,000	12,700	87,700	87,700
当期変動額						
剰余金の配当	(　)		(　)	(　)	(　)	(　)
吸収合併					(　)	(　)
新株の発行					(　)	(　)
計数の変動					—	—
当期純損失			(　)	(　)	(　)	(　)
損失の補填		(　)	(　)	—	—	—
当期変動額合計	(　)	(　)	(　)	(　)	(　)	(　)
当期末残高	(　)	(　)	(　)	(　)	(　)	(　)

第3問（20点）

次に示した会計サポート株式会社の［資料Ⅰ］、［資料Ⅱ］および［資料Ⅲ］にもとづいて、答案用紙の貸借対照表を完成しなさい。なお、会計期間は×2年4月1日から×3年3月31日までの1年間である。

［資料Ⅰ］決算整理前残高試算表

決算整理前残高試算表

×3年3月31日　　（単位：円）

借　方	勘定科目	貸　方
1,808,300	現金	
1,199,500	当座預金	
3,000,000	定期預金	
1,750,000	受取手形	
2,900,000	売掛金	
1,350,000	電子記録債権	
1,396,000	仮払消費税	
60,000	前払利息	
3,901,000	売買目的有価証券	
980,000	繰越商品	
4,500,000	建物	
750,000	備品	
480,000	リース資産	
	支払手形	1,600,000
	買掛金	1,800,000
	リース債務	384,000
	借入金	4,000,000
	仮受消費税	2,436,000
	貸倒引当金	45,000
	建物減価償却累計額	1,350,000
	備品減価償却累計額	366,000
	資本金	5,000,000
	資本準備金	700,000
	利益準備金	200,000
	繰越利益剰余金	648,750
	売上	30,450,000
	受取利息	33,750
	受取配当金	10,000
17,450,000	仕入	
6,585,000	給料	
678,000	広告宣伝費	
235,700	租税公課	
49,023,500		49,023,500

［資料Ⅱ］未処理事項

1．保有株式に対する配当金領収証¥20,000を受け取っていたが未処理であった。

2．保有する売買目的有価証券の半分を¥2,048,000で売却し、代金は証券会社に対する手数料¥30,000を差し引かれたうえで当座預金口座に振り込まれたが未処理であった。ただし、売却損益と手数料を相殺せずに計上する。

［資料Ⅲ］決算整理事項

1．売上債権の期末残高に対して3%の貸倒れを見積もり、差額補充法により貸倒引当金を設定する。なお、貸倒引当金繰入額のうち¥95,000は税法上損金に算入することが認められないため、税効果会計(法定実効税率30%、以下同様)を適用する。

2．商品の期末棚卸高は次のとおりである。

帳簿棚卸高：数量　1,100個　原価　@¥1,000

実地棚卸高：数量　900個（正味売却価額@¥960）

数量　150個（正味売却価額@¥820）

3．期末に保有している売買目的有価証券の期末時価は¥2,060,500であった。

4．有形固定資産の減価償却を次の要領で行う。

建物：耐用年数30年、残存価額ゼロ、定額法

備品：耐用年数10年、200%定率法

リース資産：耐用年数5年、残存価額ゼロ、定額法

なお、リース資産は当期首から使用を開始している。リース債務については、毎年3月末に均等額¥96,000を5回にわたって支払うことになっている(×3年3月末分の支払いは処理済み)。また、減価償却費の総額のうち¥130,000は税法上損金に算入することが認められないため、税効果会計を適用する。

5．定期預金は×2年1月1日に、満期日×6年12月31日、年利率1.5%、利払日12月末の条件で預けたものである。決算にあたって利息の未収分を月割で計上する。

6．借入金は返済期日×5年11月30日、年利率3.0%の条件で、×2年12月1日に借り入れたものである。利息は6月1日と12月1日に6ヶ月分を前払いすることとし、支払時に全額を前払利息に計上している。

7．消費税（税抜方式）の処理を行う。

8．法人税、住民税及び事業税は課税所得の金額に対して、法定実効税率を乗じることによって算定する。なお、税引前当期純利益は¥5,263,000であった。

全国統一模擬試験Ⅰ第4回 答案用紙 2級③ 商業簿記

採点欄	
第3問	

第3問 (20点)

貸借対照表
×3年3月31日

(単位:円)

資産の部		
Ⅰ 流動資産		
現金預金		( )
受取手形		( )
売掛金		( )
電子記録債権		( )
有価証券		( )
商品		( )
未収収益		( )
前払費用		( )
貸倒引当金		(△)
Ⅱ 固定資産		
建物	( )	
減価償却累計額	(△)	( )
備品	( )	
減価償却累計額	(△)	( )
( )	( )	
減価償却累計額	(△)	( )
( )		( )
繰延税金資産		( )
資産合計		( )
負債の部		
Ⅰ 流動負債		
支払手形		( )
買掛金		( )
( )		( )
未払法人税等		( )
未払消費税		( )
Ⅱ 固定負債		
( )		( )
リース債務		( )
負債合計		( )
純資産の部		
Ⅰ 株主資本		
資本金		( )
資本準備金		( )
利益準備金		( )
繰越利益剰余金		( )
純資産合計		( )
負債・純資産合計		( )

工　業　簿　記

第 4 問（28 点）

(1)　下記の各取引について仕訳しなさい。ただし、勘定科目は、設問ごとに最も適当と思われるものを選び、答案用紙の（　　）の中に記号で解答すること。

1．山梨ネクタイ製作所は、本社会計から工場を独立させている。材料は工場倉庫に搬入させ、支払いは本社が行っている。本社は、ネクタイの製造で使用する材料 900kg を 1kg 当たり 270 円で購入し、買入手数料 30,000 円とともに、代金は後日現金で支払うことにした。本社での仕訳を示しなさい。

ア．工場　　イ．仕掛品　　ウ．材料
エ．現金　　オ．本社　　カ．買掛金

2．岡山学生服工場に関する賃金給料の当月消費額を計上する。賃金給料は毎月 20 日締めの 25 日支払いである。賃金給料に関する資料は、当月 25 日支払分 495,000 円、前月 21 日から 31 日分 125,000 円、当月 21 日から 31 日分 130,000 円である。なお、当月消費額の 20%は間接工に対するものであった。

ア．製品　　イ．材料　　ウ．仕掛品
エ．現金　　オ．賃金・給料　　カ．製造間接費

3．徳島ＬＥＤ工場では、予定配賦率を使用し、作業時間報告書の実際機械作業時間を配賦基準として、製造間接費を予定配賦している。そこで、予定配賦額との差額を製造間接費配賦差異勘定に振り替える。年間の製造間接費予算は 21,576,000 円、配賦基準となる年間の予定機械作業時間は 74,400 時間である。当月の製造間接費の実際発生額は 1,857,600 円、実際機械作業時間は 6,110 時間であった。

ア．売上原価　　イ．仕掛品　　ウ．製造間接費配賦差異
エ．現金　　オ．製造間接費　　カ．製品

(2)　福岡製作所は石けんを製造・販売しており、標準原価計算制度を採用している。次の［資料］にもとづいて下記の**問**に答えなさい。

［資料］

1．材料費の標準単価は 1kg 当たり 300 円で、石けん 1 個当たりの標準消費量は 6kg である。
2．労務費の標準賃率は 1 時間当たり 700 円で、石けん 1 個当たりの標準直接作業時間は 3 時間である。
3．年間の製造間接費予算
　変動費　71,280,000 円　　固定費　47,520,000 円
4．年間の予定直接作業時間
　39,600 時間である。なお、製造間接費の配賦基準は直接作業時間で行っている。
5．当月の実際発生額
　材料費　1,731,000 円　　労務費　1,812,750 円　　製造間接費　9,789,000 円（うち変動費 5,810,000 円）
6．当月の実際直接作業時間は 3,150 時間であった。
7．生産データ

月初仕掛品	200	個	（加工進捗度 15%）
当月着手	940	個	
合　計	1,140	個	
月末仕掛品	310	個	（加工進捗度 70%）
完成品	830	個	

問 1　石けん 1 個当たりの標準原価を計算しなさい。

問 2　勘定記入の方法をパーシャル・プランによった場合の答案用紙に示した仕掛品勘定のうち、製造間接費に関する金額を答えなさい。なお、標準原価差異の欄は不要な場合「－」と記入すること。

問 3　勘定記入の方法をシングル・プランによった場合の答案用紙に示した仕掛品勘定のうち、製造間接費に関する金額を答えなさい。なお、標準原価差異の欄は不要な場合「－」と記入すること。

全国統一模擬試験Ⅰ第4回 答案用紙 2級④ 工業簿記

採点欄	
第4問	

第4問 (28点)

(1)

	借方		貸方	
	記号	金額	記号	金額
1	(　)		(　)	
	(　)		(　)	
	(　)		(　)	
2	(　)		(　)	
	(　)		(　)	
	(　)		(　)	
3	(　)		(　)	
	(　)		(　)	
	(　)		(　)	

(2)

問1 ［　　　　］円／個

問2

仕掛品 (単位：円)

月初有高	(　)	製品	(　)
直接材料費	(　)	月末有高	(　)
直接労務費	(　)	標準原価差異	(　)
製造間接費	(　)		
標準原価差異	(　)		
	(　)		(　)

問3

仕掛品 (単位：円)

月初有高	(　)	製品	(　)
直接材料費	(　)	月末有高	(　)
直接労務費	(　)	標準原価差異	(　)
製造間接費	(　)		
標準原価差異	(　)		
	(　)		(　)

第５問（12 点）

Ａ社は、直接原価計算による損益計算書を作成している。Ａ社の当期の販売および原価データは下記のとおりである。なお、期首と期末の仕掛品および期首の製品の在庫はなかった。

販売および原価データ

⑴　販売単価＠4,000 円　販売数量：9,000 台

⑵　製造原価　生産数量：10,000 台

直接材料費(変動費)：　10,000,000 円

直接労務費(変動費)：　9,000,000 円

製造間接費：変動費 3,000,000 円　固定費 4,500,000 円

⑶　販売費及び一般管理費：

変動費 1,800,000 円　　固定費 3,420,000 円

問１　答案用紙の（　　）に適切な用語または数字を記入しなさい。なお、記入する用語は下記の中から選び記号で解答すること。

ア．売上原価　イ．直接費　ウ．製造間接費　エ．変動費　オ．固定費

カ．売上総利益　キ．経常利益　ク．貢献利益　ケ．大きく　コ．小さく

問２　当期の損益分岐点売上高を計算しなさい。

問３　現在の売上高が何％落ち込むと損益分岐点の売上高に達するか計算しなさい。ただし、1％未満は四捨五入のこと。（例）13.4％ → 13％

問４　現在の売上高が 5,000,000 円増加するとき営業利益はいくら増加するか計算しなさい。

問５　来期においては、販売単価を 10％値下げすることとしたうえで、目標営業利益率を 15％に設定した。目標営業利益率を達成する来期の販売数量を計算しなさい。ただし、原価データは当期と同一とすること。

Ⅰ 第４回　チャレンジ 第４問(2)　等級別総合原価計算

多摩工業では、等級製品Ａ、ＢおよびＣを同一工程で連続生産し販売している。製品原価の計算方法としては、1ヶ月間の完成品の総合原価を、各等級製品の重量によって定められた等価係数に各完成品数量を乗じた積数の比にもとづいて各等級製品に按分する方法を採用している。下記の［資料］にもとづいて、（1）月末仕掛品原価、（2）各等級製品に按分する前の完成品総合原価、（3）製品Ａ、Ｂ、Ｃの完成品原価および完成品単位原価を計算しなさい。なお、加工費は直接作業時間を配賦基準として予定配賦している。

［資料］

1．当月生産データについて

月初仕掛品	800	個	(0.4)
当月投入	4,600	個	
合計	5,400	個	
正常仕損品	200	個	
月末仕掛品	700	個	(0.5)
完成品	4,500	個	内訳（Ａ：1,100 個　Ｂ：1,300 個　Ｃ：2,100 個）
合計	5,400	個	

（注）　材料は工程の始点で投入し、(　)内は加工費の進捗度である。仕損は工程の途中で発生している。正常仕損品の処理は度外視法によること。なお、正常仕損品の評価額はゼロであった。

2．月初仕掛品原価と当月製造費用（実際発生額）について

①　月初仕掛品原価：221,800 円

②　当月製造費用：直接材料費　2,772,000 円

加　工　費　予定配賦率：400 円/時間、当月実際直接作業時間：9,513 時間

3．製品 1 個当たりの重量について

製品Ａ：1,000 g　　製品Ｂ：1,100 g　　製品Ｃ：600 g

採　点　欄	
第5問	

全国統一模擬試験Ⅰ第４回 答案用紙 ２級⑤ 工業簿記

第５問（12点）

問１　直接原価計算による損益計算書では、原価（製造原価、販売費及び一般管理費）を（　①　　　　）と（　②　　　　）とに分解し、売上高から①を控除して（　③　　　　）を計算して、さらに②を控除して営業利益を計算する。

本問において、③は（　④　　　　）円であり、営業利益は（　⑤　　　　）円である。本問の場合、直接原価計算による営業利益は、全部原価計算における営業利益と比べて、全部原価計算において期末棚卸資産に含まれる固定製造間接費の分だけ（　⑥　　　　）なる。

問２　　　　　円　　**問３**　　　　　％

問４　　　　　円　　**問５**　　　　　台

チャレンジ第４問(2)［答案用紙］

（１）	月末仕掛品原価		円
（２）	完成品総合原価		円
（３）製品Ａ：	完成品原価		円
	完成品単位原価		円／個
製品Ｂ：	完成品原価		円
	完成品単位原価		円／個
製品Ｃ：	完成品原価		円
	完成品単位原価		円／個

Ⅰ第4回　チャレンジ 第3問　損益計算書作成

問題文は、Ⅰクール第4回をそのまま使用してください。

損　益　計　算　書

自×2年4月1日　至×3年3月31日　（単位：円）

Ⅰ　売上高		（　　）
Ⅱ　売上原価		
1　期首商品棚卸高	（　　）	
2　当期商品仕入高	（　　）	
合計	（　　）	
3　期末商品棚卸高	（　　）	
差引	（　　）	
4　棚卸減耗損	（　　）	
5（　　）	（　　）	（　　）
売上総利益		（　　）
Ⅲ　販売費及び一般管理費		
1　給料	（　　）	
2　広告宣伝費	（　　）	
3　租税公課	（　　）	
4　貸倒引当金繰入	（　　）	
5　減価償却費	（　　）	（　　）
営業利益		（　　）
Ⅳ　営業外収益		
1　受取利息	（　　）	
2　受取配当金	（　　）	
3（　　）	（　　）	
4　有価証券売却益	（　　）	（　　）
Ⅴ　営業外費用		
1　支払利息	（　　）	
2　支払手数料	（　　）	（　　）
税引前当期純利益		（　　）
法人税、住民税及び事業税	（　　）	
（　　）	（　　）	（　　）
当期純利益		（　　）

日商簿記検定２級　全国統一模擬試験Ⅰ　第５回

問 題・答 案 用 紙

（制限時間　90 分）

受験者への注意事項

1.　本冊子は、持ち帰りできませんので全ページを必ず提出してください。持ち帰った場合は失格となり、以後の受験をお断りする場合があります。
2.　答えは、問題文の指示に従い定められたところに、誤字・脱字のないよう、ていねいに書いてください。
3.　答案の記入にあたっては、黒鉛筆または黒シャープペンシルを使用してください。仕訳問題の答案の記入方法は、下記を確認してください。
4.　問題および答案用紙の余白は計算用紙として使用できます（解答欄にかぶらないようにしてください）。

仕訳問題の解答にあたっての注意事項

以下の正答例を参考に、仕訳問題における各設問の解答にあたっては、各勘定科目の使用は、借方・貸方の中でそれぞれ１回ずつとしてください(各設問につき、同じ勘定科目を借方・貸方の中で２回以上使用してしまうと、不正解となります)。

ア．現金　　　イ．売掛金　　　ウ．売上

［正答例：勘定科目を借方・貸方の中で１回だけ使用している］

借方		貸方	
記号	金額	記号	金額
（ ア ）	10	（ ウ ）	100
（ イ ）	90	（　　）	

［誤答例：同じ勘定科目を貸方の中で２回使用してしまっている］

借方		貸方	
記号	金額	記号	金額
（ ア ）	10	（ ウ ）	10
（ イ ）	90	（ ウ ）	90

商　業　簿　記

第１問（20点）

下記の各取引について仕訳しなさい。ただし、勘定科目は、設問ごとに最も適当と思われるものを選び、答案用紙の（　）の中に記号で解答すること。

1．火災により焼失した建物（取得原価：￥10,000,000、残存価額：取得原価の10%、耐用年数25年、定額法により償却、間接法で記帳）に関し請求していた保険金￥7,500,000について、2週間後に全額支払う旨の連絡を保険会社から受けた。当該建物は、×1年4月1日に取得したもので、×8年8月31日に火災があり、火災発生日時点の帳簿価額の全額を火災未決算勘定に振り替えていた。なお、当社の決算は3月31日（年1回）で、減価償却は月割計算によって行っている。

ア．建物　　イ．未収入金　　ウ．減価償却費　　エ．建物減価償却累計額
オ．保険差益　　カ．火災未決算　　キ．火災損失　　ク．固定資産圧縮損

2．当期中に3回に分けて取得した同一銘柄の売買目的有価証券900株のうち500株を1株当たり￥5,850で売却した。代金は証券会社に対する手数料￥11,700を控除した後の残額が当座預金口座に振り込まれている。なお、当該有価証券は、第1回目は500株を1株当たり￥5,500、第2回目は300株を1株当たり￥6,000、第3回目は100株を1株当たり￥5,800で、それぞれ購入しており、総平均法で払出単価の計算をしている。売却損益は手数料と相殺せずに計上すること。

ア．有価証券売却益　　イ．その他有価証券　　ウ．未収入金　　エ．有価証券利息
オ．売買目的有価証券　　カ．支払手数料　　キ．当座預金　　ク．有価証券売却損

3．ＩＴベンチャー企業であるＡＨ株式会社の設立にあたり、定款に定めた発行可能株式総数10,000株のうち、2,500株を1株当たり￥30,000で発行し、全額が当座預金に払い込まれた。発行した株式に対する払込金額のうち、会社法で定める最低限度額を資本金に組み入れることとする。なお、設立にともなう登記費用等￥350,000と株式発行にともなう諸費用￥800,000（全額当期の費用として処理する）は小切手を振り出して支払った。仕訳作成にあたり、勘定科目は相殺しないこと。

ア．株式交付費　　イ．資本準備金　　ウ．当座預金　　エ．利益準備金
オ．借入金　　カ．資本金　　キ．創立費　　ク．支払手数料

4．得意先山梨株式会社が倒産し、同社に対する売掛金￥850,000が回収不能となったため、貸倒れとして処理する。回収不能となった売掛金のうち、￥530,000は前期の販売から生じたもので、残額は当期の販売から生じたものである。なお、得意先山梨株式会社との取引はこれまでに￥37,250,000を掛けで行っており、￥36,400,000の回収が行われている。また、前期末設定した貸倒引当金は￥500,000である。

ア．売掛金　　イ．貸倒引当金　　ウ．未収入金　　エ．貸倒引当金繰入
オ．貸倒引当金戻入　　カ．買掛金　　キ．償却債権取立益　　ク．貸倒損失

5．当社は￥50,000の商品（プランター）と￥500,000の商品（観葉植物）を株式会社インテリアへ販売する契約を締結し、契約締結と同時に商品（プランター）を引き渡していたが、本日、￥500,000の商品（観葉植物）を株式会社インテリアへ引き渡した。なお、代金は2つの商品を引き渡した後に請求する契約となっているため、今月末に請求書を送付する予定である。商品（プランター）の引き渡しと商品（観葉植物）の引き渡しは、それぞれ独立した履行義務として識別する。

ア．買掛金　　イ．当座預金　　ウ．売上　　エ．契約資産
オ．契約負債　　カ．前払金　　キ．売掛金　　ク．仕入

全国統一模擬試験Ｉ第５回 答案用紙 ２級① 商業簿記

採点欄	
第1問	

第１問（20点）

	借方		貸方	
	記号	金額	記号	金額
1	(　　)		(　　)	
	(　　)		(　　)	
	(　　)		(　　)	
	(　　)		(　　)	
	(　　)		(　　)	
2	(　　)		(　　)	
	(　　)		(　　)	
	(　　)		(　　)	
	(　　)		(　　)	
	(　　)		(　　)	
3	(　　)		(　　)	
	(　　)		(　　)	
	(　　)		(　　)	
	(　　)		(　　)	
	(　　)		(　　)	
4	(　　)		(　　)	
	(　　)		(　　)	
	(　　)		(　　)	
	(　　)		(　　)	
	(　　)		(　　)	
5	(　　)		(　　)	
	(　　)		(　　)	
	(　　)		(　　)	
	(　　)		(　　)	
	(　　)		(　　)	

第 2 問（20 点）

下記に示したＰ商事株式会社(以下「Ｐ社」という。)の［資料］にもとづいて、答案用紙の連結精算表を完成しなさい。当期は×5 年 4 月 1 日から×6 年 3 月 31 日までの 1 年間である。なお、本問では連結財務諸表欄のみを採点対象とし、解答金額がない場合は「－」を記入すること。

［資料］

1．Ｐ社は×5 年 3 月 31 日に、Ｓ商事株式会社(以下「Ｓ社」という。)の発行済株式数の 80％を￥1,500,000 で取得し、支配を獲得した。
2．×5 年 3 月 31 日のＳ社の貸借対照表上、資本金￥1,000,000、資本剰余金￥200,000、利益剰余金￥450,000 が計上されていた。
3．のれんは発生年度の翌年から 5 年にわたり定額法により償却する。
4．Ｓ社は、当期より繰越利益剰余金を財源に￥50,000 の配当を行っている。
5．当期よりＳ社はＰ社に商品の販売を開始している。Ｓ社のＰ社への売上高は￥1,700,000 であり、売上総利益率は 20％である。
6．Ｐ社がＳ社から仕入れた商品のうち、￥250,000 が期末商品棚卸高に含まれている。
7．Ｓ社の受取手形および売掛金にはＰ社に対するものが含まれており、￥300,000 と￥450,000 であった。なお、Ｓ社は売上債権期末残高に対して 2％の貸倒引当金を差額補充法により設定している。
8．Ｐ社は×5 年 4 月 1 日よりＳ社に対して建物を賃貸しており、賃貸料は￥240,000 であった。
9．Ｓ社は当期にＰ社に対して帳簿価額￥100,000 の土地を￥150,000 で売却した。なお、Ｐ社は当該土地を決算日時点において保有し続けている。

採　点　欄
第2問

全国統一模擬試験Ⅰ第5回 答案用紙 2級② 商業簿記

第2問（20点）

連結第1年度　　　　連　結　精　算　表　　　　（単位：円）

科目	個別財務諸表 P社	個別財務諸表 S社	修正・消去 借方	修正・消去 貸方	連結財務諸表
貸借対照表					連結貸借対照表
現金預金	1,100,000	784,000			
受取手形	900,000	400,000			
売掛金	1,200,000	800,000			
貸倒引当金	△ 42,000	△ 24,000			△
商品	800,000	600,000			
建物	200,000	150,000			
土地	300,000	200,000			
S社株式	1,500,000	—			
のれん	—	—			
資産合計	5,958,000	2,910,000			
支払手形	1,000,000	400,000			
買掛金	908,000	660,000			
未払法人税等	250,000	100,000			
借入金	150,000	—			
資本金	2,500,000	1,000,000			
資本剰余金	350,000	200,000			
利益剰余金	800,000	550,000			
非支配株主持分	—	—			
負債・純資産合計	5,958,000	2,910,000			
損益計算書					連結損益計算書
売上高	5,800,000	3,600,000			
売上原価	4,400,000	2,500,000			
販売費及び一般管理費	910,000	695,000			
営業外収益	282,000	102,000			
営業外費用	242,000	357,000			
特別利益	120,000	100,000			
法人税等	250,000	100,000			
当期純利益	400,000	150,000			
非支配株主に帰属する当期純利益					
親会社株主に帰属する当期純利益					
株主資本等変動計算書					連結株主資本等変動計算書
資本金当期首残高	2,500,000	1,000,000			
資本金当期末残高	2,500,000	1,000,000			
資本剰余金当期首残高	350,000	200,000			
資本剰余金当期末残高	350,000	200,000			
利益剰余金当期首残高	650,000	450,000			
剰余金の配当	250,000	50,000			
親会社株主に帰属する当期純利益	400,000	150,000			
利益剰余金当期末残高	800,000	550,000			
非支配株主持分当期首残高					
非支配株主持分当期変動額					
非支配株主持分当期末残高					

第 3 問（20 点）

次に示した会計サポート株式会社の［資料Ⅰ］、［資料Ⅱ］および［資料Ⅲ］にもとづいて、答案用紙の損益計算書を完成しなさい。なお、会計期間は×3 年 4 月 1 日から×4 年 3 月 31 日までの 1 年間である。

［資料Ⅰ］決算整理前残高試算表

決算整理前残高試算表

×4 年 3 月 31 日　　（単位：円）

借　方	勘定科目	貸　方
1,270,000	現金	
2,270,000	当座預金	
1,320,000	受取手形	
2,030,000	売掛金	
960,000	繰越商品	
1,995,000	売買目的有価証券	
?	仮払消費税	
	貸倒引当金	82,000
10,800,000	建物	
2,400,000	備品	
1,200,000	リース資産	
	建物減価償却累計額	3,240,000
	備品減価償却累計額	1,440,000
	リース資産減価償却累計額	240,000
2,000,000	土地	
1,680,000	関連会社株式	
1,500,000	長期貸付金	
	支払手形	1,006,000
	買掛金	1,604,000
	仮受消費税	1,957,400
	リース債務	960,000
	長期借入金	2,500,000
	資本金	9,000,000
	利益準備金	250,000
	繰越利益剰余金	4,233,600
	売上	15,680,000
	受取利息	36,000
	国庫補助金受贈益	800,000
8,400,000	仕入	
?	販売費	
1,250,000	給料	
210,000	水道光熱費	
261,000	保険料	
80,000	支払利息	
?		?

［資料Ⅱ］未処理事項

1．×3 年 11 月に補助金の交付目的に適した建物￥2,000,000 について、小切手を振り出して取得し、ただちに使用を開始していたが未処理である。なお、同年 8 月に国庫補助金を受け取っており、国庫補助金受贈益として計上している。国庫補助金相当額について圧縮記帳（直接減額方式）の処理を行う。

2．×4 年 3 月末支払期日到来分のリース料が当座預金口座から引き落とされていたが未処理である。当該リース料は、×2 年 4 月 1 日に期間 5 年、リース料年間￥255,000（毎年 3 月末の 5 回払い）の条件で締結されたリース契約にもとづき支払われるものである。なお、リース料に含まれている利息相当額は定額法により費用処理する。

［資料Ⅲ］決算整理事項

1．債権について、貸倒引当金を差額補充法によって次のように設定する。なお、試算表上の貸倒引当金のうち、￥51,000 は売上債権に対するものであり、￥31,000 は長期貸付金に対するものである。
売上債権：債権額の 2%、長期貸付金：債権額の 3%

2．商品の期末棚卸高は次のとおりである。なお、棚卸減耗損と商品評価損は売上原価の内訳科目とする。

帳簿棚卸高	数量	7,200 個	原価	@￥120
実地棚卸高	数量	6,400 個	時価	@￥119
		320 個	時価	@￥130

3．有形固定資産の減価償却は次の要領で行う。
建物：耐用年数 30 年、残存価額ゼロ、定額法
備品：耐用年数 10 年、200%定率法
リース資産：耐用年数 5 年、残存価額ゼロ、定額法
　なお、当期に新たに取得した建物は、耐用年数 25 年、残存価額ゼロとして、定額法により月割で減価償却を行う。

4．売買目的有価証券の当期末の時価は 1 株当たり￥2,900、関連会社株式の当期末の時価は 1 株当たり￥2,500 であり、それぞれ 700 株ずつ保有している。

5．保険料のうち￥216,000 は×3 年 8 月 1 日に向こう 1 年分を一括して支払ったものである。

6．長期貸付金は次の条件で×3 年 8 月 1 日に貸し付けたものであり、決算にあたって利息の未収分を計上する。
返済日：×8 年 7 月末、年利率：3%（毎年 7 月末受取）

7．消費税の処理は税抜方式によって行っており、後日、納付すべき消費税額は￥389,400 であった。

8．税引前当期純利益に法定実効税率 30%を乗じた金額を「法人税、住民税及び事業税」に計上する。

全国統一模擬試験Ⅰ第５回 答案用紙　２級③　商業簿記

採点欄	
第3問	

第３問（20点）

損益計算書

自×３年４月１日　至×４年３月31日　（単位：円）

Ⅰ	売上高		（　　）
Ⅱ	売上原価		
	1　期首商品棚卸高	（　　）	
	2　当期商品仕入高	（　　）	
	合計	（　　）	
	3　期末商品棚卸高	（　　）	
	差引	（　　）	
	4　棚卸減耗損	（　　）	
	5　商品評価損	（　　）	（　　）
	（　　）		（　　）
Ⅲ	販売費及び一般管理費		
	1　販売費	（　　）	
	2　給料	（　　）	
	3　水道光熱費	（　　）	
	4　保険料	（　　）	
	5　（　　）	（　　）	
	6　減価償却費	（　　）	（　　）
	（　　）		（　　）
Ⅳ	営業外収益		
	1　受取利息	（　　）	
	2　（　　）	（　　）	（　　）
Ⅴ	営業外費用		
	1　支払利息	（　　）	
	2　（　　）	（　　）	（　　）
	（　　）		（　　）
Ⅵ	特別利益		
	1　国庫補助金受贈益		（　　）
Ⅶ	特別損失		
	1　（　　）		（　　）
	税引前当期純利益		（　　）
	法人税、住民税及び事業税		（　　）
	（　　）		（　　）

工　業　簿　記

第4問（28点）

(1) 下記の各取引について仕訳しなさい。ただし、勘定科目は、設問ごとに最も適当と思われるものを選び、答案用紙の（　）の中に記号で解答すること。

1．青森りんご加工工場は期末を迎え、下記の決算整理前残高試算表上にある、期中に生じた原価差異について売上原価勘定に振り替える。仕訳作成にあたり、勘定科目は相殺しないこと。
材料消費価格差異2,000円：実際の購入価額が予定していた金額より高騰したことで生じた差異である。
賃率差異27,000円：実際発生額1,596,000円と予定配賦額1,569,000円との差額である。
製造間接費72,000円：経費等の消費額計上、仕掛品勘定への予定配賦後の借方残高である。

ア．材料消費価格差異	イ．仕掛品	ウ．賃率差異
エ．製造間接費	オ．売上原価	カ．賃金・給料

2．山口ふぐ加工工場に関する当月の間接工による労務費の消費高を計上する。間接工の賃金計算期間は毎月20日締め(前月21日から当月20日の1ヶ月)である。消費高の計算上、必要な資料は以下のとおりである。
前月21日から前月31日の賃金：100,000円　前月21日から当月20日の賃金：1,000,000円
当月21日から当月31日の賃金：220,000円

ア．製品	イ．製造間接費	ウ．材料
エ．当座預金	オ．仕掛品	カ．賃金・給料

3．沖縄黒糖製作所は、本社会計から工場を独立させている。本社は、本社建物の減価償却費300,000円と、工場の機械装置の減価償却費640,000円を計上し、この旨を工場に連絡した。なお、減価償却費勘定、減価償却累計額勘定は本社に、仕掛品勘定、製造間接費勘定は工場に設けている。本社での仕訳を示しなさい。

ア．製造間接費	イ．工場	ウ．仕掛品
エ．本社	オ．減価償却費	カ．減価償却累計額

(2) 当社は、同一工程で等級製品M、Lを連続生産している。製品原価の計算方法は、当月の完成品総合原価を、製品1個当たりの重さによって定められた等価係数に完成品数量を乗じた積数の比で、各等級製品に按分している。次の［資料］にもとづいて、下記の**問**に答えなさい。なお、完成品と月末仕掛品への原価の配分は平均法によること。

［資料］

1．生産データ

月初仕掛品	1,400	個	(49%)
当月着手	4,000	個	
合　計	5,400	個	
正常仕損品	150	個	
月末仕掛品	1,800	個	(50%)
完成品	3,450	個	

（注）完成品は、製品Mが1,200個、製品Lが2,250個である。また、材料は工程の始点で投入し、（　）内は加工進捗度である。正常仕損品は、終点で発見され、この仕損品の処分価額はゼロである。

2．原価データ

月初仕掛品原価		
直接材料費	1,600,000	円
加工費	1,200,000	円
計	2,800,000	円
当月製造費用		
直接材料費	4,880,000	円
加工費	6,900,000	円
計	11,780,000	円
	14,580,000	円

3．製品1個当たりの重さ
製品M：1,250g
製品L：1,000g

問1　当月の月末仕掛品原価を計算しなさい。
問2　当月の完成品総合原価を計算しなさい。
問3　等級製品Mの完成品総合原価と完成品単位原価を計算しなさい。
問4　等級製品Lの完成品総合原価と完成品単位原価を計算しなさい。
問5　等級製品Mの月初有高は210,000円、月末製品在庫量は80個であった。払出単価の計算を先入先出法で行った場合、当月の売上原価を計算しなさい。

全国統一模擬試験Ⅰ第５回 答案用紙 ２級④ 工業簿記

採点欄	
第4問	

第４問（28点）

(1)

	借方		貸方	
	記号	金額	記号	金額
1	（　）		（　）	
	（　）		（　）	
	（　）		（　）	
2	（　）		（　）	
	（　）		（　）	
	（　）		（　）	
3	（　）		（　）	
	（　）		（　）	
	（　）		（　）	

(2)

問１ ＿＿＿＿ 円

問２ ＿＿＿＿ 円

問３ 製品Ｍの完成品総合原価 ＝ ＿＿＿＿ 円

製品Ｍの完成品単位原価 ＝ ＿＿＿＿ 円／個

問４ 製品Ｌの完成品総合原価 ＝ ＿＿＿＿ 円

製品Ｌの完成品単位原価 ＝ ＿＿＿＿ 円／個

問５ ＿＿＿＿ 円

第５問（12点）

当社は、製品Ａを製造・販売している。次の［資料］にもとづいて、下記の**問**に答えなさい。

［資料］

⑴　販売単価　　2,500円

⑵　１個当たり変動費

直接材料費　500円　　直接労務費　300円

変動製造間接費　600円　　変動販売費　200円

⑶　固定費

固定製造間接費　1,000,000円　　固定販売費および一般管理費　440,000円

⑷　金額はすべて実績値であり、第１期・第２期とも条件は同じである。

⑸　製造間接費は各期の実際生産量にもとづいて配賦する。

⑹　生産・販売数量（期首・期末の仕掛品は存在しない）

	第１期	第２期
期首製品在庫量	0個	0個
当期製品生産量	2,000個	2,500個
当期製品販売量	2,000個	2,100個
期末製品在庫量	0個	400個

問１　第１期の直接原価計算による損益計算書と全部原価計算による損益計算書を作成しなさい。

問２　第２期の直接原価計算による営業利益と全部原価計算による営業利益を答えなさい。

問３　第１期の損益分岐点売上高を1,000,000円引き下げるためには、固定費をいくら引き下げる必要があるか計算しなさい。

問４　第１期の目標営業利益1,080,000円を達成する売上高を計算しなさい。

Ⅰ第５回　チャレンジ 第４問(2)　標準原価計算

ＺＺＺ社では、材料を工程の始点で投入し、これを加工することによって製品Ｓを製造し、販売している。また、原価管理のために、シングル・プランの標準原価計算制度を採用している。そこで、次の[資料]にもとづいて、当月の製造原価報告書および月次損益計算書を完成しなさい。なお、製造原価報告書の標準原価差異は、合計に対して、月次損益計算書の標準原価差異は、差引に対して、加算する場合は「＋」、減算する場合は「△」を金額の前に付して解答すること。

［資料］

１．製品Ｓ１個当たりの標準原価

直接材料費　@　300円/kg×8kg

直接労務費　@1,320円/時間×５時間

製造間接費　@1,200円/時間×５時間

２．当月実績データ

販売価格　@24,000円

実際材料消費量　15,050kg

実際直接作業時間　11,000時間

直接材料費　4,214,000円

直接労務費　14,960,000円

製造間接費　15,150,000円

３．当月の生産・販売実績

月初仕掛品	200個	（5%）	月初製品	250個
当月着手	1,860個		完成品	1,960個
合計	2,060個		合計	2,210個
月末仕掛品	100個	（50%）	月末製品	150個
完成品	1,960個		販売品	2,060個

（　）内は加工進捗度を示す。

４．製造間接費

・年間予算額

変動費：　69,120,000円

固定費：103,680,000円

・正常年間直接作業時間

144,000時間

５．その他の資料

(1)　標準原価差異は月ごとに損益計算に反映させており、その全額を売上原価に賦課する。

(2)　製造間接費は直接作業時間にもとづき製品に標準配賦している。

全国統一模擬試験Ⅰ第5回 答案用紙 2級⑤ 工業簿記

採点欄	
第5問	

第5問（12点）

問1

直接原価計算による損益計算書（単位：円）

売上高	（　　）
変動売上原価	（　　）
変動製造マージン	（　　）
変動販売費	（　　）
貢献利益	（　　）
製造固定費	（　　）
固定販売費及び一般管理費	（　　）
営業利益	（　　）

全部原価計算による損益計算書（単位：円）

売上高	（　　）
売上原価	（　　）
売上総利益	（　　）
販売費及び一般管理費	（　　）
営業利益	（　　）

問2

直接原価計算による営業利益 ＿＿＿＿ 円

全部原価計算による営業利益 ＿＿＿＿ 円

問3 ＿＿＿＿ 円

問4 ＿＿＿＿ 円

チャレンジ第4問(2)［答案用紙］

製造原価報告書（単位：円）

Ⅰ 直接材料費	（　　）
Ⅱ 直接労務費	（　　）
Ⅲ 製造間接費	（　　）
合計	（　　）
標準原価差異	（　　）
当月製造費用	（　　）
月初仕掛品有高	（　　）
合計	（　　）
月末仕掛品有高	（　　）
当月製品製造原価	（　　）

月次損益計算書（単位：円）

Ⅰ 売上高		（　　）
Ⅱ 売上原価		
月初製品有高	（　　）	
当月製品製造原価	（　　）	
合計	（　　）	
月末製品有高	（　　）	
差引	（　　）	
標準原価差異	（　　）	（　　）
売上総利益		（　　）

Ⅰ第5回　チャレンジ 第3問　貸借対照表作成

問題文は、Ｉクール第５回をそのまま使用してください。

貸　借　対　照　表

×4年3月31日　(単位：円)

資　産　の　部		負　債　の　部	
Ⅰ 流　動　資　産		Ⅰ 流　動　負　債	
現　金　預　金	(　　　)	支　払　手　形	(　　　)
受　取　手　形	(　　　)	買　掛　金	(　　　)
売　掛　金	(　　　)	未払法人税等	(　　　)
貸　倒　引　当　金	(△　　　)	(　　　)	(　　　)
商　品	(　　　)	リ　ー　ス　債　務	(　　　)
有　価　証　券	(　　　)	流動負債合計	(　　　)
前　払　費　用	(　　　)		
(　　　)	(　　　)		
流動資産合計	(　　　)		
Ⅱ 固　定　資　産		Ⅱ 固　定　負　債	
有形固定資産		(　　　)	(　　　)
建　物	(　　　)	長　期　借　入　金	(　　　)
減価償却累計額	(△　　　)	固定負債合計	(　　　)
備　品	(　　　)	負　債　合　計	(　　　)
減価償却累計額	(△　　　)		
リ　ー　ス　資　産	(　　　)		
減価償却累計額	(△　　　)		
土　地	(　　　)		
有形固定資産合計	(　　　)	純　資　産　の　部	
投資その他の資産		Ⅰ 資　本　金	(　　　)
関係会社株式	(　　　)	Ⅱ 利　益　剰　余　金	
長　期　貸　付　金	(　　　)	利　益　準　備　金	(　　　)
貸　倒　引　当　金	(△　　　)	繰越利益剰余金	(　　　)
投資その他の資産合計	(　　　)	利益剰余金合計	(　　　)
固定資産合計	(　　　)	純　資　産　合　計	(　　　)
資　産　合　計	(　　　)	負債及び純資産合計	(　　　)

日商簿記検定２級　全国統一模擬試験Ⅱ　第１回

問題・答案用紙

（制限時間　90分）

受験者への注意事項

1.　本冊子は、持ち帰りできませんので全ページを必ず提出してください。持ち帰った場合は失格となり、以後の受験をお断りする場合があります。
2.　答えは、問題文の指示に従い定められたところに、誤字・脱字のないよう、ていねいに書いてください。
3.　答案の記入にあたっては、黒鉛筆または黒シャープペンシルを使用してください。仕訳問題の答案の記入方法は、下記を確認してください。
4.　問題および答案用紙の余白は計算用紙として使用できます（解答欄にかぶらないようにしてください）。

仕訳問題の解答にあたっての注意事項

以下の正答例を参考に、仕訳問題における各設問の解答にあたっては、各勘定科目の使用は、借方・貸方の中でそれぞれ１回ずつとしてください（各設問につき、同じ勘定科目を借方・貸方の中で２回以上使用してしまうと、不正解となります）。

ア．現金　　　イ．売掛金　　　ウ．売上

［正答例：勘定科目を借方・貸方の中で１回だけ使用している］

借方		貸方	
記号	金額	記号	金額
（ア）	10	（ウ）	100
（イ）	90	（　）	

［誤答例：同じ勘定科目を貸方の中で２回使用してしまっている］

借方		貸方	
記号	金額	記号	金額
（ア）	10	（ウ）	10
（イ）	90	（ウ）	90

商　業　簿　記

第１問（20点）

下記の各取引について仕訳しなさい。ただし、勘定科目は、設問ごとに最も適当と思われるものを選び、答案用紙の（　）の中に記号で解答すること。

1．×3年5月末に法人税等￥1,700,000を現金で納付した。納付額の内訳は、×2年5月末に確定納付した法人税等について、税務調査の結果、税務申告内容に誤りが生じていたことが判明し、追加で納めることになった法人税等と×2年度の法人税等確定納付額である。なお、×2年度の法人税等年間確定税額は￥2,500,000、×2年度中に行った法人税等中間申告税額は￥1,300,000であり、現金で納付している。

ア．法人税等　イ．還付法人税等　ウ．未払法人税等　エ．租税公課
オ．現金　カ．仮払法人税等　キ．法人税等調整額　ク．追徴法人税等

2．外国に新たな市場を開拓するための資金調達として、株式500株を1株当たり￥100,000の価格で発行する増資を行った。既に株主から代金の払込みを受けており、500株分の申込証拠金として別段預金に預け入れていたが、本日、払込期日となったため、申込証拠金を適切な勘定科目に、別段預金を当座預金に振り替えた。また、株式発行にあたり生じた費用￥250,000を証券会社に対して現金で支払った。なお、資本金に組み入れる金額は会社法が定める最低額とする。

ア．別段預金　イ．株式交付費　ウ．資本金　エ．当座預金
オ．創立費　カ．資本準備金　キ．現金　ク．株式申込証拠金

3．国が推奨するＳＤＧｓ関連事業を開始するために、建物￥36,000,000(耐用年数：50年、残存価額：ゼロ、償却方法：定額法、記帳方法：間接法)を取得し、取得と同時に使用を開始した。代金のうち￥6,000,000は小切手を振り出して支払い、残額は今月末に支払う。なお、小切手振出額は、国から交付を受けていた補助金の充当額であり、同額について直接減額方式によって圧縮記帳を行う。仕訳作成にあたり、勘定科目は相殺しないこと。

ア．未払金　イ．建物　ウ．減価償却費　エ．建設仮勘定
オ．国庫補助金受贈益　カ．当座預金　キ．建物減価償却累計額　ク．固定資産圧縮損

4．×7年7月1日、当社は会計サポート株式会社へ市場販売目的のソフトウェアおよび当該ソフトウェアの1年間の保守サービスを合計￥2,080,000(うちソフトウェア￥1,600,000、保守サービス￥480,000)で販売し、代金は当座預金口座へ振り込まれた。当社では、それぞれを別個の履行義務として識別している。なお、保守サービスは本日より開始しており、時の経過に応じて履行義務を充足するため、決算日(3月31日)に収益の認識を行う。

ア．売掛金　イ．契約負債　ウ．売上　エ．修繕費
オ．ソフトウェア　カ．当座預金　キ．返金負債　ク．契約資産

5．×11年9月30日、当社の倉庫(取得日×1年4月1日、取得原価￥5,000,000)について、気候変動による異常な気温上昇の影響で商品から発火し、倉庫および保管していた商品￥200,000が焼失した。￥3,000,000の火災保険が倉庫についてのみ掛けられており、保険会社に保険金の支払いを直ちに請求した。なお、当社では、建物の減価償却は間接法(耐用年数30年、残存価額は取得原価の10%、償却方法は定額法)、商品売買に関しては売上原価対立法によって記帳している。当期は×11年4月1日から×12年3月31日までの1年間である。

ア．建物　イ．未収入金　ウ．保険差益　エ．建物減価償却累計額
オ．商品　カ．火災未決算　キ．減価償却費　ク．火災損失

全国統一模擬試験Ⅱ第１回 答案用紙 ２級① 商業簿記

採点欄	
第１問	

第１問 (20点)

	借方		貸方	
	記号	金額	記号	金額
1	(　　)		(　　)	
	(　　)		(　　)	
	(　　)		(　　)	
	(　　)		(　　)	
	(　　)		(　　)	
2	(　　)		(　　)	
	(　　)		(　　)	
	(　　)		(　　)	
	(　　)		(　　)	
	(　　)		(　　)	
3	(　　)		(　　)	
	(　　)		(　　)	
	(　　)		(　　)	
	(　　)		(　　)	
	(　　)		(　　)	
4	(　　)		(　　)	
	(　　)		(　　)	
	(　　)		(　　)	
	(　　)		(　　)	
	(　　)		(　　)	
5	(　　)		(　　)	
	(　　)		(　　)	
	(　　)		(　　)	
	(　　)		(　　)	
	(　　)		(　　)	

第 2 問（20 点）

次に示したＰ商事株式会社(以下「Ｐ社」という。)の［資料］にもとづいて、答案用紙の連結精算表を完成しなさい。当期は×4 年 4 月 1 日から×5 年 3 月 31 日までの 1 年間である。なお、本問では連結財務諸表欄のみを採点対象とする。また、該当数値がない場合は「－」と記入すること。

［資料］

1．Ｐ社は×3 年 3 月 31 日に、Ｓ商事株式会社(以下「Ｓ社」という。)の発行済株式数の 60％を￥1,500,000 で取得し、支配を獲得した。
2．×3 年 3 月 31 日のＳ社の貸借対照表上、資本金￥1,200,000、資本剰余金￥200,000、利益剰余金￥100,000 が計上されていた。
3．のれんは発生年度の翌年から 8 年にわたり定額法により償却する。
4．Ｓ社は、当期より繰越利益剰余金を財源に￥100,000 の配当を行っている。
5．前期よりＳ社はＰ社に商品の販売を開始している。当期のＳ社のＰ社への売上高は￥1,800,000 である。なお、当期の売上総利益率は 30％であり、当期と前期で変化していない。
6．Ｐ社の前期末商品棚卸高のうち￥400,000、当期末商品棚卸高のうち￥450,000 は、Ｓ社から仕入れた金額である。
7．Ｓ社のＰ社に対する売掛金残高は前期末￥250,000、当期末￥375,000 であった。なお、Ｓ社は売上債権期末残高に対して 4％の貸倒引当金を差額補充法により設定している。
8．Ｐ社は×4 年 10 月 1 日より、Ｓ社に対して建物を賃貸しており、賃貸料は年額￥120,000 である。なお、Ｐ社は当該賃貸料を 10 月 1 日に向こう 1 年分受け取っている。
9．Ｐ社はＳ社に対して×4 年 4 月 1 日に土地（簿価￥200,000）を￥300,000 で売却した。なお、Ｓ社は当該土地を決算日時点において保有し続けている。

全国統一模擬試験Ⅱ第１回 答案用紙 ２級② 商業簿記

採点欄	
第2問	

第２問（20点）

連結第２年度　　連結精算表　　（単位：円）

科目	個別財務諸表		修正・消去		連結財務諸表
	Ｐ社	Ｓ社	借方	貸方	
貸借対照表					連結貸借対照表
現金預金	754,000	672,000			
売掛金	1,200,000	800,000			
貸倒引当金	△ 24,000	△ 32,000			△
商品	1,550,000	980,000			
前払費用	300,000	200,000			
建物	2,000,000	300,000			
土地	700,000	500,000			
Ｓ社株式	1,500,000	—			
のれん	—	—			
資産合計	7,980,000	3,420,000			
買掛金	1,230,000	820,000			
前受収益	200,000	150,000			
未払法人税等	450,000	200,000			
資本金	3,500,000	1,200,000			
資本剰余金	800,000	200,000			
利益剰余金	1,800,000	850,000			
非支配株主持分	—	—			
負債・純資産合計	7,980,000	3,420,000			
損益計算書					連結損益計算書
売上高	9,200,000	4,800,000			
売上原価	6,800,000	3,500,000			
販売費及び一般管理費	1,428,000	935,000			
営業外収益	752,000	477,000			
営業外費用	674,000	242,000			
特別利益	100,000	—			
法人税等	450,000	200,000			
当期純利益	700,000	400,000			
非支配株主に帰属する当期純利益					
親会社株主に帰属する当期純利益					
株主資本等変動計算書					連結株主資本等変動計算書
資本金当期首残高	3,500,000	1,200,000			
資本金当期末残高	3,500,000	1,200,000			
資本剰余金当期首残高	800,000	200,000			
資本剰余金当期末残高	800,000	200,000			
利益剰余金当期首残高	1,300,000	550,000			
剰余金の配当	200,000	100,000			
親会社株主に帰属する当期純利益	700,000	400,000			
利益剰余金当期末残高	1,800,000	850,000			
非支配株主持分当期首残高					
非支配株主持分当期変動額					
非支配株主持分当期末残高					

第 3 問（20 点）

次に示した会計サポート株式会社の［資料Ⅰ］、［資料Ⅱ］および［資料Ⅲ］にもとづいて、答案用紙の貸借対照表を完成しなさい。なお、会計期間は×19 年 4 月 1 日から×20 年 3 月 31 日までの 1 年間である。

［資料Ⅰ］決算整理前残高試算表

決算整理前残高試算表

×20 年 3 月 31 日　　（単位：円）

借　方	勘定科目	貸　方
28,900	現金	
600,000	当座預金	
600,000	受取手形	
662,500	売掛金	
587,500	契約資産	
380,000	仮払法人税等	
1,188,000	繰越商品	
8,400,000	建物	
1,500,000	備品	
7,000,000	土地	
2,000,000	建設仮勘定	
96,000	のれん	
	支払手形	450,000
	買掛金	733,000
	借入金	1,600,000
	賞与引当金	270,000
	貸倒引当金	15,500
	建物減価償却累計額	2,800,000
	備品減価償却累計額	460,000
	資本金	8,500,000
	資本準備金	200,000
	利益準備金	100,000
	繰越利益剰余金	4,327,100
	売上	21,654,000
	受取地代	510,000
13,014,000	仕入	
4,033,000	給料	
406,700	広告宣伝費	
253,000	保険料	
240,000	通信費	
340,000	旅費交通費	
270,000	賞与引当金繰入	
20,000	支払利息	
41,619,600		41,619,600

［資料Ⅱ］未処理事項

1．当期から掛け販売を開始した得意先が倒産した。当該得意先に対する売掛金は￥150,000 であり、売掛金の一部￥35,000 が当座預金口座に振り込まれていたが、一切処理が行われていなかった。

2．商品Ｐ￥202,500 と商品Ｔ￥607,500 をＢ社へ販売する契約を締結し、商品Ｐはすでに同社へ引渡し、商品Ｔについては当初在庫切れだったため引渡しが遅れたが、後日、引渡しが完了した。なお、商品Ｐの代金は商品Ｔを引渡した後に請求する契約となっていたため、商品Ｐを引渡した時点では、商品Ｐの代金はまだ同社との契約から生じた債権となっておらず、その時点では当該代金を適切に処理していた。後日、商品Ｔを引渡した時点で、商品Ｐの代金を同社との契約から生じた債権として処理すべきところ、未処理であった。商品Ｐの引渡しと商品Ｔの引渡しは、それぞれ独立した履行義務として識別する。商品Ｔの引渡しにかかる処理は適切に行われている。

3．当期首から 3 ヶ月経過した 6 月末に、使用中の備品￥500,000（取得原価）が故障したため、ただちに除却したが未処理である。当該備品の処分価値は￥40,000 と見積もられた。なお、この備品は×18 年度期首に購入したものであり、減価償却方法は他の備品と同様である。

［資料Ⅲ］決算整理事項

1．商品の期末帳簿棚卸高は￥1,350,000 であり、実地棚卸高（原価）は￥1,320,000 であった。なお、価値が下落している下記の商品がそれぞれ 100 個含まれている。

商品Ａ　取得原価@￥2,000　正味売却価額@￥1,600

商品Ｂ　取得原価@￥4,000　正味売却価額@￥3,350

2．受取手形、売掛金および契約資産の期末残高に対して 1%の貸倒引当金を差額補充法によって計上する。

3．固定資産の減価償却を以下の要領で行う。

	償却方法	残存価額	耐用年数
建物	定額法	ゼロ	30 年
備品	200%定率法	ゼロ	10 年

4．のれんは、×16 年 4 月 1 日に取得したものであり、定額法により 5 年間で償却を行っている。

5．賞与引当金は、年 2 回の賞与の支給に備えて×19 年 12 月から×20 年 2 月まで、毎月￥90,000 を計上してきたが、期末に引き当てるべき金額が￥330,000 となったため、追加計上を行う。

6．借入金のうち￥600,000 は、×19 年 12 月 1 日に期間 1 年、年利率 2.4%、利払いは返済時に一括支払いという条件で借り入れたものであり、利息の未払分を月割で計上する。

7．受取地代は、所有する土地の一部を賃貸したことによるもので、毎年同額を 1 月 1 日と 7 月 1 日に向こう半年分として受け取っている。

8．法人税、住民税及び事業税を￥840,000 計上する。なお、仮払法人税等に計上された金額は、当期に中間納付した金額である。

全国統一模擬試験Ⅱ第1回 答案用紙 2級③ 商業簿記

採点欄
第3問

第3問（20点）

貸借対照表
×20年3月31日
（単位：円）

資産の部		
Ⅰ 流動資産		
現金預金		（ ）
受取手形		（ ）
売掛金		（ ）
（ ）		（ ）
商品		（ ）
（ ）		（ ）
貸倒引当金		（△ ）
Ⅱ 固定資産		
建物	（ ）	
減価償却累計額	（△ ）	（ ）
備品	（ ）	
減価償却累計額	（△ ）	（ ）
土地		（ ）
建設仮勘定		（ ）
（ ）		（ ）
資産合計		（ ）
負債の部		
Ⅰ 流動負債		
支払手形		（ ）
買掛金		（ ）
短期借入金		（ ）
（ ）		（ ）
未払費用		（ ）
未払法人税等		（ ）
賞与引当金		（ ）
Ⅱ 固定負債		
長期借入金		1,000,000
負債合計		（ ）
純資産の部		
Ⅰ 株主資本		
資本金		（ ）
資本準備金		（ ）
利益準備金		（ ）
繰越利益剰余金		（ ）
純資産合計		（ ）
負債・純資産合計		（ ）

工　業　簿　記

第4問（28点）

(1) 下記の各取引について仕訳しなさい。ただし、勘定科目は、設問ごとに最も適当と思われるものを選び、答案用紙の（　）の中に記号で解答すること。

1．群馬こんにゃく加工工場に関する当月の主要材料の消費量および月末棚卸の結果は以下のとおりである。当工場では、予定消費価格を用いて主要材料の消費額を計算している。予定消費価格の算定は、主要材料の年間予定購入量110,400kg、年間予定購入金額25,392,000円にもとづいて行っている。なお、当月の材料実際購入金額は、2,200,000円であった。材料の消費に関する仕訳を示しなさい。

主要材料消費量：7,200kg　月末棚卸の結果：棚卸減耗損105,000円が生じていた。

ア．製造間接費　　イ．製品　　ウ．仕掛品
エ．材料　　オ．買掛金　　カ．当座預金

2．滋賀扇子製作所は、本社会計から工場を独立させている。製品倉庫が工場にあるため、製品勘定は工場で記帳しており、得意先に対して工場から発送が行われている。なお、売上原価の計算は販売した都度、本社で行われている。本社は、完成した製品200個（製造原価@3,500円）を、1,000,000円で得意先に販売し、代金は後日受け取ることとした。本社での仕訳を示しなさい。

ア．工場　　イ．売掛金　　ウ．仕掛品
エ．売上原価　　オ．製品　　カ．売上

3．愛知自動車工場は、算定した予定配賦率1,700円/時間を使用し、直接作業時間を配賦基準として、製造間接費の予定配賦を行っている。そこで、予定配賦額との差額を予算差異勘定と操業度差異勘定に振り替える。当月の製造間接費実際発生額は3,345,000円、製造間接費予算許容額は3,260,000円（うち変動費1,260,000円、固定費2,000,000円）、実際直接作業時間は1,800時間であった。

ア．売上原価　　イ．仕掛品　　ウ．操業度差異
エ．製品　　オ．製造間接費　　カ．予算差異

(2) 岐阜刃物製作所では、包丁を受注生産しており、個別原価計算を採用している。次の［資料］にもとづいて下記の**問**に答えなさい。なお、当月は3月とする。

［資料］

1．原価計算表

製造指図書番号	直接材料消費量	直接作業時間	備考
331	320 kg	85時間	2/20着手　2/21完成 2/28在庫　3/ 2販売
332	410 kg	120時間	3/ 1着手　3/ 9完成 3/15販売
333	280 kg	70時間	3/16着手　3/21完成 3/31在庫
334	370 kg	30時間	3/24着手　3/31仕掛中

2．直接材料費の計算には実際消費単価を適用しており、これは前月700円／kg、当月750円／kgであった。
3．直接労務費の計算に実際賃率を適用しており、これは前月、当月ともに1,200円／時間であった。
4．当社は、製造間接費について予定配賦率を使用し、指図書ごとの実際直接作業時間を配賦基準として計算している。年間の変動製造間接費予算額は1,560,000円、固定製造間接費予算額は600,000円であり、配賦基準となる年間の予定直接作業時間は2,400時間である。なお、当月の製造間接費実際発生額は201,000円であった。製造間接費配賦差異は、月次損益計算書の原価差異として売上原価に賦課すること。

問1　当月の月次損益計算書を完成しなさい。なお、原価差異は売上原価に対して加算する場合には＋を、減算する場合には△を数字の前に付しなさい。

問2　製造間接費配賦差異について、予算差異と操業度差異を計算しなさい。なお、借方差異または貸方差異のいずれかを○で囲むこと（下記の**問**も同様とする）。

問3　仮に、製造間接費を固定予算で設定していた場合（年間の製造間接費予算額2,160,000円）、製造間接費配賦差異について、予算差異と操業度差異を計算しなさい。

全国統一模擬試験Ⅱ第1回 答案用紙 2級④ 工業簿記

採点欄	
第4問	

第4問 (28点)

(1)

	借方		貸方	
	記号	金額	記号	金額
1	(　)		(　)	
	(　)		(　)	
	(　)		(　)	
2	(　)		(　)	
	(　)		(　)	
	(　)		(　)	
3	(　)		(　)	
	(　)		(　)	
	(　)		(　)	

(2)

問1

月次損益計算書　(単位：円)

売上高		4,260,000
売上原価		
月初製品有高	(　)	
当月製品製造原価	(　)	
合計	(　)	
月末製品有高	(　)	
差引	(　)	
原価差異	(　)	(　)
売上総利益		(　)
販売費及び一般管理費		1,796,000
営業利益		(　)

問2 予算差異 = [　　　] 円 (借方差異 ・ 貸方差異)

操業度差異 = [　　　] 円 (借方差異 ・ 貸方差異)

問3 予算差異 = [　　　] 円 (借方差異 ・ 貸方差異)

操業度差異 = [　　　] 円 (借方差異 ・ 貸方差異)

第５問（12点）

製品Ａを製造する当社は、パーシャル・プランによる標準原価計算を採用している。次の［資料］にもとづいて、答案用紙の標準製造原価差異分析表を作成しなさい。

［資料Ⅰ］当月の標準と予算に関する資料

直接材料費の標準消費価格	：	1,200円/kg
直接材料費の標準消費量	：	6kg/個
直接労務費の標準消費賃率	：	2,200円/時間
直接労務費の標準直接作業時間	：	3時間/個
製造間接費年間予算	：	81,000,000円（変動費24,000,000円　固定費57,000,000円）
正常直接年間作業時間	：	30,000時間

（注）製造間接費は直接作業時間を基準として製品に標準配賦している。

［資料Ⅱ］当月の生産に関する資料

月初仕掛品量　：　80個　（50%）　　月末仕掛品量　：　50個　（60%）

当月製品完成量　：　800個

（注）直接材料は工程の始点で投入される。（　）内の数値は加工進捗度を示している。

［資料Ⅲ］当月の実際発生額に関する資料

直接材料費	：	5,875,000円	実際材料消費量	：	4,700kg
直接労務費	：	5,040,000円	実際直接作業時間	：	2,400時間
製造間接費	：	6,794,000円			

Ⅱ第１回　チャレンジ 第４問(2)　原材料の追加投入

製品Ｙを量産しているＭ製作所では、単純総合原価計算を採用している。材料Ａを工程の始点で投入し、その後材料Ｂを追加投入している。次の［資料］にもとづき、下記の**問**に答えなさい。

［資料］

１．当月の生産データ

月初仕掛品量	200	個	(0.7)
当月投入量	1,000	個	
合計	1,200	個	
完成品量	800	個	
正常仕損品量	100	個	
月末仕掛品量	300	個	(0.4)
合計	1,200	個	

（注）（　　）内は加工費の進捗度を示している。

２．当月の原価データ

月初仕掛品原価	当月製造費用
材料Ａ：240,000円	材料Ａ：1,050,000円
材料Ｂ：177,000円	材料Ｂ：　588,000円
加工費：139,500円	加工費：　844,800円

３．正常仕損は工程の終点で発生したものとし、正常仕損費はすべて完成品に負担させる。なお、仕損品の処分価額は１個当たり100円（材料Ａ80円、材料Ｂ0円、加工費20円）である。

問１　材料Ｂを加工進捗度60%の時点で投入し、原価投入額合計を完成品原価と月末仕掛品原価とに配分する方法として先入先出法を用いた場合の月末仕掛品原価、完成品原価を原価の種類別に計算しなさい。

問２　材料Ｂを工程を通じて平均的に投入し、原価投入額合計を完成品原価と月末仕掛品原価とに配分する方法として平均法を用いた場合の月末仕掛品原価、完成品原価を原価の種類別に計算しなさい。

全国統一模擬試験Ⅱ第１回 答案用紙 ２級⑤ 工業簿記

採点欄	
第5問	

第５問（12点）

標準製造原価差異分析表

直接材料費差異	材料価格差異	円	有利差異・不利差異
	材料数量差異	円	有利差異・不利差異
直接労務費差異	労働賃率差異	円	有利差異・不利差異
	労働時間差異	円	有利差異・不利差異
製造間接費差異	予算差異	円	有利差異・不利差異
	変動費能率差異	円	有利差異・不利差異
	固定費能率差異	円	有利差異・不利差異
	操業度差異	円	有利差異・不利差異

（注） 貸方差異の場合には有利差異、借方差異の場合には不利差異を○で囲むこと。

チャレンジ第４問(2)［答案用紙］

問１

	月末仕掛品	完成品
材料A	円	円
材料B	円	円
加工費	円	円

問２

	月末仕掛品	完成品
材料A	円	円
材料B	円	円
加工費	円	円

Ⅱ第1回　チャレンジ 第3問　損益計算書作成

問題文は、Ⅱクール第1回をそのまま使用してください。

損　益　計　算　書

自×19年4月1日　至×20年3月31日　(単位：円)

Ⅰ	売上高		(　　)
Ⅱ	売上原価		
1	期首商品棚卸高	(　　)	
2	当期商品仕入高	(　　)	
	合計	(　　)	
3	期末商品棚卸高	(　　)	
	差引	(　　)	
4	(　　)	(　　)	
5	商品評価損	(　　)	(　　)
	売上総利益		(　　)
Ⅲ	販売費及び一般管理費		
1	給料	(　　)	
2	広告宣伝費	(　　)	
3	保険料	(　　)	
4	通信費	(　　)	
5	旅費交通費	(　　)	
6	(　　)	(　　)	
7	貸倒引当金繰入	(　　)	
8	減価償却費	(　　)	
9	のれん償却	(　　)	
10	賞与引当金繰入	(　　)	(　　)
	営業利益		(　　)
Ⅳ	営業外収益		
1	受取地代		(　　)
Ⅴ	営業外費用		
1	支払利息		(　　)
	経常利益		(　　)
Ⅵ	特別損失		
1	(　　)		(　　)
	税引前当期純利益		(　　)
	法人税、住民税及び事業税		(　　)
	当期純利益		(　　)

日商簿記検定２級　全国統一模擬試験Ⅱ　第２回

問題・答案用紙

（制限時間　90分）

受験者への注意事項

1.　本冊子は、持ち帰りできませんので全ページを必ず提出してください。持ち帰った場合は失格となり、以後の受験をお断りする場合があります。
2.　答えは、問題文の指示に従い定められたところに、誤字・脱字のないよう、ていねいに書いてください。
3.　答案の記入にあたっては、黒鉛筆または黒シャープペンシルを使用してください。仕訳問題の答案の記入方法は、下記を確認してください。
4.　問題および答案用紙の余白は計算用紙として使用できます（解答欄にかぶらないようにしてください）。

仕訳問題の解答にあたっての注意事項

以下の正答例を参考に、仕訳問題における各設問の解答にあたっては、各勘定科目の使用は、借方・貸方の中でそれぞれ１回ずつとしてください(各設問につき、同じ勘定科目を借方・貸方の中で２回以上使用してしまうと、不正解となります)。

ア．現金　　イ．売掛金　　ウ．売上

［正答例：勘定科目を借方・貸方の中で１回だけ使用している］

借方		貸方	
記号	金額	記号	金額
（ア）	10	（ウ）	100
（イ）	90	（　）	

［誤答例：同じ勘定科目を貸方の中で２回使用してしまっている］

借方		貸方	
記号	金額	記号	金額
（ア）	10	（ウ）	10
（イ）	90	（ウ）	90

商　業　簿　記

第１問（20点）

下記の各取引について仕訳しなさい。ただし、勘定科目は、設問ごとに最も適当と思われるものを選び、答案用紙の（　）の中に記号で解答すること。

１．×9年２月23日に、短期的な価格変動を期待して、前期中に取得し保有している帳簿価額￥478,000、額面総額￥500,000の社債を売却し、売却手数料￥3,500を控除した金額￥491,000が当座預金口座に振り込まれた。この金額は端数利息を含んでいる。この社債の利率は年5.5%であり、利払日は毎年３月末日と９月末日である。なお、端数利息は１年を365日とする日割計算とし、売却の当日を含めて求めること。また、支払手数料は売買損益に含めるものとする。

ア．支払手数料	イ．有価証券売却損	ウ．有価証券利息	エ．当座預金
オ．普通預金	カ．有価証券売却益	キ．売買目的有価証券	ク．満期保有目的債券

２．当社(決算日×15年３月末)は２期連続で赤字だった小島支店の閉鎖にともない、×14年８月31日に総額￥3,500,000で店舗およびその敷地を売却し、代金は約束手形(期日３ヶ月後)を受け取った。店舗は×2年８月１日に総額￥1,800,000で建設が完了・使用を開始し、耐用年数20年、残存価額ゼロの定額法により減価償却(間接法により記帳)されている。また、敷地は×2年７月25日に￥3,000,000で取得されたものである。

ア．固定資産売却益	イ．固定資産売却損	ウ．建物	エ．土地
オ．建物減価償却累計額	カ．減価償却費	キ．受取手形	ク．営業外受取手形

３．旅行業を営む南日本旅行株式会社は、４泊５日の旅行ツアーを催行した。催行に際し、ツアー費用(宿泊代、交通費、添乗員への報酬等)￥1,060,000について、小切手を振り出して支払った。当該旅行ツアーの代金総額￥2,650,000は、参加者25名から旅行出発の７日前までに普通預金口座に振り込まれている。なお、当社は旅行お役立ち商品も販売しており、旅行ツアーの販売とは勘定科目を区別して記帳している。

ア．役務原価	イ．前受金	ウ．当座預金	エ．普通預金
オ．旅費交通費	カ．仕掛品	キ．給料	ク．役務収益

４．×2年６月23日に株主総会が開催され、配当および処分を次のように決定した。なお、当社の資本金の金額は￥4,000,000、資本準備金の金額は￥600,000、その他資本剰余金は￥500,000、利益準備金の金額は￥340,000、繰越利益剰余金は￥1,500,000である。

① その他資本剰余金からの配当
　配当金額：￥300,000　　資本準備金：会社法が定める金額
② 繰越利益剰余金からの配当・処分
　配当金額：￥600,000　　利益準備金：会社法が定める金額　　別途積立金の積立：￥130,000

ア．資本準備金	イ．別途積立金	ウ．繰越利益剰余金	エ．資本金
オ．未払配当金	カ．利益準備金	キ．その他資本剰余金	ク．受取配当金

５．本日、ドル建売掛金および買掛金の回収・決済期日であるため、当座預金口座で入出金が行われた。当該売掛金および買掛金は当期にアメリカの得意先および仕入先との取引によって発生したものであり、その金額は売掛金3,800ドルと買掛金2,500ドルであった。仕入時の為替相場は１ドル￥116、売上時の為替相場は１ドル￥124、本日の為替相場は１ドル￥120、前期決算日の為替相場は１ドル￥110である。なお、仕訳作成にあたり、相殺できる勘定科目は相殺して表示すること。

ア．売掛金	イ．為替差益	ウ．当座預金	エ．買掛金
オ．仕入	カ．為替差損	キ．売上	ク．普通預金

全国統一模擬試験Ⅱ第２回 答案用紙 ２級① 商業簿記

採点欄	
第1問	

第１問 (20点)

	借方		貸方	
	記号	金額	記号	金額
1	(　　)		(　　)	
	(　　)		(　　)	
	(　　)		(　　)	
	(　　)		(　　)	
	(　　)		(　　)	
2	(　　)		(　　)	
	(　　)		(　　)	
	(　　)		(　　)	
	(　　)		(　　)	
	(　　)		(　　)	
3	(　　)		(　　)	
	(　　)		(　　)	
	(　　)		(　　)	
	(　　)		(　　)	
	(　　)		(　　)	
4	(　　)		(　　)	
	(　　)		(　　)	
	(　　)		(　　)	
	(　　)		(　　)	
	(　　)		(　　)	
5	(　　)		(　　)	
	(　　)		(　　)	
	(　　)		(　　)	
	(　　)		(　　)	
	(　　)		(　　)	

第２問（20点）

次の有価証券に係る一連の取引について、［資料Ⅰ］、［資料Ⅱ］および［資料Ⅲ］にもとづいて、下記の**問**に答えなさい。なお、当社の会計期間は４月１日から翌年３月31日までの１年間であり、過年度の処理はすべて適正に行われている。

［資料Ⅰ］×6年３月31日以前に行った有価証券に関する諸取引

１．×5年８月12日にＡ社株式（発行済株式総数15,000株）を１株につき￥4,200で、5,000株購入した。なお、Ａ社株式の時価は、×5年度末に１株当たり￥300上昇していた。

２．×6年１月１日にＢ社社債（額面：￥30,000,000、償還予定日：×10年３月31日、額面利率：年2.5％、利払日：９月および３月各月末日）を満期まで保有する意図をもって、額面￥100当たり￥97.45（端数利息を含まない金額）で取得した。取得原価と額面金額との差額は金利の調整と認められる。なお、Ｂ社社債の時価は、×5年度末に額面￥100当たり￥98.00に上昇していた。

［資料Ⅱ］×6年度、×7年度中の取引は次のとおりである。

×6年4月 3日　売買目的で額面￥80,000,000のＣ社社債（額面利率：年1.46％、利払日：６月および12月各月末日）を額面￥100当たり￥92.00（端数利息を含まない金額）で購入し、代金は購入日までの端数利息を含めて翌月末に支払うこととした。

9月16日　長期利殖目的でＤ社株式4,500株を１株につき￥2,000で購入し、代金は買入手数料￥180,000を含めて翌月末に支払うこととした。

×7年3月31日　保有する有価証券の時価は以下のとおりであり、必要な決算整理仕訳および決算振替仕訳を行った。

Ａ社株式	１株当たり￥4,600	Ｂ社社債	額面￥100当たり￥98.80
Ｃ社社債	額面￥100当たり￥93.50	Ｄ社株式	１株当たり￥2,200

5月 7日　Ｃ社社債のうち額面￥20,000,000分を額面￥100当たり￥94.40（端数利息を含まない金額）で売却し、代金は売却日までの端数利息を含めて翌月末に受け取ることとした。なお、証券会社に支払った手数料￥30,000は現金で支払っている。

6月 9日　事業上の理由で、Ｄ社株式のうち1,000株を１株当たり￥2,100で売却し、代金は売却手数料￥42,000を差し引いた金額を翌月末に受け取ることとした。

［資料Ⅲ］

１．売買目的有価証券は切放法、満期保有目的債券は償却原価法（定額法）により評価を行う。

２．有価証券に関する利息については、利払日に普通預金口座に振り込まれている。

３．端数利息については１年を365日として購入日または売却日の当日を含める日割計算で行い、未収利息の計算と償却原価法の計算は月割計算で行う。

４．売却時の支払手数料は、有価証券売却損益に含めて処理するものとする。

５．税効果会計は適用しない。

問１　答案用紙に示された×6年度の諸勘定（一部）に必要な記入を行い、締め切りなさい。ただし、赤字で記入すべき箇所も黒で記入すること。また英米式決算法にもとづいて締め切ること。

問２　下記の①から④の金額を答えなさい。なお、③④については（　　）内の損または益のいずれかを○で囲むこと。

①×6年度末の関連会社株式の帳簿価額

②×6年度に発生する有価証券利息

③×7年５月７日の取引により発生する有価証券売却損益

④×7年６月９日の取引により発生する投資有価証券売却損益

採点欄	
第2問	

全国統一模擬試験Ⅱ第2回 答案用紙 2級② 商業簿記

第2問（20点）

問1

総勘定元帳（抜粋）

売買目的有価証券

年	月	日	摘要	借方	年	月	日	摘要	貸方
×6	4	3			×7	3	31		
×7	3	31							

満期保有目的債券

年	月	日	摘要	借方	年	月	日	摘要	貸方
×6	4	1			×7	3	31		
×7	3	31							

その他有価証券

年	月	日	摘要	借方	年	月	日	摘要	貸方
×6	9	16			×7	3	31		
×7	3	31							

問2

①	関連会社株式	¥	②	有価証券利息	¥
③	×7年5月7日の取引により発生する有価証券売却（ 損 ・ 益 ）				¥
④	×7年6月9日の取引により発生する投資有価証券売却（ 損 ・ 益 ）				¥

※ 損または益のいずれかを○で囲むこと。

第 3 問（20 点）

次に示した会計サポート株式会社の［資料Ⅰ］、［資料Ⅱ］および［資料Ⅲ］にもとづいて、答案用紙の損益計算書を完成しなさい。なお、会計期間は×5 年 4 月 1 日から×6 年 3 月 31 日までの 1 年間であり、税効果会計は考慮しないものとする。

［資料Ⅰ］決算整理前残高試算表

決算整理前残高試算表
×6 年 3 月 31 日　　（単位：円）

借　方	勘定科目	貸　方
236,200	現金	
497,600	普通預金	
770,000	受取手形	
490,000	売掛金	
300,000	クレジット売掛金	
734,000	売買目的有価証券	
325,000	繰越商品	
	貸倒引当金	28,000
3,720,000	建物	
1,000,000	備品	
	建物減価償却累計額	750,000
	備品減価償却累計額	400,000
1,000,000	土地	
350,000	その他有価証券	
650,000	子会社株式	
1,500,000	長期貸付金	
	支払手形	876,000
	買掛金	782,000
	退職給付引当金	342,000
	資本金	5,000,000
	繰越利益剰余金	1,496,800
	売上	12,500,000
	受取利息	45,000
	受取配当金	14,000
8,922,000	仕入	
678,000	給料	
200,000	賞与	
350,000	広告宣伝費	
247,000	租税公課	
120,000	保険料	
144,000	支払手数料	
22,233,800		22,233,800

［資料Ⅱ］未処理事項

1．買掛金￥60,000 について、一定の取引量を超えたため、￥2,000 の割戻を受け、その残額を普通預金口座から振り込んでいたが、いずれも未処理であった。

2．×5 年 11 月 1 日に、販売した商品に関する 1 年間のサポートサービス￥480,000 を販売し、代金は現金で受け取っていたが、未処理であった。なお、サポートサービスは、当日から開始しており、時の経過（月割計算）に応じて履行義務を充足する。

［資料Ⅲ］決算整理事項

1．期末残高に対し、クレジット売掛金については 2%、受取手形および売掛金については 5%の貸倒引当金を設定する（差額補充法）。

2．期末商品帳簿棚卸高は￥338,000 である。なお、棚卸減耗損￥13,000、商品評価損￥5,000 が生じている。いずれも原価性があると判断された。

3．当社所有の有価証券の内訳は以下のとおりである。決算にあたって必要な処理を行う。なお、その他有価証券は全部純資産直入法を採用している。

	帳簿価額	時　価	保有区分
A社株式	￥ 284,000	￥ 255,000	売買目的
B社社債	￥ 450,000	￥ 460,000	売買目的
C社株式	￥ 650,000	￥ 630,000	支配目的
D社株式	￥ 350,000	￥ 400,000	その他

4．固定資産の減価償却を以下のとおり行う。

建　物：定額法（耐用年数 30 年　残存価額ゼロ）
備　品：定率法（償却率　25%）

なお、建物のうち￥720,000 は×6 年 1 月に取得したもので、減価償却費の計算（定額法、耐用年数 30 年、残存価額ゼロ）は月割計算による。

5．従業員に対する退職給付を見積もった結果、当期の期間に帰属する金額は￥38,000 と計算された。なお、外部の基金に対し、年金掛金￥56,000 を普通預金口座より支払っていたが、未処理であることが追加で判明した。

6．次期の 6 月における従業員に対する賞与の支給に備え、当期の負担分を￥40,000 と見積もり、賞与引当金を計上した。

7．保険料は毎年同額を 7 月 1 日に向こう 1 年分を支払っている。決算にあたって未経過分を月割計算で計上する。

8．当期の課税所得の金額￥1,625,000 に法定実効税率 40%を乗じた金額を「法人税、住民税及び事業税」に計上する。

全国統一模擬試験Ⅱ第２回 答案用紙 ２級③ 商業簿記

採点欄	
第3問	

第３問（20点）

損益計算書

自×5年4月1日　至×6年3月31日　（単位：円）

Ⅰ 売上高		(　　)
Ⅱ 売上原価		
1 期首商品棚卸高	(　　)	
2 当期商品仕入高	(　　)	
合計	(　　)	
3 期末商品棚卸高	(　　)	
差引	(　　)	
4 棚卸減耗損	(　　)	
5 (　　)	(　　)	(　　)
売上総利益		(　　)
Ⅲ 販売費及び一般管理費		
1 給料	(　　)	
2 賞与	(　　)	
3 広告宣伝費	(　　)	
4 租税公課	(　　)	
5 保険料	(　　)	
6 (　　)	(　　)	
7 減価償却費	(　　)	
8 退職給付費用	(　　)	
9 賞与引当金繰入	(　　)	
10 支払手数料	(　　)	(　　)
(　　)		(　　)
Ⅳ 営業外収益		
1 受取利息	(　　)	
2 受取配当金	(　　)	(　　)
Ⅴ 営業外費用		
1 有価証券評価損		(　　)
税引前当期純利益		(　　)
法人税、住民税及び事業税		(　　)
当期純利益		(　　)

工　業　簿　記

第 4 問（28 点）

⑴　下記の各取引について仕訳しなさい。ただし、勘定科目は、設問ごとに最も適当と思われるものを選び、答案用紙の（　）の中に記号で解答すること。

1．静岡ピアノ工場では予定配賦率を使用し、作業時間報告書の実際直接作業時間を配賦基準として製造間接費を予定配賦している。そこで、予定配賦額との差額を予算差異勘定と操業度差異勘定に振り替える。年間の製造間接費予算は 18,900,000 円、配賦基準となる年間の予定直接作業時間は 6,300 時間である。当月の製造間接費の実際発生額は 1,584,600 円、実際直接作業時間は 435 時間であった。

ア．売上原価	イ．仕掛品	ウ．操業度差異
エ．予算差異	オ．製造間接費	カ．製品

2．熊本たたみ工場に関する当月の労務費の消費高および賃率差異を計上する。直接工員の作業時間報告書には実際直接作業時間 540 時間、実際間接作業時間 135 時間と記載されている。なお、当月の直接工予定賃率は 2,200 円であり、直接工員に対する賃金の実際消費額は 1,544,000 円であった。

ア．材料	イ．仕掛品	ウ．賃率差異
エ．現金	オ．製造間接費	カ．賃金・給料

3．岐阜刃物工場に関する当月の材料消費高および棚卸減耗損を計上する。月初有高、月末有高（実地棚卸数量）、当月購入および当月消費量（素材のみ）は、次のとおりである。なお、素材は継続記録法、製造用切削油は棚卸計算法を採用している。また、払出単価は、素材と製造用切削油ともに平均法により計算されている。

月初有高：素材 98,100 円（300kg）　製造用切削油 10,500 円（100ℓ）
当月購入：素材 5,000kg（@380 円）　製造用切削油 120,000 円（800ℓ）
当月消費量：素材 4,800kg　　月末有高：素材 400kg　製造用切削油 120ℓ

ア．売上原価	イ．仕掛品	ウ．材料
エ．現金	オ．製造間接費	カ．賃金・給料

⑵　太田自動車製作所は、自動車を製造・販売し、累加法による工程別総合原価計算を採用している。次の［資料］にもとづいて下記の**問**に答えなさい。なお、原価投入額合計を完成品総合原価と月末仕掛品原価に配分する方法は、第 1 工程は先入先出法・第 2 工程は平均法を用いること。

［資料］

	第 1 工程			第 2 工程		
月初仕掛品	800	個	（25%）	150	個	（60%）
当月投入	7,400	個		7,400	個	
合計	8,200	個		7,550	個	
正常減損	200	個		0	個	
正常仕損品	0	個		200	個	
月末仕掛品	600	個	（50%）	350	個	（20%）
完成品	7,400	個		7,000	個	

（注）　原料はすべて第 1 工程の始点で投入し、（　　）内は加工進捗度である。
　第 1 工程完了品は、外部倉庫で保管したのち、必要な分だけ第 2 工程へ投入される。なお、外部倉庫に月初在庫はない。
　正常減損は第 1 工程の始点で発生している。正常仕損品は第 2 工程の終点で発生し、処分価額は 0 円である。

問 1　工程別総合原価計算表を完成しなさい。

問 2　仮に正常仕損品の処分価額 200,000 円がすべて前工程費の価値によるものであったときの前工程費勘定を完成しなさい。

全国統一模擬試験Ⅱ第２回 答案用紙 **２級④ 工業簿記**

採点欄	
第4問	

第４問（28点）

(1)

	借方		貸方	
	記号	金額	記号	金額
1	(　　)		(　　)	
	(　　)		(　　)	
	(　　)		(　　)	
2	(　　)		(　　)	
	(　　)		(　　)	
	(　　)		(　　)	
3	(　　)		(　　)	
	(　　)		(　　)	
	(　　)		(　　)	

(2)

問１

工程別総合原価計算表　（単位：円）

	第1工程			第2工程		
	原料費	加工費	合計	前工程費	加工費	合計
月初仕掛品原価	620,000	330,000		394,400	73,800	
当月製造費用	5,572,800	12,405,000			5,960,300	
合計						
月末仕掛品原価						
完成品総合原価						

問２

前工程費　（単位：円）

月初仕掛品前工程費	(　　　　)	完成品前工程費	(　　　　)
当月前工程費	(　　　　)	正常仕損品	(　　　　)
		月末仕掛品前工程費	(　　　　)

第 5 問（12 点）

大島産業は、全国に焼肉チェーンを展開している。現在、高崎駅前店の 11 月の利益計画を作成している。10 月の利益計画では、売上高は 4,800,000 円であり、変動費と固定費は次の［資料］のとおりであった。11 月の利益計画は、変動費率と固定費額について 10 月と同じ条件で作成する。下記の**問**に答えなさい。

［資料］

変動費		固定費	
食材費	1,008,000 円	正社員給料	864,000 円
アルバイト給料	384,000 円	水道光熱費	672,000 円
その他	144,000 円	支払家賃	576,000 円
		その他	880,000 円

問 1　変動費率を計算しなさい。

問 2　10 月の利益計画における損益分岐点売上高および安全余裕率を計算しなさい。ただし、（例）に示すように 0.1%未満の端数は四捨五入すること。（例）11.72…% ⇒ 11.7%

問 3　目標営業利益 510,000 円を達成するために必要な売上高を計算しなさい。

問 4　11 月の売上高は 4,950,000 円と予想されている。11 月の利益計画における貢献利益と営業利益を計算しなさい。

問 5　これまで水道光熱費をすべて固定費としてきたが、精査してみると変動費部分もあることがわかった。過去 6 か月の売上高と水道光熱費の実績データは以下のとおりであった。高低点法により、売上高に対する水道光熱費の変動費率（%）および月間固定費の金額を計算しなさい。

	4 月	5 月	6 月	7 月	8 月	9 月
売上高	4,720,000 円	5,440,000 円	5,270,000 円	4,810,000 円	5,130,000 円	4,690,000 円
水道光熱費	669,000 円	695,000 円	689,000 円	675,000 円	684,000 円	668,000 円

Ⅱ第 2 回　チャレンジ 第 4 問(2)　費目別計算

X 社の［資料］にもとづき、同社の製造原価報告書および損益計算書を作成しなさい。ただし、製造間接費の予定配賦から生ずる原価差異は、売上原価に賦課するものとする。なお、『製造間接費配賦差異』については合計欄で算出した実際原価合計額に対して、『原価差異』については差引欄で算出した売上原価に対して、加算するなら「＋」、減算するなら「△」の記号を解答金額の前にそれぞれ付すこと。

［資料］

1．素材：当期仕入高 5,400 万円　期首有高 320 万円　期末有高 300 万円
2．製造用切削油などの燃料：当期仕入高 280 万円　期首有高 11 万円　期末有高 13 万円
3．直接工賃金支払高：支払高 1,788 万円　期首未払高 24 万円　期末未払高 30 万円
4．製造関係の事務職員給料：支払高 1,000 万円　期首未払高 10 万円　期末未払高 8 万円
5．工場清掃工の賃金：支払高 600 万円　期首未払高 15 万円　期末未払高 12 万円
6．工場電力料・ガス代・水道料：支払高 440 万円　期首前払高 25 万円　期末前払高 33 万円
7．工場減価償却費：720 万円
8．製造間接費予定配賦額：3,000 万円
9．売上高：11,800 万円
10．販売費及び一般管理費：1,200 万円
11．仕掛品：期首有高 1,560 万円　期末有高 1,640 万円
12．製品：期首有高 2,100 万円　期末有高 2,230 万円

全国統一模擬試験II第2回 答案用紙 2級⑤ 工業簿記

採点欄	
第5問	

第5問（12点）

問1	変動費率		%			
問2	損益分岐点売上高		円	安全余裕率		%
問3	目標達成売上高		円			
問4	貢献利益		円	営業利益		円
問5	変動費率		%	月間固定費		円

チャレンジ第4問(2)［答案用紙］

製造原価報告書 （単位：万円）

I	直接材料費	（ ）
II	直接労務費	（ ）
III	製造間接費	（ ）
	合計	（ ）
	製造間接費配賦差異	（ ）
	当期製造費用	（ ）
	期首仕掛品有高	（ ）
	合計	（ ）
	期末仕掛品有高	（ ）
	当期製品製造原価	（ ）

損益計算書 （単位：万円）

I	売上高		（ ）
II	売上原価		
	期首製品有高	（ ）	
	当期製品製造原価	（ ）	
	合計	（ ）	
	期末製品有高	（ ）	
	差引	（ ）	
	原価差異	（ ）	（ ）
	売上総利益		（ ）
III	販売費及び一般管理費		（ ）
	営業利益		（ ）

Ⅱ第2回　チャレンジ 第3問　貸借対照表作成

問題文は、Ⅱクール第2回をそのまま使用してください。

貸借対照表

×6年3月31日　(単位：円)

資産の部		負債の部	
Ⅰ 流動資産		Ⅰ 流動負債	
現金預金	( )	支払手形	( )
受取手形	( )	買掛金	( )
貸倒引当金	(△)	( )	( )
売掛金	( )	賞与引当金	( )
貸倒引当金	(△)	未払法人税等	( )
クレジット売掛金	( )	流動負債合計	( )
貸倒引当金	(△)		
商品	( )		
( )	( )	Ⅱ 固定負債	
前払費用	( )	( )	( )
流動資産合計	( )	固定負債合計	( )
Ⅱ 固定資産		負債合計	( )
有形固定資産			
建物	( )		
減価償却累計額	(△)	純資産の部	
備品	( )	Ⅰ 株主資本	
減価償却累計額	(△)	資本金	( )
土地	( )	繰越利益剰余金	( )
有形固定資産合計	( )	株主資本合計	( )
投資その他の資産			
投資有価証券	( )		
関係会社株式	( )		
長期貸付金	( )	Ⅱ 評価・換算差額等	
投資その他の資産合計	( )	その他有価証券評価差額金	( )
固定資産合計	( )	純資産合計	( )
資産合計	( )	負債及び純資産合計	( )

日商簿記検定２級　全国統一模擬試験Ⅱ　第３回

問題・答案用紙

（制限時間　90分）

受験者への注意事項

1. 本冊子は、持ち帰りできませんので全ページを必ず提出してください。持ち帰った場合は失格となり、以後の受験をお断りする場合があります。
2. 答えは、問題文の指示に従い定められたところに、誤字・脱字のないよう、ていねいに書いてください。
3. 答案の記入にあたっては、黒鉛筆または黒シャープペンシルを使用してください。仕訳問題の答案の記入方法は、下記を確認してください。
4. 問題および答案用紙の余白は計算用紙として使用できます（解答欄にかぶらないようにしてください)。

仕訳問題の解答にあたっての注意事項

以下の正答例を参考に、仕訳問題における各設問の解答にあたっては、各勘定科目の使用は、借方・貸方の中でそれぞれ１回ずつとしてください(各設問につき、同じ勘定科目を借方・貸方の中で２回以上使用してしまうと、不正解となります)。

ア．現金　　　イ．売掛金　　　ウ．売上

［正答例：勘定科目を借方・貸方の中で１回だけ使用している］

借方		貸方	
記号	金額	記号	金額
（ ア ）	10	（ ウ ）	100
（ イ ）	90	（ 　 ）	

［誤答例：同じ勘定科目を貸方の中で２回使用してしまっている］

借方		貸方	
記号	金額	記号	金額
（ ア ）	10	（ ウ ）	10
（ イ ）	90	（ ウ ）	90

商　業　簿　記

第１問（20 点）

下記の各取引について仕訳しなさい。ただし、勘定科目は、設問ごとに最も適当と思われるものを選び、答案用紙の（　）の中に記号で解答すること。

１．ＡＢＣ株式会社は医薬品製造会社である。当社にあるＤＥ研究所では、未知の感染症の特効薬を研究開発するために原料￥300,000、機械装置￥210,000 を購入し、今月分の研究員の給料￥300,000(社会保険料￥7,000 および所得税￥3,000 控除後)を支払った。なお、支払いはすべて普通預金口座から支払っており、機械装置は特定の研究開発にのみ使用され、他の目的で使用することはない。

ア．研究開発費　イ．給料　ウ．普通預金　エ．減価償却費
オ．機械装置　カ．社会保険料預り金　キ．機械装置減価償却累計額
ク．所得税預り金

２．かねて不用となった営業用の備品の売却代金として受け取っていた約束手形￥300,000 について、振出人より支払金額の準備ができないことから手形の更改の申し入れがあったため承諾し、振り出された新手形を受け取り、旧手形と交換した。新手形の決済期日は旧手形の決済期日の 100 日後であり、期日延長にともなう利息は年 6.57%により計算(1 年を 365 日とする日割計算)され、新手形の金額に含められている。また、これと同時に、同社の売掛金￥340,000 について、電子債権記録機関から発生記録の通知を受けた。なお、仕訳作成にあたり、勘定科目は相殺しないこと。

ア．営業外受取手形　イ．支払手形　ウ．受取利息　エ．電子記録債権
オ．電子記録債務　カ．売掛金　キ．支払利息　ク．受取手形

３．昨年の業績が好調だった影響で生じた多額の余剰資金を有効に運用するため、長崎製麺株式会社が発行した社債（額面総額￥100,000,000）を額面￥100 につき￥96.40(裸相場)で×19 年 2 月 24 日に満期まで保有する意図で買い入れ、代金は証券会社への手数料￥450,000 および端数利息とともに小切手を振り出して支払った。なお、この社債の利息は年利率 1.46%、利払日は 6 月末日と 12 月末日の年 2 回、満期日は×25 年 12 月 31 日であり、取得原価と額面金額との差は、金利の調整であると認められる。端数利息は、1 年を 365 日とする日割計算とし、購入の当日を含めて計算すること。

ア．その他有価証券　イ．満期保有目的債券　ウ．未収入金　エ．有価証券利息
オ．当座預金　カ．現金　キ．支払手数料　ク．売買目的有価証券

４．ソフトウェアの制作、販売を行っているＭＹシステム株式会社から、自社の従業員が利用する目的でソフトウェア￥860,000 を取得し、代金は当座預金口座から振り替えて支払った。また、同社に対して、当社の特殊な業務フローに適応したソフトウェアの開発を依頼する契約を行い、契約金額￥1,500,000 の 3 割に当たる金額を普通預金口座から支払った。なお、どちらのソフトウェアも、その利用により将来の収益獲得または費用の削減が確実であると想定されている。なお、開発を依頼したソフトウェアは、契約時から 2 年後に完成する予定である。

ア．未払金　イ．当座預金　ウ．ソフトウェア償却　エ．ソフトウェア
オ．研究開発費　カ．普通預金　キ．ソフトウェア仮勘定　ク．開発費

５．決算に際し、営業用のトラック 2 台(1 台当たりの取得原価￥8,000,000)に対し、生産高比例法により減価償却（記帳方法は、車両運搬具減価償却累計額勘定を使わない方法）を行った。これらのトラックの残存価額はともに取得原価の 10%、見積走行可能距離はともに 200,000km である。当期の実際走行距離について、1 台は 24,000km、もう 1 台は 18,500km であった。

ア．車両運搬具減価償却累計額　イ．法人税等調整額　ウ．繰延税金資産
エ．車両運搬具　オ．繰延税金負債　カ．減価償却費　キ．貯蔵品
ク．当座預金

全国統一模擬試験Ⅱ第３回 答案用紙 ２級① 商業簿記

採点欄	
第1問	

第１問 (20点)

	借方		貸方	
	記号	金額	記号	金額
1	(　　)		(　　)	
	(　　)		(　　)	
	(　　)		(　　)	
	(　　)		(　　)	
	(　　)		(　　)	
2	(　　)		(　　)	
	(　　)		(　　)	
	(　　)		(　　)	
	(　　)		(　　)	
	(　　)		(　　)	
3	(　　)		(　　)	
	(　　)		(　　)	
	(　　)		(　　)	
	(　　)		(　　)	
	(　　)		(　　)	
4	(　　)		(　　)	
	(　　)		(　　)	
	(　　)		(　　)	
	(　　)		(　　)	
	(　　)		(　　)	
5	(　　)		(　　)	
	(　　)		(　　)	
	(　　)		(　　)	
	(　　)		(　　)	
	(　　)		(　　)	

第２問（20点）

次の［資料］にもとづいて、答案用紙の株主資本等変動計算書(単位：千円)を完成しなさい。なお、純資産の各項目が減少する場合には、金額の前に△を付して解答すること。当社の会計期間は×7年4月1日から×8年3月31日である。また、税効果会計は適用しない。

［資料］

1．前期の決算時に作成した貸借対照表によると、純資産の部に記載された項目の金額は次のとおりであった。なお、この時点における当社の発行済株式総数は20,000株である。また、その他有価証券の取得原価は1,400千円、前期末時価は1,700千円であった。

資本金	45,000千円	資本準備金	4,000千円	その他資本剰余金	3,000千円
利益準備金	2,500千円	任意積立金	1,000千円	繰越利益剰余金	8,000千円
その他有価証券評価差額金	300千円				

2．×7年5月17日に、株主総会で決議した資本金5,000千円を取崩し、3,000千円については資本準備金に、残額はその他資本剰余金に計数を変動させる効力発生日を迎えた。

3．×7年6月27日に開催された株主総会において、剰余金の配当等について以下のように承認された。ただし、配当にともなう準備金の積立については、会社法に規定する金額を積み立てることとし、資本準備金を優先的に積み立てる。

（1）　繰越利益剰余金を源泉とする配当　4,000千円
（2）　その他資本剰余金を源泉とする配当　2,000千円
（3）　任意積立金の積立て　1,000千円

4．×7年9月1日に増資を行い、3,000株を1株につき5,000円で発行した。払込金額は全額当座預金に預け入れた。なお、資本金は会社法による原則的な金額とする。

5．×8年1月1日にM社を吸収合併し、対価として新株4,000株を交付した。M社の帳簿上における諸資産は8,000千円、諸負債は4,000千円であり、合併時の当社の株価は1株当たり1,750円であった。なお、吸収合併時の諸資産の時価は9,000千円であり、諸負債は時価と簿価が一致していた。また、当該合併による純資産(株主資本)の増加額については、全額資本金として計上する。

6．×8年3月31日に決算を行った結果、当期純利益は6,200千円であった。また、期末に保有するその他有価証券の時価は1,000千円であった。

全国統一模擬試験Ⅱ第3回 答案用紙 2級② 商業簿記

採点欄	
第2問	

第2問 (20点)

株主資本等変動計算書

自×7年4月1日　至×8年3月31日　(単位：千円)

	株主資本			
	資本金	資本剰余金		
		資本準備金	その他資本剰余金	資本剰余金合計
当期首残高	( )	( )	( )	( )
当期変動額				
計数の変動	( )	( )	( )	( )
剰余金の配当		( )	( )	( )
任意積立金の積立				
新株の発行	( )	( )		( )
吸収合併	( )			
当期純利益				
株主資本以外の項目の当期変動額(純額)				
当期変動額合計	( )	( )	( )	( )
当期末残高	( )	( )	( )	( )

(下段へ続く)

(上段から続く)

	株主資本					評価・換算差額等		純資産合計
	利益剰余金				株主資本合計	その他有価証券評価差額金	評価・換算差額等合計	
	利益準備金	その他利益剰余金		利益剰余金合計				
		任意積立金	繰越利益剰余金					
当期首残高	( )	( )	( )	( )	( )	( )	( )	( )
当期変動額								
計数の変動					—			—
剰余金の配当	( )		( )	( )	( )			( )
任意積立金の積立		( )	( )		—			—
新株の発行					( )			( )
吸収合併					( )			( )
当期純利益			( )	( )	( )			( )
株主資本以外の項目の当期変動額(純額)						( )	( )	( )
当期変動額合計	( )	( )	( )	( )	( )	( )	( )	( )
当期末残高	( )	( )	( )	( )	( )	( )	( )	( )

※　解答すべき金額がない場合には「－」を記入すること。

第 3 問 (20 点)

次に示した会計サポート株式会社の［資料Ⅰ］、［資料Ⅱ］および［資料Ⅲ］にもとづいて、答案用紙の貸借対照表を完成しなさい。なお、会計期間は×8 年 4 月 1 日から×9 年 3 月 31 日までの 1 年間であり、法定実効税率は 30%として税効果会計を適用する。

［資料Ⅰ］決算整理前残高試算表

決算整理前残高試算表

×9 年 3 月 31 日　　(単位：円)

借　方	勘定科目	貸　方
280,000	現金	
470,000	当座預金	
800,000	受取手形	
1,221,000	売掛金	
200,000	仮払法人税等	
1,380,000	繰越商品	
	貸倒引当金	1,300
10,800,000	建物	
1,600,000	備品	
	建物減価償却累計額	2,930,000
	備品減価償却累計額	906,250
8,000,000	土地	
540,000	ソフトウェア	
730,000	その他有価証券	
	支払手形	590,000
	買掛金	1,009,000
	借入金	5,000,000
	資本金	8,500,000
	資本準備金	500,000
	利益準備金	200,000
	繰越利益剰余金	5,167,100
	売上	21,500,000
	有価証券売却益	74,000
13,750,000	仕入	
2,706,400	給料	
590,500	水道光熱費	
335,500	通信費	
273,000	租税公課	
626,250	減価償却費	
75,000	支払利息	
2,000,000	火災損失	
46,377,650		46,377,650

［資料Ⅱ］未処理事項

1．倉庫が×8 年 12 月に火災で焼失したため、減価償却費の月割計上等を行ったうえで、差額を全額火災損失で処理していた。しかし、当該倉庫には火災保険がかけられており、決算日に保険会社から￥500,000 を後日支払う旨の連絡を受けていたが、処理を失念していた。これを適切に修正する。

2．商品 3,000 ドルを掛販売し、発生時の為替レート(1 ドル￥116)で売上計上していたが、販売以前に 1 ドル￥119 で為替予約を行っていたため、適切に修正する。なお、為替予約の処理は、振当処理を適用する。

［資料Ⅲ］決算整理事項

1．期末日において金庫の中を実査したところ、次のものが入っていた。未処理事項を除き、すべて適切に処理がされている。なお、帳簿価額との差異は原因不明である。

紙幣・硬貨	￥ 87,000	他店振出小切手	￥116,000
他店振出約束手形	￥800,000	送金小切手	￥ 36,000
支払期限到来後の公社債利札（未処理）			￥ 12,000
配当金領収書（未処理）※			￥ 25,600

※　源泉所得税 20%控除後の金額である。

2．商品の期末帳簿棚卸高は、￥1,250,000、実地棚卸高(原価)は￥1,230,000 であった。また、価値が￥48,600 下落している商品が含まれている。

3．売上債権の期末残高に対して 1%の貸倒引当金を差額補充法によって計上する。なお、貸倒引当金繰入限度超過額が￥11,000 生じている。

4．固定資産の減価償却を次のとおり行う。

建物：定額法、残存価額ゼロ、耐用年数 30 年

備品：定率法、償却率 25%

なお、減価償却費(火災により焼失した倉庫を除く)については、固定資産の期首の残高を基礎として、建物は￥30,000、備品は￥18,750 を、期首から 11 ヶ月間、毎月見積計上してきており、決算月も同様に処理を行う。

5．ソフトウェア(自社利用目的)は、×7 年 1 月 1 日に取得したものであり、5 年間にわたって定額法(月割計算)により償却している。

6．その他有価証券の期末時価は￥600,000 であり時価評価(全部純資産直入法)を行う。評価差額については税効果会計を適用する。

7．借入金の詳細は次のとおりである。決算にあたって利息の未払分を月割計算により計上する。

借入日×8 年 12 月 1 日、年利率 1.8%、返済期日×11 年 11 月 30 日、利払日 11 月末の後払い

8．課税所得の金額に法定実効税率を乗じて、当期の法人税、住民税及び事業税を計上する。なお、問題文から判明する事項以外は考慮しないこと。

全国統一模擬試験Ⅱ第3回 答案用紙 2級③ 商業簿記

採点欄
第3問

第3問 (20点)

貸借対照表

×9年3月31日 (単位：円)

資産の部		負債の部	
Ⅰ 流動資産		Ⅰ 流動負債	
現金預金	( )	支払手形	( )
受取手形	( )	買掛金	( )
貸倒引当金	(△)	未払費用	( )
売掛金	( )	未払法人税等	( )
貸倒引当金	(△)	流動負債合計	( )
商品	( )		
( )	( )	Ⅱ 固定負債	
流動資産合計	( )	( )	( )
Ⅱ 固定資産		固定負債合計	( )
有形固定資産		負債合計	( )
建物	( )		
減価償却累計額	(△)		
備品	( )	純資産の部	
減価償却累計額	(△)	Ⅰ 株主資本	
土地	( )	資本金	( )
有形固定資産合計	( )	資本準備金	( )
無形固定資産		利益準備金	( )
( )	( )	( )	( )
無形固定資産合計	( )	株主資本合計	( )
投資その他の資産			
投資有価証券	( )	Ⅱ 評価・換算差額等	
繰延税金資産	( )	( )	(△)
投資その他の資産合計	( )	評価・換算差額等合計	(△)
固定資産合計	( )	純資産合計	( )
資産合計	( )	負債及び純資産合計	( )

工　業　簿　記

第4問（28点）

(1)　下記の各取引について仕訳しなさい。ただし、勘定科目は、設問ごとに最も適当と思われるものを選び、答案用紙の（　）の中に記号で解答すること。

1．神奈川シャンプー・リンス工場では、年間予定作業時間8,400時間と年間予定賃金支払額14,700,000円にもとづいて予定賃率を算定し、これを用いて直接工の労務費消費額を計算している。当月の直接工の実際直接作業時間は660時間、実際間接作業時間は40時間、実際手待時間は8時間であった。

ア．材料　　イ．当座預金　　ウ．仕掛品
エ．製造間接費　　オ．製品　　カ．賃金・給料

2．埼玉ふとん工場に関する当月の製造間接費実際発生額と予定配賦額3,420,000円との差額を製造間接費配賦差異勘定に振り替える。製造間接費実際発生額は、下記から判断し、各自集計すること。

補修用材料消費額:800,000円　　賃金消費額:4,250,000円(うち直接作業時間65%、間接作業時間35%)
外注加工賃：756,000円　　厚生費：前月前払額14,000円、当月支払額426,000円、当月前払額9,000円
電気料：現金支払額290,000円、測定額282,000円　　減価償却費年間見積額：3,750,000円

ア．製造間接費　　イ．仕掛品　　ウ．賃金・給料
エ．製品　　オ．製造間接費配賦差異　　カ．減価償却費

3．大阪ネジ工場では、標準原価計算制度を採用し、勘定記入はシングル・プランで行っている。当月、ネジの製造に着手し720個が完成した。月初・月末仕掛品はなく、原料1kg当たりの標準単価は2,400円、標準消費量は2kg、直接材料費の実際発生額は3,840,000円であった。直接材料費を仕掛品勘定に振り替えなさい。

ア．買掛金　　イ．仕掛品　　ウ．材料
エ．製品　　オ．材料副費　　カ．現金

(2)　桐生絹織物製作所では、絹織物を受注生産しており、個別原価計算を採用している。次の［資料］にもとづいて下記の**問**に答えなさい。なお、当月は7月とし、製造間接費は年間を通じて直接労務費の90%を予定配賦している。

［資料］

指図書	直接材料費	直接労務費	製造間接費	備考
701	180,000円（6月） 20,000円（7月）	170,000円（6月） 50,000円（7月）	（　　　　）円（6月） （　　　　）円（7月）	6/20 着手　6/30 仕掛中 7/ 6 完成　7/10 販売
702	340,000円	270,000円	（　　　　）円	7/11 着手　7/12 一部仕損 7/20 完成　7/21 販売
702-#	30,000円	15,000円	（　　　　）円	7/13 補修開始 7/15 補修完了
703	270,000円	220,000円	（　　　　）円	7/16 着手　7/23 完成 7/31 在庫
704	420,000円	340,000円	（　　　　）円	7/28 着手　7/31 仕掛中

702-#は、仕損品となった702の一部を補修して合格品とするために発行した指図書であり、仕損は正常なものであった。

問1　当月の仕掛品勘定を作成しなさい。

問2　当月末の製品残高を答えなさい。

問3　当月の売上原価を答えなさい。なお、7月の製造間接費実際発生額は817,750円であった。製造間接費配賦差異が生じる場合には売上原価に賦課すること。

全国統一模擬試験Ⅱ第３回 答案用紙 ２級④ 工業簿記

採点欄	
第4問	

第４問（28点）

(1)

	借方		貸方	
	記号	金額	記号	金額
1	（　）		（　）	
	（　）		（　）	
	（　）		（　）	
2	（　）		（　）	
	（　）		（　）	
	（　）		（　）	
3	（　）		（　）	
	（　）		（　）	
	（　）		（　）	

(2)

問１

仕掛品　（単位：円）

月初有高	（　）	製品	（　）
材料費	（　）	仕損費	（　）
労務費	（　）	月末有高	（　）
製造間接費	（　）		
仕損費	（　）		
	（　）		（　）

問２　当月末の製品残高　円

問３　当月の売上原価　円

第 5 問（12 点）

当社は、製品Aを製造・販売している。次の［資料］にもとづいて、答案用紙に示されている全部原価計算による損益計算書と直接原価計算による損益計算書を完成しなさい。ただし、当社では加工費を生産量にもとづいて予定配賦し、すべての原価差異を当期の売上原価に賦課している。

［資料］

1．予定生産量（2,500 個）における加工費予算（なお、前期から変更は生じていない。）
　変動加工費　6,000,000 円
　固定加工費　9,250,000 円
2．実際製造原価（なお、原料費は前期と同額であった。）
　原料費（変動費）　1,200 円／個
　変動加工費　6,002,500 円
　固定加工費　9,250,000 円
3．実際販売費及び一般管理費
　変動販売費　800 円／個
　固定販売費　2,600,000 円
　一般管理費（固定費）　4,800,000 円
4．実際生産量・販売量
　期首仕掛品数量　250 個（加工進捗度 20%）
　期末仕掛品数量　870 個（加工進捗度 10%）
　当期製品販売量　2,413 個
　（注）期首・期末に製品は存在しない。
5．実際販売価格　12,500 円／個

Ⅱ第３回　チャレンジ 第４問(2)　部門別計算

Y社の千葉工場では、製造間接費を部門別に予定配賦している。製造部門費の配賦基準は機械稼働時間である。補助部門費の配賦は直接配賦法による。下記の［資料］にもとづいて、答案用紙の各勘定に適切な金額を記入しなさい。製造間接費予算は固定予算によって設定し、製造間接費配賦差異は予算差異と操業度差異に分けて勘定記入している。

［資料］

（1）補助部門費の配賦に関する月次予算データ

	合　計	第 1 製造部	第 2 製造部	修 繕 部	倉 庫 部
修　繕　時　間	180 時間	90 時間	70 時間	－	20 時間
材料運搬回数	60 回	26 回	22 回	8 回	4 回

（2）月次機械稼働時間データ

	第 1 製造部	第 2 製造部
予定機械稼働時間	1,800 時間	1,200 時間
実際機械稼働時間	1,740 時間	1,280 時間

（3）当月の製造間接費実際発生額（補助部門費配賦後）
　第 1 製造部　552,000 円　　第 2 製造部　424,000 円

（4）月次予算部門別配賦表

月　次　予　算　部　門　別　配　賦　表　（単位：円）

費　目	合　計	製造部門		補助部門	
		第 1 製造部	第 2 製造部	修　繕　部	倉　庫　部
部　門　費	966,000	438,000	312,000	144,000	72,000
修 繕 部 費					
倉 庫 部 費					
製造部門費					

全国統一模擬試験Ⅱ第３回 答案用紙 ２級⑤ 工業簿記

採点欄	
第5問	

第５問（12点）

全部原価計算による損益計算書（単位：円）

売上高	（　　）
売上原価	（　　）
原価差異	（　　）
売上総利益	（　　）
販売費	（　　）
一般管理費	（　　）
営業利益	（　　）

直接原価計算による損益計算書（単位：円）

売上高	（　　）
変動売上原価	（　　）
原価差異	（　　）
（　　）	（　　）
変動販売費	（　　）
（　　）	（　　）
固定費	（　　）
営業利益	（　　）

（注）原価差異は、売上原価に対してプラスする場合は「＋」、マイナスする場合は「－」を金額の前に付すこと。

チャレンジ第４問(2)［答案用紙］

製造間接費－第１製造部（単位：円）

諸口	552,000	仕掛品	（　　）
（　　）差異	（　　）	（　　）差異	（　　）
	（　　）		（　　）

製造間接費－第２製造部（単位：円）

諸口	424,000	仕掛品	（　　）
（　　）差異	（　　）	（　　）差異	（　　）
	（　　）		（　　）

仕掛品（単位：円）

製造間接費－第１製造部	（　　）		
製造間接費－第２製造部	（　　）		

Ⅱ第3回　チャレンジ 第3問　損益計算書作成

問題文は、Ⅱクール第３回をそのまま使用してください。

損　益　計　算　書

自×8年4月1日　至×9年3月31日　（単位：円）

Ⅰ	売上高		（　　）
Ⅱ	売上原価		
1	期首商品棚卸高	（　　）	
2	当期商品仕入高	（　　）	
	合計	（　　）	
3	期末商品棚卸高	（　　）	
	差引	（　　）	
4	棚卸減耗損	（　　）	
5	商品評価損	（　　）	（　　）
	売上総利益		（　　）
Ⅲ	販売費及び一般管理費		
1	給料	（　　）	
2	水道光熱費	（　　）	
3	通信費	（　　）	
4	租税公課	（　　）	
5	貸倒引当金繰入	（　　）	
6	減価償却費	（　　）	
7	（　　）	（　　）	（　　）
	営業利益		（　　）
Ⅳ	営業外収益		
1	（　　）	（　　）	
2	（　　）	（　　）	
3	有価証券売却益	（　　）	（　　）
Ⅴ	営業外費用		
1	支払利息	（　　）	
2	（　　）	（　　）	（　　）
	経常利益		（　　）
Ⅵ	特別損失		
1	火災損失		（　　）
	税引前当期純利益		（　　）
	法人税、住民税及び事業税	（　　）	
	法人税等調整額	（△　　）	（　　）
	当期純利益		（　　）

日商簿記検定２級　全国統一模擬試験Ⅱ　第４回

問題・答案用紙

（制限時間　90分）

受験者への注意事項

1.　本冊子は、持ち帰りできませんので全ページを必ず提出してください。持ち帰った場合は失格となり、以後の受験をお断りする場合があります。
2.　答えは、問題文の指示に従い定められたところに、誤字・脱字のないよう、ていねいに書いてください。
3.　答案の記入にあたっては、黒鉛筆または黒シャープペンシルを使用してください。仕訳問題の答案の記入方法は、下記を確認してください。
4.　問題および答案用紙の余白は計算用紙として使用できます（解答欄にかぶらないようにしてください）。

仕訳問題の解答にあたっての注意事項

以下の正答例を参考に、仕訳問題における各設問の解答にあたっては、各勘定科目の使用は、借方・貸方の中でそれぞれ１回ずつとしてください（各設問につき、同じ勘定科目を借方・貸方の中で２回以上使用してしまうと、不正解となります）。

ア．現金　　　イ．売掛金　　　ウ．売上

［正答例：勘定科目を借方・貸方の中で１回だけ使用している］

借方		貸方	
記号	金額	記号	金額
（ア）	10	（ウ）	100
（イ）	90	（　）	

［誤答例：同じ勘定科目を貸方の中で２回使用してしまっている］

借方		貸方	
記号	金額	記号	金額
（ア）	10	（ウ）	10
（イ）	90	（ウ）	90

商　業　簿　記

第１問（20点）

下記の各取引について仕訳しなさい。ただし、勘定科目は、設問ごとに最も適当と思われるものを選び、答案用紙の（　　）の中に記号で解答すること。

１．決算に際して当座預金勘定の残高を確認したところ、当社の帳簿残高は￥696,000であり、銀行側の残高証明書上の金額は￥833,000であった。残高の不一致の原因は下記のとおりであり、必要な修正を行った。なお、税込価額と記載のあるものは消費税率を10%として計算する。

①　受取手形の満期日の到来にともない、銀行で自動入金された額￥135,000が当方に未達であった。

②　通信費の支払いのために振り出した小切手￥94,000が決算日現在銀行への呈示がなされていなかった。

③　仕入代金の支払いのために振り出した小切手￥68,000が未渡しのまま経理部の金庫に保管されていた。

④　水道光熱費￥11,000(税込価額)が当座預金口座より引き落とされていたが、当社では￥1,000 で仕訳し、消費税も考慮していなかった。

⑤　決算日に￥150,000を入金したが時間外であったため、翌日の入金として取り扱われていた。

ア．受取手形　　イ．仕入　　ウ．水道光熱費　　エ．買掛金
オ．仮受消費税　　カ．通信費　　キ．当座預金　　ク．仮払消費税

２．アメリカの得意先に商品2,200ドルを売り上げた。代金のうち200ドルは手付金として予め受取済みであるため相殺し、残額は掛けとした。また、これと同時に将来の為替相場の変動リスクを回避するため、掛代金全額について、１ドル￥106の為替予約を行った。なお、手付金受取時の為替相場は１ドル￥102、売上時の為替相場は１ドル￥108である。当社は、為替予約の会計処理として振当処理を採用している。

ア．現金　　イ．売掛金　　ウ．為替差損　　エ．前払金
オ．売上　　カ．買掛金　　キ．為替差益　　ク．前受金

３．３月１日に工場で使用する機械装置(耐用年数：５年、残存価額：ゼロ、償却方法：定額法、記帳方法：間接法)を購入し、代金は￥360,000の約束手形を10枚振り出していたが、決算日である本日(３月31日)、未処理であることが判明した。機械装置の現金購入価額は￥3,300,000、約束手形は４月30日を第１回目として２ヶ月置きに支払期日が到来する。そこで、未処理事項と必要な決算整理仕訳を行いなさい。なお、機械装置の現金購入価額と約束手形金額との差額は定額法によって各期に配分すること。

ア．機械装置　　イ．営業外支払手形　　ウ．前払費用　　エ．支払手形
オ．支払利息　　カ．減価償却費　　キ．機械装置減価償却累計額
ク．長期前払費用

４．京都産業株式会社は、長崎物産株式会社が発行する株式総数3,000株のうち、1,950株を１株当たり￥300で購入した。それでもなお、余剰資金が生じたため、短期的な価格変動によって利益を得ることを目的として埼玉商事株式の社債(額面総額￥200,000)を額面￥100につき￥98.75(裸相場)で発行と同時に買い入れた。なお、証券会社に対して銘柄ごとに手数料￥10,000が発生しており、代金はすべて小切手を振り出して支払っている。

ア．子会社株式　　イ．関連会社株式　　ウ．支払手数料　　エ．売買目的有価証券
オ．有価証券利息　　カ．その他有価証券　　キ．満期保有目的債券　　ク．当座預金

５．当期首に新しく営業用車両￥1,200,000(耐用年数：８年、残存価額：ゼロ、償却方法：定額法、記帳方法：間接法)を購入した。その際、当期首より５年前から所有していた営業用車両（取得原価：￥1,200,000、耐用年数：６年、残存価額：取得原価の10%、償却方法：定額法、記帳方法：間接法）を下取りに出した。なお、下取価額は￥200,000であり、新営業用車両の購入価額と旧営業用車両の下取価額との差額は小切手を振り出して支払った。仕訳作成にあたり、勘定科目は相殺しないこと。

ア．当座預金　　イ．固定資産売却損　　ウ．固定資産売却益　　エ．減価償却費
オ．車両運搬具減価償却累計額　　カ．車両運搬具　　キ．固定資産除却損
ク．未収入金

全国統一模擬試験Ⅱ第４回 答案用紙 **２級① 商業簿記**

採点欄	
第1問	

第１問（20点）

	借方		貸方	
	記号	金額	記号	金額
1	(　　)		(　　)	
	(　　)		(　　)	
	(　　)		(　　)	
	(　　)		(　　)	
	(　　)		(　　)	
2	(　　)		(　　)	
	(　　)		(　　)	
	(　　)		(　　)	
	(　　)		(　　)	
	(　　)		(　　)	
3	(　　)		(　　)	
	(　　)		(　　)	
	(　　)		(　　)	
	(　　)		(　　)	
	(　　)		(　　)	
4	(　　)		(　　)	
	(　　)		(　　)	
	(　　)		(　　)	
	(　　)		(　　)	
	(　　)		(　　)	
5	(　　)		(　　)	
	(　　)		(　　)	
	(　　)		(　　)	
	(　　)		(　　)	
	(　　)		(　　)	

第２問（20点）

下記の取引等の［資料］にもとづいて、**問**に答えなさい。なお、決算日は年１回、３月31日である。また、減価償却費の計算にあたっては月割で計算し、計算の過程により生ずる円未満の端数は、四捨五入すること。

［資料］

(1)　×17年４月１日現在の固定資産管理台帳は次のとおりである。

固定資産管理台帳　　　×17年４月１日現在

取得年月日	用　途	期末数量	耐用年数	取得原価(合計)
建物				
×７．４．１	店舗	1	25年	1,200,000
×15．４．１	倉庫	1	20年	800,000
備品				
×13．10．1	備品Ａ	5	10年	400,000

(2)　×17年５月１日、商品配達用の中古トラックを￥500,000で１台購入し、代金は月末に支払うこととした。なお、このトラックの走行可能距離は100,000kmと見積もられている。

(3)　×17年６月30日に発生した火災で、倉庫が全焼した。倉庫には商品￥900,000が保管されていたが、ともにすべて焼失した。なお、この倉庫には￥750,000の火災保険が掛けられていたため、ただちに保険会社に保険金支払いを請求したが、商品には保険等が一切付されていない。

(4)　×17年７月20日、倉庫を再建することとし、建築業者に手付金￥100,000を現金で支払った。

(5)　×17年９月10日、上記(3)に関して保険金査定額￥600,000が、ただちに当社の当座預金口座に振り込まれた。

(6)　×17年10月１日、(4)の倉庫が完成し、建築業者から引渡しを受け、ただちに使用を開始した。手付金を差し引いた代金の残額￥900,000は小切手を振り出して支払った。

(7)　×18年１月１日、Ａ社(諸資産の帳簿価額￥4,000,000、諸負債の帳簿価額￥2,200,000)を、￥3,000,000で買収し、買収代金は小切手を振り出して支払った。Ａ社の諸資産の中には、帳簿価額￥1,000,000の建物(時価￥1,500,000)が含まれており、建物以外の資産・負債の時価は、すべて簿価と一致していた。なお、当該買収から生じるのれんは、15年にわたり定額法により償却する。また、建物（工場）は同日より使用を開始し、耐用年数は20年を見込んでいる。

(8)　×18年３月31日、×17年度の決算日を迎えたので、固定資産につき減価償却を行う。なお、新しい倉庫および買収によって取得した工場に関しては、焼失した倉庫と同じ要領で減価償却を行う。

　建物　償却方法：定額法　残存価額：ゼロ(店舗のみ取得原価の10％)

　備品　償却方法：200％定率法　残存価額：ゼロ

　車両　償却方法：生産高比例法　残存価額：ゼロ　当期走行距離：12,000km

問１　答案用紙に示された諸勘定に必要な記入（決算仕訳を含む）を行い、締め切りなさい。摘要欄には、下記の選択肢から最も適当と思われるものを選び、記号で解答すること。

ア．前期繰越　イ．次期繰越　ウ．諸口　エ．建物
オ．建設仮勘定　カ．未払金　キ．建物減価償却累計額　ク．備品減価償却累計額
ケ．車両減価償却累計額　コ．減価償却費　サ．火災損失　シ．損益

問２　答案用紙に示された×18年３月31日の固定資産管理台帳の一部を完成させなさい。

問３　当期の火災損失の金額およびのれん償却の金額を答えなさい。

全国統一模擬試験Ⅱ第４回 答案用紙 ２級② 商業簿記

採点欄	
第2問	

第２問（20点）

問１

建　　　物

年	月	日	摘　要	借　方	年	月	日	摘　要	貸　方
×17	4	1			×17	6	30		
	10	1			×18	3	31		
×18	1	1							

備品減価償却累計額

年	月	日	摘　要	借　方	年	月	日	摘　要	貸　方
×18	3	31			×17	4	1		
					×18	3	31		

減　価　償　却　費

年	月	日	摘　要	借　方	年	月	日	摘　要	貸　方
×17	6	30			×18	3	31		
×18	3	31							
	〃	〃							
	〃	〃							

問２

固定資産管理台帳（一部）

×18年3月31日現在

用途	差引期首帳簿価額	当期有償取得額	当期減少額 減価償却費	当期減少額 その他	差引期末帳簿価額	期末減価償却累計額
建物						
店舗	(　)	(　)	(　)	(　)	(　)	(　)
旧倉庫	(　)	(　)	(　)	(　)	(　)	(　)
新倉庫	(　)	(　)	(　)	(　)	(　)	(　)
工場	(　)	(　)	(　)	(　)	(　)	(　)
小計	(　)	(　)	(　)	(　)	(　)	(　)

※　記入欄に該当する金額がない場合、「０」と記入すること。

問３

当期の火災損失の金額　＿＿＿＿＿＿＿＿円

当期ののれん償却の金額　＿＿＿＿＿＿＿＿円

第3問（20点）

次に示した会計サポート株式会社の［資料Ⅰ］、［資料Ⅱ］および［資料Ⅲ］にもとづいて、答案用紙の損益計算書を完成しなさい。なお、会計期間は×8年4月1日から×9年3月31日までの1年間である。

［資料Ⅰ］決算整理前残高試算表

決算整理前残高試算表

×9年3月31日　　（単位：円）

借　方	勘定科目	貸　方
498,000	現金預金	
3,200,000	受取手形	
2,300,000	売掛金	
536,000	繰越商品	
463,500	仮払金	
	貸倒引当金	90,500
7,700,000	建物	
2,700,000	備品	
1,500,000	車両運搬具	
750,000	繰延税金資産	
	建物減価償却累計額	1,641,300
	備品減価償却累計額	1,218,000
	支払手形	1,204,000
	買掛金	1,797,600
	借入金	900,000
	退職給付引当金	1,767,000
	資本金	7,000,000
	利益準備金	300,000
	繰越利益剰余金	869,200
	売上	19,400,000
	受取手数料	249,000
	受取配当金	300,000
12,149,300	仕入	
3,026,800	給料	
612,500	広告宣伝費	
266,000	消耗品費	
407,000	退職給付費用	
623,900	支払家賃	
3,600	支払利息	
36,736,600		36,736,600

［資料Ⅱ］未処理事項

1．当期首に締結したリース契約（オペレーティング・リース取引）にもとづくリース料が当期末に当座預金口座から引き落とされていたが、引落額を仮払金として処理しただけである。当該契約の内容は、期間5年、リース料年額¥463,500（毎年3月末に支払い）である。

2．給料のうち¥240,000は、研究開発部門で働く研究員に対する金額であることが判明した。

［資料Ⅲ］決算整理事項

1．売上債権の期末残高に対して2%の貸倒れを見積もり、差額補充法により貸倒引当金を設定する。

2．期末手許商品棚卸高は次のとおりであった。なお、商品評価損および棚卸減耗損は、売上原価の内訳科目として表示する。

	帳簿棚卸数量	実地棚卸数量	帳簿価額	正味売却価額
A商品	1,650個	1,610個	@¥210	@¥190
B商品	2,300個	2,240個	@¥130	@¥160

3．固定資産に対して次のとおり減価償却を行う。
建物：定額法、耐用年数20年、残存価額ゼロ
備品：200%定率法、耐用年数8年
車両運搬具：生産高比例法、残存価額ゼロ
総走行可能距離200,000km、当期実績走行距離8,000km

4．退職給付引当金は期首の従業員の状況を基礎として、期首から毎月¥37,000を計上してきたが、期末における退職金支給見積額が¥1,820,000となり追加計上を行う。

5．借入金は、×5年6月1日に借入期間10年、利払日5月末、年利率2.4%の条件で取引銀行より借り入れた金額である。

6．支払家賃は、毎年9月1日と3月1日にそれぞれ向こう6ヶ月分を支払っている。本年度も昨年度と同額を支払っている。

7．当期の法人税、住民税及び事業税を計算した結果、¥660,000を計上する。

8．税効果会計上の一時差異当期末残高は、減価償却費の償却限度超過額が¥1,145,000、退職給付引当金の損金算入限度超過額が¥1,820,000である。なお、法定実効税率は30%であり、法人税等調整額が貸方残高となる場合には、金額の前に△を付けること。

全国統一模擬試験Ⅱ第4回 答案用紙 2級③ 商業簿記

採点欄	
第3問	

第3問（20点）

損益計算書

自×8年4月1日　至×9年3月31日　（単位：円）

Ⅰ 売上高		（　）
Ⅱ 売上原価		
1 期首商品棚卸高	（　）	
2 当期商品仕入高	（　）	
合計	（　）	
3 期末商品棚卸高	（　）	
差引	（　）	
4 （　）	（　）	
5 商品評価損	（　）	（　）
（　）		（　）
Ⅲ 販売費及び一般管理費		
1 給料	（　）	
2 広告宣伝費	（　）	
3 消耗品費	（　）	
4 退職給付費用	（　）	
5 支払家賃	（　）	
6 貸倒引当金繰入	（　）	
7 減価償却費	（　）	
8 （　）	（　）	
9 （　）	（　）	（　）
（　）		（　）
Ⅳ 営業外収益		
1 受取手数料	（　）	
2 受取配当金	（　）	（　）
Ⅴ 営業外費用		
1 支払利息		（　）
（　）		（　）
法人税、住民税及び事業税	（　）	
法人税等調整額	（　）	（　）
当期純利益		（　）

工　業　簿　記

第 4 問（28 点）

(1)　下記の各取引について仕訳しなさい。ただし、勘定科目は、設問ごとに最も適当と思われるものを選び、答案用紙の（　）の中に記号で解答すること。

1．福島もも加工工場に関する製造間接費について、部門別に予定配賦率を使用して仕掛品勘定に予定配賦する。予定配賦率は第 1 製造部 900 円/時間、第 2 製造部 2,700 円/時間である。配賦基準は直接作業時間を利用している。当月の実際直接作業時間は、第 1 製造部 2,200 時間、第 2 製造部は 840 時間であった。

ア．製品	イ．仕掛品	ウ．賃金・給料
エ．材料	オ．現金	カ．製造間接費

2．福岡桐だんす工場に関する当月の材料費の消費高を計上する。当工場では個別原価計算制度を採用しており、当月の材料消費量をまとめた報告書によると、製造指図書＃131 に 70kg、製造指図書＃152 に 300kg が投入され、どの製造指図書に投入されたか不明な消費量が 10kg あった。当工場において適用する予定消費価格は 3,200 円/kg である。

ア．製品	イ．材料	ウ．仕掛品
エ．売上原価	オ．賃金・給料	カ．製造間接費

3．秋田カメラ工場では、標準原価計算制度を採用し、勘定記入はパーシャル・プランで行っている。当月、カメラの製造に着手し 720 個が完成した。月初・月末仕掛品はなく、作業 1 時間当たりの標準賃率は 3,000 円、標準作業時間は 1 時間、賃金・給料の実際発生額は 2,200,000 円であった。賃金・給料を仕掛品勘定に振り替えなさい。

ア．材料	イ．仕掛品	ウ．現金
エ．買掛金	オ．賃金・給料	カ．製品

(2)　京都パン製作所では、パンを生産・販売しており、実際総合原価計算を採用している。次の［資料］にもとづいて下記の**問**に答えなさい。原料はすべて工程の始点で投入している。なお、正常仕損品は工程の途中（加工進捗度 50%の地点）で発生し、1 個当たりの処分価額は 0 円である。また、当月発生した原価差異は売上原価に賦課するものとする。

［資料］

1．当月の生産データ

月初仕掛品	180	個	（加工進捗度 75%）
当月着手	1,000	個	
合　計	1,180	個	
正常仕損品	100	個	
月末仕掛品	160	個	（加工進捗度 25%）
完成品	920	個	

2．原料費に関するデータ

当製作所の原料の購入原価は、材料の購入代価に材料副費予定配賦額を加えて計算している。当月は原料 10,050kg を 351,750 円で購入し、当月の消費量は 10,000kg、月初在庫はなかった。なお、原料費の消費額は予定消費単価 1kg 当たり 36 円を使用して計算している。また、材料副費の予定配賦率は材料の購入量 1kg 当たり 2 円であり、引取運賃や購入事務費といった実際の材料副費は 22,100 円であった。

問 1　材料の予定消費価格差異を計算しなさい。

問 2　総合原価計算表を完成しなさい。なお、原価投入額を完成品総合原価と月末仕掛品原価に配分する方法として先入先出法を用いること。

問 3　仮に正常仕損品の 1 個当たりの処分価額が 69 円（原料の価値が 36 円、加工による価値が 33 円）としたときの当月の売上原価を計算しなさい。月初に 1 個当たり 1,045 円の製品 180 個の在庫があり、当月販売した結果売れ残った製品は 120 個であった。なお、製品の払出単価の計算には平均法を用いること。

全国統一模擬試験Ⅱ第4回 答案用紙 2級④ 工業簿記

採点欄	
第4問	

第4問 (28点)

(1)

	借方		貸方	
	記号	金額	記号	金額
1	(　　)		(　　)	
	(　　)		(　　)	
	(　　)		(　　)	
2	(　　)		(　　)	
	(　　)		(　　)	
	(　　)		(　　)	
3	(　　)		(　　)	
	(　　)		(　　)	
	(　　)		(　　)	

(2)

問1 ＿＿＿＿＿＿ 円

問2

総合原価計算表 (単位：円)

	原料費	加工費	合計
月初仕掛品原価	74,000	83,600	
当月製造費用		495,000	
合計			
月末仕掛品原価			
完成品総合原価			

問3 ＿＿＿＿＿＿ 円

第５問（12 点）

製品Ａを製造・販売する当社では、パーシャル・プランの標準原価計算制度を採用している。次の[資料]にもとづいて、答案用紙の標準原価差異分析表を作成しなさい。なお、能率差異は、変動費からなるものとして計算すること。

[資料]

１．製品Ａ１個当たりの標準原価

直接材料費	@500 円/kg×6kg	3,000 円
直接労務費	@1,800 円/時間×5 時間	9,000 円
製造間接費	@1,500 円/時間×5 時間	7,500 円
		19,500 円

２．当月の生産・販売実績

月初仕掛品	200	個	(40%)	月初製品	250	個
当月着手	1,400	個		完成品	1,500	個
合計	1,600	個		合計	1,750	個
月末仕掛品	100	個	(50%)	月末製品	150	個
完成品	1,500	個		販売品	1,600	個

材料はすべて工程の始点で投入している。

(　)内は加工進捗度を示す。

３．当月の原価実績

直接材料費	4,214,000 円	実際材料消費価格	@490 円/kg
直接労務費	13,690,000 円	実際賃率	@1,850 円/時間
製造間接費	11,150,000 円		

４．その他の条件

製造間接費は直接作業時間にもとづき製品に標準配賦している。製造間接費の年間予算額は変動費 54,000,000 円、固定費 81,000,000 円、正常年間直接作業時間は 90,000 時間である。

Ⅱ第４回　チャレンジ 第４問(2)　費目別計算

以下の資料にもとづいて、答案用紙の素材勘定、賃金・手当勘定、製造間接費勘定および仕掛品勘定を完成しなさい。

１．素材　当期購入代価 3,400 万円、当期引取費用 50 万円、期末帳簿棚卸高 200 万円、期末実地棚卸高 195 万円。素材は、すべて直接材料として使用された。なお、帳簿棚卸高と実地棚卸高との差額は正常な差額である。
２．工場補修用鋼材　期首有高 15 万円、当期仕入高 180 万円、期末有高 18 万円
３．工場固定資産税 10 万円
４．直接工賃金　前期未払高 580 万円、当期賃金・給料支給総額 2,500 万円、当期直接作業賃金 2,200 万円、当期間接作業賃金 360 万円、当期手待賃金 14 万円、当期未払高 620 万円。なお、当期の消費賃金および期首、期末の未払高は、予定平均賃率で計算されている。
５．工場の修理工賃金　当期要支払額 200 万円
６．製造用切削油、機械油など当期消費額 160 万円
７．工場倉庫係の賃金　当期要支払額 180 万円
８．製造間接費予算差異 8 万円（貸方差異）
９．製造関係の事務職員給料　当期要支払額 166 万円
10．耐用年数 1 年未満の製造用工具と測定器具 113 万円
11．工員用住宅、託児所など福利施設負担額 50 万円
12．工場の運動会費 5 万円
13．製造間接費操業度差異 35 万円（借方差異）
14．外注加工賃（材料は無償支給。納入加工品は直ちに消費した。）220 万円
15．工場電力料・ガス代・水道代 120 万円
16．工場減価償却費 610 万円

全国統一模擬試験Ⅱ第４回 答案用紙 ２級⑤ 工業簿記

採点欄	
第5問	

第5問 (12点)

標準原価差異分析表

直接材料費差異		
材料価格差異	円	借方差異・貸方差異
材料数量差異	円	借方差異・貸方差異
直接労務費差異		
労働賃率差異	円	借方差異・貸方差異
労働時間差異	円	借方差異・貸方差異
製造間接費差異		
予算差異	円	借方差異・貸方差異
能率差異	円	借方差異・貸方差異
操業度差異	円	借方差異・貸方差異

※ 借方差異の場合には借方差異、貸方差異の場合には貸方差異を○で囲むこと。

チャレンジ第4問(2) [答案用紙]

(単位：万円)

材料(素材)

期首有高	100	仕掛品	(　　)
当期購入高	(　　)	製造間接費	(　　)
		期末有高	(　　)
	(　　)		(　　)

製造間接費

間接材料費	(　　)	仕掛品	(　　)
間接労務費	(　　)	原価差異	(　　)
間接経費	(　　)		
	(　　)		(　　)

賃金・給料(直接工)

当座預金	2,500	未払費用	(　　)
未払費用	(　　)	仕掛品	(　　)
賃率差異	(　　)	製造間接費	(　　)
	(　　)		(　　)

仕掛品

期首有高	187	当期完成高	(　　)
直接材料費	(　　)	期末有高	250
直接労務費	(　　)		
直接経費	(　　)		
製造間接費	(　　)		
	(　　)		(　　)

Ⅱ第4回　チャレンジ 第3問　貸借対照表作成

問題文は、Ⅱクール第4回をそのまま使用してください。

貸借対照表
×9年3月31日
(単位：円)

資産の部		
Ⅰ 流動資産		
現金預金		(　　)
受取手形		(　　)
売掛金		(　　)
商品		(　　)
前払費用		(　　)
(　　)		(△　　)
Ⅱ 固定資産		
建物	(　　)	
減価償却累計額	(△　　)	(　　)
備品	(　　)	
減価償却累計額	(△　　)	(　　)
車両運搬具	(　　)	
減価償却累計額	(△　　)	(　　)
(　　)		(　　)
資産合計		(　　)
負債の部		
Ⅰ 流動負債		
支払手形		(　　)
買掛金		(　　)
(　　)		(　　)
未払法人税等		(　　)
Ⅱ 固定負債		
長期借入金		(　　)
退職給付引当金		(　　)
負債合計		(　　)
純資産の部		
Ⅰ 株主資本		
資本金		(　　)
利益準備金		(　　)
繰越利益剰余金		(　　)
純資産合計		(　　)
負債・純資産合計		(　　)

日商簿記検定２級　全国統一模擬試験Ⅱ　第５回

問題・答案用紙

（制限時間　90分）

受験者への注意事項

1. 本冊子は、持ち帰りできませんので全ページを必ず提出してください。持ち帰った場合は失格となり、以後の受験をお断りする場合があります。
2. 答えは、問題文の指示に従い定められたところに、誤字・脱字のないよう、ていねいに書いてください。
3. 答案の記入にあたっては、黒鉛筆または黒シャープペンシルを使用してください。仕訳問題の答案の記入方法は、下記を確認してください。
4. 問題および答案用紙の余白は計算用紙として使用できます（解答欄にかぶらないようにしてください）。

仕訳問題の解答にあたっての注意事項

以下の正答例を参考に、仕訳問題における各設問の解答にあたっては、各勘定科目の使用は、借方・貸方の中でそれぞれ１回ずつとしてください（各設問につき、同じ勘定科目を借方・貸方の中で２回以上使用してしまうと、不正解となります）。

ア．現金　　イ．売掛金　　ウ．売上

［正答例：勘定科目を借方・貸方の中で１回だけ使用している］

借方		貸方	
記号	金額	記号	金額
（ア）	10	（ウ）	100
（イ）	90	（　）	

［誤答例：同じ勘定科目を貸方の中で２回使用してしまっている］

借方		貸方	
記号	金額	記号	金額
（ア）	10	（ウ）	10
（イ）	90	（ウ）	90

商　業　簿　記

第１問（20点）

下記の各取引について仕訳しなさい。ただし、勘定科目は、設問ごとに最も適当と思われるものを選び、答案用紙の（　　）の中に記号で解答すること。

1．得意先に商品 650 個(仕入単価@￥420)を￥350,000 で販売し、代金はクレジット払いの条件となっている。クレジット販売にあたり、信販会社に対して販売代金の 2.5%を手数料として支払う必要があるため、販売時に手数料を認識する。なお、当社は適時売上総利益の状況を確認したいため、売上原価対立法で記帳している。

ア．売上　　イ．仕入　　ウ．支払手数料　　エ．売掛金
オ．商品　　カ．売上原価　　キ．クレジット売掛金　　ク．買掛金

2．事業を拡大し全国進出を目指している地方商事(株)は、中央商事(株)を吸収合併し、当社の株式 200 株(時価@￥40,000)を中央商事(株)の株主に交付した。中央商事(株)の貸借対照表は以下のとおりであり、土地の時価が￥3,000,000 であることを除き、時価と帳簿価額は一致している。なお、株式の交付にともなって増加する株主資本のうち￥6,000,000 を資本金、残額は資本準備金とする。

貸　借　対　照　表　　（単位：円）

現　　　金	4,000,000	借　入　金	5,000,000
売　掛　金	4,500,000	資　本　金	4,000,000
土　　　地	2,500,000	繰越利益剰余金	2,000,000
	11,000,000		11,000,000

ア．売掛金　　イ．負ののれん発生益　　ウ．現金　　エ．借入金
オ．資本準備金　　カ．資本金　　キ．のれん　　ク．土地

3．仕入先への買掛金代金￥710,000 について、手許に現金が￥150,000 しかなかったため、得意先に対する売掛金￥200,000 の譲渡および仕入先から求められた電子債権記録機関における債務の発生記録請求の承諾によって決済した。これらについて、必要な同意は得ている。なお、得意先に対する売掛金残高は、￥850,000 である。

ア．現金　　イ．未払金　　ウ．電子記録債権　　エ．売上
オ．売掛金　　カ．電子記録債務　　キ．買掛金　　ク．仕入

4．建設中であった営業用店舗が完成し、引渡しを受けた。工事代金の残額￥15,000,000 のうち￥10,000,000 と登記料￥250,000 については小切手を振り出して支払い、残りの金額は翌月に支払う。なお、この営業用店舗の工事に対して、工事代金の一部として既に￥35,000,000 を前払いしている。また、同営業用店舗内で利用するために、以下の条件でプリンターのリース契約(ファイナンス・リース取引)を締結し、利用を開始した。なお、利子抜き法により処理する。

リース期間：3 年　リース料：年間￥45,000(毎年 3 月末日後払い)
リース資産：見積現金購入価額￥120,000

ア．リース資産　　イ．当座預金　　ウ．前払金　　エ．未払金
オ．建物　　カ．リース債務　　キ．支払リース料　　ク．建設仮勘定

5．当社は、株式会社東北商事との間で、×4 年 4 月～5 月の間に商品を合計 900 個以上購入した場合に、この期間の販売額の 1 割をリベートとして 6 月末に支払う取り決めを行い、この条件が達成される可能性は高いと予想していた。×4 年 5 月 9 日である本日、株式会社東北商事に商品 350 個（@600 円）を掛けで販売した。なお、株式会社東北商事に対して、4 月中に商品 650 個（@600 円）を掛けで販売しており、リベート条件が達成された。なお、仕訳作成にあたり、勘定科目は相殺しないこと。

ア．買掛金　　イ．契約資産　　ウ．未払金　　エ．返金負債
オ．仕入　　カ．売上　　キ．契約負債　　ク．売掛金

採点欄	
第1問	

全国統一模擬試験Ⅱ第5回 答案用紙 2級① 商業簿記

第1問（20点）

	借方		貸方	
	記号	金額	記号	金額
1	(　　)		(　　)	
	(　　)		(　　)	
	(　　)		(　　)	
	(　　)		(　　)	
	(　　)		(　　)	
2	(　　)		(　　)	
	(　　)		(　　)	
	(　　)		(　　)	
	(　　)		(　　)	
	(　　)		(　　)	
3	(　　)		(　　)	
	(　　)		(　　)	
	(　　)		(　　)	
	(　　)		(　　)	
	(　　)		(　　)	
4	(　　)		(　　)	
	(　　)		(　　)	
	(　　)		(　　)	
	(　　)		(　　)	
	(　　)		(　　)	
5	(　　)		(　　)	
	(　　)		(　　)	
	(　　)		(　　)	
	(　　)		(　　)	
	(　　)		(　　)	

第2問（20点）

次に示したP商事株式会社(以下「P社」という。)の［資料］にもとづいて、答案用紙の連結財務諸表を完成しなさい。当期は×6年4月1日から×7年3月31日までの1年間である。

［資料Ⅰ］資本連結に関する事項

1．P社は×4年3月31日に、S商事株式会社(以下「S社」という。)の発行済株式数の75%を￥1,500,000で取得し、支配を獲得した。
2．×4年3月31日のS社の貸借対照表上、資本金￥1,000,000、資本剰余金￥200,000、利益剰余金￥200,000が計上されていた。
3．のれんは発生年度の翌年から10年にわたり定額法により償却する。
4．S社は、当期より繰越利益剰余金を財源に￥100,000の配当を行っている。

［資料Ⅱ］×6年度のP社およびS社の個別財務諸表

貸借対照表

×7年3月31日　　　　（単位：円）

借方	P社	S社	貸方	P社	S社
現金預金	1,458,000	984,000	支払手形	1,460,000	1,500,000
受取手形	1,800,000	1,300,000	買掛金	1,520,000	1,100,000
売掛金	2,100,000	1,400,000	未払金	400,000	—
貸倒引当金	△78,000	△54,000	未払法人税等	200,000	150,000
商品	1,750,000	1,000,000	借入金	800,000	1,200,000
未収入金	—	400,000	資本金	3,500,000	1,000,000
貸付金	400,000	300,000	資本剰余金	250,000	200,000
土地	1,000,000	800,000	利益剰余金	1,800,000	980,000
S社株式	1,500,000	—			
	9,930,000	6,130,000		9,930,000	6,130,000

損益計算書

自×6年4月1日　至×7年3月31日　　　　（単位：円）

借方	P社	S社	貸方	P社	S社
売上原価	7,800,000	4,760,000	売上高	11,000,000	6,800,000
販売費及び一般管理費	1,920,000	935,000	営業外収益	864,000	389,000
営業外費用	844,000	554,000	特別利益	350,000	250,000
特別損失	250,000	150,000			
法人税、住民税及び事業税	500,000	460,000			
当期純利益	900,000	580,000			
	12,214,000	7,439,000		12,214,000	7,439,000

［資料Ⅲ］成果連結に関する事項

1．前期よりP社はS社に商品の販売を開始している。当期のP社のS社への売上高は￥2,500,000であり、売上総利益率は20%である。なお、売上総利益率は当期と前期で変化していない。
2．S社の前期末商品棚卸高のうち￥500,000、当期末商品棚卸高のうち￥600,000は、P社から仕入れた金額である。
3．P社の受取手形および売掛金にはS社に対するものが含まれている。前期末残高に含まれていた金額は￥400,000と￥200,000であり、当期末残高に含まれていた金額は￥650,000と￥450,000である。なお、P社は売上債権期末残高に対して2%の貸倒引当金を差額補充法により設定している。
4．P社は×6年4月1日にS社に対して期間2年、年利率1%、利払日3月末日の条件で￥200,000を貸し付けている。
5．S社はP社に対して×7年3月31日に土地（簿価￥500,000）を￥400,000で売却した。ただし、売却代金については×7年4月15日に受け取ることとなっている。なお、P社は当該土地を決算日時点において保有し続けている。

全国統一模擬試験Ⅱ第5回 答案用紙 2級② 商業簿記

採点欄	
第2問	

第2問（20点）

連結損益計算書

自×6年4月1日　至×7年3月31日　（単位：円）

Ⅰ	売上高	（　　）
Ⅱ	売上原価	（　　）
	売上総利益	（　　）
Ⅲ	販売費及び一般管理費	（　　）
	営業利益	（　　）
Ⅳ	営業外収益	（　　）
Ⅴ	営業外費用	（　　）
	経常利益	（　　）
Ⅵ	特別利益	（　　）
Ⅶ	特別損失	（　　）
	税金等調整前当期純利益	（　　）
	法人税、住民税及び事業税	（　　）
	当期純利益	（　　）
	非支配株主に帰属する当期純利益	（　　）
	親会社株主に帰属する当期純利益	（　　）

連結貸借対照表

×7年3月31日　（単位：円）

現金預金	（　　）	支払手形	（　　）
受取手形	（　　）	買掛金	（　　）
売掛金	（　　）	未払法人税等	（　　）
貸倒引当金	（△　　）	借入金	（　　）
商品	（　　）	資本金	（　　）
貸付金	（　　）	資本剰余金	（　　）
土地	（　　）	利益剰余金	（　　）
のれん	（　　）	非支配株主持分	（　　）
	（　　）		（　　）

第 3 問（20 点）

次に示した会計サポート株式会社の［資料Ⅰ］、［資料Ⅱ］および［資料Ⅲ］にもとづいて、**問**に答えなさい。なお、会計期間は×5 年 4 月 1 日から×6 年 3 月 31 日までの 1 年間である。

［資料Ⅰ］決算整理前残高試算表

決算整理前残高試算表

×6 年 3 月 31 日　　（単位：円）

借　方	勘定科目	貸　方
58,500	現金	
500,000	当座預金	
1,570,000	受取手形	
2,130,000	売掛金	
450,000	仮払法人税等	
1,750,000	繰越商品	
84,000	前払利息	
27,000,000	建物	
1,500,000	車両運搬具	
325,000	特許権	
2,258,600	満期保有目的債券	
1,200,850	繰延税金資産	
	支払手形	925,000
	営業外支払手形	1,056,000
	買掛金	1,341,500
	未払金	370,000
	借入金	1,000,000
	貸倒引当金	22,000
	建物減価償却累計額	17,100,000
	資本金	10,000,000
	繰越利益剰余金	3,660,450
	売上	19,000,000
	受取利息	24,000
	有価証券利息	69,000
13,750,000	仕入	
1,966,000	給料	
25,000	支払利息	
54,567,950		54,567,950

［資料Ⅱ］未処理事項

1．取引先から受け取っていた約束手形￥500,000 を取引銀行で割り引き、割引料￥6,300 を差し引いた手取額を当座預金としていたが、この取引は未記帳である。

2．営業外支払手形のうち、×6 年 3 月末期日到来分が当座預金口座から引き落とされていたが未処理である。当該手形は、×6 年 1 月 1 日に営業用自動車（現金購入価額￥1,500,000）を割賦購入した際に振り出した約束手形（額面＠￥264,000、枚数 6 枚、支払期限は×6 年 1 月末より毎月末到来）である。

［資料Ⅲ］決算整理事項

1．商品の期末帳簿棚卸高は￥1,890,000、実地棚卸高は￥1,853,000 であった。なお、保有する商品の中には、下記の商品が含まれている。

商品X：数量 800 個、原価＠￥960、正味売却価額＠￥990

商品Y：数量 700 個、原価＠￥200、正味売却価額＠￥170

2．売上債権の期末残高に対して 2％を差額補充法により貸倒引当金を設定する。

3．固定資産の減価償却を次のとおり行う。

建物：定額法、耐用年数 30 年、残存価額ゼロ

車両：生産高比例法、見積走行可能距離 20 万 km

　　　当期実際走行距離 2.8 万 km、残存価額ゼロ

なお、決算整理前残高試算表の前払利息は営業用自動車の割賦購入時に生じた支払利息相当額である。そのため、当期に帰属する金額を定額法により支払利息に振り替える。

4．特許権は×1 年 6 月 1 日に取得したものであり、定額法により 8 年間で償却を行っている。

5．未払利息￥12,500 を計上する。

6．満期保有目的債券は、K社が×3 年 4 月 1 日に満期日×8 年 3 月 31 日、年利率 3％、利払い年 1 回（3 月末日）という条件で発行した社債を￥2,231,000 で引き受けたものである。満期保有目的債券の評価は、償却原価法（定額法）による。なお、過年度の処理は適切に行われている。

7．法人税、住民税及び事業税を￥840,000 計上する。

8．税効果会計上の一時差異の当期末残高は、以下のとおりである。なお、法定実効税率は 35％である。

項　目	一時差異の当期末残高
貸倒引当金損金算入限度超過額	貸倒引当金当期末残高合計額の 50％
減価償却費償却限度超過額	減価償却累計額当期末残高合計額の 20％

問 1　答案用紙の決算整理後残高試算表を完成しなさい。

問 2　当期純利益または当期純損失の金額を答えなさい。

なお、当期純損失の場合は金額の頭に△を付すこと。

全国統一模擬試験Ⅱ第5回 答案用紙 2級③ 商業簿記

採点欄	
第3問	

第3問（20点）

問1

決算整理後残高試算表

×6年3月31日 （単位：円）

借方残高	勘定科目	貸方残高
	現金	
	当座預金	
	受取手形	
	売掛金	
	繰越商品	
	前払利息	
	建物	
	車両運搬具	
	特許権	
	満期保有目的債券	
	繰延税金資産	
	支払手形	
	営業外支払手形	
	買掛金	
	未払金	
	未払（　　　）	
	（　　　）利息	
	借入金	
	貸倒引当金	
	建物減価償却累計額	
	車両運搬具減価償却累計額	
	資本金	
	繰越利益剰余金	
	売上	
	受取利息	
	有価証券利息	
	仕入	
	棚卸減耗損	
	商品評価損	
	給料	
	貸倒引当金繰入	
	減価償却費	
	（　　　）償却	
	（　　　）売却損	
	支払利息	
	法人税、住民税及び事業税	
	（　　　）	

問2　当期純利益または当期純損失の金額　¥

工　業　簿　記

第 4 問（28 点）

(1) 下記の各取引について仕訳しなさい。ただし、勘定科目は、設問ごとに最も適当と思われるものを選び、答案用紙の（　）の中に記号で解答すること。

1．長崎船舶工場に関する 4 月(決算日 3 月 31 日)の賃率差異を計上する。直接工の作業時間報告書には、主体加工時間 180 時間、加工前の準備作業にかかる段取時間 20 時間、間接作業時間 40 時間、手待時間 10 時間であった。当工場において適用する予定賃率は 1,200 円/時間である。直接工に関する当月賃金支払高 300,000 円、当月賃金未払高 20,000 円であった。なお、当期首に直接工に関する未払賃金 23,000 円の再振替仕訳を行っている。

ア．製品　　イ．材料　　ウ．仕掛品
エ．賃率差異　　オ．賃金・給料　　カ．製造間接費

2．長野ギター工場は、注文のあったギターが完成したため、仕掛品勘定から製品勘定に振り替える。完成したギターは、製造指図書＃201 エレキ（製造原価合計 547,000 円）と製造指図書＃390 ベース（製造原価合計 670,000 円）の 2 つである。なお、製造指図書＃201 エレキは、前月から製造に着手しており、430,000 円の製造原価が前月に生じていた。

ア．製品　　イ．仕掛品　　ウ．賃金・給料
エ．材料　　オ．現金　　カ．製造間接費

3．岩手漆器製作所は、本社会計から工場を独立させている。経費の支払いはすべて本社が行っている。本社は工場が他社に加工を依頼した外注加工賃 800,000 円、水道光熱費 200,000 円（うち 140,000 円は工場で生じている）を小切手で支払い、この旨を工場に連絡している。工場での仕訳を示しなさい。

ア．製造間接費　　イ．仕掛品　　ウ．製品
エ．工場　　オ．当座預金　　カ．本社

(2) 広島船舶製作所は、船舶を製造・販売しており、個別原価計算を採用し、製造間接費は部門別計算で行っている。製造間接費の部門別配賦では、直接作業時間を基準として予定配賦している。次の［資料］にもとづいて、下記の**問**に答えなさい。なお、補助部門費の配賦は直接配賦法で行っている。

［資料］

1．部門別製造間接費予算（年間）

組立部	仕上部	動力部	工場事務部
2,760,000 円	1,678,000 円	1,620,000 円	1,760,000 円

2．予定直接作業時間（年間）
組立部：4,200 時間　　仕上部：3,120 時間

3．補助部門費の配賦のためのデータ

	配賦基準	合計	組立部	仕上部	動力部	工場事務部
動　力　部	運転時間	114 時間	38 時間	76 時間	—	—
工場事務部	従業員数	16 人	9 人	3 人	2 人	2 人

4．当月、月初仕掛品はなく、製造指図書番号 1001 と 1002 のみに着手し、1001 は完成、1002 は月末仕掛品となった。直接作業時間については、組立部では、1001 が 192 時間、1002 は 156 時間であり、仕上部では、1001 が 140 時間、1002 は 132 時間であった。

問 1　答案用紙の部門費配賦表を完成しなさい。
問 2　各製造指図書に予定配賦される製造間接費の金額を計算しなさい。
問 3　答案用紙に示した組立部と仕上部の勘定を完成しなさい。なお、組立部の製造間接費年間予算（補助部門費配賦後）に含まれる変動費の金額は 2,520,000 円であるものとし、仕上部は変動費と固定費を区別していない。

全国統一模擬試験Ⅱ第５回 答案用紙 ２級④ 工業簿記

採点欄	
第4問	

第４問（28点）

(1)

	借方		貸方	
	記号	金額	記号	金額
1	（　）		（　）	
	（　）		（　）	
	（　）		（　）	
2	（　）		（　）	
	（　）		（　）	
	（　）		（　）	
3	（　）		（　）	
	（　）		（　）	
	（　）		（　）	

(2)

問１

部門費配賦表　（単位：円）

費目	合計	製造部門		補助部門	
		組立部	仕上部	動力部	工場事務部
部門費					
動力部					
工場事務部					
製造部門費					

問２　1001への製造間接費予定配賦額　＝ ＿＿＿＿ 円

1002への製造間接費予定配賦額　＝ ＿＿＿＿ 円

問３

組立部　（単位：円）

実際発生額	（385,000）	仕掛品	（　）
		予算差異	（　）
		操業度差異	（　）
	（　）		（　）

仕上部　（単位：円）

実際発生額	（310,000）	仕掛品	（　）
（　）差異	（　）	（　）差異	（　）
	（　）		（　）

第 5 問（12 点）

当社は製品Qを量産しており、シングル・プランの標準原価計算を採用している。次の［資料］にもとづいて、製造間接費の差異分析を行いなさい。なお、当社の製造間接費は固定予算によって設定している。

［資料］

1．製品Q 1個の標準直接作業時間　　4 時間
2．当月正常直接作業時間　　18,000 時間
3．製造間接費標準配賦率　　780 円/時間
4．当月生産データ
　月初仕掛品　　800　個（進捗度 50%）
　当月完成品　　4,300　個
　月末仕掛品　　400　個（進捗度 50%）
5．当月の実際直接作業時間　　17,000 時間
6．当月実際製造間接費　　13,780,000 円

Ⅱ第5回　チャレンジ 第4問(2)　個別原価計算

当工場では、実際個別原価計算を採用している。次のデータにもとづいて、9月の製造原価報告書と月次損益計算書を作成しなさい。なお、製造間接費配賦差異は合計に対して、原価差異は売上原価に対して加算する場合は「＋」、減算する場合は「△」を金額の前に付して解答し、該当する金額がない場合は「 0 」と解答すること。

1．生産データ

製造指図書番号	直接材料消費量	直接作業時間	備　　考
No.101	200 kg	120 時間	8/18 製造着手、8/30 完成、8/31 在庫、9/3 販売
No.102	250 kg	160 時間	9/1 製造着手、9/12 一部仕損、9/16 完成、9/20 販売
No.102-2	50 kg	30 時間	9/13 補修開始、9/14 補修完了
No.103	100 kg	50 時間	9/18 製造着手、9/29 完成、9/30 在庫
No.104	150 kg	100 時間	9/21 製造着手、9/30 仕掛中

なお、No.102-2 は、仕損品となったNo.102 の一部を補修して合格品とするために発行した指図書であり、仕損は正常なものであった。

2．直接材料の消費額計算では、予定消費価格である 1 kg当たり 2,000 円を採用している。
3．8 月、9 月とも直接工の消費賃金計算では、予定平均賃率である 1 時間当たり 1,500 円を採用している。
4．製造間接費は直接作業時間を配賦基準として予定配賦している。年間の正常直接作業時間は 6,000 時間、製造間接費予算（年額）は、変動費 15,000,000 円、固定費 21,000,000 円、合計 36,000,000 円であった。
5．9 月の製造間接費の実際発生額は、2,080,000 円であった。なお、月次損益計算書においては、製造間接費の予定配賦率から生じる差異は、原価差異として金額記入し、売上原価に賦課する。

全国統一模擬試験Ⅱ第5回 答案用紙 2級⑤ 工業簿記

採点欄
第5問

第5問 (12点)

製造間接費総差異 ＝		円（ 有利 ・ 不利 差異）
予算差異 ＝		円（ 有利 ・ 不利 差異）
能率差異 ＝		円（ 有利 ・ 不利 差異）
操業度差異 ＝		円（ 有利 ・ 不利 差異）

(注)（　）内の「有利」または「不利」を○で囲むこと。

チャレンジ第4問(2)［答案用紙］

製造原価報告書 (単位：円)

直接材料費	（　）
直接労務費	（　）
製造間接費	2,080,000
合計	（　）
製造間接費配賦差異	（　）
当月製造費用	（　）
月初仕掛品原価	（　）
合計	（　）
月末仕掛品原価	（　）
当月製品製造原価	（　）

月次損益計算書 (単位：円)

売上高	8,500,000
売上原価	（　）
原価差異	（　）
計	（　）
売上総利益	（　）
販売費及び一般管理費	1,450,000
営業利益	（　）

Ⅱ第5回　チャレンジ 第3問　精算表作成

問題文は、Ⅱクール第5回をそのまま使用してください。

精　　算　　表

勘定科目	残高試算表		修正記入		損益計算書		貸借対照表	
	借　方	貸　方	借　方	貸　方	借　方	貸　方	借　方	貸　方
現　　金	58,500							
当座預金	500,000							
受取手形	1,570,000							
売　掛　金	2,130,000							
仮払法人税等	450,000							
繰越商品	1,750,000							
前払利息	84,000							
建　　物	27,000,000							
車両運搬具	1,500,000							
特　許　権	325,000							
満期保有目的債券	2,258,600							
繰延税金資産	1,200,850							
支払手形		925,000						
営業外支払手形		1,056,000						
買　掛　金		1,341,500						
未　払　金		370,000						
借　入　金		1,000,000						
貸倒引当金		22,000						
建物減価償却累計額		17,100,000						
資　本　金		10,000,000						
繰越利益剰余金		3,660,450						
売　　上		19,000,000						
受取利息		24,000						
有価証券利息		69,000						
仕　　入	13,750,000							
給　　料	1,966,000							
支払利息	25,000							
	54,567,950	54,567,950						
(　　)売却損								
棚卸減耗損								
商品評価損								
貸倒引当金繰入								
車両運搬具減価償却累計額								
減価償却費								
(　　　)償却								
未払利息								
未払(　　　)								
法人税等								
(　　　　　)								
当期純(　　)								

2級 第2問・第3問　追加問題

追加問題の説明

日商簿記検定２級の出題範囲のうち、全統模試全10回の中から除いた論点を中心に追加問題として９問収録しました。下記の重要度欄を参考にしながら、満点での合格を目指したい場合に解答してください。

	問題	出題論点	重要度	チェック	テキスト
第１回	第２問	現金預金	低	□	一般 第１章・第10章
第２回		棚卸資産	低	□	一般 第２章・第10章
第３回		有価証券	中	□	一般 第４章
第４回		固定資産	中	□	一般 第５章
第５回		連結株主資本等変動計算書	中	□	一般 第７章　連結 第１章
第６回		連結会計	高	□	連結 第１章～第３章
第７回	第３問	本支店合併損益計算書・貸借対照表	低	□	構造 第１章・第３章
第８回		本店・支店損益勘定	中	□	構造 第１章・第３章
第９回		製造業の損益計算書・貸借対照表	低	□	一般 第10章

第1回　第2問　現金預金

東京商店の×2年4月1日から×3年3月31日の会計期間に関する次の［資料］にもとづいて、下記の**問**に答えなさい。なお、［資料］から判明しない事項について考慮する必要はない。

［資料］

1．決算にあたり、現金の実際有高を調べたところ金庫に次のものがあることが判明した(すべて現金で記帳されている)。決算日の帳簿残高は￥301,400であり、他の項目で判明する事実を除き、現金で記帳すべきものはすべて金庫内にある。なお、帳簿残高と実際有高に差異がある場合には、原因不明なものとして雑益または雑損として処理する。

通貨(紙幣および硬貨)	￥ 242,000	収入印紙	￥ 12,000	配当金領収証	￥ 5,000
郵便切手	￥ 11,000	送金小切手	￥ 20,000	期限到来後の社債利札	￥ 10,000

2．決算にあたり、取引銀行から当座預金の残高証明書を取り寄せたところ、その残高は￥656,400であり、東京商店の当座預金勘定の残高￥667,400とは一致していなかった。そこで、不一致の原因を調査した結果、次の事実が明らかとなった。

① 仕入先に対して買掛金の支払いとして小切手￥64,000を振り出して渡したが、決算日現在、仕入先は小切手を銀行にまだ呈示していなかった。

② 売掛金の回収として得意先振り出しの小切手￥32,000を受け取り、その時点で当座預金の増加として処理していたが、決算日現在、従業員が手許に保有したままであり、銀行への預け入れを行っていなかった。

③ 電子債権記録機関より発生記録の通知を受けていた電子記録債権の支払期日が到来し、当座預金の口座に￥46,000が振り込まれていたが、決算日現在、この取引の記帳はまだ行っていなかった。

④ 決算日に売上代金￥89,000を銀行の夜間金庫(当座預金)に預け入れたが、銀行では営業時間を過ぎていたため、当日の入金としては処理されていなかった。

問1 答案用紙の銀行勘定調整表を完成しなさい。なお、［　］には上記の［資料］2．における番号①～④を記入し、(　)には金額を記入すること。

問2 上記の［資料］2．における①～④のそれぞれについて、決算における東京商店の修正仕訳を答えなさい。ただし、勘定科目は、下記の中から最も適当と思われるものを選び、記号で記入すること。また、修正仕訳が不要な場合には、答案用紙の借方科目欄にのみ記号で解答すること。

ア．現金	イ．当座預金	ウ．電子記録債権	エ．売掛金	オ．電子記録債務
カ．買掛金	キ．未払金	ク．売上	ケ．仕入	コ．仕訳なし

問3 貸借対照表に計上される現金および当座預金、損益計算書の雑益または雑損の金額を求めなさい。

問1

銀行勘定調整表

×3年3月31日

企業残高		(　　)	銀行残高		(　　)
(加算)	[　]	(　　)	(加算)	[　]	(　　)
(減算)	[　]	(　　)	(減算)	[　]	(　　)
修正残高		(　　)	修正残高		(　　)

問2

	東京商店の修正仕訳			
	借方		貸方	
	記号	金額	記号	金額
①	(　)		(　)	
	(　)		(　)	
②	(　)		(　)	
	(　)		(　)	
③	(　)		(　)	
	(　)		(　)	
④	(　)		(　)	
	(　)		(　)	

問3

貸借対照表に計上される現金の金額	¥
貸借対照表に計上される当座預金の金額	¥
損益計算書に計上される(　雑益　・　雑損　)の金額	¥

※　雑益または雑損のいずれかを○で囲むこと。

第2回　第2問　棚卸資産

次の商品売買に係る一連の取引についての［資料］および［注意事項］にもとづいて、下記の**問**に答えなさい。なお、当社の決算日は12月31日である。

［資料］×18年4月中の取引

4月1日　甲商品　数量500個　@￥6,000、乙商品　数量400個　@￥5,000が前月から繰り越されている。

5日　仕入先A商店より甲商品を@￥6,400で200個、乙商品を@￥5,400で300個仕入れ、代金のうち￥1,200,000は前期に支払っていた手付金を充当し、残額を掛けとした。

6日　5日に仕入れた商品につき、乙商品100個をA商店に返品し、追加で甲商品100個を@￥6,400で仕入れた。代金については掛け代金で調整した。

10日　得意先B商事に甲商品550個を@￥12,000で売り渡し、代金は掛けとした。

11日　10日に売り渡した商品の検収が無事完了したとの連絡がB商事から入った。

14日　仕入先C商店より甲商品を@￥6,600で450個、乙商品を@￥4,600で200個仕入れた。代金は手許にあった他社振り出しの約束手形￥1,800,000を裏書譲渡し残額は掛けとした。

16日　10日に売り渡した商品の掛け代金を、B商事振り出しの小切手で受け取った。

20日　得意先D商事に甲商品を@￥13,000で400個、乙商品を@￥10,000で650個売り渡し、代金は掛けとした。運送会社に発送を依頼し、当社負担の発送運賃￥16,000は現金で支払った。

21日　20日に発送した商品が検収された結果、乙商品の195個に品違いがあったことが判明し、D商事から返品を受けた。なお、代金は売掛金から控除する。

25日　E商事に対する売掛金￥1,600,000の回収に関して、電子債権記録機関から取引銀行を通じて債権の発生記録の通知を受けた。

30日　甲商品の当月末の実地棚卸数量は300個、正味売却価額は@￥6,200、
乙商品の当月末の実地棚卸数量は345個、正味売却価額は@￥4,400であった。

［注意事項］

1. 当社は売上収益を認識する基準として出荷基準、払出単価の決定方法として先入先出法を採用している。
2. 当社は、商品売買の記帳に関して「3分法」を採用している。
3. 当社は、毎月末に実地棚卸を行って棚卸減耗損および商品評価損を把握している。棚卸減耗損および商品評価損はいずれも売上原価に算入する。なお、売上原価の算定は「仕入」勘定で行っている。
4. 上記の［資料］以外に商品売買に関連する取引は一切存在しない。
5. 月次決算を行うにあたり、便宜上、各勘定を英米式決算法にもとづき締め切っている。

問1　答案用紙の売掛金勘定および仕入勘定の記入をしなさい。また、摘要欄には下記から最も適当と思われるものを選び、記号で解答すること。

ア．前月繰越	イ．次月繰越	ウ．現金	エ．電子記録債権	オ．売掛金
カ．商品	キ．繰越商品	ク．買掛金	ケ．売上	コ．仕入
サ．売上原価	シ．商品評価損	ス．棚卸減耗損	セ．損益	ソ．諸口

問2　①当月の売上高および②当月の売上総利益の金額を答えなさい。

問3　仮に4月10日と30日の取引について、商品売買の記帳に関して「販売のつど売上原価勘定に振り替える方法」を採用している場合に行われる仕訳を答えなさい。勘定科目は、下記から最も適当と思われるものを選び、記号で解答すること。売上原価の算定は「売上原価」勘定で行っている。なお、仕訳作成にあたり、勘定科目は相殺しないこと。

ア．現金	イ．売掛金	ウ．商品	エ．繰越商品	オ．売上
カ．商品売買益	キ．売上原価	ク．仕入	ケ．商品評価損	コ．棚卸減耗損

問１

総　勘　定　元　帳　（抜粋）

売　掛　金

年	月	日	摘　要	借　方	年	月	日	摘　要	貸　方
18	4	1	前月繰越	3,400,000	18	4	16		
		10					21		
		20					25		
							30		

仕　入

年	月	日	摘　要	借　方	年	月	日	摘　要	貸　方
18	4	5			18	4	6		
		6					30		
		14					〃		
		30							
		〃							

問２

① 当月の売上高 ¥＿＿＿＿＿＿

② 当月の売上総利益 ¥＿＿＿＿＿＿

問３

	借方		貸方	
	記号	金額	記号	金額
4/10	(　　)		(　　)	
	(　　)		(　　)	
	(　　)		(　　)	
4/30	(　　)		(　　)	
	(　　)		(　　)	
	(　　)		(　　)	

第3回　第2問　有価証券

下記(1)～(6)の文章の空欄のうち①～⑳に入る語句あるいは数値を答えなさい。ただし、語句については、次の［語群］の中から最も適当なものを選び、記号で答えなさい。

［語群］

ア．有価証券	イ．投資有価証券	ウ．関係会社株式	エ．売買目的有価証券
オ．満期保有目的債券	カ．関連会社株式	キ．子会社株式	ク．その他有価証券
ケ．流動資産	コ．固定資産	サ．有形固定資産	シ．無形固定資産
ス．投資その他の資産	セ．取得原価	ソ．時価	タ．50%超
チ．50%以上	ツ．20%以上50%以下	テ．20%以上50%未満	ト．洗替
ナ．切放	ニ．償却原価	ヌ．有価証券利息	ネ．支払手数料
ノ．有価証券売却損益	ハ．有価証券評価損益	ヒ．投資有価証券評価損益	フ．その他有価証券評価差額金

(1)　有価証券を購入した場合、その保有目的に応じて、（　①　）、（　②　）、（　③　）、（　④　）、（　⑤　）に区分される。

(2)　（　①　）は、短期間の価格の変動により利益を得ることを目的として保有する株式や公社債のことをいい、通常は同一銘柄に対して相当程度の反復的な購入と売却が行われるものをいう。

（　①　）は、（　⑥　）をもって貸借対照表価額とし、評価差額は（　　　）勘定で処理する。

［数値例］

短期間の価格の変動により利益を得ることを目的で、A社株式1,000株（@￥900）を証券会社に対する手数料￥15,000とともに代金を支払って購入している。期末日となりA社株式の（　⑥　）は、@￥910であった。このとき期末日の、貸借対照表価額は￥（　⑦　）、評価差額の金額は￥（　⑧　）となる。

(3)　（　②　）は、満期まで所有する意図をもって保有する社債その他の債券をいう。（　②　）は、（　⑨　）をもって貸借対照表価額とする。ただし、債券を債券金額より低い価額または高い価額で取得した場合において、（　⑨　）と債券金額との差額の性格が金利の調整と認められるときは、（　⑩　）法にもとづいて算定された価額をもって貸借対照表価額としなければならない。

［数値例］

×1年1月1日、額面総額￥100,000の社債（償還期間は3年、年利率3%、利払日は6月末および12月末）を額面￥100につき￥97で満期まで所有する意図をもって購入した。（　⑨　）と債券金額との差額の性格が金利の調整（定額法を採用）と認められる。（　②　）は、×1年3月31日の貸借対照表上、資産の部、（　　　）の（　⑪　）区分に（　⑫　）勘定で表示され、金額は￥（　⑬　）である。また、関連する損益計算書上の有価証券利息は￥（　⑭　）となる。

(4)　（　③　）は、他企業の支配を目的として保有する株式のことをいい、（　④　）は、他企業への影響力の行使を目的として保有する株式のことをいう。これを、形式的に他企業の株式を保有している割合(持株比率)で判断すると、（　⑮　）の場合は（　③　）となり、（　⑯　）の場合は、（　④　）となる。（　③　）および（　④　）は、（　⑨　）をもって貸借対照表価額とする。

(5)　（　⑤　）は、（　①　）～（　④　）以外の有価証券をいい、長期的な価格の変動により利益を得ることを目的として保有する株式や公社債などが含まれる。（　⑤　）は、（　⑥　）をもって貸借対照表価額とし、評価差額の合計額は（　⑰　）方式にもとづき、全部純資産直入法により、純資産の項目である（　⑱　）勘定で処理する。

(6)　有価証券を売却した場合の売却手数料は、原則として（　⑲　）勘定として処理するが、（　⑳　）勘定に含めて、一括して処理することも認められている。したがって、購入手数料とは処理の考え方が異なっている。

①	②	③	④	⑤

⑥	⑦	⑧	⑨	⑩
	¥	¥		

⑪	⑫	⑬	⑭	⑮
		¥	¥	

⑯	⑰	⑱	⑲	⑳

第4回　第２問　固定資産

次の固定資産に関連する取引（×19年4月1日から×20年3月31日までの会計期間）の［資料］にもとづいて、下記の**問**に答えなさい。ただし、減価償却に係る記帳は直接法によることとし、決算にあたっては英米式決算法にもとづき締め切ること。

［資料］固定資産関連取引

取引日	摘　　要	内　　　　容
4月1日	前期繰越	建物（取得：×10年4月1日　取得価額：￥72,000,000 残存価額：ゼロ　定額法　耐用年数50年）
同上	リース取引開始日	自動車のリース契約を締結し、ただちに引渡しを受け、使用を開始した。 ・年間リース料：￥960,000 ・見積現金購入価額：￥4,000,000 ・リース期間：5年 ・減価償却：残存価額ゼロ　定額法 ・リース取引の会計処理：ファイナンス・リース取引に該当し、利子抜き法（定額法）を適用する。
6月7日	国庫補助金受入	機械装置の購入に先立ち、国から補助金￥6,000,000が交付され、同額が当社の普通預金口座に振り込まれた。
9月1日	機械装置購入	機械装置（残存価額：ゼロ　200％定率法　耐用年数5年）￥12,000,000を購入し、ただちに使用を開始した。代金のうち、￥2,400,000は現金で支払い、残額は小切手を振り出して支払った。
9月2日	圧縮記帳処理	上記機械装置に関し、6月7日に受け取った国庫補助金に係る圧縮記帳を直接控除方式にて行った。
12月1日	土地購入	子会社（当社の持株割合75％）から土地（子会社の帳簿価額：￥18,000,000）を、￥28,000,000で購入した。代金は後日2回に分けて支払うこととした。
2月1日	土地代金一部支払	上記の土地代金のうち￥14,000,000は小切手を振り出して支払った。
3月31日	リース料支払	上記のリース取引につき、年間のリース料を普通預金口座から振り込んだ。
同上	決算整理手続	決算に際して、固定資産の減価償却を行う。ただし、期中に取得した機械装置については月割計算にて減価償却費を算定すること。

問１　答案用紙に示した総勘定元帳へ記入し、締め切りなさい。

問２　上記機械装置の減価償却について、税法上の耐用年数は8年、残存価額はゼロ、定額法であり、会計上の処理と異なっている。したがって、税効果会計を適用した場合に追加で必要となる仕訳を示しなさい。法人税、住民税及び事業税の法定実効税率は30％である。なお、勘定科目は下記の中から最も適当と思われるものを選ぶこと。

ア．繰延税金資産　　イ．未払法人税等　　ウ．機械装置　　エ．減価償却費
オ．機械装置減価償却累計額　カ．法人税等調整額　　キ．法人税等　　ク．繰延税金負債

問３　×20年3月期の連結財務諸表を作成するにあたり、親子会社間における土地の売買取引に係る連結修正仕訳を、(1)未実現損益の消去と(2)債権債務の相殺消去に分けて示しなさい。なお、勘定科目は下記の中から最も適当と思われるものを選ぶこと。

ア．固定資産売却益　　イ．未収入金　　ウ．非支配株主に帰属する当期純利益
エ．非支配株主持分　　オ．土地　　カ．未払金　　キ．固定資産売却損

問 1

総勘定元帳

リース資産

年	月	日	摘　要	借　方	年	月	日	摘　要	貸　方

機械装置

年	月	日	摘　要	借　方	年	月	日	摘　要	貸　方

減価償却費

年	月	日	摘　要	借　方	年	月	日	摘　要	貸　方

問 2

借方		貸方	
記　号	金　額	記　号	金　額
(　　)		(　　)	
(　　)		(　　)	
(　　)		(　　)	

問 3

	借方		貸方	
	記　号	金　額	記　号	金　額
(1)	(　　)		(　　)	
	(　　)		(　　)	
	(　　)		(　　)	
(2)	(　　)		(　　)	
	(　　)		(　　)	
	(　　)		(　　)	

第５回　第２問　連結株主資本等変動計算書

次に示したＰ商事株式会社(以下「Ｐ社」という。)の［資料］にもとづいて、答案用紙の連結株主資本等変動計算書（単位：千円）を完成しなさい。当期は×6 年 4 月 1 日から×7 年 3 月 31 日までの 1 年間である。解答金額がゼロの場合には「－」を記入すること。

［資料Ⅰ］×7 年 3 月 31 日における個別財務諸表（一部）の残高（単位：円）

	Ｐ社	Ｓ社
資本金	1,800,000	1,000,000
資本準備金	150,000	100,000
利益準備金	250,000	100,000
繰越利益剰余金	600,000	500,000
当期純利益	400,000	230,000

※　Ｐ社の個別財務諸表について、次の取引の記帳が漏れていることが判明した。また、これ以外に資本取引は生じていない。

1．×6 年 6 月 25 日、定時株主総会を開催し、株主への配当について、繰越利益剰余金を財源として￥300,000 の配当を行うことを決定した。

2．×6 年 10 月 1 日に増資を行い、5,000 株を 1 株につき＠￥80 で発行し、払込金は全額当座預金に預け入れた。なお、資本金は会社法で規定する最低額を計上することとした。

［資料Ⅱ］

1．Ｐ社は×4 年 4 月 1 日に、Ｓ商事株式会社(以下「Ｓ社」という。)の発行済株式数の 60%を￥900,000 で取得し、支配を獲得した。

2．×4 年 4 月 1 日のＳ社の貸借対照表上、資本金￥1,000,000、資本剰余金￥100,000、利益剰余金￥300,000 が計上されていた。

3．のれんは発生年度から 10 年にわたり定額法により償却する。

4．Ｓ社は、当期より繰越利益剰余金を財源に￥30,000 の配当を行っている。

［資料Ⅲ］

1．当期よりＳ社はＰ社に商品の販売を開始している。Ｓ社のＰ社への売上高は￥750,000 であり、売上総利益率は 20%である。

2．Ｐ社の期末商品棚卸高には、Ｓ社から仕入れた商品￥250,000 が含まれている。

3．Ｓ社の売掛金のうち￥200,000 はＰ社に対するものである。なお、Ｓ社は売上債権期末残高に対して貸倒引当金は設定していない。

4．Ｓ社は当期中に、Ｐ社に対して土地（Ｓ社帳簿価額￥50,000）を￥100,000 で売却した。なお、Ｐ社は当該土地を決算日時点において保有し続けている。

連結株主資本等変動計算書

自×6年4月1日　　至×7年3月31日　　(単位：千円)

	株主資本			非支配株主持分
	資本金	資本剰余金	利益剰余金	
当期首残高	(　　)	(　　)	(　　)	(　　)
新株の発行	(　　)	(　　)		
剰余金の配当			(△　　)	
親会社株主に帰属する当期純利益			(　　)	
株主資本以外の項目の当期変動額(純額)				(　　)
当期末残高	(　　)	(　　)	(　　)	(　　)

第６回　第２問　連結会計

次に示したＰ商事株式会社(以下「Ｐ社」という。)の［資料］にもとづいて、答案用紙の連結精算表を作成しなさい。当期は×2 年 4 月 1 日から×3 年 3 月 31 日までの 1 年間である。なお、本問では連結財務諸表欄のみを採点対象とし、解答金額がない場合は「—」を記入すること。

［資料］

1．Ｐ社は×1 年 3 月 31 日に、Ｓ商事株式会社(以下「Ｓ社」という。)の発行済株式数の 80％を￥800,000 で取得し、支配を獲得した。
2．Ｓ社の貸借対照表上、×1 年 3 月 31 日には、資本金￥800,000、資本剰余金￥100,000、利益剰余金￥150,000 が計上されていた。
3．のれんが生じる場合は発生年度の翌年から 10 年にわたり定額法により償却する。
4．Ｓ社は、当期より繰越利益剰余金を財源に￥50,000 の配当を行っている。
5．前期よりＰ社はＳ社に商品の販売を開始している。当期のＰ社のＳ社への売上高は￥1,300,000 である。なお、Ｐ社はＳ社に対して仕入原価の 25％の利益を付加して販売しており、前期も同様である。
6．Ｓ社の前期末商品棚卸高のうち￥250,000、当期末商品棚卸高のうち￥180,000 は、Ｐ社から仕入れた金額である。
7．Ｐ社の当期末売掛金のうち￥200,000 はＳ社に対するものである。なお、Ｐ社はＳ社への売上債権に対して貸倒引当金を設定していない。
8．Ｐ社は×2 年 10 月 1 日にＳ社に対して期間 2 年、年利率 3％、利払日 9 月末日の条件で￥200,000 を貸し付けている。
9．Ｐ社は×2 年 3 月 31 日にＳ社に対して土地（簿価￥200,000）を￥250,000 で売却している。なお、Ｓ社は当該土地を決算日時点において保有し続けている。

連結第２年度　　　　　　　　連　結　精　算　表　　　　　　　　（単位：円）

科目	個別財務諸表		修正・消去		連結財務諸表
	P　社	S　社	借　方	貸　方	
貸借対照表					連結貸借対照表
現金預金	872,000	746,000			
売掛金	900,000	550,000			
貸倒引当金	△　27,000	△　11,000			△
商品	750,000	575,000			
未収収益	3,000	—			
貸付金	200,000	—			
土地	500,000	250,000			
S社株式	800,000	—			
のれん	—	—			
資産合計	3,998,000	2,110,000			
買掛金	648,000	317,000			
未払法人税等	350,000	140,000			
未払費用	—	3,000			
借入金	—	200,000			
資本金	2,000,000	800,000			
資本剰余金	100,000	100,000			
利益剰余金	900,000	550,000			
非支配株主持分	—	—			
負債・純資産合計	3,998,000	2,110,000			
損益計算書					連結損益計算書
売上高	5,500,000	3,600,000			
売上原価	3,800,000	2,400,000			
販売費及び一般管理費	970,000	785,000			
営業外収益	262,000	253,000			
営業外費用	192,000	218,000			
特別利益	100,000	—			
法人税等	350,000	100,000			
当期純利益	550,000	350,000			
非支配株主に帰属する当期純利益					
親会社株主に帰属する当期純利益					
株主資本等変動計算書					連結株主資本等変動計算書
利益剰余金当期首残高	450,000	250,000			
剰余金の配当	100,000	50,000			
親会社株主に帰属する当期純利益	550,000	350,000			
利益剰余金当期末残高	900,000	550,000			
非支配株主持分当期首残高					
非支配株主持分当期変動額					
非支配株主持分当期末残高					

第7回　第3問　本支店合併貸借対照表・損益計算書

地方にいくつかの支店を有している会計サポート株式会社の［資料Ⅰ］、［資料Ⅱ］および［資料Ⅲ］にもとづいて、本支店合併損益計算書および本支店合併貸借対照表を完成しなさい。なお、会計期間は×13年4月1日から×14年3月31日までの1年間である。ただし、本問では「法人税、住民税及び事業税」と「税効果会計」は考慮しないこととする。

［資料Ⅰ］残高試算表（本店・支店）

残　高　試　算　表

×14年3月31日

（単位：円）

借　方	本　店	支　店	貸　方	本　店	支　店
現金預金	319,000	16,430	買掛金	49,000	13,000
売掛金	73,000	17,500	長期借入金	90,000	—
繰越商品	205,000	23,500	貸倒引当金	600	100
売買目的有価証券	43,000	—	建物減価償却累計額	50,000	50,000
建物	300,000	120,000	備品減価償却累計額	24,000	25,600
備品	60,000	40,000	本店	—	94,750
のれん	34,000	—	資本金	500,000	—
長期貸付金	300,000	—	繰越利益剰余金	125,000	—
支店	103,250	—	売上	875,250	120,000
仕入	213,000	80,000	受取家賃	—	9,980
給料	43,000	11,000	受取利息	1,200	—
広告宣伝費	20,000	5,000			
支払利息	1,800	—			
	1,715,050	313,430		1,715,050	313,430

［資料Ⅱ］未処理事項

1．本店の売掛金￥6,000を支店が現金で回収していたが、本店ではこの取引が未記帳であった。

2．支店は本店の広告宣伝費￥6,700について、小切手を振り出して支払っていたが、本店ではこの取引が未記帳であった。

3．本店が支店へ商品￥7,800（仕入価額）を発送していたが、支店ではこの取引が未記帳であった。

［資料Ⅲ］決算整理事項

1．商品の期末棚卸高は次のとおりである。なお、棚卸減耗損および商品評価損は、売上原価に含めて表示する。

①　本　店

帳簿棚卸数量：750個　　原　　　価：@￥270

実地棚卸数量：740個　　正味売却価額：@￥260

②　支　店（［資料Ⅱ］3.反映済み）

帳簿棚卸数量：90個　　原　　　価：@￥260

実地棚卸数量：85個　　正味売却価額：@￥255

2．本店・支店とも売上債権残高の1%にあたる貸倒引当金を差額補充法により設定する。

3．有形固定資産の減価償却について、次の要領で行う。

①　建物：本店・支店とも、残存価額ゼロ、耐用年数30年の定額法

②　備品：本店・支店とも、残存価額ゼロ、耐用年数5年の200%定率法

4．売買目的有価証券の期末時点の時価は￥77,000である。

5．賞与引当金の当期繰入額は、本店￥20,000、支店￥7,000であった。

6．のれんは、×9年2月1日に同業他社を買収した際に生じたものである。発生年度から7年にわたり、定額法によって償却している。

7．経過勘定項目（本店・支店）

①　本店：給料の未払額￥3,500　　利息の未収額￥2,000　　利息の前払額￥1,000

②　支店：給料の未払額￥5,300　　家賃の前受額￥4,000

本支店合併損益計算書

自×13年4月1日　至×14年3月31日　(単位：円)

Ⅰ 売上高		( )
Ⅱ 売上原価		( )
売上総利益		( )
Ⅲ 販売費及び一般管理費		
1 給料	( )	
2 広告宣伝費	( )	
3 減価償却費	( )	
4 貸倒引当金繰入	( )	
5 賞与引当金繰入	( )	
6 ( )	( )	( )
営業利益		( )
Ⅳ 営業外収益		
1 受取家賃	( )	
2 受取利息	( )	
3 ( )	( )	( )
Ⅴ 営業外費用		
1 支払利息		( )
当期純利益		( )

本支店合併貸借対照表

×14年3月31日　(単位：円)

資産の部		負債の部	
Ⅰ 流動資産		Ⅰ 流動負債	
現金預金	( )	買掛金	( )
売掛金	( )	賞与引当金	( )
商品	( )	前受収益	( )
有価証券	( )	( )	( )
前払費用	( )	Ⅱ 固定負債	
( )	( )	長期借入金	( )
貸倒引当金	(△)	負債合計	( )
Ⅱ 固定資産			
建物	( )		
減価償却累計額	(△)	純資産の部	
備品	( )	Ⅰ 株主資本	
減価償却累計額	(△)	資本金	( )
( )	( )	繰越利益剰余金	( )
長期貸付金	( )	純資産合計	( )
資産合計	( )	負債及び純資産合計	( )

第8回　第3問　本店・支店損益勘定

東京の本店のほかに、群馬県と岐阜県に支店を有している会計サポート株式会社の［資料Ⅰ］、［資料Ⅱ］および［資料Ⅲ］にもとづいて、**問**に答えなさい。なお、会計期間は×3年4月1日から×4年3月31日までの1年間である。

［資料Ⅰ］残高試算表（本店・支店）

残高試算表

×4年3月31日

（単位：円）

借方	本店	支店	貸方	本店	支店
現金預金	638,000	137,500	買掛金	98,000	26,000
売掛金	146,000	55,000	長期借入金	180,000	—
繰越商品	410,000	47,000	退職給付引当金	424,000	84,000
建物	600,000	300,000	貸倒引当金	1,200	400
車両運搬具	120,000	80,000	建物減価償却累計額	100,000	180,000
満期保有目的債券	（　　）	—	車両運搬具減価償却累計額	44,400	55,600
支店	（　　）	—	本店	—	189,500
仕入	494,000	100,000	資本金	1,000,000	—
本店より仕入	—	54,000	繰越利益剰余金	253,790	—
給料	86,000	22,000	売上	995,100	270,000
広告宣伝費	43,790	10,000	支店へ売上	（　　）	—
支払利息	3,600	—	受取利息	2,400	—
	（　　）	805,500		（　　）	805,500

［資料Ⅱ］未処理事項

1．本店の買掛金¥8,000を支店が現金で支払っていたが、本店ではこの取引が未記帳であった。
2．本店で支払った広告宣伝費¥30,000が支店の広告宣伝費であることが判明したため、これを支店に付け替える連絡をしていたが、支店では未記帳であった。
3．本店が支店へ商品¥24,000（振替価額）を2月末に販売していたが、支店ではこの取引が未記帳であった。

［資料Ⅲ］決算整理事項

1．商品の期末棚卸高は次のとおりである。なお、棚卸減耗損および商品評価損は、損益計算書では売上原価の内訳項目として表示するが、総勘定元帳ではそれぞれ独立の費用勘定として処理する。
　① 本　店
　　帳簿棚卸数量：370個　　原　　　　価：@¥580
　　実地棚卸数量：330個　　正味売却価額：@¥550
　② 支　店（［資料Ⅱ］3．の商品は外部に販売済みである。）
　　帳簿棚卸数量：110個　　原　　　　価：@¥540
　　実地棚卸数量：95個　　正味売却価額：@¥480
2．本店・支店とも売上債権残高の1%にあたる貸倒引当金を差額補充法により設定する。
3．有形固定資産の減価償却について、次の要領で行う。
　① 建　　物：本店・支店とも、残存価額ゼロ、耐用年数30年の定額法
　② 車両運搬具：本店・支店とも、残存価額ゼロ、総走行可能距離10万km、当期の走行距離1万km 生産高比例法
4．満期保有目的債券は、×3年7月1日に他社が発行した社債（額面総額¥400,000、年利率2%、利払日6月末、償還期間5年）を額面¥100につき¥96の価額で発行と同時に取得したものである。満期保有目的債券の評価は償却原価法（定額法）により行っている。
5．退職給付引当金の当期繰入額は、本店¥40,000、支店¥8,000である。
6．経過勘定項目（本店・支店）
　① 本店：給料の未払額¥1,700　　利息の未払額¥1,000
　② 支店：給料の未払額¥2,100　　広告宣伝費の前払額¥2,000
7．本支店合算の税引前当期純利益の30%について、法人税、住民税及び事業税を計上する。

問1　［資料Ⅱ］未処理事項を処理した後の支店勘定の残高を答えなさい。
問2　答案用紙の①支店の損益勘定および②本店の損益勘定を完成しなさい。

問 1　支店勘定の残高　　¥＿＿＿＿＿＿＿＿

問 2

①　支店の損益勘定（単位：円）

損　　　　益

日付		摘　　要	金　　額	日付		摘　　要	金　　額
3	31	仕　　　　　入		3	31	売　　　　　上	
3	31	(　　　　　　)					
3	31	棚　卸　減　耗　損					
3	31	商　品　評　価　損					
3	31	給　　　　　料					
3	31	広　告　宣　伝　費					
3	31	減　価　償　却　費					
3	31	貸倒引当金繰入					
3	31	退　職　給　付　費　用					
3	31	(　　　　　　)					

②　本店の損益勘定（単位：円）

損　　　　益

日付		摘　　要	金　　額	日付		摘　　要	金　　額
3	31	仕　　　　　入		3	31	売　　　　　上	
3	31	棚　卸　減　耗　損		3	31	支　店　へ　売　上	
3	31	商　品　評　価　損		3	31	受　取　利　息	
3	31	給　　　　　料		3	31	有　価　証　券　利　息	
3	31	広　告　宣　伝　費		3	31	(　　　　　　)	
3	31	減　価　償　却　費					
3	31	貸倒引当金繰入					
3	31	退　職　給　付　費　用					
3	31	支　払　利　息					
3	31	法人税、住民税及び事業税					
3	31	(　　　　　　)					

第9回　第3問　製造業の損益計算書・貸借対照表

製品の受注生産および販売を行っている株式会社会計サポート製作所の［資料Ⅰ］および［資料Ⅱ］にもとづいて、×8年4月1日より×9年3月31日までの1年間を会計期間とする損益計算書および貸借対照表を完成しなさい。なお、本問では「法人税、住民税及び事業税」および「税効果会計」は考慮しない。

［資料Ⅰ］×9年2月末現在の残高試算表

残高試算表

×9年2月28日（単位：千円）

借　方	勘定科目	貸　方
204,000	現金預金	
690,000	売掛金	
15,000	製品	
24,750	材料	
30,000	仕掛品	
10,800	有価証券	
	貸倒引当金	3,800
1,500,000	建物	
576,000	機械装置	
	建物減価償却累計額	627,500
	機械装置減価償却累計額	426,000
900,000	土地	
	買掛金	557,500
	長期借入金	200,000
	資本金	250,000
	利益準備金	62,500
	繰越利益剰余金	1,572,770
	売上	1,870,000
	受取利息・配当金	650
	有価証券利息	30
1,287,000	売上原価	
314,000	販売費	
11,000	減価償却費	
8,200	支払利息	
5,570,750		5,570,750

［資料Ⅱ］×9年3月中の取引および決算整理事項等

1．3月について、材料仕入高（すべて掛取引）60,000千円、直接材料費45,000千円、間接材料費12,500千円、直接工賃金支払高（当座預金からの振り込み、月初および月末の未払分はない。なお直接工の賃金はすべて直接労務費とする）50,000千円、製造間接費予定配賦額55,000千円、製造間接費のうち間接材料費、材料の棚卸減耗損、減価償却費をのぞく実際発生額（すべて小切手を振り出して支払済み）37,750千円、当月完成品原価140,000千円、当月売上原価130,000千円、当月売上高（すべて掛取引）175,000千円であった。原価差異は、比較的少額であり、正常な原因によるものであった。なお、×8年4月から×9年2月までの各月の月次決算で生じた原価差異はそれぞれの月で売上原価に賦課されている。

2．3月中の買掛金の支払いのために小切手92,500千円を振り出した。一方で、売掛金に関しては、150,000千円が回収され当社の当座預金口座に振り込まれた。また、当期中の貸倒れはなかった。

3．3月中に販売費25,750千円を現金で支払っている。なお、本問では販売部門で発生した給料などの費用は販売費勘定で処理している。また、決算時に販売費の未払または前払の項目はない。

4．決算にあたり実地棚卸を行ったところ、材料実際有高は27,000千円、製品実際有高は24,700千円であった。なお、仕掛品は帳簿有高と一致していた。減耗は、材料・製品とも正常な理由により生じたものであり、材料の棚卸減耗損については製造間接費、製品の棚卸減耗損については売上原価に賦課する。

5．減価償却費は、期首に見積もった年間発生額の12分の1を毎月計上し、3月も同様に下記の金額で計上する。また、年度初めの見積りどおりに発生し、差異は生じなかった。

建　　物：2,500千円（製造用1,500千円、販売・一般管理用1,000千円）

機械装置：6,000千円（すべて製造用）

6．売掛金の期末残高に対して1%の貸倒れを見積り、差額補充法により貸倒引当金を設定する。

7．長期借入金は×8年8月1日に、年利率3%、利払日7月末、×12年7月末に返済する条件で借り入れている。決算にあたり利息の未払分を計上する。

8．有価証券は、A社社債（額面5,000千円）・B社株式とも当期首に発行と同時に購入したものであり、適当な勘定に振り替えたうえで適切に処理する。なお、A社社債は償却原価法（定額法）を適用する。また、3月31日にA社社債にかかわる利息が当社の普通預金口座に入金されている。

	保有目的	取得価額	決算時の時価
A社社債	満期保有	4,900千円	4,850千円
B社株式	支　配	5,900千円	6,250千円

※A社社債に関する補足

満期5年、年利率1.2%、利払年2回（9月末、3月末）

損益計算書

自×8年4月1日　至×9年3月31日　（単位：千円）

Ⅰ　売上高		（　　）
Ⅱ　売上原価		（　　）
売上総利益		（　　）
Ⅲ　販売費及び一般管理費		
1　販売費	（　　）	
2　減価償却費	（　　）	
3　（　　）	（　　）	（　　）
営業利益		（　　）
Ⅳ　営業外収益		
1　受取利息・配当金	（　　）	
2　（　　）	（　　）	（　　）
Ⅴ　営業外費用		
1　支払利息		（　　）
当期純利益		（　　）

貸借対照表

×9年3月31日　（単位：千円）

資産の部		
Ⅰ　流動資産		
現金預金		（　　）
売掛金	（　　）	
貸倒引当金	（△　　）	（　　）
製品		（　　）
材料		（　　）
仕掛品		（　　）
Ⅱ　固定資産		
建物	（　　）	
減価償却累計額	（△　　）	（　　）
機械装置	（　　）	
減価償却累計額	（△　　）	（　　）
土地		（　　）
（　　）		（　　）
関係会社株式		（　　）
資産合計		（　　）
負債の部		
Ⅰ　流動負債		
買掛金		（　　）
（　　）		（　　）
Ⅱ　固定負債		
長期借入金		（　　）
負債合計		（　　）
純資産の部		
Ⅰ　株主資本		
資本金		（　　）
利益準備金		（　　）
繰越利益剰余金		（　　）
純資産合計		（　　）
負債・純資産合計		（　　）

2級 仕訳コンプリートチェック

仕訳コンプリートチェックの説明

商業簿記は、日商簿記検定2級の出題範囲のうち、全統模試全10回で出題していない論点を中心に追加問題として13問収録しました。満点での合格を目指したい場合に解答してください。

工業簿記は、全統模試全10回の問題を中心に、出題範囲の論点を網羅的に30問収録しました。

1問でも多くの仕訳を収録するために、答案用紙は省略しました。実際に問題を解く場合には、各自で白紙を用意し、解答してください。

商業簿記

債権債務

1．社会保険料の納付【重要度：中】

納付期日に社会保険料を当座預金口座から社会保険事務所指定の普通預金口座に振り替えた。社会保険料の従業員負担分は￥162,000であり、当社負担分は従業員と同額である。

ア．所得税預り金　イ．当座預金　ウ．普通預金　エ．租税公課
オ．保険料　カ．法定福利費　キ．社会保険料預り金　ク．給料

2．債務の保証【重要度：低】

当社は銀行から借入金￥3,000,000の弁済と遅延利息￥105,000の支払いを要請されたため、要請額の全額を普通預金から振り込んだ。なお、当該借入金の債務者は取引先の山形精米株式会社であり、当社は銀行との間に締結した債務保証契約にもとづく保証人である。したがって、当社は山形精米株式会社の借入と同時に借入金額で備忘記録をしている。

ア．借入金　イ．普通預金　ウ．当座預金　エ．保証債務
オ．支払手数料　カ．保証債務見返　キ．支払利息　ク．未収入金

有価証券

3．売買目的有価証券の評価（切放法）【重要度：低】

売買目的として保有していた埼玉商事の株式5,000株のうち2,000株を1株当たり￥350で当期に売却し、代金は当座預金口座に振り込まれた。埼玉商事の株式は、前期に第1回目の1,800株(取得価格@￥410)、第2回目の2,200株(取得価格@￥420)が取得されており、その後、当期に第3回目の1,000株(取得価格@￥380)が取得されている。なお、前期末における埼玉商事の株式の時価は@￥400であった。当社は、売買目的有価証券の会計処理については切放法、売却簿価の算定については総平均法を採用している。

ア．当座預金　イ．有価証券評価益　ウ．売買目的有価証券　エ．有価証券売却益
オ．その他有価証券　カ．有価証券売却損　キ．未収入金　ク．有価証券評価損

4．株式の追加取得【重要度：中】

北海道商事株式会社は、札幌商事株式会社(発行済株式総数 3,000 株)の株式 2,400 株を@￥410 で取得し、代金は小切手を振り出して支払った。なお、北海道商事株式会社は、すでに札幌商事株式会社の 300 株を￥114,000 で取得し、その他有価証券としていた。

ア．現金	イ．その他有価証券評価差額金	ウ．子会社株式	エ．未払金
オ．満期保有目的債券	カ．関連会社株式	キ．当座預金	ク．その他有価証券

5．株式の一部売却【重要度：低】

当社は、大阪工業株式会社の発行済株式の過半数を×6 年 5 月 1 日に￥25,000,000 で取得し、その後継続して保有していたが、×8 年 7 月 31 日に発行済株式が 20%になるように取得原価￥18,000,000 を￥26,000,000 で売却し、代金は当社の普通預金口座に振り込まれた。

ア．その他有価証券	イ．関連会社株式売却益	ウ．普通預金	エ．子会社株式売却益
オ．関連会社株式	カ．子会社株式	キ．投資有価証券売却益	ク．売買目的有価証券

6．配当権利落ち【重要度：低】

×6 年 3 月 29 日、売買目的で保有している東北自動車工業株式会社の株式 5,000 株について配当権利落ちした。なお、次期に受け取ることが予想される配当金は 1 株当たり￥60 である。

ア．有価証券評価損	イ．受取配当金	ウ．有価証券評価益	エ．当座預金
オ．現金	カ．その他有価証券	キ．未収配当金	ク．売買目的有価証券

7．その他有価証券（債券）の評価【重要度：低】

当期首にＣ社社債(額面総額￥2,400,000、年利率 0.5%、利払日 3 月末日および 9 月末日の年 2 回、償還期間 5 年)を￥2,280,000 で発行と同時に取得し、その他有価証券としていた。本日決算日にあたり、必要な決算整理仕訳を示しなさい。額面総額と取得価額との差額は金利の調整の性格を有していると判断されたため、償却原価法(定額法)により評価する。また、Ｃ社社債の当期末時価は額面￥100 につき￥98.5 であった。なお、その他有価証券評価差額金について法定実効税率 30%として税効果会計を適用する。

ア．法人税等調整額	イ．その他有価証券	ウ．有価証券評価損	エ．有価証券利息
オ．有価証券評価益	カ．繰延資産資産	キ．繰延税金負債	ク．その他有価証券評価差額金

固　定　資　産

8．記帳方法の変更【重要度：低】

当社は従来から固定資産の記帳方法を直接法によってきたが、×7 年度期首から間接法に変更する。当社所有の固定資産は、下記のとおりである。期首減価償却累計額の振り替えおよび×7 年度末（3 月 31 日）の決算整理仕訳を行いなさい。

取得日：×3 年 2 月 1 日　帳簿価額：￥700,000　償却方法：定額法　耐用年数：10 年　残存価額：ゼロ

ア．現金	イ．建物減価償却累計額	ウ．固定資産売却益	エ．繰越利益剰余金
オ．固定資産売却損	カ．建物	キ．減価償却費	ク．貯蔵品

9．リース料の前払（ファイナンス・リース取引）【重要度：低】

関東商事株式会社は当期首(4月1日)に、下記の条件によって茨城リース株式会社とプリンター(見積現金購入価額￥320,000)のリース契約を締結し、利用開始と同時に1回目のリース料が普通預金口座から引き落とされた。当該リース取引はファイナンス・リース取引である。なお、リース取引は利子抜き法により処理し、利息相当額については定額法で計算し、資産の勘定(前払利息)に計上すること。仕訳作成にあたり、勘定科目は相殺しないこと。

リース期間：4年間　　リース料総額：￥344,000(毎年4月1日に均等額払い)

ア．リース資産　イ．支払利息　ウ．前払利息　エ．リース債務
オ．普通預金　カ．リース資産減価償却累計額　キ．支払リース料　ク．減価償却費

10. 200%定率法（改定償却率を使用する場合）【重要度：低】

×8年3月31日に保有している備品を除却した。当該備品は、下記の要領で減価償却を行っている。なお、処分価値はゼロであった。

取得原価：￥3,000,000　取得日：×4年4月1日　残存価額ゼロ　耐用年数5年　200%定率法
記帳方法：間接法　保証率：0.10800　改定償却率：0.500

ア．減価償却費　イ．保証債務　ウ．備品　エ．保証債務見返
オ．貯蔵品　カ．備品減価償却累計額　キ．固定資産売却損　ク．固定資産除却損

引　当　金

11. 退職給付引当金（引当金残高＞年金掛金）【重要度：中】

当社は、従業員の退職金について、外部積立方式を採用している。本日、外部の基金に対し、年金掛金￥700,000を普通預金口座から振り込んで支払った。なお、本日時点の退職給付引当金の残高は￥900,000である。

ア．普通預金　イ．退職給付費用　ウ．退職給付に係る負債　エ．賞与
オ．給料　カ．法定福利費　キ．退職給付引当金　ク．前払年金費用

12. 退職給付引当金（引当金残高＜年金掛金）【重要度：低】

当社は、従業員の退職金について、外部積立方式を採用している。本日、外部の基金に対し、年金掛金￥700,000を普通預金口座から振り込んで支払った。なお、本日時点の退職給付引当金の残高は￥550,000である。

ア．普通預金　イ．退職給付費用　ウ．退職給付に係る負債　エ．賞与
オ．給料　カ．法定福利費　キ．退職給付引当金　ク．前払年金費用

損 益 と 税 金

13. 受取配当金に関する源泉税額【重要度：中】

当社の保有する群馬ランド株式会社の株式1,000株に対する配当金(発行済株式総数11,800,000株、配当金総額￥472,000,000)について、普通預金口座に源泉所得税20.42%控除後の金額が入金された。

ア．普通預金　イ．未払配当金　ウ．立替金　エ．租税公課
オ．法人税等　カ．繰越利益剰余金　キ．受取配当金　ク．仮払法人税等

工業簿記

費目別計算

1．材料費の購入【Ⅰ第2回1問】

福井メガネ工場では、当月、購入代価800,000円の買入部品を掛けで購入した。なお、購入に際して、外部材料副費に分類される引取運賃 90,000 円を現金で支払い、内部材料副費に分類される保管料は、購入代価の5%として予定配賦している。

ア．仕掛品　　イ．現金　　ウ．製品
エ．材料　　オ．買掛金　　カ．内部材料副費

2．材料費の消費（払出単価の計算：先入先出法）【Ⅰ第1回1問】

兵庫そろばん工場に関する当月の素材消費額を先入先出法、補修用材料消費額を平均法で計上する。当月の素材に関する資料は、月初有高200個(@450円)、当月仕入高900個(@500円)、当月消費量1,000個である。当月の補修用材料に関する資料は、月初有高80個(16,000円)、当月仕入高320個(80,000円)、月末有高50個である。なお、素材の月末実地有高は80個であった。

ア．仕掛品　　イ．現金　　ウ．材料
エ．製造間接費　　オ．製品　　カ．賃金・給料

3．材料費の消費（払出単価の計算：平均法）【Ⅱ第2回3問】

岐阜刃物工場に関する当月の材料消費高および棚卸減耗損を計上する。月初有高、月末有高(実地棚卸数量)、当月購入および当月消費量(素材のみ)は、次のとおりである。なお、素材は継続記録法、製造用切削油は棚卸計算法を採用している。また、払出単価は、素材と製造用切削油ともに平均法により計算されている。

月初有高：素材 98,100 円（300kg）　製造用切削油 10,500 円（100ℓ）
当月購入：素材 5,000kg（@380 円）　製造用切削油 120,000 円（800ℓ）
当月消費量：素材 4,800kg　月末有高：素材 400kg　製造用切削油 120ℓ

ア．売上原価　　イ．仕掛品　　ウ．材料
エ．現金　　オ．製造間接費　　カ．賃金・給料

4．材料費の消費（予定消費価格）【Ⅱ第1回1問】

群馬こんにゃく加工工場に関する当月の主要材料の消費量および月末棚卸の結果は以下のとおりである。当工場では、予定消費価格を用いて主要材料の消費額を計算している。予定消費価格の算定は、主要材料の年間予定購入量110,400kg、年間予定購入金額25,392,000円にもとづいて行っている。なお、当月の材料実際購入金額は、2,200,000円であった。材料の消費に関する仕訳を示しなさい。

主要材料消費量：7,200kg　月末棚卸の結果：棚卸減耗損 105,000 円が生じていた。

ア．製造間接費　　イ．製品　　ウ．仕掛品
エ．材料　　オ．買掛金　　カ．当座預金

5．材料副費差異の把握【Ｉ第３回３問】

鹿児島かつお加工工場では、材料の購入に際して、購入量 1kg 当たり 20 円として材料副費を予定配賦している。当月の材料購入量 2,000kg に対する材料副費の実際発生額は 50,000 円であった。材料副費予定配賦額と実際発生額との差額を材料副費差異勘定に振り替える。

ア．材料副費差異　　イ．仕掛品　　ウ．製品
エ．買掛金　　オ．材料　　カ．材料副費

6．労務費（賃金）の支払い【追加問題】

工員に対する給与 800,000 円（所得税等の預り金 100,000 円控除後）を、普通預金口座から振り込んで支給した。

ア．製造間接費　　イ．普通預金　　ウ．賃金・給料
エ．当座預金　　オ．所得税預り金　　カ．仕掛品

7．労務費の消費（直接工＋間接工）【Ｉ第４回２問】

岡山学生服工場に関する賃金給料の当月消費額を計上する。賃金給料は毎月 20 日締めの 25 日支払いである。賃金給料に関する資料は、当月 25 日支払分 495,000 円、前月 21 日から 31 日分 125,000 円、当月 21 日から 31 日分 130,000 円である。なお、当月消費額の 20%は間接工に対するものであった。

ア．製品　　イ．材料　　ウ．仕掛品
エ．現金　　オ．賃金・給料　　カ．製造間接費

8．労務費の消費（間接工）【Ｉ第５回２問】

山口ふぐ加工工場に関する当月の間接工による労務費の消費高を計上する。間接工の賃金計算期間は毎月 20 日締め（前月 21 日から当月 20 日の 1 ヶ月）である。消費高の計算上、必要な資料は以下のとおりである。

前月 21 日から前月 31 日の賃金：100,000 円　前月 21 日から当月 20 日の賃金：1,000,000 円
当月 21 日から当月 31 日の賃金：220,000 円

ア．製品　　イ．製造間接費　　ウ．材料
エ．当座預金　　オ．仕掛品　　カ．賃金・給料

9．労務費の消費（直接工、予定消費賃率）【II第３回１問】

神奈川シャンプー・リンス工場では、年間予定作業時間 8,400 時間と年間予定賃金支払額 14,700,000 円にもとづいて予定賃率を算定し、これを用いて直接工の労務費消費額を計算している。当月の直接工の実際直接作業時間は 660 時間、実際間接作業時間は 40 時間、実際手待時間は 8 時間であった。

ア．材料　　イ．当座預金　　ウ．仕掛品
エ．製造間接費　　オ．製品　　カ．賃金・給料

10．賃率差異の把握【II第５回１問】

長崎船舶工場に関する 4 月（決算日 3 月 31 日）の賃率差異を計上する。直接工の作業時間報告書には、主体加工時間 180 時間、加工前の準備作業にかかる段取時間 20 時間、間接作業時間 40 時間、手待時間 10 時間であった。当工場において適用する予定賃率は 1,200 円/時間である。直接工に関する当月賃金支払高 300,000 円、当月賃金未払高 20,000 円であった。なお、当期首に直接工に関する未払賃金 23,000 円の再振替仕訳を行っている。

ア．製品　　イ．材料　　ウ．仕掛品
エ．賃率差異　　オ．賃金・給料　　カ．製造間接費

11. 経費の消費【Ⅰ第1回2問】

新潟ナイフ・フォーク工場は、下記について現金で支払ったため、仕掛品勘定または製造間接費勘定に振り替えた。

水道光熱費：644,500円　通信費：594,000円　特許権使用料：200,000円
外注加工賃：423,000円　買入部品費：200,000円（すべて消費）　消耗工具器具備品費：60,000円

ア．当座預金　イ．現金　ウ．製造間接費
エ．賃金・給料　オ．製品　カ．仕掛品

12. 製造間接費の予定配賦【追加問題】

群馬高級アイス工場は、当月の直接作業時間にもとづき予定配賦率を適用して、製造間接費を仕掛品勘定に予定配賦する。なお、当工場の年間の製造間接費予算は30,720,000円、年間の予定直接作業時間は38,400時間である。当月の実際直接作業時間は3,000時間であった。

ア．仕掛品　イ．賃金・給料　ウ．予算差異
エ．製品　オ．製造間接費　カ．操業度差異

13. 製造間接費配賦差異の把握（予定配賦額各自計算）【Ⅰ第4回3問】

徳島ＬＥＤ工場では、予定配賦率を使用し、作業時間報告書の実際機械作業時間を配賦基準として、製造間接費を予定配賦している。そこで、予定配賦額との差額を製造間接費配賦差異勘定に振り替える。年間の製造間接費予算は21,576,000円、配賦基準となる年間の予定機械作業時間は74,400時間である。当月の製造間接費の実際発生額は1,857,600円、実際機械作業時間は6,110時間であった。

ア．売上原価　イ．仕掛品　ウ．製造間接費配賦差異
エ．現金　オ．製造間接費　カ．製品

14. 製造間接費配賦差異の把握（実際発生額各自計算）【Ⅱ第3回2問】

埼玉ふとん工場に関する当月の製造間接費実際発生額と予定配賦額3,420,000円との差額を製造間接費配賦差異勘定に振り替える。製造間接費実際発生額は、下記から判断し、各自集計すること。

補修用材料消費額：800,000円　賃金消費額：4,250,000円（うち直接作業時間65%、間接作業時間35%）
外注加工賃：756,000円　厚生費：前月前払額14,000円、当月支払額426,000円、当月前払額9,000円
電気料：現金支払額290,000円、測定額282,000円　減価償却費年間見積額：3,750,000円

ア．製造間接費　イ．仕掛品　ウ．賃金・給料
エ．製品　オ．製造間接費配賦差異　カ．減価償却費

15. 予算差異・操業度差異の分析（変動予算）【Ⅱ第1回3問】

愛知自動車工場は、算定した予定配賦率1,700円/時間を使用し、直接作業時間を配賦基準として、製造間接費の予定配賦を行っている。そこで、予定配賦額との差額を予算差異勘定と操業度差異勘定に振り替える。当月の製造間接費実際発生額は3,345,000円、製造間接費予算許容額は3,260,000円（うち変動費1,260,000円、固定費2,000,000円）、実際直接作業時間は1,800時間であった。

ア．売上原価　イ．仕掛品　ウ．操業度差異
エ．製品　オ．製造間接費　カ．予算差異

16. 予算差異・操業度差異の分析（固定予算）【Ⅱ第２回１問】

静岡ピアノ工場では、予定配賦率を使用し、作業時間報告書の実際直接作業時間を配賦基準として、製造間接費を予定配賦している。そこで、予定配賦額との差額を予算差異勘定と操業度差異勘定に振り替える。年間の製造間接費予算は 18,900,000 円、配賦基準となる年間の予定直接作業時間は 6,300 時間である。当月の製造間接費の実際発生額は 1,584,600 円、実際直接作業時間は 435 時間であった。

ア．売上原価　イ．仕掛品　ウ．操業度差異
エ．予算差異　オ．製造間接費　カ．製品

17. 原価差異の処理（売上原価に賦課）【Ⅰ第５回１問】

青森りんご加工工場は期末を迎え、下記の決算整理前残高試算表上にある、期中に生じた原価差異について売上原価勘定に振り替える。仕訳作成にあたり、勘定科目は相殺しないこと。

材料消費価格差異 2,000 円：実際の購入価額が予定していた金額より高騰したことで生じた差異である。

賃率差異 27,000 円：実際発生額 1,596,000 円と予定配賦額 1,569,000 円との差額である。

製造間接費 72,000 円：経費等の消費額計上、仕掛品勘定への予定配賦後の借方残高である。

ア．材料消費価格差異　イ．仕掛品　ウ．賃率差異
エ．製造間接費　オ．売上原価　カ．賃金・給料

個別原価計算

18. 材料費の消費【Ⅱ第４回２問】

福岡桐だんす工場に関する当月の材料費の消費高を計上する。当工場では個別原価計算制度を採用しており、当月の材料消費量をまとめた報告書によると、製造指図書＃131 に 70kg、製造指図書＃152 に 300kg が投入され、どの製造指図書に投入されたか不明な消費量が 10kg あった。当工場において適用する予定消費価格は 3,200 円/kg である。

ア．製品　イ．材料　ウ．仕掛品
エ．売上原価　オ．賃金・給料　カ．製造間接費

19. 労務費の消費【Ⅰ第１回３問】

愛媛タオル工場に関する当月の労務費の消費高を計上する。当工場では、個別原価計算制度を採用しており、当月の直接工の作業時間報告書には、製造指図書＃1000 のための作業 70 時間、製造指図書＃2000 のための作業 130 時間、製造指図書番号を特定できない作業 50 時間と記載されている。なお、当工場において適用する予定賃率は 1,200 円/時間である。

ア．製品　イ．仕掛品　ウ．材料
エ．売上原価　オ．製造間接費　カ．賃金・給料

20. 完成品の振替【Ⅱ第５回２問】

長野ギター工場は、注文のあったギターが完成したため、仕掛品勘定から製品勘定に振り替える。完成したギターは、製造指図書＃201 エレキ（製造原価合計 547,000 円）と製造指図書＃390 ベース（製造原価合計 670,000 円）の２つである。なお、製造指図書＃201 エレキは、前月から製造に着手しており、430,000 円の製造原価が前月に生じていた。

ア．製品　イ．仕掛品　ウ．賃金・給料
エ．材料　オ．現金　カ．製造間接費

部門別計算

21. 製造間接費の予定配賦【Ⅱ第4回1問】

福島もも加工工場に関する製造間接費について、部門別に予定配賦率を使用して仕掛品勘定に予定配賦する。予定配賦率は第1製造部900円/時間、第2製造部2,700円/時間である。配賦基準は直接作業時間を利用している。当月の実際直接作業時間は、第1製造部2,200時間、第2製造部は840時間であった。

ア．製品　イ．仕掛品　ウ．賃金・給料
エ．材料　オ．現金　カ．製造間接費

標準原価計算

22. 材料費の消費【Ⅱ第3回3問】

大阪ネジ工場では、標準原価計算制度を採用し、勘定記入はシングル・プランで行っている。当月、ネジの製造に着手し720個が完成した。月初・月末仕掛品はなく、原料1kg当たりの標準単価は2,400円、標準消費量は2kg、直接材料費の実際発生額は3,840,000円であった。直接材料費を仕掛品勘定に振り替えなさい。

ア．買掛金　イ．仕掛品　ウ．材料
エ．製品　オ．材料副費　カ．現金

23. 労務費の消費【Ⅱ第4回3問】

秋田カメラ工場では、標準原価計算制度を採用し、勘定記入はパーシャル・プランで行っている。当月、カメラの製造に着手し720個が完成した。月初・月末仕掛品はなく、作業1時間当たりの標準賃率は3,000円、標準作業時間は1時間、賃金・給料の実際発生額は2,200,000円であった。賃金・給料を仕掛品勘定に振り替えなさい。

ア．材料　イ．仕掛品　ウ．現金
エ．買掛金　オ．賃金・給料　カ．製品

24. 製造間接費の配賦【Ⅰ第3回2問】

山形スリッパ工場は、標準原価計算制度を採用し、勘定記入はシングル・プランで行っている。当月、スリッパの製造に着手し720個が完成した。当月の製造間接費に関する実際発生額は1,670,000円、予算許容額は1,710,000円、標準配賦額は1,625,000円であった。なお、月初・月末仕掛品は存在しなかった。製造間接費を仕掛品勘定に振り替えなさい。

ア．製品　イ．仕掛品　ウ．賃金・給料
エ．材料　オ．売上原価　カ．製造間接費

25. 完成品の振替【Ⅰ第2回2問】

島根ノートパソコン工場は、標準原価計算制度を採用し、勘定記入はパーシャル・プランで行っている。当月、ノートパソコンの製造に着手し720個が完成した。製品1個当たりの原価標準は11,000円である。当月完成した720個について、仕掛品勘定から製品勘定に振り替えなさい。なお、当月実際に発生した直接材料費は、4,200,000円、直接労務費は2,150,000円、製造間接費は1,650,000円であった。月初・月末仕掛品は存在しなかった。

ア．製品　イ．仕掛品　ウ．賃金・給料
エ．材料　オ．現金　カ．製造間接費

本社工場会計

26. 材料費の購入（本社側）【Ⅰ第4回1問】

山梨ネクタイ製作所は、本社会計から工場を独立させている。材料は工場倉庫に搬入させ、支払いは本社が行っている。本社は、ネクタイの製造で使用する材料900kgを1kg当たり270円で購入し、買入手数料30,000円とともに、代金は後日現金で支払うことにした。本社での仕訳を示しなさい。

ア．工場　イ．仕掛品　ウ．材料
エ．現金　オ．本社　カ．買掛金

27. 経費の消費（本社側）【Ⅰ第5回3問】

沖縄黒糖製作所は、本社会計から工場を独立させている。本社は、本社建物の減価償却費300,000円と、工場の機械装置の減価償却費640,000円を計上し、この旨を工場に連絡した。なお、減価償却費勘定、減価償却累計額勘定は本社に、仕掛品勘定、製造間接費勘定は工場に設けている。本社での仕訳を示しなさい。

ア．製造間接費　イ．工場　ウ．仕掛品
エ．本社　オ．減価償却費　カ．減価償却累計額

28. 製品の販売（製品勘定・工場、本社側）【Ⅱ第1回2問】

滋賀扇子製作所は、本社会計から工場を独立させている。製品倉庫が工場にあるため、製品勘定は工場で記帳しており、得意先に対して工場から発送が行われている。なお、売上原価の計算は販売した都度、本社で行われている。本社は、完成した製品200個(製造原価@3,500円)を、1,000,000円で得意先に販売し、代金は後日受け取ることとした。本社での仕訳を示しなさい。

ア．工場　イ．売掛金　ウ．仕掛品
エ．売上原価　オ．製品　カ．売上

29. 経費の支払・消費（工場側）【Ⅱ第5回3問】

岩手漆器製作所は、本社会計から工場を独立させている。経費の支払いはすべて本社が行っている。本社は工場が他社に加工を依頼した外注加工賃800,000円、水道光熱費200,000円（うち140,000円は工場で生じている）を小切手で支払い、この旨を工場に連絡している。工場での仕訳を示しなさい。

ア．製造間接費　イ．仕掛品　ウ．製品
エ．工場　オ．当座預金　カ．本社

30. 製品の販売（製品勘定・本社、工場側）【Ⅰ第2回3問】

栃木餃子製作所は、本社会計から工場を独立させている。製品倉庫は本社にあり、製品勘定は本社で記帳されている。当月、製造していた製品3,421,000円が完成したため、工場から本社の倉庫に納入した。工場での仕訳を示しなさい。

ア．売上原価　イ．売上　ウ．製品
エ．売掛金　オ．仕掛品　カ．本社

日商簿記２級
統一試験・団体試験
模擬問題集

解答解説編

Ver.3.0

東京法令 とうほう

2級 全国統一模擬試験Ⅰ 第1回 解答解説

第1問 【解答】 各4点 計20点

	借方科目名	記号	金額	貸方科目名	記号	金額
1	為替差損	イ	51,600	売掛金	オ	51,600
2	建物	ア	750,000	当座預金	イ	1,350,000
	修繕引当金	ク	600,000			
3	契約資産	キ	50,000	売上	イ	50,000
4	仕入	カ	558,800	前払金	エ	32,400
				買掛金	オ	526,400
5	売上	イ	2,600,000	売上原価	エ	2,600,000
	売上原価	エ	120,000	商品	カ	120,000
	固定資産売却益	キ	700,000	土地	ア	700,000
	非支配株主持分	ウ	164,000	非支配株主に帰属する当期純利益	オ	164,000

第1問 【解説】

1. 為替予約（振当処理）

(借)	為替差損	51,600	(貸)	売掛金	51,600

売掛金8,600ドル×（FR110円(予約した為替相場)－HR116円(売上時(2月1日)の為替相場)）＝△51,600円(損)

2. 資本的支出と収益的支出（修繕引当金の取崩）

(借)	建物	750,000 *1	(貸)	当座預金	1,350,000 *4
	修繕引当金	600,000 *2			

*1 問題文に「店舗の残存耐用年数を5年延長する効果がある」と記載があるため、建物勘定で仕訳する。
*2 下記の判定式から、いずれか小さい金額が修繕引当金勘定(*3)の金額となる。
　① 修繕引当金800,000円
　② 修繕費600,000円(代金1,350,000円－建物750,000円(*1))
　① ＞ ② ∴ 修繕引当金勘定は600,000円である。
*3 前期において、修繕引当金を設定しているため、修繕引当金勘定で仕訳する。
*4 問題文に「小切手を振り出して支払った」と記載があるため、当座預金勘定で仕訳する。

3. 収益認識（契約資産の計上）

(借)	契約資産	50,000 *1	(貸)	売上	50,000 *2

*1 問題文に「代金は商品(観葉植物)を引き渡した後に請求する契約となっており、商品(プランター)の¥50,000についてはまだ顧客との契約から生じた債権となっていない」と記載があり、対価の受け取りには、商品（観葉植物）を引き渡すことが必要であるため、契約資産勘定で仕訳する。
*2 問題文に「それぞれ独立した履行義務として識別する」と記載があり、引き渡すという履行義務を充足しているため、売上勘定で仕訳する。

4. 輸入取引（取引以前予約、前払金）

(借)	仕入	558,800 *5	(貸)	前払金	32,400 *1
				買掛金	526,400 *3

*1 手付金300ドル×HR108円(手付時の為替相場)＝32,400円(*2)
*2 問題文に「手付金として小切手を振り出して予め支払済み」と記載があるため、前払金勘定で仕訳する。
*3 (商品代金5,000ドル－手付金300ドル)×FR112円(予約した為替相場)＝526,400円(*4)
*4 問題文に「仕入れと同時に」と記載があるため、当該為替予約は取引以前予約に該当し、ドルを為替予約相場で円換算して仕訳する。
*5 前払金32,400円＋買掛金526,400円＝558,800円

5．連結修正仕訳（成果連結、アップ・ストリーム）

① 売上高と仕入高(売上原価)の相殺消去

(借)	売上	2,600,000	(貸)	売上原価 (当期商品仕入高)	2,600,000

問題文に「ACT株式会社に対する×2年度中の売上高は¥2,600,000であり」と記載があるため、TA株式会社の売上高とACT株式会社の仕入高(売上原価)を相殺消去する仕訳をする。

② 棚卸資産に含まれる未実現損益の消去

(借)	売上原価 (期末商品棚卸高)	120,000	(貸)	商品	120,000

問題文に「同年度末におけるACT株式会社の商品在庫のうち、¥520,000はTA株式会社から仕入れたもの」と記載があるため、ACT株式会社の当期末商品に含まれるTA株式会社の未実現利益を消去する仕訳をする。

ACT株式会社の当期末商品に含まれるTA株式会社の未実現利益：

$$\text{当期末(TA株式会社からの仕入分)}520{,}000\text{円}\times\frac{\text{利益付加率}30\%}{(1+\text{利益付加率}30\%)}=120{,}000\text{円}$$

③ 固定資産に含まれる未実現損益の消去

(借)	固定資産売却益	700,000	(貸)	土地	700,000

問題文に「×2年度においてTA株式会社は、土地(帳簿価額¥1,800,000)を¥2,500,000でACT株式会社に売却し」と記載があるため、ACT株式会社の土地に含まれるTA株式会社の未実現利益を消去する仕訳をする。

ACT株式会社の土地に含まれるTA株式会社の未実現利益：

TA株式会社売却価額2,500,000円－売却時TA株式会社帳簿価額1,800,000円＝700,000円(利益)

④ 非支配株主への負担計算

(借)	非支配株主持分	164,000	(貸)	非支配株主に帰属する当期純利益	164,000

問題文に「ACT株式会社は×1年度末にTA株式会社の発行済株式総数の80%を取得し支配している」と記載があるため、ACT株式会社が親会社、TA株式会社が子会社となり、上記②及び③はアップ・ストリームに該当する。したがって、TA株式会社の未実現利益を消去したことによってTA株式会社の利益が減少するため、非支配株主への負担計算の仕訳をする。

非支配株主への負担計算：

(売上原価120,000円＋固定資産売却益700,000円)×非支配株主持分比率20%＝164,000円

⑤ 上記(①、②、③、④)の合計仕訳

(借)	売上	2,600,000	(貸)	売上原価	2,600,000
	売上原価	120,000		商品	120,000
	固定資産売却益	700,000		土地	700,000
	非支配株主持分	164,000		非支配株主に帰属する当期純利益	164,000

3

第2問 【解答】 ● 2点×10箇所 計20点

連結第1年度 連結精算表 (単位：円)

科目	個別財務諸表 P社	個別財務諸表 S社	修正・消去 借方	修正・消去 貸方	連結財務諸表
貸借対照表					連結貸借対照表
現金預金	640,000	884,000			1,524,000
売掛金	1,700,000	1,400,000		350,000	2,750,000
貸倒引当金	△ 68,000	△ 56,000	14,000		● △ 110,000
商品	750,000	600,000		65,000	1,285,000
貸付金	250,000	—		20,000	● 230,000
前払費用	60,000	—		60,000	● —
土地	500,000	400,000			900,000
S社株式	1,600,000	—		1,600,000	—
のれん	—	—	400,000	40,000	● 360,000
資産合計	5,432,000	3,228,000	414,000	2,135,000	6,939,000
買掛金	1,362,000	1,158,000	350,000		● 2,170,000
借入金	—	200,000	20,000		180,000
前受収益	—	60,000	60,000		—
未払法人税等	270,000	100,000			370,000
資本金	2,500,000	1,000,000	1,000,000		● 2,500,000
資本剰余金	500,000	150,000	150,000		500,000
利益剰余金	800,000	560,000	1,397,000	914,000	877,000
非支配株主持分	—	—	8,000	350,000	342,000
負債・純資産合計	5,432,000	3,228,000	2,985,000	1,264,000	6,939,000
損益計算書					連結損益計算書
売上高	6,100,000	3,600,000	800,000		8,900,000
売上原価	4,200,000	2,800,000	65,000	800,000	● 6,265,000
販売費及び一般管理費	1,380,000	480,000	40,000	74,000	● 1,826,000
営業外収益	402,000	202,000	92,000		● 512,000
営業外費用	252,000	172,000			424,000
法人税等	270,000	100,000			370,000
当期純利益	400,000	250,000	997,000	874,000	527,000
非支配株主に帰属する当期純利益			50,000		50,000
親会社株主に帰属する当期純利益			1,047,000	874,000	477,000
株主資本等変動計算書					連結株主資本等変動計算書
資本金当期首残高	2,500,000	1,000,000	1,000,000		2,500,000
資本金当期末残高	2,500,000	1,000,000	1,000,000		2,500,000
資本剰余金当期首残高	500,000	150,000	150,000		500,000
資本剰余金当期末残高	500,000	150,000	150,000		500,000
利益剰余金当期首残高	700,000	350,000	350,000		700,000
剰余金の配当	300,000	40,000		40,000	300,000
親会社株主に帰属する当期純利益	400,000	250,000	1,047,000	874,000	477,000
利益剰余金当期末残高	800,000	560,000	1,397,000	914,000	877,000
非支配株主持分当期首残高				300,000	300,000
非支配株主持分当期変動額			8,000	50,000	42,000
非支配株主持分当期末残高			8,000	350,000	● 342,000

第2問 【解説】

＜連結修正仕訳＞

1．開始仕訳

(借)	資本金当期首残高	1,000,000 *2	(貸)	S社株式	1,600,000 *1
	資本剰余金当期首残高	150,000 *2		非支配株主持分当期首残高	300,000 *3
	利益剰余金当期首残高	350,000 *2			
	のれん	400,000 *5			

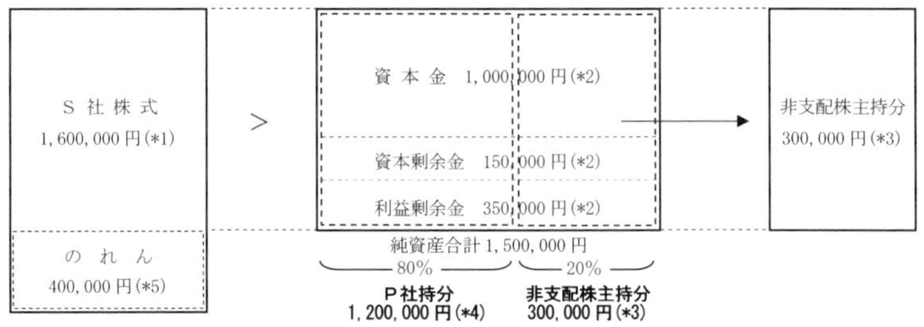

*1 問題文1．・P社×6年3月31日 S社株式1,600,000円
*2 問題文2．・S社×6年3月31日 資本金1,000,000円、資本剰余金150,000円、利益剰余金350,000円
*3 S社×6年3月31日 純資産合計1,500,000円(*2合計)×非支配株主持分比率20%＝300,000円
*4 S社×6年3月31日 純資産合計1,500,000円(*2合計)×P社持分比率80%＝1,200,000円
*5 貸借差額 または、S社株式1,600,000円(*1)－P社持分1,200,000円(*4)＝400,000円

2．当期純利益の按分

(借)	非支配株主に帰属する当期純利益	50,000	(貸)	非支配株主持分当期変動額	50,000

S社の当期純利益250,000円×非支配株主持分比率20%＝50,000円

3．のれん償却の計上

(借)	販売費及び一般管理費 (のれん償却)	40,000	(貸)	のれん	40,000

のれん400,000円÷償却年数10年＝40,000円

4．剰余金の配当

(借)	営業外収益 (受取配当金)	32,000 *1	(貸)	剰余金の配当 (利益剰余金当期変動額)	40,000
	非支配株主持分当期変動額	8,000 *2			

*1 S社の繰越利益剰余金(利益剰余金)からの配当額40,000円×P社持分比率80%＝32,000円
*2 S社の繰越利益剰余金(利益剰余金)からの配当額40,000円×非支配株主持分比率20%＝8,000円

5．売上高と仕入高(売上原価)の相殺消去

(借)	売　上　高	800,000	(貸) 売　上　原　価 （当期商品仕入高）	800,000

問題文に「P社のS社への売上高は¥800,000であり」と記載があるため、P社の売上高とS社の仕入高(売上原価)を相殺消去する仕訳をする。

6．棚卸資産に含まれる未実現損益の消去（ダウン・ストリーム）

(借)	売　上　原　価 （期末商品棚卸高）	65,000	(貸) 商　品	65,000

問題文に「S社はP社から仕入れた商品のうち、¥260,000が期末商品棚卸高に含まれている」と記載があるため、S社の当期末商品に含まれるP社の未実現利益を消去する仕訳をする。

S社の当期末商品に含まれるP社の未実現利益：

問題文・当期末商品（P社からの仕入分）260,000円×問題文・売上総利益率25%＝65,000円

7．売上債権と仕入債務に関する調整

① 売掛金と買掛金の相殺消去

(借)	買　掛　金	350,000	(貸) 売　掛　金	350,000

問題文に「P社の売掛金のうち¥350,000はS社に対するものである」と記載があるため、当期末のP社の売掛金とS社の買掛金を相殺消去する仕訳をする。

② 貸倒引当金繰入額の調整（ダウン・ストリーム）

(借)	貸　倒　引　当　金	14,000	(貸) 販売費及び一般管理費 （貸倒引当金繰入）	14,000

問題文に「P社は売上債権期末残高に対して4%の貸倒引当金を差額補充法により設定している」と記載があるため、上記7.①「売掛金と買掛金の相殺消去」により消去した売掛金に対する貸倒引当金を調整する仕訳をする。

問題文・P社のS社に対する当期末売掛金350,000円×4%＝14,000円

8．貸付金と借入金の相殺消去

(借)	借　入　金	20,000	(貸) 貸　付　金	20,000

問題文に「P社は×7年3月31日にS社に対して¥20,000を貸し付けている」と記載があるため、P社の貸付金とS社の借入金を相殺消去する仕訳をする。

9．賃貸借取引に関する調整

① 受取地代と支払地代の相殺消去

(借)	営　業　外　収　益 （受　取　地　代）	60,000	(貸) 販売費及び一般管理費 （支　払　地　代）	60,000

問題文に「S社は×6年10月1日よりP社に対して土地を貸しており、賃貸料は年額¥120,000である」と記載があるため、S社の受取地代とP社の支払地代を相殺消去する仕訳をする。

問題文・賃貸料120,000円×6ヶ月(×6年10月～×7年3月)／12ヶ月＝60,000円

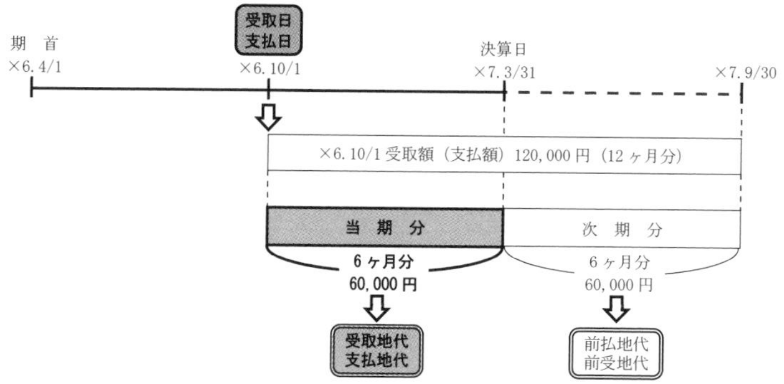

② 前払地代と前受地代の相殺消去

(借)	前　受　収　益 （前　受　地　代）	60,000	(貸) 前　払　費　用 （前　払　地　代）	60,000

問題文に「賃貸料は10月1日に向こう1年分を受け取っている」と記載があるため、P社の前払地代とS社の前受地代を相殺消去する仕訳をする。

問題文・賃貸料120,000円×6ヶ月(×7年4月～×7年9月)／12ヶ月＝60,000円

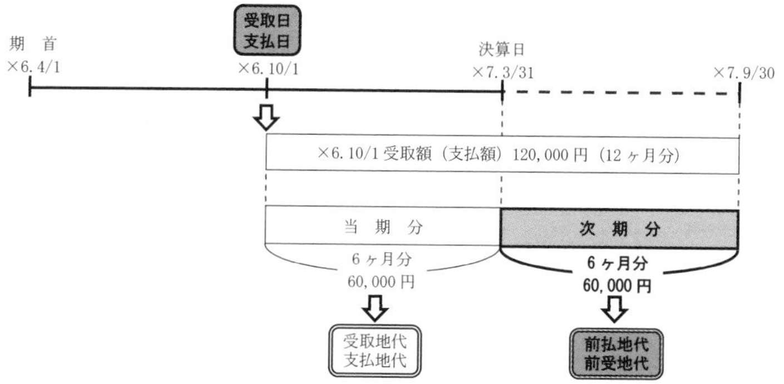

10. 連結修正仕訳のまとめ(単位：千円)

×6.3/31　　当　期　　×7.3/31

借方		貸方		借方		貸方	
資　首	1,000	S　株	1,600	非　損	50	非　当	50
資剰首	150	非　首	300	販管費	40	のれん	40
利　首	350			営外益	32	配　当	40
のれん	400			非　当	8		
				売　上	800	売　原	800
				売　原	65	商　品	65
				買掛金	350	売掛金	350
				貸　引	14	販管費	14
				借入金	20	貸付金	20
				営外益	60	販管費	60
				前収益	60	前払費	60

11. 連結財務諸表の作成

※　一番左に「連結財務諸表(P/L、S/S、B/S)」の項目が記載されており、算定過程を記載している。
なお、「修正・消去」欄の数値の前に付いている番号または記号(＋ or △)の意味は以下のとおりである。
番号：上記<連結修正仕訳>における連結修正仕訳の解説番号
記号：個別財務諸表の金額の合計数値(単純合算)に足す(＋) or 引く(△)
　また、下表には合計や差額で算定できるもの(親会社株主に帰属する当期純利益を除く)については記載しない。

①　連結損益計算書

連結P/L	個別財務諸表の金額		修正・消去	連結P/L
項　目	P社側	S社側		金　額
売上高	6,100,000	3,600,000	5.　△800,000	8,900,000
売上原価	4,200,000	2,800,000	5.　△800,000 6.　＋65,000	6,265,000
販売費及び一般管理費	1,380,000	480,000	3.　＋40,000 7.②　△14,000 9.①　△60,000	1,826,000
営業外収益	402,000	202,000	4.　△32,000 9.①　△60,000	512,000
営業外費用	252,000	172,000	—	424,000
法人税等	270,000	100,000	—	370,000
非支配株主に帰属する当期純利益	—	—	2.　＋50,000	50,000
親会社株主に帰属する当期純利益	※　連結P/Lの金額を集計する。			477,000

②　連結株主資本等変動計算書

連結S/S	個別財務諸表の金額		修正・消去	連結S/S
項　目	P社側	S社側		金　額
資本金当期首残高	2,500,000	1,000,000	1.　△1,000,000	2,500,000
資本剰余金当期首残高	500,000	150,000	1.　△150,000	500,000
利益剰余金当期首残高	700,000	350,000	1.　△350,000	700,000
剰余金の配当	300,000	40,000	4.　△40,000	300,000
親会社株主に帰属する当期純利益	※　連結損益計算書で計算した「親会社株主に帰属する当期純利益」の金額をそのまま移す。			477,000
非支配株主持分当期首残高	—	—	1.　＋300,000	300,000
非支配株主持分当期変動額	—	—	2.　＋50,000 4.　△8,000	42,000

③　連結貸借対照表

連結B/S	個別財務諸表の金額		修正・消去	連結B/S
項　目	P社側	S社側		金　額
現金預金	640,000	884,000	—	1,524,000
売掛金	1,700,000	1,400,000	7.①　△350,000	2,750,000
貸倒引当金	△ 68,000	△ 56,000	7.②　△14,000	△ 110,000
商品	750,000	600,000	6.　△65,000	1,285,000
貸付金	250,000	—	8.　△20,000	230,000
前払費用	60,000	—	9.②　△60,000	—
土地	500,000	400,000	—	900,000
S社株式	1,600,000	—	1.　△1,600,000	—
のれん	—	—	1.　＋400,000 3.　△40,000	360,000
買掛金	1,362,000	1,158,000	7.①　△350,000	2,170,000
借入金	—	200,000	8.　△20,000	180,000
前受収益	—	60,000	9.②　△60,000	—
未払法人税等	270,000	100,000	—	370,000
資本金	※　連結株主資本等変動計算書で計算した「資本金当期末残高」「資本剰余金当期末残高」「利益剰余金当期末残高」「非支配株主持分当期末残高」の金額をそのまま移す。			2,500,000
資本剰余金				500,000
利益剰余金				877,000
非支配株主持分				342,000

第3問 【解答】 ○ 勘定科目と金額をセットで正解2点×2箇所 ● 2点×8箇所 計20点

損益計算書

自×7年4月1日 至×8年3月31日 (単位：円)

Ⅰ	売上高		(25,000,000)
Ⅱ	売上原価		
1	期首商品棚卸高	(740,000)	
2	当期商品仕入高	(13,795,000)	
	合計	(14,535,000)	
3	期末商品棚卸高	(964,000)	
	差引	(13,571,000)	
4	棚卸減耗損	(● 64,000)	(13,635,000)
	(売上総利益)		(11,365,000)
Ⅲ	販売費及び一般管理費		
1	給料	(5,960,000)	
2	水道光熱費	(309,460)	
3	保険料	(● 532,000)	
4	修繕費	(737,000)	
5	貸倒引当金繰入	(● 5,000)	
6	減価償却費	(● 413,000)	
7	商標権償却	(● 54,000)	
8	商品保証引当金繰入	(● 25,000)	(8,035,460)
	(営業利益)		(3,329,540)
Ⅳ	営業外収益		
1	商品保証引当金戻入		(● 4,500)
Ⅴ	営業外費用		
1	手形売却損		(3,000)
	(経常利益)		(○ 3,331,040)
Ⅵ	特別利益		
1	固定資産売却益		(123,960)
Ⅶ	特別損失		
1	(商品評価損)		(○ 155,000)
	税引前当期純利益		(3,300,000)
	法人税、住民税及び事業税	(875,000)	
	法人税等調整額	(● △50,000)	(825,000)
	当期純利益		(2,475,000)

第3問 【解説】

［資料Ⅱ］未処理事項

1．銀行残高との調整（未渡小切手）

(借)	当座預金	100,000 *1	(貸)	買掛金	100,000 *2

*1 問題文に「小切手を振り出していたが、金庫に保管されたまま」と記載があるため、当座預金勘定で仕訳する。
*2 問題文に「仕入代金の支払いのため」と記載があるため、買掛金勘定で仕訳する。

2．商品保証引当金

(借)	商品保証引当金	19,000 *1	(貸)	現金	19,000

*1 前T/B 商品保証引当金23,500円 ＞ 問題文・修理代金19,000円 ∴ 19,000円(*2)
*2 問題文に「前期に保証付きで販売した商品について修理を依頼した」と記載があるため、商品保証引当金勘定で仕訳する。

［資料Ⅲ］決算整理事項

1．貸倒引当金の計上

(借)	貸倒引当金繰入	5,000	(貸)	貸倒引当金	5,000

見積額：(前T/B 受取手形400,000円＋前T/B 売掛金1,800,000円)×1%＝22,000円
繰入額：見積額22,000円－前T/B 貸倒引当金17,000円＝5,000円

2．売上原価の算定（棚卸減耗損、商品評価損）

(借)	仕入	740,000	(貸)	繰越商品	740,000 *1
	繰越商品	964,000 *2		仕入	964,000
	棚卸減耗損	64,000 *3		繰越商品	219,000 *5
	商品評価損	155,000 *4			

*1 前T/B 繰越商品740,000円
*2 問題文・期末帳簿棚卸高964,000円
*3 問題文・期末帳簿棚卸高964,000円－問題文・実地棚卸高(原価)900,000円＝64,000円
*4 問題文・実地棚卸高(原価)900,000円－問題文・実地棚卸高(時価)745,000円＝155,000円
*5 棚卸減耗損64,000円(*3)＋商品評価損155,000円(*4)＝219,000円

3．減価償却費の計上

（1）**建物**

① **当期購入分**

(借)	減価償却費	42,500	(貸)	建物減価償却累計額	42,500

問題文・当期購入分3,400,000円×0.9÷耐用年数30年×$\frac{5ヶ月(×7年11月～×8年3月)}{12ヶ月}$＝42,500円

② **従来保有分**

(借)	減価償却費	258,000	(貸)	建物減価償却累計額	258,000

(前T/B 建物12,000,000円－問題文・当期購入分3,400,000円)×0.9÷耐用年数30年＝258,000円

（2）**備品**

(借)	減価償却費	112,500	(貸)	備品減価償却累計額	112,500

(前T/B 備品800,000円－前T/B 備品減価償却累計額350,000円)×償却率25%＝112,500円

4．商標権償却の計上

(借)	商標権償却	54,000	(貸)	商標権	54,000

前T/B 商標権108,000円× $\frac{1年}{残存償却期間2年※}$ =54,000円

※ 当初償却期間5年－経過期間3年(×4年4月～×7年3月)=2年

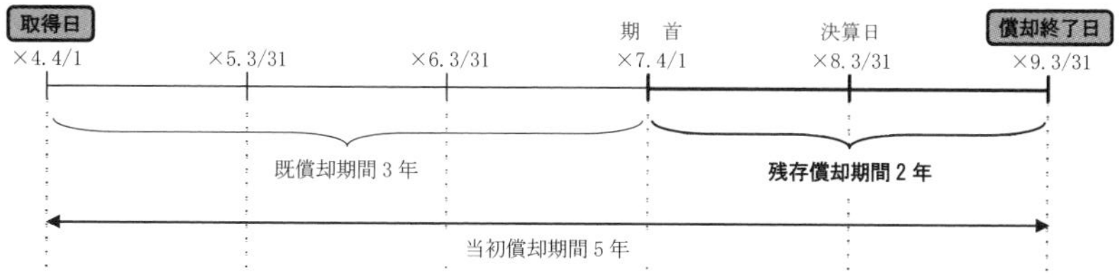

5．商品保証引当金の取崩と計上

(1) 戻入額

(借)	商品保証引当金	4,500	(貸)	商品保証引当金戻入	4,500

前T/B 商品保証引当金23,500円－19,000円(上記［資料Ⅱ］2.「商品保証引当金」参照)=4,500円

(2) 繰入額

(借)	商品保証引当金繰入	25,000	(貸)	商品保証引当金	25,000

前T/B 売上25,000,000円×0.1%=25,000円

6．前払保険料の振替仕訳

(借)	保険料	54,000	(貸)	前払保険料	54,000

前T/B 前払保険料72,000円× $\frac{9ヶ月(×7年7月～×8年3月)}{12ヶ月}$ =54,000円

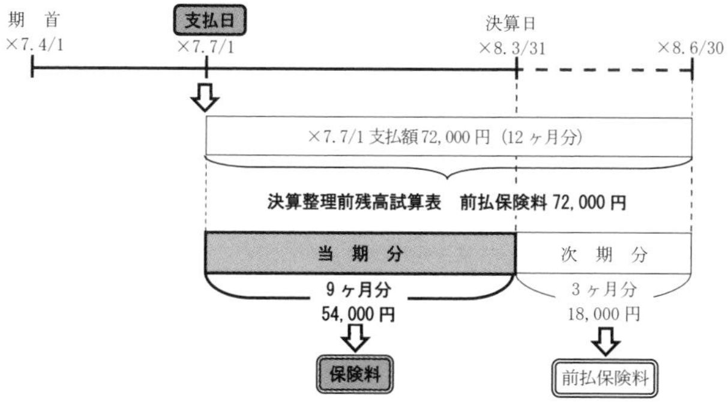

7．法人税、住民税及び事業税の計上

(借)	法人税、住民税及び事業税	875,000 *1	(貸)	仮払法人税等	220,000 *2
				未払法人税等	655,000 *3

*1 問題文・法人税、住民税及び事業税875,000円

*2 前T/B 仮払法人税等220,000円

*3 貸借差額

8．税効果会計

(借)	繰延税金資産	50,000	(貸)	法人税等調整額	50,000

((一時差異の当期末残高15,000円(*1)+997,000円(*2))

－(一時差異の前期末残高12,000円(*1)+800,000円(*2)))×法定実効税率25%=50,000円

損金不算入項目に対して税効果会計を適用し、借方に繰延税金資産勘定、貸方に法人税等調整額勘定で仕訳する。

*1 問題文に「貸倒引当金損金算入限度超過額」と記載があるため、損金不算入項目と判断する。

*2 問題文に「減価償却費償却限度超過額」と記載があるため、損金不算入項目と判断する。

9．損益計算書の作成

売上高	仕訳上では「売上」勘定を使用するが、損益計算書上は、「売上高」で表示する。
期首商品棚卸高	損益計算書上は、前T/B 繰越商品の金額で表示する。
当期商品仕入高	損益計算書上は、前T/B 仕入の金額で表示する。
期末商品棚卸高	損益計算書上は、問題文の期末商品帳簿棚卸高の金額で表示する。
棚卸減耗損	問題文に特段の記載は無いが、答案用紙の売上原価の内訳項目に棚卸減耗損が記載されているため、原価性があるものとして売上原価の区分に表示する。
貸倒引当金繰入	売上債権に対する貸倒引当金繰入について、損益計算書上は、販売費及び一般管理費の区分に表示する。
商品保証引当金繰入	損益計算書上は、販売費及び一般管理費の区分に表示する。
商品保証引当金戻入	損益計算書上は、営業外収益の区分に表示する。
商品評価損	問題文(［資料Ⅲ］2.)に、「臨時の事象に起因し、かつ、その金額は多額である」と記載があるため、損益計算書上は、特別損失の区分に表示する。

第4問 【解答】 (1) 12点 (2) 16点 計28点

(1) 各4点 計12点

	借方科目名	記号	金額	貸方科目名	記号	金額
1	仕掛品	ア	490,000	材料	ウ	584,000
	製造間接費	エ	94,000			
2	仕掛品	カ	823,000	現金	イ	2,121,500
	製造間接費	ウ	1,298,500			
3	仕掛品	イ	240,000	賃金・給料	カ	300,000
	製造間接費	オ	60,000			

(2) ○ 2点×8箇所 計16点

問1

組別総合原価計算表 (単位：円)

	α製品		β製品	
	原料費	加工費	原料費	加工費
月初仕掛品原価	79,500	123,500	100,800	259,900
当月製造費用	1,365,000	○ 3,215,700	1,098,900	2,739,300
合計	1,444,500	3,339,200	1,199,700	2,999,200
月末仕掛品原価	○ 52,500	97,200	83,700	○ 55,200
完成品総合原価	1,392,000	3,242,000	1,116,000	2,944,000
完成品単位原価	○ 1,158.5円／個		○ 5,075円／個	

問2

月次損益計算書 (単位：円)

売上高		(○ 11,232,000)
売上原価		
月初製品有高	(750,800)	
当月製品製造原価	(8,694,000)	
合計	(9,444,800)	
月末製品有高	(○ 217,550)	(9,227,250)
売上総利益		(○ 2,004,750)

第4問 【解説】

(1)

1. 素材と補修用材料の消費高の計上

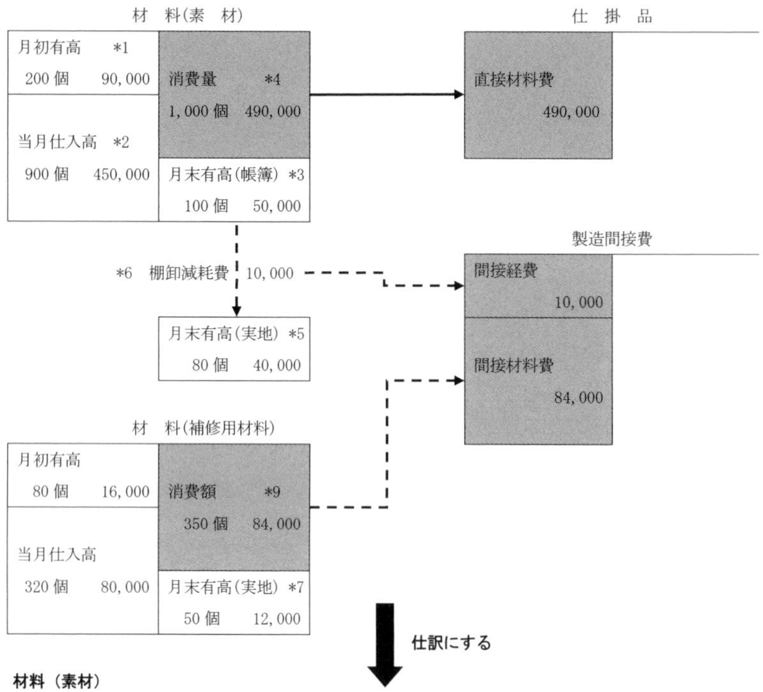

① **材料（素材）**

(借) 仕掛品	490,000 *4	(貸) 材料	500,000
製造間接費	10,000 *6		

*1 @450円×月初有高200個＝90,000円

*2 @500円×当月仕入高900個＝450,000円

*3 @500円(※)×(月初有高200個＋当月仕入高900個－消費量1,000個)＝50,000円

*4 月初有高90,000円(*1)＋当月仕入高450,000円(*2)－月末有高(帳簿)50,000円(*3)＝490,000円

*5 @500円(※)×月末実地有高80個＝40,000円

*6 月末有高(帳簿)50,000円－月末有高(実地)40,000円＝10,000円

※ 問題文に「素材消費額を先入先出法」と記載があるため、当月仕入時の仕入単価を利用して計算する。

② **材料（補修用材料）**

(借) 製造間接費	84,000 *9	(貸) 材料	84,000

*7 @240円(*8)×月末実地数量50個＝12,000円

*8 $\dfrac{\text{月初有高16,000円＋当月仕入高80,000円}}{\text{月初有高80個＋当月仕入高320個}}$ ＝@240円(※)

*9 月初有高16,000円＋当月仕入高80,000円－月末有高(実地)12,000円＝84,000円

※ 問題文に「補修用材料消費額を平均法」と記載があるため、平均単価を計算する。

2．費目別の消費高の計上

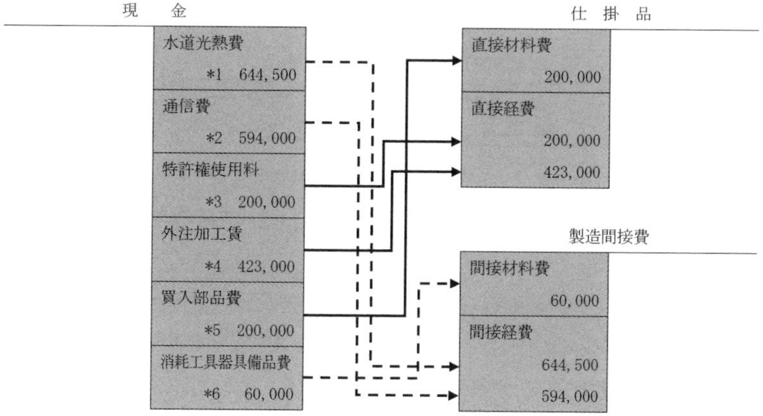

仕訳にする

(借)	仕　掛　品	823,000 *7	(貸) 現　　金	2,121,500
	製造間接費	1,298,500 *8		

*1 水道光熱費は間接経費に該当するため、製造間接費勘定に振り替える。
*2 通信費は間接経費に該当するため、製造間接費勘定に振り替える。
*3 特許権使用料は直接経費に該当するため、仕掛品勘定に振り替える。
*4 外注加工賃は直接経費に該当するため、仕掛品勘定に振り替える。
*5 買入部品費は直接材料費に該当し、問題文に「すべて消費」と記載されているため、仕掛品勘定に振り替える。
*6 消耗工具器具備品費は間接材料費に該当するため、製造間接費勘定に振り替える。
*7 特許権使用料 200,000 円(*3)＋外注加工賃 423,000 円(*4)＋買入部品費 200,000 円(*5)＝823,000 円
*8 水道光熱費 644,500 円(*1)＋通信費 594,000 円(*2)＋消耗工具器具備品費 60,000 円(*6)＝1,298,500 円

3．直接工の消費高の計上（個別原価計算）

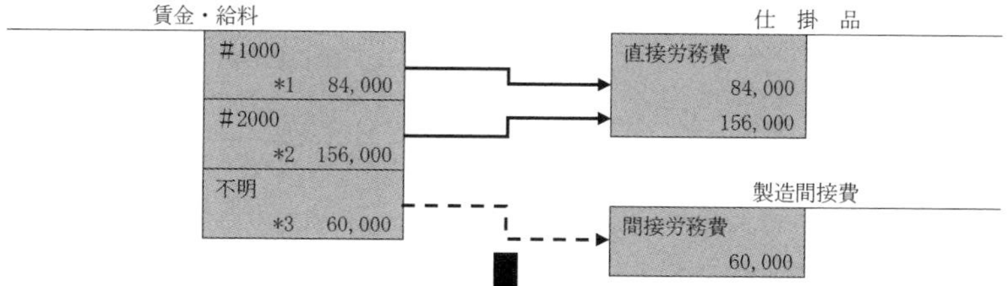

仕訳にする

(借)	仕　掛　品	240,000 *4	(貸) 賃金・給料	300,000
	製造間接費	60,000 *3		

*1 予定賃率 1,200 円/時間×♯1000 のための作業時間 70 時間＝84,000 円
*2 予定賃率 1,200 円/時間×♯2000 のための作業時間 130 時間＝156,000 円
*3 予定賃率 1,200 円/時間×製造指図書番号が特定できない作業時間 50 時間＝60,000 円
*4 製造指図書♯1000 84,000 円＋製造指図書♯2000 156,000 円＝240,000 円

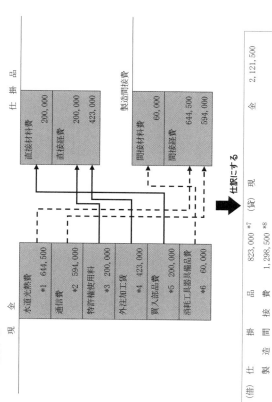

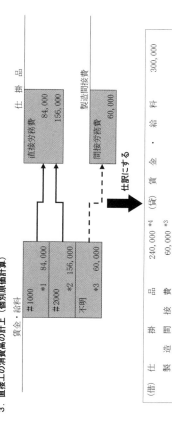

(2)

1．組間接費の各製品への配賦

α製品とβ製品の両方にかかった当月加工費を、α製品とβ製品にわけて配賦する。配賦基準は問題文の指示より「機械作業時間」を使用する。

$$\alpha\text{製品：加工費}\quad 5,955,000\text{円}\times\frac{\alpha\text{製品}4,806\text{時間}}{\alpha\text{製品}4,806\text{時間}+\beta\text{製品}4,094\text{時間}}=3,215,700\text{円}$$

$$\beta\text{製品：加工費}\quad 5,955,000\text{円}\times\frac{\beta\text{製品}4,094\text{時間}}{\alpha\text{製品}4,806\text{時間}+\beta\text{製品}4,094\text{時間}}=2,739,300\text{円}$$

2．仕掛品・製品の計算

（1）**α製品・仕掛品勘定（先入先出法）**

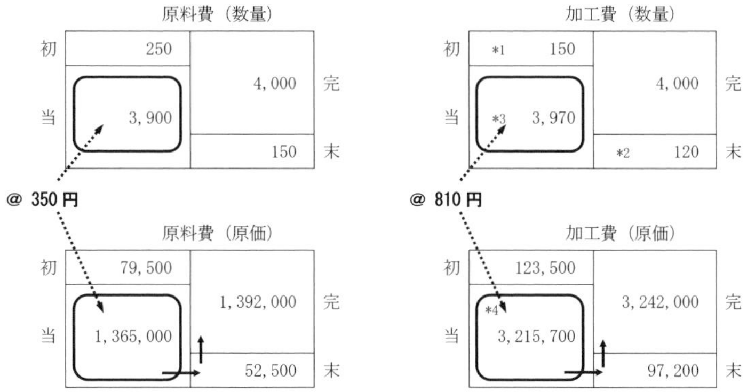

*1 250個×加工進捗度60%
*2 150個×加工進捗度80%
*3 貸借差額で求める
*4 組間接費のα製品への配賦額

月末仕掛品原価 ：原料費52,500円＋加工費97,200円＝149,700円
完成品原価 ：原料費1,392,000円＋加工費3,242,000円＝4,634,000円
完成品単位原価 ：4,634,000円÷4,000個＝1,158.5円/個

（2）**α製品・製品勘定（先入先出法）**

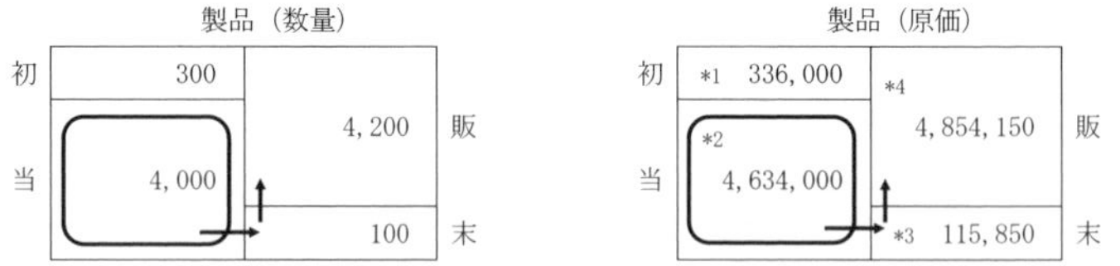

*1 ［資料］4．より
*2 完成品総合原価
*3 完成品単位原価1,158.5円／個×100個
*4 貸借差額で求める

（3）**β製品・仕掛品勘定（平均法）**

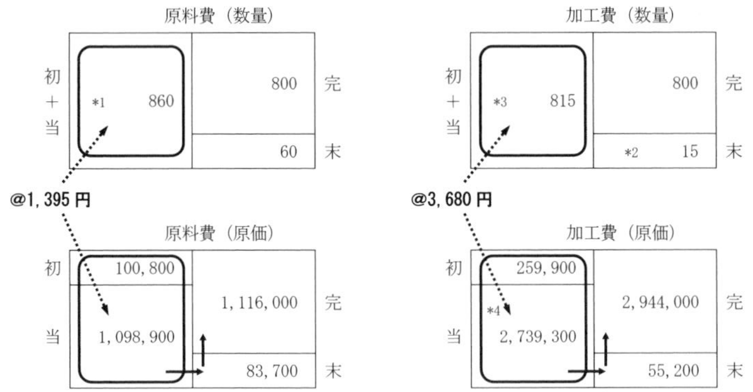

*1 貸方合計で求める

*2 60個×加工進捗度25%
*3 貸方合計で求める
*4 組間接費のβ製品への配賦額

月末仕掛品原価 ：原料費83,700円＋加工費55,200円＝138,900円
完成品原価 ：原料費1,116,000円＋加工費2,944,000円＝4,060,000円
完成品単位原価 ：4,060,000円÷800個＝5,075円/個

（4）**β製品・製品勘定（平均法）**

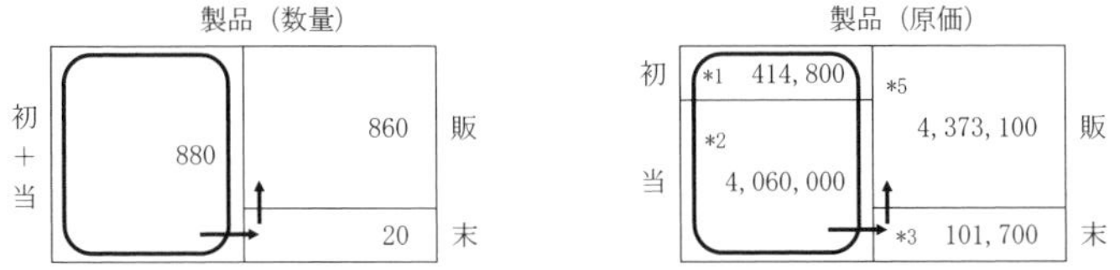

*1 ［資料］4．より
*2 完成品総合原価
*3 製品単価5,085個／円(*4)×20個
*4 （月初製品414,800円＋当月製品4,060,000円）／880個
*5 貸借差額で求める

3．月次損益計算書の作成

（1）**売上高**：α製品販売単価@1,200円×販売数量4,200個＋β製品販売単価@7,200円×販売数量860個
＝11,232,000円

（2）**売上原価**

① **月初製品有高**：［資料］4．より、α製品336,000円＋β製品414,800円＝750,800円
② **当月製品製造原価**：α製品4,634,000円＋β製品4,060,000円＝8,694,000円
③ **月末製品有高**：α製品115,850円＋β製品101,700円＝217,550円
④ 月初製品有高750,800円＋当月製品製造原価8,694,000円−月末製品有高217,550円＝9,227,250円

（3）**売上総利益**：売上高11,232,000円−売上原価9,227,250円＝2,004,750円

第5問 【解答】 ● 完答2点×6箇所　計12点

標準原価差異分析表

直接材料費差異				
材料価格差異	●	301,000 円	借方差異	**(貸方差異)**
材料数量差異	●	51,000 円	**(借方差異)**	貸方差異
直接労務費差異				
労働賃率差異		440,000 円	**(借方差異)**	貸方差異
労働時間差異	●	1,320,000 円	**(借方差異)**	貸方差異
製造間接費差異				
予算差異	●	1,230,000 円	**(借方差異)**	貸方差異
能率差異	●	1,200,000 円	**(借方差異)**	貸方差異
操業度差異	●	720,000 円	**(借方差異)**	貸方差異

※ 借方差異の場合は借方差異を、貸方差異の場合には貸方差異を○で囲むこと。

第5問 【解説】

1. 標準原価カードの作成

	標準単価		物量標準		原価標準
直接材料費	300円/kg	×	8kg/個	＝	2,400円/個
直接労務費	1,320円/h	×	5h/個	＝	6,600円/個
製造間接費	1,200円/h	×	5h/個	＝	6,000円/個
			製品1個当たりの標準原価		15,000円/個

2. 生産データ

仕掛品（直接材料費）

月初 200個	完成品 1,960個
当月投入 1,860個	月末 100個

仕掛品（加工費）

月初(200個×5%) 10個	完成品 1,960個
当月投入 (差引) 2,000個	月末(100個×50%) 50個

3. 原価差異の分析

（1）**直接材料費差異**

実際直接材料費(太枠) 4,214,000円

AP実際価格 280円/kg
SP標準価格 300円/kg

価格差異　＋301,000円(有利差異・貸方差異)

標準直接材料費 4,464,000円

数量差異 △51,000円 (不利差異・借方差異)

SQ標準消費量 14,880kg　AQ実際消費量 15,050kg

標準価格	300円/kg	：［資料］1. より
実際価格	280円/kg	：実際直接材料費4,214,000円÷実際消費量15,050kg
標準消費量	14,880kg	：物量標準8kg/個×当月投入1,860個(直接材料費)
実際消費量	15,050kg	：［資料］2. より

① **価格差異**

（標準価格300円/kg－実際価格280円/kg）×実際消費量15,050kg＝＋301,000円(有利差異・貸方差異)

② **数量差異**

標準価格300円/kg×（標準消費量14,880kg－実際消費量15,050kg）＝△51,000円(不利差異・借方差異)

（2）**直接労務費差異**

実際直接労務費(太枠) 14,960,000円

AP実際賃率 1,360円/h
SP標準賃率 1,320円/h

賃率差異　△440,000円(不利差異・借方差異)

標準直接労務費 13,200,000円

時間差異 △1,320,000円 (不利差異・借方差異)

SQ標準作業時間 10,000h　AQ実際作業時間 11,000h

標準賃率	1,320円/h	：［資料］1. より
実際賃率	1,360円/h	：実際直接労務費14,960,000円÷実際作業時間11,000時間
標準作業時間	10,000h	：物量標準5h/個×当月投入2,000個(加工費)
実際作業時間	11,000h	：［資料］2. より

① **賃率差異**

（標準賃率1,320円/h－実際賃率1,360円/h）×実際作業時間11,000h＝△440,000円(不利差異・借方差異)

② **時間差異**

標準賃率1,320円/h×（標準作業時間10,000h－実際作業時間11,000h）＝△1,320,000円(不利差異・借方差異)

（3）**製造間接費差異（3分法　能率差異を変動費と固定費から計算する場合 … ＡＱ基準）**

「能率差異は、変動費と固定費からなるものとして計算する」との指示から、3分法・ＡＱ基準により差異分析すべきということがわかる。

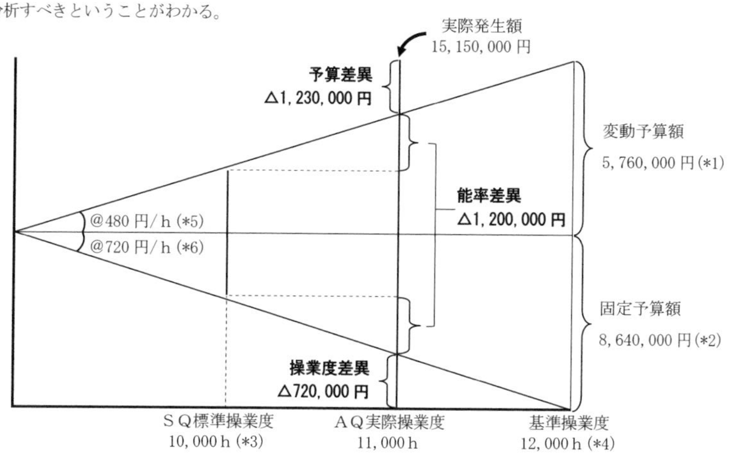

*1　月間変動予算額：変動費年間予算 69,120,000円÷12ヶ月＝5,760,000円
*2　月間固定予算額：固定費年間予算 103,680,000円÷12ヶ月＝8,640,000円
*3　標準操業度：物量標準 5h/個×当月投入 2,000個(加工費)＝10,000h
*4　月間基準操業度：正常年間直接作業時間 144,000h÷12ヶ月＝12,000h
*5　変動費率：月間変動予算額 5,760,000円(*1)÷月間基準操業度 12,000h(*4)＝480円/h
*6　固定費率：月間固定予算額 8,640,000円(*2)÷月間基準操業度 12,000h(*4)＝720円/h

① **予算差異**

予算許容額：変動費率@480円/h×実際操業度 11,000h＋固定予算額 8,640,000円＝13,920,000円

予 算 差 異：予算許容額 13,920,000円－実際発生額 15,150,000円＝△1,230,000円(不利差異・借方差異)

② **能率差異**

標準配賦率@1,200円/h×(標準操業度 10,000h－実際操業度 11,000h)＝△1,200,000円(不利差異・借方差異)

③ **操業度差異**

固定費率@720円/h×(実際操業度 11,000h－基準操業度 12,000h)＝△720,000円(不利差異・借方差異)

2級 全国統一模擬試験Ⅰ 第2回 解答解説

第1問 【解答】 各4点　計20点

	借方科目名	記号	金額	貸方科目名	記号	金額
1	当座預金	オ	360,000	買掛金	キ	200,000
	建物	ア	900,000	借入金	カ	500,000
	機械装置	ウ	200,000	普通預金	ク	800,000
	のれん	イ	40,000			
2	別途積立金	オ	300,000	繰越利益剰余金	キ	300,000
3	賞与引当金繰入	エ	4,200,000	賞与引当金	ア	4,200,000
	役員賞与引当金繰入	オ	4,500,000	役員賞与引当金	イ	4,500,000
	繰延税金資産	カ	2,610,000	法人税等調整額	キ	2,610,000
4	売上	ク	4,600,000	売上原価	ウ	4,600,000
	支払手形	キ	400,000	受取手形	イ	400,000
	買掛金	ア	1,000,000	売掛金	エ	1,000,000
	貸倒引当金	オ	35,000	貸倒引当金繰入	カ	35,000
5	現金	オ	350,000	不渡手形	ア	816,000
	貸倒引当金	カ	400,000			
	貸倒損失	ウ	66,000			

第1問 【解説】

1．買収

(借)	当座預金	360,000 *1	(貸)	買掛金	200,000 *1
	建物	900,000 *1		借入金	500,000 *1
	機械装置	200,000 *1		普通預金	800,000
	のれん	40,000 *2			

*1 買収によって取得する資産及び負債は、買収時の時価で仕訳する。
*2 貸借差額（貸借差額が借方に生じるため、のれん勘定で仕訳する。）

2．欠損の補填

(借)	別途積立金	300,000	(貸)	繰越利益剰余金	300,000

問題文に「繰越利益剰余金の借方残高を補填するために別途積立金¥300,000を取り崩す」と記載があるため、別途積立金勘定を取り崩し、繰越利益剰余金の借方残高を補填する仕訳をする。

3．賞与引当金及び役員賞与引当金の計上と税効果会計

(借)	賞与引当金繰入	4,200,000 *1	(貸)	賞与引当金	4,200,000
	役員賞与引当金繰入	4,500,000 *2		役員賞与引当金	4,500,000
	繰延税金資産	2,610,000 *3		法人税等調整額	2,610,000 *3

*1 賞与支給見込額6,300,000円×4ヶ月(12月～3月)／支給対象期間6ヶ月(12月～5月)＝4,200,000円
*2 利益概算額90,000,000円×5%＝4,500,000円
*3 一時差異8,700,000円(賞与引当金4,200,000円＋役員賞与引当金4,500,000円)×法定実効税率30%＝2,610,000円(*4)
*4 問題文に「全額が税法上損金に算入することが認められない」と記載があるため、全額を損金不算入項目として税効果会計を適用し、借方に繰延税金資産勘定、貸方に法人税等調整額勘定で仕訳する。

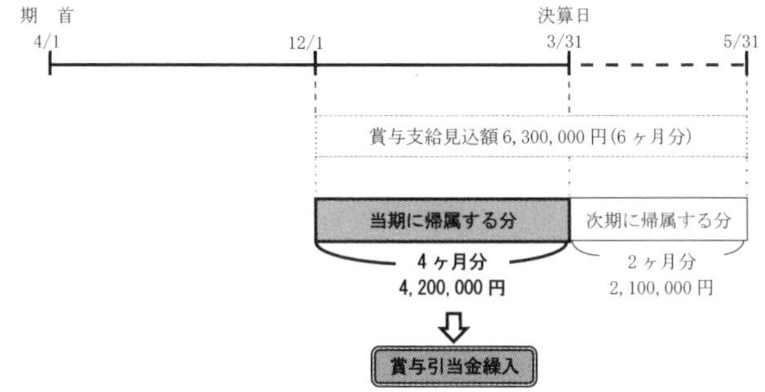

4．連結修正仕訳（成果連結、ダウン・ストリーム）

① 売上高と仕入高(売上原価)の相殺消去

(借)	売上	4,600,000	(貸) 売上原価 （当期商品仕入高）	4,600,000

問題文に「ＩＴ商事株式会社に対する×4年度の売上高は¥4,600,000」と記載があるため、当社の売上高とＩＴ商事株式会社の仕入高(売上原価)を相殺消去する仕訳をする。

② 受取手形と支払手形の相殺消去

(借)	支払手形	400,000	(貸) 受取手形	400,000

問題文に「ＩＴ商事株式会社に対する同年度末の受取手形残高は¥400,000」と記載があるため、当社の受取手形とＩＴ商事株式会社の支払手形を相殺消去する仕訳をする。

③ 売掛金と買掛金の相殺消去

(借)	買掛金	1,000,000	(貸) 売掛金	1,000,000

問題文に「ＩＴ商事株式会社に対する同年度末の売掛金残高は¥1,000,000」と記載があるため、当社の売掛金とＩＴ商事株式会社の買掛金を相殺消去する仕訳をする。

④ 貸倒引当金繰入額の調整

(借)	貸倒引当金	35,000	(貸) 貸倒引当金繰入	35,000

問題文に「当社は、売上債権残高に対して2.5%の貸倒引当金を差額補充法によって設定している」と記載があるため、上記②及び③により消去した売上債権に対する貸倒引当金を調整する仕訳をする。

当社のＩＴ商事株式会社に対する(当期末受取手形400,000円＋当期末売掛金1,000,000円)×2.5%＝35,000円

⑤ 上記（①、②、③、④）の合計仕訳

(借)	売上	4,600,000	(貸) 売上原価	4,600,000
	支払手形	400,000	受取手形	400,000
	買掛金	1,000,000	売掛金	1,000,000
	貸倒引当金	35,000	貸倒引当金繰入	35,000

5．不渡手形の回収

(借)	現金	350,000	(貸) 不渡手形	816,000 *1
	貸倒引当金	400,000 *3		
	貸倒損失	66,000 *4		

*1 不渡手形額面800,000円＋償還請求費用16,000円＝816,000円(*2)

*2 問題文に「償還請求をしていた不渡手形」と記載があるため、不渡手形勘定で仕訳する。

*3 当該不渡手形について貸倒引当金が設定されているため、貸倒引当金勘定で仕訳し、貸倒引当金で充当できなかった残額は、貸倒損失勘定で仕訳する。

*4 不渡手形816,000円(*1)－現金350,000円－貸倒引当金400,000円(*3)＝66,000円

第2問 【解答】 ● 2点×8箇所 ○ 1点×4箇所 計20点

株主資本等変動計算書

自×19年4月1日 至×20年3月31日 (単位：千円)

	株主資本			
	(○オ)	(エ)		
		(○ ウ)	その他資本剰余金	(エ)合計
当期首残高	200,000	10,000	5,000	15,000
当期変動額				
剰余金の配当と処分		(200)	(△2,200)	(● △2,000)
準備金の資本組入	(5,000)	(● △5,000)		(△5,000)
新株の発行	(● 17,500)	(17,500)		(17,500)
吸収合併	(10,000)	(10,000)	(● 5,500)	(15,500)
当期純利益				
株主資本以外の項目の当期変動額(純額)				
当期変動額合計	(32,500)	(22,700)	(3,300)	(26,000)
当期末残高	(232,500)	(32,700)	(8,300)	(41,000)

(下段へ続く)

(上段から続く)

	株主資本					評価・換算差額等		純資産合計
	利益剰余金				株主資本合計	(○カ)	評価・換算差額等合計	
	(ア)	(キ)		利益剰余金合計				
		別途積立金	(○ イ)					
当期首残高	3,750	7,000	15,000	25,750	240,750	—	—	240,750
当期変動額								
剰余金の配当と処分	(300)	(3,000)	(●△6,300)	(△3,000)	(△5,000)			(△5,000)
準備金の資本組入					—			—
新株の発行					(35,000)			(35,000)
吸収合併					(25,500)			(25,500)
当期純利益			(● 7,200)	(7,200)	(7,200)			(7,200)
株主資本以外の項目の当期変動額(純額)						(● 350)	(350)	(350)
当期変動額合計	(300)	(3,000)	(900)	(4,200)	(62,700)	(350)	(350)	(●63,050)
当期末残高	(4,050)	(10,000)	(15,900)	(29,950)	(303,450)	(350)	(350)	(303,800)

(注) 純資産額が減少する項目には、「△」を付すこと。

第2問 【解説】(単位：千円)

1. ×19年6月25日 剰余金の配当及び処分（繰越利益剰余金から別途積立金への振替）

(借)	その他資本剰余金	2,200 *4	(貸)	未払配当金	5,000 *1
	繰越利益剰余金	6,300 *5		資本準備金	200 *3
				利益準備金	300 *3
				別途積立金	3,000

*1 その他資本剰余金からの配当2,000千円＋繰越利益剰余金からの配当3,000千円(*2)

*2 株主総会により配当することが決定したため、未払配当金勘定で仕訳する。

*3 下記の判定式から、いずれか小さい金額が準備金の金額となる。

① 資本金当期首残高200,000千円×$\frac{1}{4}$

－(資本準備金当期首残高10,000千円＋利益準備金当期首残高3,750千円)＝36,250千円

② 配当金額合計5,000千円(*1)×$\frac{1}{10}$＝500千円

① ＞ ② ∴準備金積立合計額は500千円となる。利益準備金と資本準備金の内訳は、次のとおりである。

資本準備金計上額：その他資本剰余金からの配当2,000千円×$\frac{1}{10}$＝200千円

利益準備金計上額：繰越利益剰余金からの配当3,000千円×$\frac{1}{10}$＝300千円

*4 その他資本剰余金からの配当2,000千円＋資本準備金200千円(*3)＝2,200千円

*5 繰越利益剰余金からの配当3,000千円＋利益準備金300千円(*3)＋別途積立金3,000千円＝6,300千円

2. ×19年9月10日 計数の変動（資本準備金から資本金へ振替）

(借)	資本準備金	5,000	(貸)	資本金	5,000

3. ×19年10月1日 増資

(借)	当座預金	35,000 *1	(貸)	資本金	17,500 *2
				資本準備金	17,500 *2

*1 1株当たり7,000円×5,000株＝35,000千円

*2 問題文に「資本金は会社法で規定する最低額を計上することとした」と記載があるため、払込金額のうち、2分の1を資本金勘定、残額を資本準備金勘定で仕訳する。

4．×20年2月1日　吸収合併

(借)	諸資産	65,000 *1	(貸)	諸負債	50,300 *1
	その他有価証券	10,000 *1		資本金	10,000 *2
	のれん	800 *5		資本準備金	10,000 *2
				その他資本剰余金	5,500 *3

*1　吸収合併によって取得する資産及び負債は、吸収合併時の時価で仕訳する。
①諸資産：諸資産時価総額75,000千円－その他有価証券(時価)10,000千円＝65,000千円
②その他有価証券(時価)：10,000千円(※)
※　問題文に「長期的には売却する計画で保有し続ける意思決定をしている」と記載があるため、その他有価証券勘定で仕訳する。また、この後の会計処理で必要となるため、独立した勘定科目で計上している。

*2　問題文に「株式の交付にともなって増加する株主資本については、資本金¥10,000,000、資本準備金¥10,000,000とし」と記載があるため、資本金勘定に10,000千円、資本準備金勘定に10,000千円で仕訳する。

*3　1株あたり7,500円×3,400株－(資本金10,000千円＋資本準備金10,000千円)＝5,500千円(*4)

*4　問題文に「残額をその他資本剰余金とした」と記載があるため、その他資本剰余金勘定で仕訳する。

*5　貸借差額（貸借差額が借方に生じるため、のれん勘定で仕訳する。）

5．×20年3月31日

①　当期純利益の計上

(借)	損益	7,200	(貸)	繰越利益剰余金	7,200

損益　(単位：千円)

3/31	費用	×××	3/31	収益	×××
3/31	繰越利益剰余金	7,200			
		×××			×××

繰越利益剰余金　(単位：千円)

6/25	諸口	6,300	4/1	前期繰越	15,000
			3/31	損益	7,200

※　問題文から、収益総額及び費用総額は判明しないため「×××」としている。

②　その他有価証券の評価

(借)	その他有価証券	500 *1	(貸)	繰延税金負債	150 *2
				その他有価証券評価差額金	350 *3

*1　当期末時価10,500千円－取得原価10,000千円＝500千円(評価益相当)

*2　500千円(*1)×法定実効税率30%＝150千円

*3　500千円(*1)×(1－法定実効税率30%)＝350千円

第3問 【解答】 ○ 勘定科目と金額をセットで正解2点×2箇所 ● 2点×8箇所 計20点

貸 借 対 照 表

×4年3月31日 (単位：円)

資産の部		負債の部	
Ⅰ 流動資産		Ⅰ 流動負債	
現金預金	(● 1,324,000)	支払手形	(1,800,000)
受取手形	(1,000,000)	買掛金	(1,720,000)
貸倒引当金	(△ 10,000)	(※ 前受金)	(○ 80,000)
売掛金	(1,200,000)	未払法人税等	(● 519,800)
貸倒引当金	(△● 69,200)	前受収益	(● 120,000)
商品	(780,000)	流動負債合計	(4,239,800)
(前払費用)	(○ 48,000)		
流動資産合計	(4,272,800)		
Ⅱ 固定資産		Ⅱ 固定負債	
有形固定資産		長期借入金	(2,000,000)
建物	(7,200,000)	固定負債合計	(2,000,000)
減価償却累計額	(△ 3,840,000)	負債合計	(6,239,800)
備品	(1,600,000)		
減価償却累計額	(△● 822,400)		
土地	(6,500,000)		
有形固定資産合計	(10,637,600)	純資産の部	
投資その他の資産		Ⅰ 資本金	(7,000,000)
投資有価証券	(● 991,000)	Ⅱ 利益剰余金	
関係会社株式	(● 300,000)	利益準備金	(500,000)
長期前払費用	(● 64,000)	繰越利益剰余金	(2,525,600)
投資その他の資産合計	(1,355,000)	利益剰余金合計	(3,025,600)
固定資産合計	(11,992,600)	純資産合計	(10,025,600)
資産合計	(16,265,400)	負債及び純資産合計	(16,265,400)

※ 前受金は『契約負債』でも正解とする。

第3問 【解説】

［資料Ⅱ］未処理事項

1．備品の期中売却

(借)	現金	190,000 *1	(貸)	備品	200,000
	備品減価償却累計額	20,000 *2			
	減価償却費	15,000 *3		固定資産売却益	25,000 *4

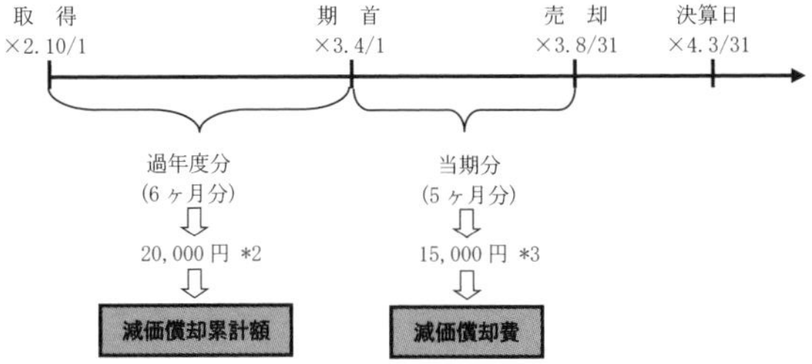

*1 問題文に「代金は小切手で受け取っていた」と記載があるため、現金勘定で仕訳する。

*2 問題文・備品200,000円×償却率20%×$\frac{6ヶ月(×2年10月〜×3年3月)}{12ヶ月}$＝20,000円

*3 (問題文・備品200,000円－備品減価償却累計額20,000円(*2))×償却率20%×$\frac{5ヶ月(×3年4月〜8月)}{12ヶ月}$＝15,000円

*4 貸借差額

2．会計処理の訂正（売上の取り消し）

① **適切な仕訳**

(借)	現金預金等	80,000 *2	(貸)	前受金（契約負債）	80,000 *1

*1 問題文に「既に代金は受領していた」と記載があるため、前受金勘定または契約負債勘定で仕訳する。

*2 解説の都合上、問題文から受取対価が不明であるため、現金預金等勘定を使用している。

② **当社が行っていた仕訳**

(借)	現金預金等	80,000	(貸)	売上	80,000

③ **訂正仕訳（①－②）**

(借)	売上	80,000	(貸)	前受金（契約負債）	80,000

問題文に「売上の認識については検収基準を採用」と記載があるため、販売先で検収が行われた時点で売上を認識する。したがって、売上勘定から前受金勘定または契約負債勘定に訂正する仕訳をする。

[資料Ⅲ] 決算整理事項

1．貸倒引当金の計上

（1）甲社売掛金

(借)	貸倒引当金繰入	60,000	(貸) 貸倒引当金	60,000

見積額：(問題文・甲社売掛金 280,000 円−担保処分見込額 160,000 円)×50%=60,000 円

（2）その他売上債権

(借)	貸倒引当金繰入	4,000	(貸) 貸倒引当金	4,000

見積額：(前 T/B 受取手形 1,000,000 円＋前 T/B 売掛金 1,200,000 円
−問題文・甲社売掛金 280,000 円)×1%=19,200 円

繰入額：見積額 19,200 円−前 T/B 貸倒引当金 15,200 円=4,000 円

2．売上原価の算定（棚卸減耗損）

(借)	仕入	856,000	(貸) 繰越商品	856,000 *1
	繰越商品	820,000 *2	仕入	820,000
	棚卸減耗損	40,000 *3	繰越商品	40,000

*1 前 T/B 繰越商品 856,000 円

*2 問題文・帳簿棚卸高 764,000 円＋56,000 円(問題文［資料Ⅱ］2. より)=820,000 円

*3 820,000 円(*2)−(実地棚卸高 724,000 円＋56,000 円(問題文［資料Ⅱ］2. より))=40,000 円

3．減価償却費の計上

（1）建物

(借)	減価償却費	240,000	(貸) 建物減価償却累計額	240,000

前 T/B 建物 7,200,000 円÷耐用年数 30 年=240,000 円

（2）備品

(借)	減価償却費	194,400	(貸) 備品減価償却累計額	194,400

① 前 T/B 備品 1,800,000 円−200,000 円(［資料Ⅱ］1.「備品の期中売却」参照)=1,600,000 円

② 備品減価償却累計額 648,000 円−20,000 円(［資料Ⅱ］1.「備品の期中売却」参照)=628,000 円

③ (備品 1,600,000 円(①)−備品減価償却累計額 628,000 円(②))×償却率 20%=194,400 円

4．満期保有目的債券の評価

(借)	満期保有目的債券	3,000	(貸) 有価証券利息	3,000

$$(額面価額\ 1,000,000\ 円−取得価額\ 985,000\ 円(※))\times\frac{経過期間\ 12\ ヶ月}{当初償却期間\ 60\ ヶ月(5\ 年)}=3,000\ 円$$

※ $額面価額\ 1,000,000\ 円\times\frac{@98.5\ 円}{@100\ 円}=985,000\ 円$

または

$$(額面価額\ 1,000,000\ 円−前\ T/B\ 988,000\ 円)\times\frac{経過期間\ 12\ ヶ月}{残存償却期間\ 48\ ヶ月(×3\ 年\ 4\ 月〜×7\ 年\ 3\ 月)}=3,000\ 円$$

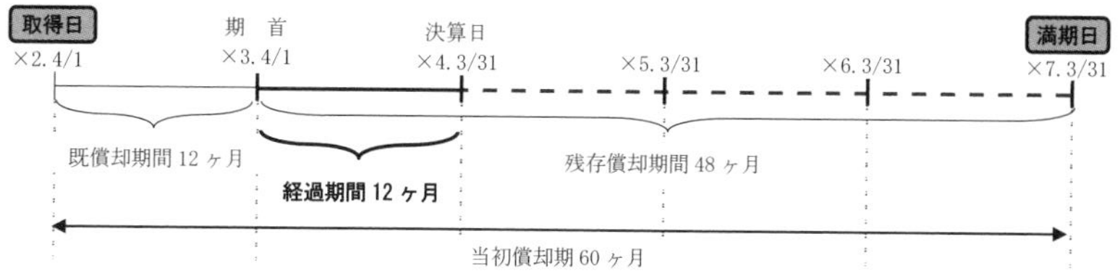

5．子会社株式の評価

仕訳なし

決算時に時価の変動があっても、時価に評価替えを行わない。

6．前受家賃の計上

(借)	受取家賃	120,000	(貸) 前受家賃	120,000

問題文に「翌期分の賃貸料¥120,000 が含まれている」と記載があるため、前受家賃勘定で仕訳する。

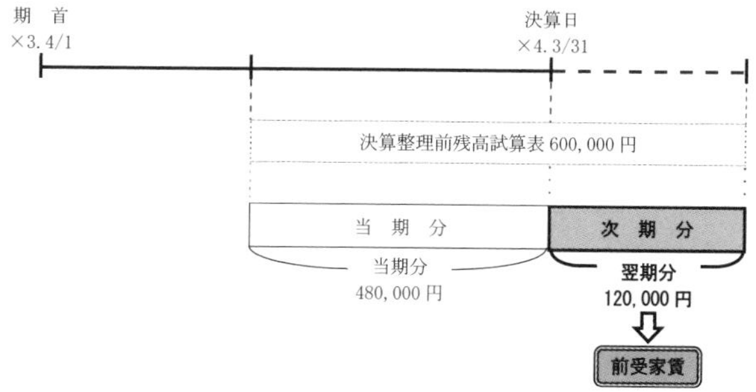

7．前払保険料の計上

(借)	保険料	32,000 *1	(貸)	長期前払費用	80,000
	前払保険料	48,000 *2			

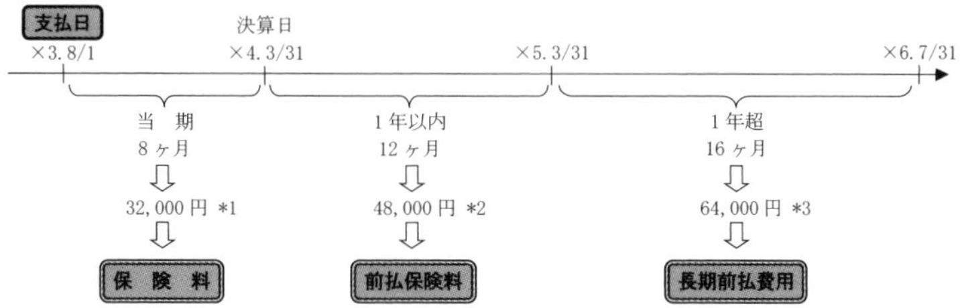

*1 前T/B 長期前払費用144,000円×$\frac{8ヶ月(×3年8月～×4年3月)}{36ヶ月(3年)}$＝32,000円

*2 前T/B 長期前払費用144,000円×$\frac{12ヶ月(×4年4月～×5年3月)}{36ヶ月(3年)}$＝48,000円

*3 前T/B 長期前払費用144,000円－保険料32,000円－前払保険料48,000円＝64,000円

8．法人税、住民税及び事業税の計上

(借)	法人税、住民税及び事業税	749,800 *1	(貸)	仮払法人税等	230,000 *2
				未払法人税等	519,800 *3

*1 問題文・課税所得1,874,500円×法定実効税率40％＝749,800円

*2 前T/B 仮払法人税等230,000円

*3 貸借差額

9．損益計算書の作成

損益計算書

自×3年4月1日　至×4年3月31日　(単位：円)

Ⅰ	売上高		(26,420,000)
Ⅱ	売上原価		
1	期首商品棚卸高	(856,000)	
2	当期商品仕入高	(17,500,000)	
	合計	(18,356,000)	
3	期末商品棚卸高	(820,000)	
	差引	(17,536,000)	
4	棚卸減耗損	(40,000)	(17,576,000)
	売上総利益		(8,844,000)
Ⅲ	販売費及び一般管理費		
1	給料	(5,560,000)	
2	水道光熱費	(660,500)	
3	旅費交通費	(593,600)	
4	保険料	(80,000)	
5	貸倒引当金繰入	(64,000)	
6	減価償却費	(449,400)	(7,407,500)
	営業利益		(1,436,500)
Ⅳ	営業外収益		
1	有価証券利息	(33,000)	
2	受取家賃	(480,000)	(513,000)
Ⅴ	営業外費用		
1	支払利息		(100,000)
	経常利益		(1,849,500)
Ⅵ	特別利益		
1	固定資産売却益		(25,000)
	税引前当期純利益		(1,874,500)
	法人税、住民税及び事業税		(749,800)
	当期純利益		(1,124,700)

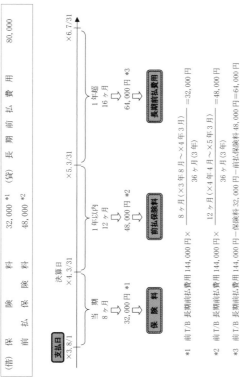

10. 貸借対照表の作成

現金預金	仕訳上では「現金」「当座預金」勘定を使用するが、貸借対照表上は、「現金預金」で表示する。
貸倒引当金	答案用紙の貸倒引当金が関連する設定対象の科目の下に記載されているため、科目別間接控除方式で表示すべきであると判断する。したがって、貸借対照表上は、「貸倒引当金」を関連する設定対象の科目の下に表示する。
商品	仕訳上では「繰越商品」勘定を使用するが、貸借対照表上は、「商品」で表示する。
前払費用	仕訳上では「前払保険料」勘定を使用するが、貸借対照表上は、「前払費用」で表示する。
減価償却累計額	答案用紙の減価償却累計額が関連する各科目の下に記載されているため、科目別間接控除方式で表示すべきであると判断する。なお、仕訳上では「建物減価償却累計額」「備品減価償却累計額」勘定を使用するが、貸借対照表上は「減価償却累計額」で関連する各資産の下に表示する。
投資有価証券	仕訳上では「満期保有目的債券」勘定を使用するが、満期保有目的債券は、貸借対照表日の翌日から起算して、１年を超える×7 年 3 月 31 日に満期日を迎えるため、１年基準の適用により、貸借対照表上は、固定資産の投資その他の資産の区分に「投資有価証券」で表示する。
関係会社株式	仕訳上では「子会社株式」勘定を使用するが、貸借対照表上は、固定資産の投資その他の資産の区分に「関係会社株式」で表示する。
前受収益	仕訳上では「前受家賃」勘定を使用するが、貸借対照表上は、「前受収益」で表示する。
繰越利益剰余金	前 T/B 繰越利益剰余金 1, 400, 900 円 ＋当期純利益 1, 124, 700 円（上記［資料Ⅲ］9.「損益計算書の作成」参照）＝2, 525, 600 円

23

第4問 【解答】 ⑴ 12点 ⑵ 16点 計28点

⑴ 各4点 計12点

	借方科目名	記号	金額	貸方科目名	記号	金額
1	材料	エ	930,000	買掛金	オ	800,000
				現金	イ	90,000
				内部材料副費	カ	40,000
2	製品	ア	7,920,000	仕掛品	イ	7,920,000
3	本社	カ	3,421,000	仕掛品	オ	3,421,000

⑵ ○ 2点×8箇所 計16点

問1

総合原価計算表 (単位：円)

	A材料費	B材料費	C材料費	加工費	合計
月初仕掛品原価	62,460	0	0	76,640	○ 139,100
当月製造費用	820,500	3,825,360	4,572,000	3,245,200	12,463,060
合計	882,960	3,825,360	4,572,000	3,321,840	12,602,160
月末仕掛品原価	○ 60,000	○ 259,200	0	○ 182,400	501,600
完成品総合原価	○ 822,960	○ 3,566,160	4,572,000	○ 3,139,440	12,100,560

問2 ○ 794 円/kg

第4問 【解説】

⑴

1．買入部品の購入（外部材料副費、内部材料副費）

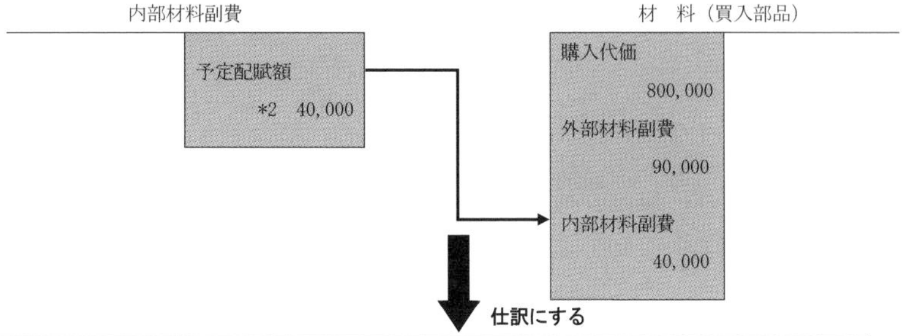

(借)	材料	930,000 *1	(貸)	買掛金	800,000
				現金	90,000
				内部材料副費	40,000 *2

*1 購入代価800,000円＋(外部副費90,000円＋内部副費40,000円(*2))（材料副費は材料勘定に含める）＝930,000円

*2 購入代価800,000円×5%＝40,000円

2．製品勘定への振替（標準原価計算）

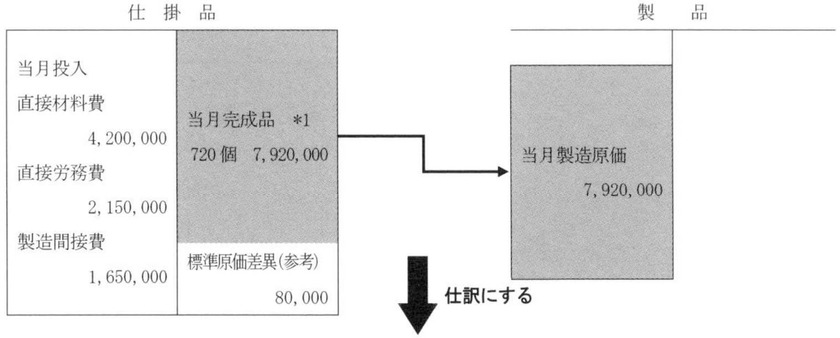

(借)	製品	7,920,000 *1	(貸)	仕掛品	7,920,000

*1 原価標準11,000円/個×完成品720個＝7,920,000円(*2)

*2 完成品原価は、勘定記入の方法で違いは生じないため、標準原価で振り替える仕訳をする。

3．製品勘定への振替（工場会計）

本社	工場
製品 3,421,000 ／ 工場 3,421,000	本社 3,421,000 ／ 仕掛品 3,421,000

(借)	本社	3,421,000	(貸)	仕掛品	3,421,000

問題文に「製品勘定は本社で記帳」と記載があるため、仕掛品勘定から本社勘定に振り替える仕訳をする。

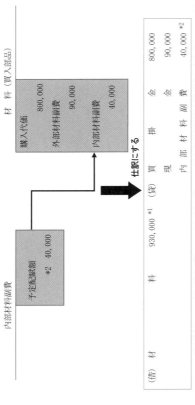

(2)

1．先入先出法

仕損は**工程の終点**で発生しているため、**完成品負担**となる。

（1）**A材料費と加工費**

A材料費（数量）

	借方	貸方	
初	1,300	15,240	完
当	16,410	1,270	減
		1,200	末

@50円

A材料費（原価）

	借方	貸方	
初	62,460	822,960	完
当	820,500		減
		60,000	末

加工費（数量）

	借方	貸方	
初	*1 390	15,240	完
当	*4 17,080	*2 1,270	減
		*3 960	末

@190円

加工費（原価）

	借方	貸方	
初	76,640	3,139,440	完
当	3,245,200		減
		182,400	末

*1　1,300kg×加工進捗度30%
*2　1,270kg×加工進捗度100%
*3　1,200kg×加工進捗度80%
*4　貸借差額で求める

（2）**B材料費**　加工進捗度の60%の時点で投入

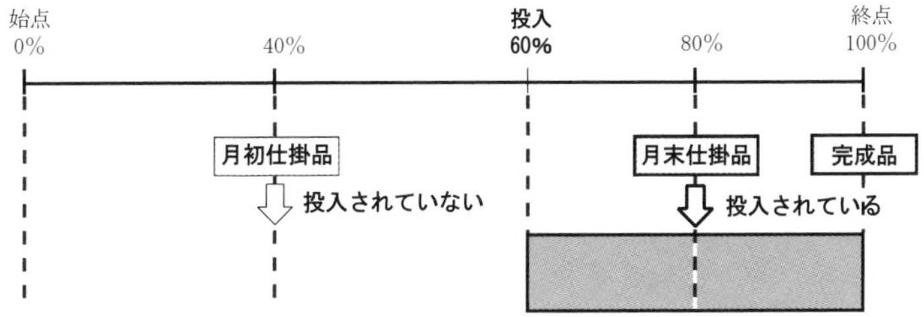

B材料費（数量）

	借方	貸方	
初	0	15,240	完
当	*1 17,710	1,270	減
		1,200	末

@216円

B材料費（原価）

	借方	貸方	
初	0	3,566,160	完
当	3,825,360		減
		259,200	末

*1　貸方合計で求める

月初仕掛品の数量はゼロとなるため、原価もゼロであることが推定できる。

（3）**C材料費**　工程の終点で投入

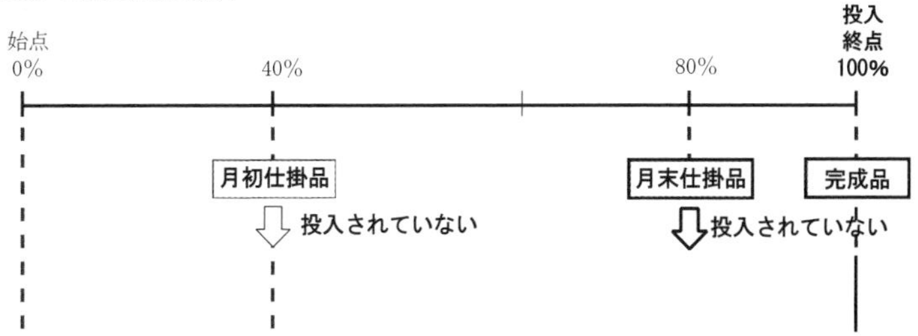

C材料費（数量）

	借方	貸方	
初	0	15,240	完
当	*1 16,510	1,270	減
		0	末

C材料費（原価）

	借方	貸方	
初	0	4,572,000	完
当	4,572,000		減
		0	末

*1　貸方合計で求める。

月初仕掛品と月末仕掛品の数量はゼロとなるため、当月投入原価が完成品原価となる。なお、月初仕掛品の数量はゼロとなるため、原価もゼロであることが推定できる。

月末仕掛品原価
A 材 料 費 ：60,000円
B 材 料 費 ：259,200円
C 材 料 費 ：0円
加　工　費 ：182,400円
完 成 品 原 価
A 材 料 費 ：822,960円
B 材 料 費 ：3,566,160円
C 材 料 費 ：4,572,000円
加　工　費 ：3,139,440円
完成品単位原価 ：上記合計12,100,560円÷完成品量15,240kg ＝ 794円/kg

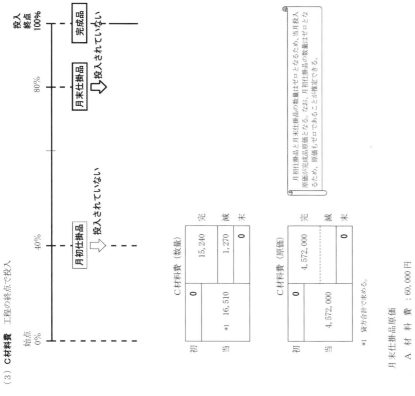

第５問 【解答】 ○ 完答３点×２箇所 ● 完答２点×３箇所 計12点

原 価 差 異 分 析 表

直接材料費差異			
価格差異	544,000 円 （**不利** 有利）	数量差異	○ 640,000 円 （不利 **有利**）
直接労務費差異			
賃率差異	○ 119,400 円 （**不利** 有利）	時間差異	51,000 円 （**不利** 有利）
製造間接費差異			
予算差異	● 175,500 円 （不利 **有利**）	能率差異	● 90,000 円 （**不利** 有利）
操業度差異	● 351,000 円 （**不利** 有利）		

※ 不利差異の場合には不利、有利差異の場合には有利を○で囲むこと。

第５問 【解説】

１．標準原価カードの推定

（１）**直接材料費の標準単価**

答案用紙に記載されている「価格差異 544,000 円(不利差異・借方差異)」を利用して算定する。価格差異を算定するのに必要な要素を原価差異の算定ＢＯＸに記入すると、以下のようになる。

価格差異の算定式は次のとおりであり、そこから標準単価を計算する。
価格差異△544,000 円＝(標準価格？円/kg－実際価格 3,360 円/kg(※))×実際消費量 3,400kg
∴ 標準単価＝3,200 円/kg

※実際直接材料費 11,424,000 円÷実際消費量 3,400kg＝3,360 円

（２）**直接労務費の物量標準**

答案用紙に記載されている「時間差異 51,000 円(不利差異・借方差異)」を利用して算定する。時間差異を算定するのに必要な要素を原価差異の算定ＢＯＸに記入すると、以下のようになる。

まず、時間差異の算定式は次のとおりであり、そこから標準作業時間を計算する。
時間差異△51,000 円＝標準賃率 1,700 円×(標準作業時間？ h －実際作業時間 5,970 h)
∴ 標準作業時間＝5,940 h

次に、当該標準作業時間は加工進捗度を考慮したうえでの当月物量標準に実際生産量を乗じた数値となるため、次の算定式を利用して、物量標準を計算する。
当月実際生産量 990 個(※)×？ h /個＝5,940 h
∴ ？ h /個＝6 h /個
※ 下記３．生産データの加工費を参照。

（３）**製造間接費の物量標準**

問題文［資料Ⅱ］年間予算に関する資料（注）に「製造間接費は直接作業時間にもとづき製品に標準配賦している」との記載があるため、製造間接費の物量標準は上記（２）の直接労務費の物量標準と同じ「6 h /個」となる。

２．標準原価カードの作成

	標準単価		物量標準		原価標準
直接材料費	3,200 円/kg	×	4kg/個	＝	12,800 円/個
直接労務費	1,700 円/ h	×	6 h /個	＝	10,200 円/個
製造間接費	3,000 円/ h	×	6 h /個	＝	18,000 円/個
	製品Ｗ １個当たりの標準原価				41,000 円/個

３．生産データ

仕掛品（直接材料費）

月初 240 個	完成品 960 個
当月投入 （差引）900 個	
	月末 180 個

仕掛品（加工費）

月初(240 個×40%) 96 個	完成品 960 個
当月投入 （差引）990 個	
	月末(180 個×70%) 126 個

4．原価差異の分析

（1）**直接材料費差異**

標準価格	3,200 円/kg	：1．標準原価カードの推定より
実際価格	3,360 円/kg	：1．標準原価カードの推定より
標準消費量	3,600 kg	：物量標準 4 kg/個×当月投入 900 個（直接材料費）
実際消費量	3,400 kg	：［資料Ⅳ］より

① **価格差異**

（標準価格 3,200 円/kg－実際価格 3,360 円/kg）×実際消費量 3,400kg＝△544,000 円（不利差異・借方差異）

② **数量差異**

標準価格 3,200 円/kg×（標準消費量 3,600kg－実際消費量 3,400kg）＝＋640,000 円（有利差異・貸方差異）

（2）**直接労務費差異**

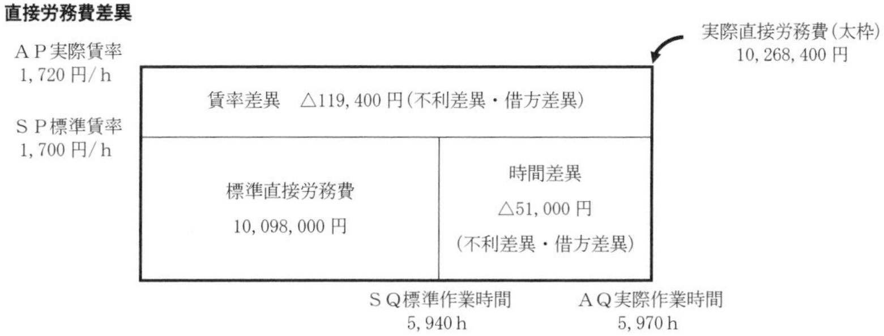

標準賃率	1,700 円/h	：［資料Ⅰ］より
実際賃率	1,720 円/h	：実際直接労務費 10,268,400 円÷実際作業時間 5,970 h
標準作業時間	5,940 h	：物量標準 6 h/個×当月投入 990 個（加工費）
実際作業時間	5,970 h	：［資料Ⅳ］より

① **賃率差異**

（標準賃率 1,700 円/h－実際賃率 1,720 円/h）×実際作業時間 5,970 h＝△119,400 円（不利差異・借方差異）

② **時間差異**

標準賃率 1,700 円/h×（標準作業時間 5,940 h－実際作業時間 5,970 h）＝△51,000 円（不利差異・借方差異）

（3）**製造間接費差異（３分法　能率差異を変動費と固定費から計算する場合 … ＡＱ基準）**

「能率差異は変動費と固定費からなるものとして計算しなさい」との指示から、３分法・ＡＱ基準により差異分析すべきということがわかる。

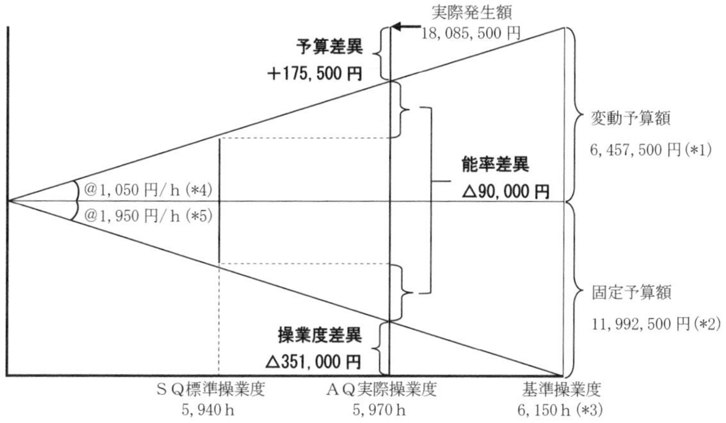

*1　月間変動予算額：変動費年間予算 77,490,000 円÷12 ヶ月＝6,457,500 円
*2　月間固定予算額：固定費年間予算 143,910,000 円÷12 ヶ月＝11,992,500 円
*3　月間基準操業度：月間予算（6,457,500 円（*1）＋11,992,500 円（*2））÷標準配賦率 3,000 円/h＝6,150 h
*4　変動費率：月間変動予算額 6,457,500 円（*1）÷月間基準操業度 6,150 h（*3）＝1,050 円/h
*5　固定費率：月間固定予算額 11,992,500 円（*2）÷月間基準操業度 6,150 h（*3）＝1,950 円/h

① **予算差異**

予算許容額：変動費率@1,050 円/h×実際操業度 5,970 h＋固定予算額 11,992,500 円＝18,261,000 円

予 算 差 異：予算許容額 18,261,000 円－実際発生額 18,085,500 円＝＋175,500 円（有利差異・貸方差異）

② **能率差異**

標準配賦率@3,000 円/h×（標準操業度 5,940 h－実際操業度 5,970 h）＝△90,000 円（不利差異・借方差異）

③ **操業度差異**

固定費率@1,950 円/h×（実際操業度 5,970 h－基準操業度 6,150 h（*3））＝△351,000 円（不利差異・借方差異）

2級 全国統一模擬試験Ⅰ 第3回 解答解説

第1問 【解答】 各4点 計20点

	借方科目名	記号	金額	貸方科目名	記号	金額
1	売掛金	カ	11,400	買掛金	ア	5,000
				為替差益	エ	6,400
2	減価償却費	ク	140,000	備品	ア	140,000
	繰延税金資産	カ	33,600	法人税等調整額	エ	33,600
3	退職給付引当金	ア	29,000,000	当座預金	オ	32,000,000
	退職給付費用	イ	3,000,000			
4	現金	イ	50,000	償却債権取立益	ク	50,000
5	繰延税金負債	イ	90,000	その他有価証券	ア	300,000
	その他有価証券評価差額金	カ	210,000			

第1問 【解説】

1．外貨建売掛金・買掛金の換算

(借)	売掛金	11,400 *1	(貸) 買掛金	5,000 *2
			為替差益	6,400 *3

*1 売掛金3,800ドル×(CR127円(決算時の為替相場)－HR124円(売上時の為替相場))＝11,400円(為替差益)

*2 買掛金2,500ドル×(HR125円(仕入時の為替相場)－CR127円(決算時の為替相場))＝△5,000円(為替差損)

*3 貸借差額 または、為替差益11,400円(*1)－為替差損5,000円(*2)＝為替差益6,400円

2．減価償却費の計上と税効果会計

(借)	減価償却費	140,000 *1	(貸) 備品	140,000
	繰延税金資産	33,600 *3	法人税等調整額	33,600

*1 備品(取得原価)560,000円÷耐用年数4年(会計上)＝140,000円

*2 備品(取得原価)560,000円÷耐用年数10年(税務上)＝56,000円

*3 一時差異84,000円(会計上140,000円(*1)－税務上56,000円(*2))×法定実効税率40%＝33,600円(*4)

*4 問題文に「税法上で認められる償却額を超過した部分は損金に算入することが認められない」と記載があるため、超過額を損金不算入項目として税効果会計を適用し、借方に繰延税金資産勘定、貸方に法人税等調整額勘定で仕訳する。

3．退職金の支払い

(借)	退職給付引当金	29,000,000 *1	(貸) 当座預金	32,000,000
	退職給付費用	3,000,000 *2		

*1 前期末時点で当該定年退職する従業員8名に対して、退職給付引当金を設定しているため、退職給付引当金勘定で仕訳する。

*2 退職金総額32,000,000円－退職給付引当金29,000,000円(*1)＝3,000,000円(*3)

*3 退職給付引当金で充当できなかった分については、当期発生の退職給付に係る費用であるため、退職給付費用勘定で仕訳する。

4．償却債権取立益の計上

(借)	現金	50,000	(貸) 償却債権取立益	50,000 *1

*1 前期以前に貸倒処理した債権を回収した場合、回収した金額を償却債権取立益勘定で仕訳する。

5．その他有価証券の再振替仕訳

(1) 決算整理仕訳（前期末の仕訳）

(借)	その他有価証券	300,000	(貸) 繰延税金負債	90,000
			その他有価証券評価差額金	210,000

取消

(2) 再振替仕訳（当期首の仕訳）

(借)	繰延税金負債	90,000 *2	(貸) その他有価証券	300,000 *1
	その他有価証券評価差額金	210,000 *3		

前期末の決算整理仕訳を取り消す仕訳をする。

*1 時価1,500,000円－帳簿価額1,200,000円＝300,000円

*2 300,000円(*1)×法定実効税率30%＝90,000円

*3 300,000円(*1)×(1－法定実効税率30%)＝210,000円

第2問 【解答】 ● 2点×10箇所 計20点

連結第1年度 連 結 精 算 表 (単位：円)

科目	個別財務諸表 P 社	個別財務諸表 S 社	修正・消去 借 方	修正・消去 貸 方	連結財務諸表
貸借対照表					連結貸借対照表
現金預金	1,256,000	955,000			2,211,000
売掛金	1,500,000	1,000,000		350,000	2,150,000
貸倒引当金	△ 46,000	△ 40,000			● △ 86,000
商品	1,750,000	980,000		70,000	● 2,660,000
前払費用	—	15,000		1,000	14,000
土地	800,000	600,000		100,000	1,300,000
貸付金	200,000	250,000		200,000	250,000
S社株式	1,400,000	—		1,400,000	—
のれん	—	—	350,000	35,000	● 315,000
資産合計	6,860,000	3,760,000	350,000	2,156,000	8,814,000
買掛金	990,000	1,180,000	350,000		● 1,820,000
前受収益	20,000	—	1,000		● 19,000
未払法人税等	300,000	180,000			480,000
借入金	1,000,000	600,000	200,000		1,400,000
資本金	2,500,000	1,000,000	1,000,000		● 2,500,000
資本剰余金	350,000	150,000	150,000		350,000
利益剰余金	1,700,000	650,000	1,947,000	1,323,000	1,726,000
非支配株主持分	—	—	51,000	570,000	519,000
負債・純資産合計	6,860,000	3,760,000	3,699,000	1,893,000	8,814,000
損益計算書					連結損益計算書
売上高	8,800,000	5,200,000	1,200,000		●12,800,000
売上原価	6,400,000	3,740,000	70,000	1,200,000	9,010,000
販売費及び一般管理費	1,321,000	835,000	35,000		2,191,000
営業外収益	518,000	364,000	72,000		● 810,000
営業外費用	397,000	289,000		2,000	684,000
特別利益	150,000	30,000	100,000		● 80,000
特別損失	250,000	80,000			330,000
法人税等	400,000	250,000			650,000
当期純利益	700,000	400,000	1,477,000	1,202,000	825,000
非支配株主に帰属する当期純利益			120,000	21,000	● 99,000
親会社株主に帰属する当期純利益			1,597,000	1,223,000	726,000

第2問 【解説】

<連結修正仕訳>

1．開始仕訳

(借)	資本金当期首残高	1,000,000 *2	(貸)	S社株式	1,400,000 *1
	資本剰余金当期首残高	150,000 *2		非支配株主持分当期首残高	450,000 *3
	利益剰余金当期首残高	350,000 *2			
	のれん	350,000 *5			

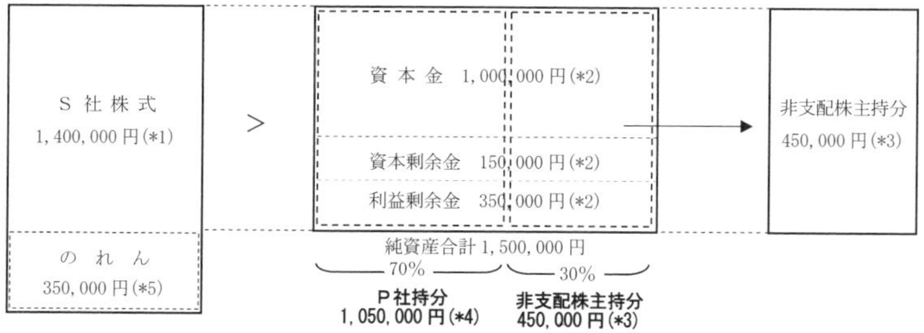

*1 問題文1.・P社×6年3月31日 S社株式1,400,000円

*2 問題文2.・S社×6年3月31日 資本金1,000,000円、資本剰余金150,000円、利益剰余金350,000円

*3 S社×6年3月31日 純資産合計1,500,000円(*2合計)×非支配株主持分比率30%＝450,000円

*4 S社×6年3月31日 純資産合計1,500,000円(*2合計)×P社持分比率70%＝1,050,000円

*5 貸借差額 または、S社株式1,400,000円(*1)－P社持分1,050,000円(*4)＝350,000円

2．当期純利益の按分

(借)	非支配株主に帰属する当期純利益	120,000	(貸)	非支配株主持分当期変動額	120,000

S社の当期純利益400,000円×非支配株主持分比率30%＝120,000円

3．のれん償却の計上

(借)	販売費及び一般管理費 (のれん償却)	35,000	(貸)	のれん	35,000

のれん350,000円÷償却年数10年＝35,000円

4．剰余金の配当

(借)	営業外収益 (受取配当金)	70,000 *1	(貸)	剰余金の配当 (利益剰余金当期変動額)	100,000
	非支配株主持分当期変動額	30,000 *2			

*1 S社の繰越利益剰余金(利益剰余金)からの配当額100,000円×P社持分比率70%＝70,000円

*2 S社の繰越利益剰余金(利益剰余金)からの配当額100,000円×非支配株主持分比率30%＝30,000円

5．売上高と仕入高(売上原価)の相殺消去

(借)	売上高	1,200,000	(貸)	売上原価 (当期商品仕入高)	1,200,000

問題文に「Ｓ社のＰ社への売上高は¥1,200,000 であり」と記載があるため、Ｓ社の売上高とＰ社の仕入高(売上原価)を相殺消去する仕訳をする。

6．棚卸資産に関する調整

① 棚卸資産に含まれる未実現損益の消去（アップ・ストリーム）

(借)	売上原価 (期末商品棚卸高)	70,000	(貸)	商品	70,000

問題文に「Ｐ社がＳ社から仕入れた商品のうち、¥280,000 が期末商品棚卸高に含まれている」と記載があるため、Ｐ社の当期末商品に含まれるＳ社の未実現利益を消去する仕訳をする。

Ｐ社の当期末商品に含まれるＳ社の未実現利益：

問題文・当期末商品（Ｓ社からの仕入分）280,000 円×問題文・売上総利益率 25%＝70,000 円

② 非支配株主への負担計算

(借)	非支配株主持分当期変動額	21,000	(貸)	非支配株主に帰属する当期純利益	21,000

上記6. ①「棚卸資産に含まれる未実現損益の消去」より、Ｓ社の未実現利益を消去したことによってＳ社の利益が増減するため、非支配株主への負担計算の仕訳をする。

Ｓ社の未実現利益 70,000 円×非支配株主持分比率 30%＝21,000 円

7．売上債権と仕入債務に関する調整

① 売掛金と買掛金の相殺消去

(借)	買掛金	350,000	(貸)	売掛金	350,000

問題文に「Ｓ社の売掛金のうち¥350,000 はＰ社に対するものである」と記載があるため、当期末のＳ社の売掛金とＰ社の買掛金を相殺消去する仕訳をする。

② 貸倒引当金繰入額の調整

仕訳なし

問題文に「Ｓ社はＰ社への売上債権に対して貸倒引当金を設定していない」と記載があるため、上記7. ①「売掛金と買掛金の相殺消去」により消去した売掛金に対する貸倒引当金を調整する仕訳は行わない。

8．金銭債権債務に関する調整

① 貸付金と借入金の相殺消去

(借)	借入金	200,000	(貸)	貸付金	200,000

問題文に「Ｐ社は×6 年 12 月 1 日にＳ社に対して¥200,000 を貸し付けている」と記載があるため、Ｐ社の貸付金とＳ社の借入金を相殺消去する仕訳をする。

② 受取利息と支払利息の相殺消去

(借)	営業外収益 (受取利息)	2,000	(貸)	営業外費用 (支払利息)	2,000

問題文に「期間３年、年利率 3%、利払日 12 月 1 日および 6 月 1 日の条件」と記載があるため、Ｐ社の受取利息とＳ社の支払利息を相殺消去する仕訳をする。

問題文・貸付金(借入金)200,000 円×年利率 3%×$\frac{6ヶ月(×6年12月〜×7年5月)}{12ヶ月}$＝3,000 円(6ヶ月分)

3,000 円(6ヶ月分)×$\frac{4ヶ月(×6年12月〜×7年3月)}{6ヶ月}$＝2,000 円

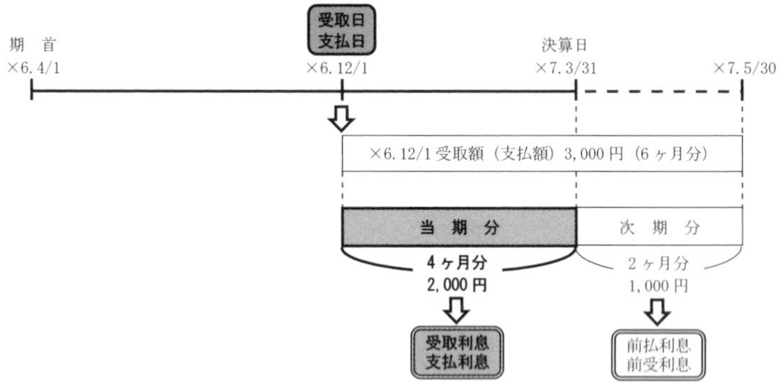

③ 前払利息と前受利息の相殺消去

(借)	前受収益 (前受利息)	1,000	(貸)	前払費用 (前払利息)	1,000

問題文に「期間３年、年利率 3%、利払日 12 月 1 日および 6 月 1 日の条件」と記載があるため、Ｓ社の前払利息とＰ社の前受利息を相殺消去する仕訳をする。

問題文・貸付金(借入金)200,000 円×年利率 3%×$\frac{6ヶ月(×6年12月〜×7年5月)}{12ヶ月}$＝3,000 円(6ヶ月分)

3,000 円(6ヶ月)×$\frac{2ヶ月(×7年4月〜×7年5月)}{6ヶ月}$＝1,000 円

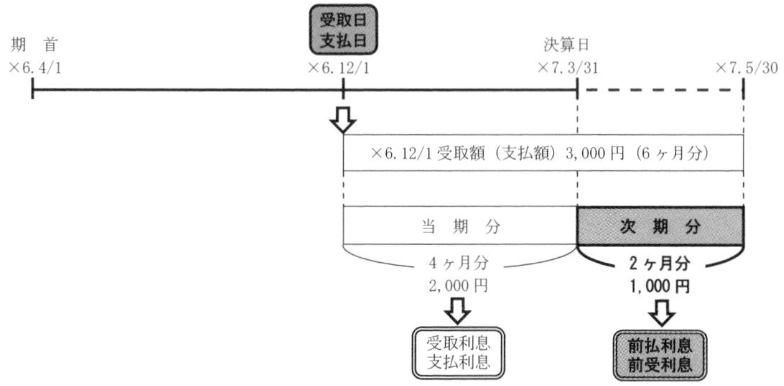

9. 固定資産に含まれる未実現損益の消去（ダウン・ストリーム）

(借) 特別利益（固定資産売却益）	100,000	(貸) 土地	100,000

問題文に「P社はS社に対して×6年10月1日に土地（簿価¥200,000）を¥300,000で売却した」と記載があるため、S社の土地に含まれるP社の未実現利益を消去する仕訳をする。

S社の土地に含まれるP社の未実現利益：

問題文・P社売却価額300,000円－売却時P社帳簿価額200,000円＝100,000円(利益)

10. 連結修正仕訳のまとめ(単位：千円)

×6.4/1

資首	1,000	S株	1,400
資剰首	150	非首	450
利首	350		
のれん	350		

当期（×6.4/1～×7.3/31）

非損	120	非当	120
販管費	35	のれん	35
営外益	70	配当	100
非当	30		
売上	1,200	売原	1,200
売原	70	商品	70
非当	21	非損	21
買掛金	350	売掛金	350
借入金	200	貸付金	200
営外益	2	営外費	2
前収益	1	前払費	1
特利益	100	土地	100

11. 連結財務諸表の作成

※ 一番左に「連結財務諸表(P/L、B/S)」の項目が記載されており、その右側には、算定過程を記載している。なお、「修正・消去」欄の数値の前に付いている番号または記号(＋ or △)の意味は以下のとおりである。

番号：上記<連結修正仕訳>における連結修正仕訳の解説番号

記号：個別財務諸表の金額の合計数値(単純合算)に足す(＋) or 引く(△)

また、下表には合計や差額で算定できるもの(親会社株主に帰属する当期純利益を除く)については記載しない。

① 連結損益計算書

項目	個別財務諸表の金額		修正・消去	連結P/L
	P社側	S社側		金額
売上高	8,800,000	5,200,000	5. △1,200,000	12,800,000
売上原価	6,400,000	3,740,000	5. △1,200,000 6.① +70,000	9,010,000
販売費及び一般管理費	1,321,000	835,000	3. +35,000	2,191,000
営業外収益	518,000	364,000	4. △70,000 8.② △2,000	810,000
営業外費用	397,000	289,000	8.② △2,000	684,000
特別利益	150,000	30,000	9. △100,000	80,000
特別損失	250,000	80,000	—	330,000
法人税等	400,000	250,000	—	650,000
非支配株主に帰属する当期純利益	—	—	2. +120,000 6.② △21,000	99,000
親会社株主に帰属する当期純利益	※ 連結P/Lの金額を集計する。			726,000

② 連結貸借対照表

項目	個別財務諸表の金額		修正・消去	連結B/S
	P社側	S社側		金額
現金預金	1,256,000	955,000	—	2,211,000
売掛金	1,500,000	1,000,000	7.① △350,000	2,150,000
貸倒引当金	△ 46,000	△ 40,000	—	△ 86,000
商品	1,750,000	980,000	6.① △70,000	2,660,000
前払費用	—	15,000	8.③ △1,000	14,000
土地	800,000	600,000	9. △100,000	1,300,000
貸付金	200,000	250,000	8.① △200,000	250,000
S社株式	1,400,000	—	1. △1,400,000	—
のれん	—	—	1. +350,000 3. △35,000	315,000
買掛金	990,000	1,180,000	7.① △350,000	1,820,000
前受収益	20,000	—	8.③ △1,000	19,000
未払法人税等	300,000	180,000	—	480,000
借入金	1,000,000	600,000	8.① △200,000	1,400,000
資本金	2,500,000	1,000,000	1. △1,000,000	2,500,000
資本剰余金	350,000	150,000	1. △150,000	350,000
利益剰余金	下記③利益剰余金の算定を参照			1,726,000
非支配株主持分	—	—	1. +450,000 2. +120,000 4. △30,000 6.② △21,000	519,000

③ 利益剰余金の算定

P社、S社の個別貸借対照表の利益剰余金の残高に、資本連結による影響額および損益計算書の「修正・消去」欄の合計金額を加減算することによって求める。

利益剰余金

1.開始仕訳	350,000	P社個別 利益剰余金	1,700,000
P/L「修正・消去」合計(借方)	1,597,000	S社個別 利益剰余金	650,000
連結 利益剰余金（差額）	**1,726,000**	4.剰余金の配当	100,000
		P/L「修正・消去」合計(貸方)	1,223,000
	3,673,000		3,673,000

第3問 【解答】 ○ 勘定科目と金額をセットで正解2点×4箇所 ● 2点×6箇所 計20点

問1

決算整理後残高試算表
×7年3月31日
(単位：円)

借方残高	勘定科目	貸方残高
340,100	現金預金	
740,000	受取手形	
2,235,000	売掛金	
240,000	繰越商品	
● 5,580,000	建物	
1,200,000	備品	
3,800,000	土地	
	支払手形	595,000
	買掛金	429,000
	貸倒引当金	85,900
	修繕引当金	400,000
	(未払)法人税等	○ 900,000
	(前受)家賃	○ 135,000
	退職給付引当金	● 1,620,000
	建物減価償却累計額	748,000
	備品減価償却累計額	525,000
	資本金	4,000,000
	利益準備金	500,000
	繰越利益剰余金	2,097,200
	売上	27,630,000
	受取家賃	270,000
	(修繕引当金)戻入	○ 160,000
16,907,000	仕入	
11,200	棚卸減耗損	
● 28,800	商品評価損	
6,927,400	給料	
260,000	退職給付費用	
50,000	修繕費	
● 67,400	貸倒引当金繰入	
400,000	(修繕引当金)繰入	
● 397,000	減価償却費	
○ 11,200	(為替差損益)	
900,000	法人税、住民税及び事業税	
40,095,100		40,095,100

問2 当期純利益または当期純損失の金額 ¥ ● 2,100,000

第3問 【解説】

問1 決算整理前残高試算表作成

[資料Ⅱ] 未処理事項

1. 建物の完成（建設仮勘定、付随費用）

(借)	建物	840,000 *3	(貸)	建設仮勘定	600,000 *1
				現金預金	240,000 *2

*1 前T/B 建設仮勘定600,000円
*2 工事代金の残金200,000円＋登記費用40,000円＝240,000円
*3 前T/B 建設仮勘定600,000円＋工事代金の残金200,000円
＋登記費用40,000円(付随費用のため建物勘定に含める)＝840,000円

2. 会計処理の訂正（資本的支出と収益的支出）

① **適切な仕訳**

(借)	建物	420,000 *1	(貸)	現金預金等	660,000 *4
	修繕引当金	240,000 *2			

*1 問題文に「資本的支出であると認められた」と記載があるため、建物勘定で仕訳する。
*2 前T/B 修繕引当金400,000円 ＞ 240,000円（修繕代金660,000円－資本的支出420,000円）
∴ 240,000円(*3)
*3 問題文に「修繕引当金は当該修繕のために設定されていた」と記載があるため、修繕引当金勘定で仕訳する。
*4 解説の都合上、問題文に支払対価の記載がないため、現金預金等勘定で仕訳している。

② **当社が行っていた仕訳**

(借)	修繕費	660,000	(貸)	現金預金等	660,000

③ **訂正仕訳（①－②）**

(借)	建物	420,000	(貸)	修繕費	660,000
	修繕引当金	240,000			

修繕費勘定で仕訳をしているため、建物勘定および修繕引当金勘定に訂正する仕訳をする。

[資料Ⅲ] 決算整理事項

1. 外貨建売掛金の換算

(借)	為替差損益	11,200	(貸)	売掛金	11,200

問題文・外貨建売掛金2,800ドル×CR116円(決算日の為替相場)－問題文・外貨建売掛金336,000円＝△11,200円

2. 貸倒引当金の計上

（1）**甲社分**

(借)	貸倒引当金繰入	28,000	(貸)	貸倒引当金	28,000

(問題文・甲社売掛金80,000円－問題文・担保処分見込額24,000円)×50%＝28,000円

（2）**その他の売上債権**

(借)	貸倒引当金繰入	39,400	(貸)	貸倒引当金	39,400

見積額：(前T/B 受取手形740,000円＋前T/B 売掛金2,246,200円
－11,200円(上記[資料Ⅲ]1.「外貨建売掛金の換算」参照)
－80,000円(上記(1)「甲社分」参照))×2%＝57,900円
繰入額：見積額57,900円－前T/B 貸倒引当金18,500円＝39,400円

3．売上原価の算定（棚卸減耗損、商品評価損）

(借)	仕入	345,000	(貸) 繰越商品	345,000 *1
	繰越商品	280,000 *2	仕入	280,000
	棚卸減耗損	11,200 *3	繰越商品	40,000 *5
	商品評価損	28,800 *4		

*1 前T/B 繰越商品345,000円
*2 問題文・原価@140円×帳簿棚卸数量2,000個＝280,000円
*3 問題文・原価@140円×(帳簿棚卸数量2,000個－実地棚卸数量1,920個)＝11,200円
*4 (原価@140円－正味売却価額@125円)×実地棚卸数量1,920個＝28,800円
*5 棚卸減耗損11,200円(*3)＋商品評価損28,800円(*4)＝40,000円

4．減価償却費の計上

（1）**建物**

① **当期以前取得分**

(借)	減価償却費	144,000	(貸) 建物減価償却累計額	144,000

前T/B 建物4,320,000円÷耐用年数30年＝144,000円

② **建物の完成による増加分**

(借)	減価償却費	21,000	(貸) 建物減価償却累計額	21,000

840,000円(上記［資料Ⅱ］1.「建物の完成」参照)÷耐用年数30年×$\frac{9ヶ月(×6年7月〜×7年3月)}{12ヶ月}$＝21,000円

③ **資本的支出による増加分**

(借)	減価償却費	7,000	(貸) 建物減価償却累計額	7,000

420,000円(上記［資料Ⅱ］2.「会計処理の訂正」参照)÷耐用年数30年×$\frac{6ヶ月(×6年10月〜×7年3月)}{12ヶ月}$＝7,000円

（2）**備品**

(借)	減価償却費	225,000	(貸) 備品減価償却累計額	225,000

(前T/B 備品1,200,000円－前T/B 備品減価償却累計額300,000円)×償却率25%＝225,000円

5．修繕引当金の取崩と計上

（1）**戻入額**

(借)	修繕引当金	160,000	(貸) 修繕引当金戻入	160,000

前T/B 修繕引当金400,000円－240,000円(上記［資料Ⅱ］2.「会計処理の訂正」参照)＝160,000円(※)
※ 問題文に「洗替法によって」と記載があるため、修繕引当金の残額をすべて修繕引当金戻入勘定で仕訳する。

（2）**繰入額**

(借)	修繕引当金繰入	400,000	(貸) 修繕引当金	400,000

問題文・修繕引当金400,000円

6．退職給付引当金の計上

(借)	退職給付費用	260,000	(貸) 退職給付引当金	260,000

問題文・当期期末退職給付引当金計上額1,620,000円－前T/B 退職給付引当金1,360,000円＝260,000円

7．前受家賃の計上

(借)	受取家賃	135,000	(貸) 前受家賃	135,000

前T/B 受取家賃405,000円×$\frac{6ヶ月(×7年4月〜9月)}{18ヶ月}$＝135,000円

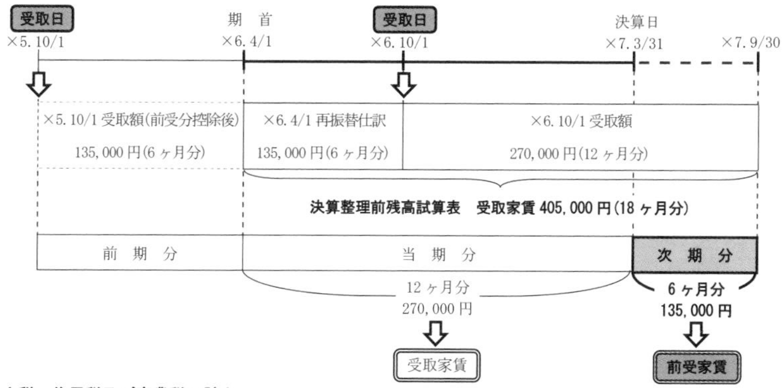

8．法人税、住民税及び事業税の計上

(借)	法人税、住民税及び事業税	900,000	(貸) 未払法人税等	900,000

問題文・税引前当期純利益3,000,000円×法定実効税率30%＝900,000円

問2 当期純利益の計算

当期純利益は収益と費用の差で計算する。本問は、収益が費用より大きいため、当期純利益となる。

借方

費用勘定合計	**25,960,000円**
仕入	16,907,000円
棚卸減耗損	11,200円
商品評価損	28,800円
給料	6,927,400円
退職給付費用	260,000円
修繕費	50,000円
貸倒引当金繰入	67,400円
修繕引当金繰入	400,000円
減価償却費	397,000円
為替差損益	11,200円
法人税等	900,000円

当期純利益 2,100,000円

貸方

収益勘定合計	**28,060,000円**
売上	27,630,000円
受取家賃	270,000円
修繕引当金戻入	160,000円

第4問 【解答】 (1) 12点 (2) 16点 計28点

(1) 各4点 計12点

	借方科目名	記号	金額	貸方科目名	記号	金額
1	賃金・給料	オ	850,000	本社	エ	850,000
2	仕掛品	イ	1,625,000	製造間接費	カ	1,625,000
3	材料副費差異	ア	10,000	材料副費	カ	10,000

(2) ● 2点×8箇所 計16点

製造原価報告書

(単位：円)

直接材料費		(● 4,876,000)
直接労務費		(● 11,480,000)
直接経費		(● 3,162,000)
製造間接費		
間接材料費	(● 2,007,000)	
間接労務費	(● 19,288,200)	
間接経費	(● 8,525,200)	
合計	(29,820,400)	
製造間接費配賦差異	(△ 300,400)	(29,520,000)
当月製造費用		(49,038,000)
月初仕掛品原価		(1,328,000)
合計		(50,366,000)
月末仕掛品原価		(1,351,000)
当月製品製造原価		(● 49,015,000)

※ 製造間接費配賦差異は、合計に対してマイナスする場合は、数字の前に△を付すこと。

当月の売上原価 ● 50,820,400 円

第4問 【解説】

(1)

1. 賃金・給料の計上

本社	工場
工場 850,000 ／ 所得税預り金 50,000 ／ 当座預金 800,000	賃金・給料 850,000 ／ 本社 850,000

(借)	賃金・給料	850,000 *1	(貸)	本社	850,000 *2

*1 問題文に「工場従業員に対する賃金・給料は、工場に賃金・給料勘定を設定」と記載があるため、賃金・給料勘定で仕訳する。

*2 問題文に「給料等の支払いはすべて本社が行っている」と記載があるため、本社勘定で仕訳する。

2. 製造間接費の振替（シングル・プラン）

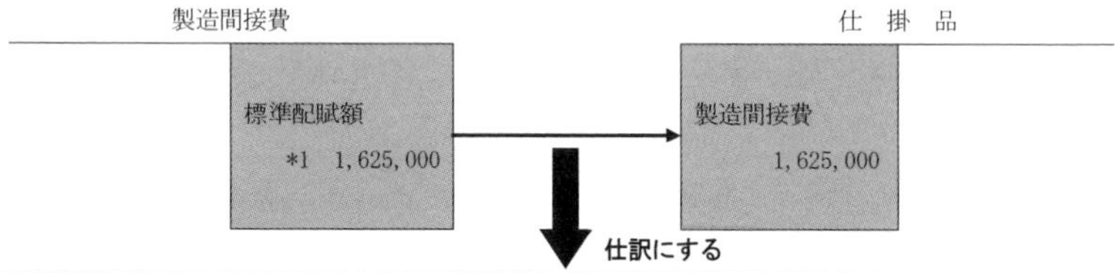

(借)	仕掛品	1,625,000 *1	(貸)	製造間接費	1,625,000

*1 標準配賦額1,625,000円(*2)

*2 問題文に「勘定記入はシングル・プラン」と記載があるため、標準配賦額で仕掛品勘定に振り替える。

3. 材料副費差異の計上

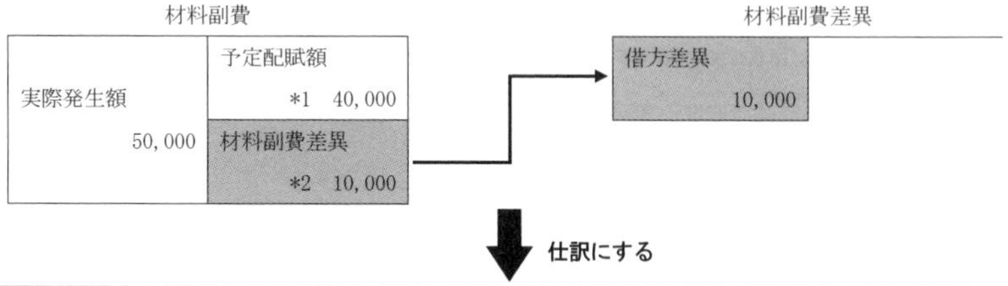

(借)	材料副費差異	10,000 *2	(貸)	材料副費	10,000

*1 @20円×材料購入量2,000kg=40,000円

*2 予定配賦額40,000円－実際発生額50,000円=△10,000円（不利差異・借方差異）

(2)

1．**材料費**

（1）**勘定の流れ**

問題文における以下の材料費に関する資料を使って、材料勘定をイメージする。

［資料］

1．棚卸資産有高

	月初有高	月末有高
素　材 ※	480,000	520,000
補修用材料	62,000	84,000

※　実地棚卸を行ったところ、454,800円であった。その他は帳簿上の金額と一致していた。

3．支払高等（単位：円）

	当月支払高
素　材	4,916,000
製造用工具 ※	329,000
補修用材料	1,700,000

※　耐用年数は1年未満である。

材料勘定をイメージし、差引で消費高を計算する。

以下の勘定の流れをイメージする。本問では勘定記入ではなく、製造原価報告書の作成が問われているため、以下の勘定を下書用紙に書く必要はない。頭の中でイメージし、直接答案用紙に記入してしまうとよい。

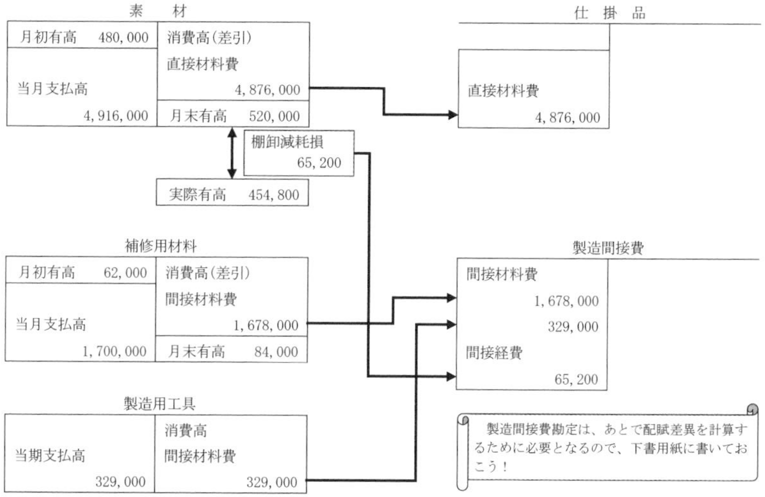

35

（2）**製造原価報告書の作成**

（1）の勘定の流れをイメージし、以下の太字の金額を、直接、答案用紙の製造原価報告書に記入する。その際、以下の資料に関するものは金額を書き写せばよいだけなので、先に答案用紙を埋めておく。

［資料］

	月初有高	月末有高
仕　掛　品	1,328,000	1,351,000

製造原価報告書　（単位：円）

直接材料費	（ **4,876,000** ）
月初仕掛品原価	（ **1,328,000** ）
合　計	（ ）
月末仕掛品原価	（ **1,351,000** ）

2．**労務費**

（1）**勘定の流れ**

問題文における以下の労務費に関する資料を使って、賃金・給料勘定をイメージする。

［資料］

2．直接工に関するデータ（単位：時間）

直接工の勤務時間の内訳は下記のとおりである。なお、1時間当たり1,400円の予定賃率で労務費の消費額を計算している。

段取時間 :200　間接作業時間 :1,400　手待時間 :800　加工時間 :8,000　定時休憩時間 :250

3．支払高等（単位：円）

	月初未払高	当月支払高	月末未払高
直接工賃金	810,000	15,320,000	650,000
間接工賃金	200,000	5,987,000	340,800
給　料	320,000	10,200,400	200,000

賃金・給料勘定をイメージし、差引で消費高を計算する。

以下の勘定の流れをイメージする。本問では勘定記入ではなく、製造原価報告書の作成が問われているため、以下の勘定を下書用紙に書く必要はない。頭の中でイメージし、直接答案用紙に記入してしまうとよい。

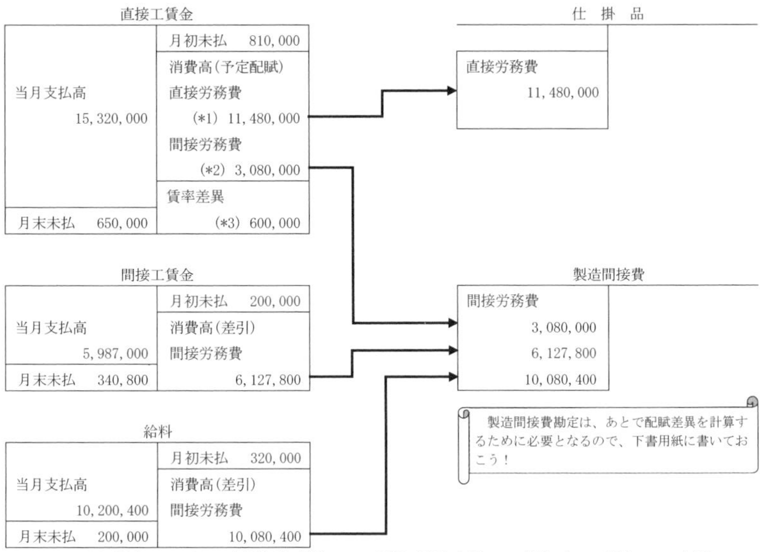

*1 予定賃率1,400円×直接作業時間8,200時間（段取時間200時間＋加工時間8,000時間）

*2 予定賃率1,400円×間接作業時間2,200時間（間接作業時間1,400時間＋手待時間800時間）

*3 予定消費額14,560,000円
　　－実際消費額15,160,000円（当期支払15,320,000円＋月末未払650,000円－810,000円）
　　＝△600,000円（借方差異）

（2）**製造原価報告書の作成**

（1）の勘定の流れをイメージし、以下の太字の金額を、直接、答案用紙の製造原価報告書に記入する。

製造原価報告書		(単位：円)
直　接　労　務　費	(	**11,480,000**)

３．**経費**

（1）**勘定の流れ**

問題文における以下の経費に関する資料を使って、各経費勘定をイメージする。

[資料]

３．支払高等（単位：円）

	月初未払高	当月支払高	月末未払高
電　気　料	?	1,920,000	?

	当月支払高
外注加工賃	3,162,000

４．その他

電気料（測定額）：1,860,000円

減価償却費（年間見積額）：79,200,000円

各経費勘定をイメージし、差引で消費高を計算する。

以下の勘定の流れをイメージする。本問では勘定記入ではなく、製造原価報告書の作成が問われているため、以下の勘定を下書用紙に書く必要はない。頭の中でイメージし、直接答案用紙に記入してしまうとよい。

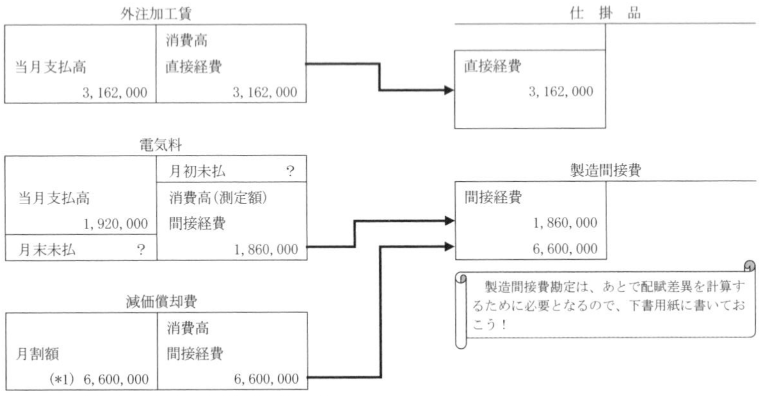

*1 年間見積額79,200,000円÷12ヶ月

（2）**製造原価報告書の作成**

（1）の勘定の流れをイメージし、以下の太字の金額を、直接、答案用紙の製造原価報告書に記入する。

製造原価報告書		(単位：円)
直　接　経　費	(	**3,162,000**)

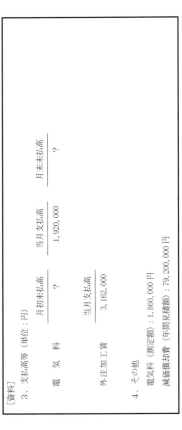

４．製造間接費

（１）勘定の流れ

下書用紙の製造間接費勘定の借方は、上記１．～３．の計算によって記入済みとなっている。以下の資料を使って、仕掛品への予定配賦を行い、製造間接費勘定の貸方を埋めていく。

［資料］

２．直接工に関するデータ（単位：時間）

直接工の勤務時間の内訳は下記のとおりである。なお、１時間当たり 1,400 円の予定賃率で労務費の消費額を計算している。

段取時間 :200　間接作業時間 :1,400　手待時間 :800　加工時間 :8,000　定時休憩時間 :250

４．その他

製造間接費は直接作業時間を基準に１時間当たり 3,600 円で予定配賦している。

製造間接費

借方	貸方
間接材料費	
1,678,000	
329,000	
間接労務費	予定配賦額
3,080,000	(*1) 29,520,000
6,127,800	
10,080,400	
間接経費	
65,200	
1,860,000	配賦差異（差額）
6,600,000	300,400

仕掛品

借方	貸方
製造間接費 29,520,000	

*1　予定配賦率 3,600 円×直接作業時間 8,200 時間（段取時間 200 時間＋加工時間 8,000 時間）

（２）製造原価報告書の作成

（１）の勘定の流れをイメージし、以下の太字の金額を、直接、答案用紙の製造原価報告書に記入する。ここで気を付けたいことは、製造間接費配賦差異をプラスするのか、マイナスするのかということである。

製造間接費の欄に書いている金額（以下の①の金額）は実際発生額である。（１）の**製造間接費勘定**で言うならば、**借方の金額**を記入している。

しかし、仕掛品勘定へ配賦する金額は予定配賦額である。したがって、**当月製造費用の欄に書かれる金額（以下の②の金額）**は、仕掛品勘定へ振り替えられる金額であるため、**予定配賦額**にならなければならない。

よって、一度、実際発生額の合計 29,820,400 円で計上したものを、**より小さい金額である予定配賦額 29,520,000 円に直す**ためには、**配賦差異 300,400 円はマイナスしなければならない。**

実際発生額を予定配賦額へ修正する場合、以下のような関係になるため、しっかり理解する必要がある。

不利差異が生じて、より小さくする調整が必要　→　マイナスする
有利差異が生じて、より大きくする調整が必要　→　プラスする

製造原価報告書

（単位：円）

直接材料費		(4,876,000)
直接労務費		(11,480,000)
直接経費		(3,162,000)
製造間接費		
間接材料費	(**2,007,000**)	
間接労務費	(**19,288,200**)	
間接経費	(**8,525,200**)	
合計	(① **29,820,400**)	
製造間接費配賦差異	(**△　300,400**)	(② **29,520,000**)
当月製造費用		(**49,038,000**)

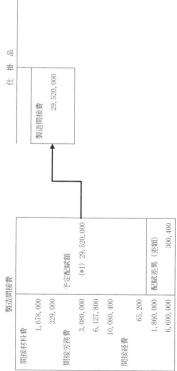

５．仕掛品・製品

（１）勘定の流れ

仕掛品勘定の借方は、上記１．～４．の計算によって計算済みとなっているため、差額で当月完成高を計算するというイメージをする。本問では下書用紙に仕掛品勘定・製品勘定を書く必要はない。

［資料］
１．棚卸資産有高（単位：円）

	月初有高	月末有高
仕　掛　品	1,328,000	1,351,000
製　　　品	2,200,000	1,295,000

仕　掛　品

月初有高 1,328,000	当月完成高(差引) 49,015,000
直接材料費 4,876,000	
直接労務費 11,480,000	
直接経費 3,162,000	
製造間接費 29,520,000	月末有高 1,351,000

製　　品

月初有高 2,200,000	売上原価(差引) 49,920,000
当月完成高 49,015,000	
	月末有高 1,295,000

直接工賃金

当月支払高 15,320,000	月初未払　810,000
	消費高(予定配賦)
	直接労務費 11,480,000
	間接労務費 3,080,000
	賃率差異 600,000
月末未払　650,000	

売上原価

製品 49,920,000	損益（解答） 50,820,400
賃率差異 600,000	
配賦差異 300,400	

問題文に「**原価差異は売上原価に賦課するものとする**」と記載があるため、賃率差異と製造間接費配賦差異を売上原価勘定へ振り替える。

製造間接費

間接材料費 2,007,000	予定配賦額 29,520,000
間接労務費 19,288,200	
間接経費 8,525,200	配賦差異(差額) 300,400

（２）製造原価報告書の作成

（１）の仕掛品勘定の流れをイメージし、以下の太字の金額を、直接、答案用紙の製造原価報告書に記入する。当月製造費用に対して月初仕掛品原価を加算する。これは仕掛品勘定の借方を意味するので、借方合計を計算するために合算する。

合計額から月末仕掛品原価を差し引いて、当月製品製造原価（当月完成高）を計算する。（１）の仕掛品勘定をイメージできれば、仕掛品勘定の借方合計額から、月末仕掛品原価を差し引くことで、当月完成高が計算できることがわかると思う。

製造原価報告書　　（単位：円）

当月製造費用	（ **49,038,000** ）	仕掛品勘定の借方
月初仕掛品原価	（ 1,328,000 ）	
合　　計	（ **50,366,000** ）	
月末仕掛品原価	（ 1,351,000 ）	仕掛品勘定の貸方
当月製品製造原価	（ **49,015,000** ）	

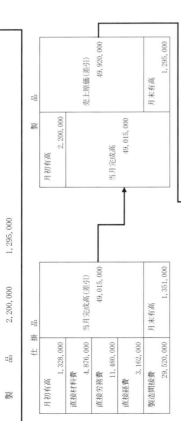

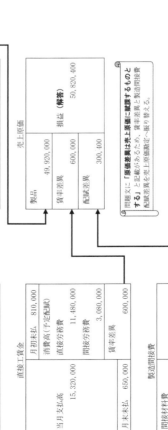

６．勘定連絡図（単位：千円）

上記１．～５．で示した勘定の流れをつなげて、全体の勘定連絡図を作成すると以下のようになる。

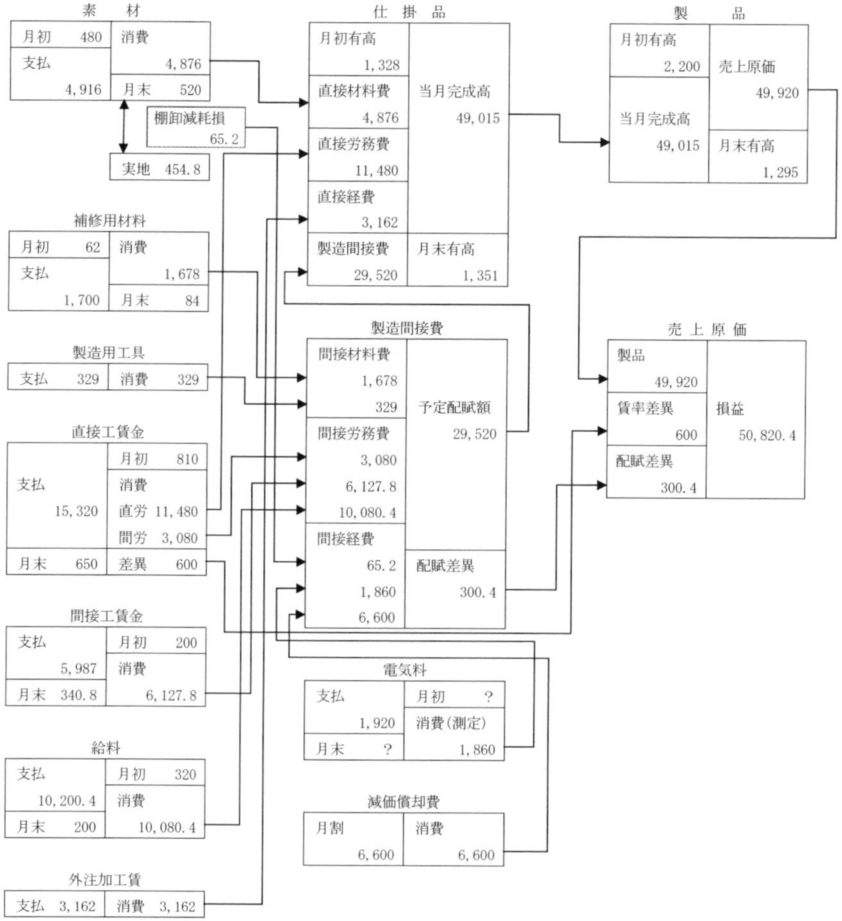

第5問 【解答】 ● 2点×6箇所　計12点

問1

直接原価計算方式による損益計算書　（単位：円）

売上高	(36,000,000)
変動売上原価	(19,800,000)
変動製造マージン	(16,200,000)
変動販売費	(1,800,000)
貢献利益	(● 14,400,000)
製造固定費	(● 4,194,000)
固定販売費及び一般管理費	(3,510,000)
営業利益	(6,696,000)

問2 ● 19,260,000 円

問3 ● 47 %

問4 ● 40,260,000 円

問5 ● 12,730 個

第5問 【解説】

1. 直接原価計算方式による損益計算書の作成 問1

問題文における全部原価計算方式の損益計算書では、変動費、固定費に分類することはなく、製品の製造にかかったすべての原価をもって製品原価を計算し、すべての原価をもって販売費及び一般管理費が計算されている。

直接原価計算方式による損益計算書を作成するためには、全部原価によって計算されている「売上原価」「販売費及び一般管理費」を、「変動費（VC）」と「固定費（FC）」に分類する必要がある。

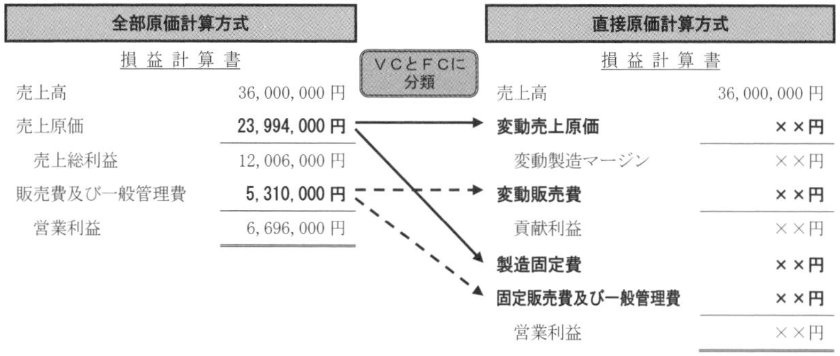

（1）**売上高**

全部原価計算方式から直接原価計算方式への変更は、**「原価」の分類を変更する**ため、**「収益」**である売上高については何も変わらない。

したがって、問題文の全部原価計算方式による損益計算書より36,000,000円となる。

（2）**売上原価の分類**

全部原価計算方式による売上原価23,994,000円を、問題文の「⑵ 1個当たり製造原価」より、変動製造原価と固定製造原価に分類する。

① **変動製造原価（変動売上原価）**

1個当たりの変動製造原価を計算し、これに販売数量を乗じることで、変動製造原価による変動売上原価を計算する。

直接材料費(変動費)	@1,000円	
直接労務費(変動費)	@ 900円	
製造間接費(変動費)	@ 300円	
1個当たりの変動製造原価	**@2,200円**	× 販売数量9,000個＝19,800,000円

② **固定製造原価**

製造間接費(固定費)@466円×販売数量（製造数量）9,000個 ＝ 4,194,000円

※ 問題文において「期首と期末に仕掛品および製品の在庫はなかった」とあるため、製造数量＝販売数量となることから販売数量を乗じている。「期首と期末に仕掛品および製品の在庫はなかった」という指示に意味があることを知っておいてもらいたい。

（3）**販売費及び一般管理費の分類**

全部原価計算方式による販売費及び一般管理費5,310,000円を、変動販売費と固定販売費及び一般管理費に分類する。

① **変動販売費**

問題文の「⑶ 販売費及び一般管理費」より、1,800,000円とわかる。

② **固定販売費及び一般管理費**

問題文の「⑶ 販売費及び一般管理費」より、3,510,000円とわかる。

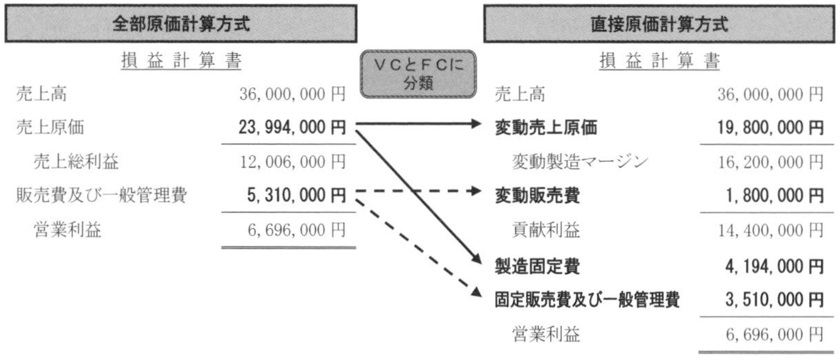

２．当期の損益分岐点売上高 問２

（１）求めるものが損益分岐点「売上高」であるため、「売上高」をＸとする。

（２） 問１ の直接原価計算方式の損益計算書を使い、変動費率を計算する。

変動費率：$\frac{\text{変動売上原価 19,800,000 円＋変動販売費 1,800,000 円}}{\text{売上高 36,000,000 円}}$＝**0.6**

（３）固定費合計額を計算する。

製造固定費 4,194,000 円＋固定販売費及び一般管理費 3,510,000 円 ＝ **7,704,000 円**

（４）（１）から（３）にもとづいて、直接原価計算方式の損益計算書を作成する。

損益分岐点売上高を計算するため、営業利益はゼロとする。

売上高	X	
変動費	0.6X	←（２）より
貢献利益	0.4X	
固定費	7,704,000	←（３）より
営業利益	**0**	

（５）直接原価計算方式の損益計算書を計算式にして、Ｘを算定する。

Ｘ－0.6Ｘ－7,704,000 ＝ 0　　∴ **Ｘ＝19,260,000**

３．当期の安全余裕率 問３

安全余裕率：$\frac{\text{売上高 36,000,000 円－損益分岐点売上高 19,260,000 円}}{\text{売上高 36,000,000 円}}$×100＝46.5%

∴ **47%**（1%未満四捨五入）

４．当期の目標営業利益額達成売上高 問４

求めるものが目標営業利益額達成「売上高」であるため、「売上高」をＸとする。

目標営業利益が 8,400,000 円であるため、営業利益は 8,400,000 円とする。

売上高	X
変動費	0.6X
貢献利益	0.4X
固定費	7,704,000
営業利益	**8,400,000**

これを計算式にしてＸを算定する。

Ｘ－0.6Ｘ－7,704,000＝8,400,000　　∴ **Ｘ＝40,260,000**

41

５．次期の目標営業利益率達成販売量 問５

（１）求めるものが目標営業利益率達成「販売量」であるため、目標営業利益率 15%の「販売量」をＸとする。

（２）販売量をＸとするため、１個当たりの販売単価、１個当たりの変動費を求める必要がある。

ただし、次期は当期に対して変動するため、以下のように次年度の価格を計算する。

① 次期販売単価

当期売上高 36,000,000 円÷当期販売数量 9,000 個 ＝ 当期販売単価@4,000 円

当期販売単価@4,000 円×（1－0.1）＝ **次期販売単価@3,600 円**

② 次期１個当たり変動費

直接材料費（変動費）	当期@1,000 円×1.03＝	@1,030 円
直接労務費（変動費）		@ 900 円
製造間接費（変動費）		@ 300 円
変動販売費	当期 1,800,000 円÷当期販売量 9,000 個＝	@ 200 円
次期１個当たり変動費		**@2,430 円**

（３）次年度の固定費を計算する。

製造間接費（固定費）		4,194,000 円
固定販売費及び一般管理費	当期 3,510,000 円×1.09＝	3,825,900 円
次期固定費		**8,019,900 円**

（４）（１）から（３）にもとづいて、直接原価計算方式の損益計算書を作成する。

目標営業利益は、売上高の 15%であるので、営業利益は売上高 3,600Ｘに対して 15%を乗じたものとする。

売上高	3,600X	←（２）①より
変動費	2,430X	←（２）②より
貢献利益	1,170X	
固定費	8,019,900	←（３）より
営業利益	**3,600X×0.15**	

（５）直接原価計算方式の損益計算書を計算式にして、Ｘを算定する。

3,600Ｘ－2,430Ｘ－8,019,900＝3,600Ｘ×0.15　　∴ **Ｘ＝12,730**

2級 全国統一模擬試験Ⅰ 第4回 解答解説

第1問 【解答】 各4点 計20点

	借方科目名	記号	金額	貸方科目名	記号	金額
1	本店より仕入	キ	125,000	本店	ア	125,000
	本店	ア	200,000	売掛金	ウ	200,000
2	未収入金	ウ	150,000	備品	イ	1,600,000
	貯蔵品	カ	100,000			
	備品減価償却累計額	エ	1,200,000			
	固定資産売却損	ア	50,000			
	固定資産除却損	ク	100,000			
3	関連会社株式	オ	1,417,500	普通預金	ク	1,350,000
	その他有価証券	キ	735,000	未払金	エ	700,000
				現金	カ	102,500
4	不渡手形	キ	760,200	当座預金	ク	502,200
				受取手形	カ	250,000
				現金	ア	8,000
5	当座預金	エ	510,400	受取手形	カ	120,000
	手形売却損	ア	6,000	電子記録債権	ウ	400,000
	電子記録債権売却損	オ	3,600			

第1問 【解説】

1．本支店間取引（支店側）

① **本店仕入**

（借）	本店より仕入	125,000 *1	（貸）	本店	125,000 *2

*1 問題文に「本店は、新宿支店に対して商品¥125,000（振替価額）を販売していたが、新宿支店で未処理であった」と記載があり、本店から仕入れた場合、外部から仕入れた場合と区別するため、本店より仕入勘定で仕訳する。

*2 本支店間取引・支店側において、会社内部の債権債務は本店勘定で仕訳する。（支店は本店から商品を仕入れたため、支店は本店に対して債務があるといえる。）

② **広告宣伝費の立替**

仕訳なし

問題文に「新宿支店で必要な仕訳を行いなさい」と記載があるため、仕訳なしとなる。

③ **売掛金の回収**

（借）	本店	200,000 *3	（貸）	売掛金	200,000

*3 本支店間取引・支店側において、会社内部の債権債務は本店勘定で仕訳する。（本店が支店の売掛金を回収したため、支店は本店に対して債権があるといえる。）

④ **上記（①、②、③）の合計仕訳**

（借）	本店より仕入	125,000	（貸）	本店	125,000 *4
	本店	200,000 *4		売掛金	200,000

*4 問題文に「仕訳作成にあたり、勘定科目は相殺しないこと」と記載があるため、本店勘定は相殺しないで仕訳する。

２．備品の期首売却・除却

① 備品の期首売却

(借)	未収入金	150,000 *2	(貸)	備品	800,000 *1
	備品減価償却累計額	600,000 *3			
	固定資産売却損	50,000 *4			

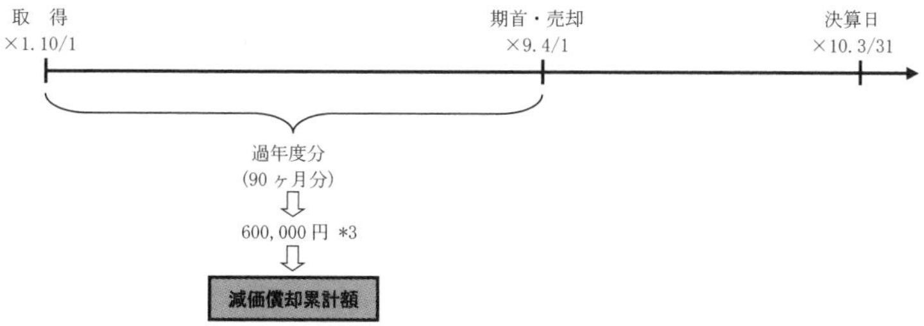

*1 備品700,000円＋据付費用100,000円(付随費用のため備品勘定に含める)＝800,000円

*2 問題文に「代金は翌月末に受け取ることとなった」と記載があるため、未収入金勘定で仕訳する。
（備品の売却は主たる営業活動に係る取引には該当しないため、売却代金に係る債権は「未収入金」となる。）

*3 備品(取得原価)800,000円(*1)÷耐用年数10年×$\frac{90ヶ月(×1年10月～×9年3月)}{12ヶ月}$＝600,000円

*4 貸借差額

② 備品の期首除却

(借)	貯蔵品	100,000 *5	(貸)	備品	800,000 *1
	備品減価償却累計額	600,000 *3			
	固定資産除却損	100,000 *6			

*5 問題文に「処分価値¥100,000」と記載があるため、貯蔵品勘定で仕訳する。

*6 貸借差額(*7)

*7 問題文に「除却(処分価値¥100,000)することにした」と記載があるため、固定資産除却損勘定で仕訳する。

③ 上記（①、②）の合計仕訳

(借)	未収入金	150,000	(貸)	備品	1,600,000
	貯蔵品	100,000			
	備品減価償却累計額	1,200,000			
	固定資産売却損	50,000			
	固定資産除却損	100,000			

３．関連会社株式とその他有価証券の取得

(借)	関連会社株式	1,417,500 *1	(貸)	普通預金	1,350,000
	その他有価証券	735,000 *3		未払金	700,000 *5
				現金	102,500 *6

*1 (1株当たり250円×5,400株)
＋(1株当たり250円×5,400株)×手数料5%(付随費用は関連会社株式勘定に含める)＝1,417,500円(*2)

*2 問題文に「青森商事株式会社に対して影響力を行使することを目的」と記載があるため、関連会社株式勘定で仕訳する。（発行する株式の50%では、過半数に達していないため、子会社株式勘定で仕訳することにはならない点に注意すること。）

*3 購入代金700,000円＋(購入代金700,000円×手数料5%(付随費用はその他有価証券に含める))＝735,000円(*4)

*4 問題文に「長期にわたる取引関係を維持するために」と記載があるため、その他有価証券勘定で仕訳する。

*5 問題文に「後日支払うこととなっている」と記載があるため、未払金勘定で仕訳する。
（その他有価証券の購入は、主たる営業活動に係る取引には該当しないため、購入代金に係る債務は「未払金」となる。）

*6 ((1株当たり250円×5,400株)×手数料5%)＋(購入代金700,000円×手数料5%)＝102,500円

４．不渡手形の計上

(借)	不渡手形	760,200 *1	(貸)	当座預金	502,200 *4
				受取手形	250,000 *5
				現金	8,000

*1 割引手形300,000円(*2)＋裏書手形200,000円(*2)＋延滞利息2,200円(*3)
＋受取手形250,000円(*2)＋償還請求費用8,000円(*3)＝760,200円

*2 満期日に支払拒絶されたことによって償還請求を受けた場合および保有する受取手形が不渡りとなった場合、不渡手形勘定で仕訳する。

*3 満期日から償還請求を受けるまでの期間の延滞利息および償還請求に係る諸費用の支払額については、手形の振出人に請求することができるため、不渡手形勘定に含めて仕訳する。

*4 問題文に「小切手を振り出して決済した」と記載があるため、当座預金勘定で仕訳する。

*5 問題文に「当社が保有している千葉商店振出の約束手形」と記載があるため、受取手形勘定で仕訳する。

５．受取手形と電子記録債権の割引

(借)	当座預金	510,400 *1	(貸)	受取手形	120,000 *3
	手形売却損	6,000 *2		電子記録債権	400,000
	電子記録債権売却損	3,600 *2			

*1 (受取手形120,000円＋電子記録債権400,000円)－割引料9,600円＝510,400円

*2 問題文に「各割引料について独立の勘定科目を使用して記帳している」と記載があるため、約束手形(受取手形)に係る割引料は手形売却損勘定、電子記録債権に係る割引料は電子記録債権売却損勘定で仕訳する。

*3 問題文に「得意先振り出しの約束手形」と記載があるため、受取手形勘定で仕訳する。

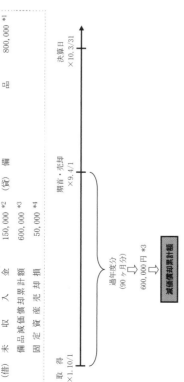

第2問 【解答】 ● 2点×10箇所 計20点

株主資本等変動計算書

自×7年4月1日 至×8年3月31日 （単位：千円）

	株主資本			
	資本金	資本剰余金		
		資本準備金	その他資本剰余金	資本剰余金合計
当期首残高	60,000	10,000	5,000	15,000
当期変動額				
剰余金の配当		（ 120）	（● △2,120）	（ △2,000）
吸収合併	（● 20,000）	（ 20,000）	（ 5,000）	（ 25,000）
新株の発行	（● 7,000）	（ 7,000）		（ 7,000）
計数の変動	（● 1,500）	（ 1,000）	（ △2,500）	（● △1,500）
当期純損失				
損失の補填				
当期変動額合計	（ 28,500）	（ 28,120）	（ 380）	（ 28,500）
当期末残高	（ 88,500）	（ 38,120）	（ 5,380）	（ 43,500）

（下段へ続く）

（上段から続く）

	株主資本					純資産合計
	利益剰余金				株主資本合計	
	利益準備金	その他利益剰余金		利益剰余金合計		
		任意積立金	繰越利益剰余金			
当期首残高	4,700	3,000	5,000	12,700	87,700	87,700
当期変動額						
剰余金の配当	（ 180）		（ △3,180）	（● △3,000）	（ △5,000）	（ △5,000）
吸収合併					（ 45,000）	（ 45,000）
新株の発行					（ 14,000）	（ 14,000）
計数の変動					—	—
当期純損失			（● △3,000）	（ △3,000）	（ △3,000）	（ △3,000）
損失の補填		（● △1,180）	（ 1,180）	—	—	—
当期変動額合計	（ 180）	（ △1,180）	（ △5,000）	（ △6,000）	（ 51,000）	（ 51,000）
当期末残高	（ 4,880）	（ 1,820）	（● 0）	（ 6,700）	（ 138,700）	（● 138,700）

第2問 【解説】（単位：千円）

1. ×7年6月26日 剰余金の配当

（借）	その他資本剰余金	2,120 *4	（貸）	未払配当金	5,000 *1
	繰越利益剰余金	3,180 *5		資本準備金	120 *3
				利益準備金	180 *3

*1 その他資本剰余金からの配当2,000千円＋繰越利益剰余金からの配当3,000千円＝5,000千円(*2)

*2 株主総会により配当することが承認されたため、未払配当金勘定で仕訳する。

*3 下記の判定式から、いずれか小さい金額が準備金となる。

① 答案用紙・資本金当期首残高60,000千円×$\frac{1}{4}$

－14,700千円(答案用紙・資本準備金当期首残高10,000千円＋利益準備金当期首残高4,700千円)＝300千円

② 配当金額合計5,000千円(*1)×$\frac{1}{10}$＝500千円

①＜② ∴ 準備金積立合計額は300千円となる。なお、資本準備金と利益準備金の内訳は、問題文に指示が記載されていないため、原則的な方法として、配当金の財源の割合に応じて計算する。

資本準備金計上額：300千円(①)×$\frac{\text{その他資本剰余金からの配当}2{,}000\text{千円}}{\text{配当金額合計}5{,}000\text{千円}(*1)}$＝120千円

利益準備金計上額：300千円(①)×$\frac{\text{繰越利益剰余金からの配当}3{,}000\text{千円}}{\text{配当金額合計}5{,}000\text{千円}(*1)}$＝180千円

*4 その他資本剰余金からの配当2,000千円＋資本準備金120千円(*3)＝2,120千円

*5 繰越利益剰余金からの配当3,000千円＋利益準備金180千円(*3)＝3,180千円

2. ×7年7月1日 吸収合併

（借）	諸資産	120,000 *1	（貸）	諸負債	90,000 *1
	のれん	15,000 *5		資本金	20,000 *2
				資本準備金	20,000 *2
				その他資本剰余金	5,000 *3

*1 吸収合併によって取得する資産および負債は、吸収合併時の時価で仕訳する。

*2 問題文に「株式の交付にともなって増加する株主資本は、資本金20,000千円、資本準備金20,000千円」と記載があるため、資本金および資本準備金は20,000千円で仕訳する。

*3 1株当たり9,000円×5,000株－資本金20,000千円－資本準備金20,000千円＝5,000千円(*4)

*4 問題文に「残額をその他資本剰余金とした」と記載があるため、その他資本剰余金勘定で仕訳する。

*5 貸借差額（貸借差額が借方に生じるため、のれん勘定で仕訳する。）

3. ×7年10月1日 増資

（借）	当座預金	14,000 *1	（貸）	資本金	7,000 *2
				資本準備金	7,000 *2

*1 1株当たり3,500円×4,000株＝14,000千円

*2 問題文に「資本金の額は会社法が認める最低額とする」と記載があるため、払込金額のうち、2分の1を資本金勘定、残額を資本準備金勘定で仕訳する。

4. ×7年12月31日 計数の変動（その他資本剰余金から資本金および資本準備金への振替）

（借）	その他資本剰余金	2,500	（貸）	資本金	1,500
				資本準備金	1,000 *1

*1 その他資本剰余金2,500千円－資本金1,500千円＝1,000千円

5．×8年3月31日　当期純損失の計上

(借)	繰越利益剰余金	3,000	(貸)	損　　　　益	3,000

損　　益　(単位：千円)

3/31	費　　用	×××	3/31	収　　益	×××
			3/31	繰越利益剰余金	3,000
		×××			×××

繰越利益剰余金　(単位：千円)

6/26	諸　　口	3,180	4/1	前期繰越	5,000
3/31	損　　益	3,000			

※　解説の都合上、問題文から収益総額および費用総額は判明しないため「×××」としている。

6．欠損の補塡

(借)	任意積立金	1,180	(貸)	繰越利益剰余金	1,180

答案用紙・繰越利益剰余金当期首残高5,000千円－剰余金の配当3,180千円(上記1.「剰余金の配当」参照)
－当期純損失3,000千円(上記5.「当期純損失の計上」参照)＝△1,180千円

問題文に「繰越利益剰余金がマイナス残高となった場合、マイナス残高がゼロになるように任意積立金で補塡する」と記載があるため、任意積立金勘定を取り崩し、繰越利益剰余金を補塡する仕訳をする。

第3問 【解答】 ○ 勘定科目と金額をセットで正解2点×2箇所 ● 2点×8箇所 計20点

貸借対照表
×3年3月31日
(単位：円)

資産の部		
Ⅰ 流動資産		
現金預金		(● 5,045,800)
受取手形		(1,750,000)
売掛金		(2,900,000)
電子記録債権		(1,350,000)
有価証券		(● 2,060,500)
商品		(987,000)
未収収益		(● 11,250)
前払費用		(20,000)
貸倒引当金		(△ ● 180,000)
Ⅱ 固定資産		
建物	(4,500,000)	
減価償却累計額	(△ 1,500,000)	(3,000,000)
備品	(750,000)	
減価償却累計額	(△ 442,800)	(307,200)
(リース資産)	(480,000)	
減価償却累計額	(△ ● 96,000)	(384,000)
(長期性預金)		(3,000,000)
繰延税金資産		(● 67,500)
資産合計		(20,703,250)
負債の部		
Ⅰ 流動負債		
支払手形		(1,600,000)
買掛金		(1,800,000)
(リース債務)		(○ 96,000)
未払法人税等		(● 1,646,400)
未払消費税		(● 1,040,000)
Ⅱ 固定負債		
(長期借入金)		(○ 4,000,000)
リース債務		(288,000)
負債合計		(10,470,400)
純資産の部		
Ⅰ 株主資本		
資本金		(5,000,000)
資本準備金		(700,000)
利益準備金		(200,000)
繰越利益剰余金		(4,332,850)
純資産合計		(10,232,850)
負債・純資産合計		(20,703,250)

第3問 【解説】

[資料Ⅱ] 未処理事項

1．通貨代用証券（配当金領収証）

(借)	現金	20,000 *1	(貸) 受取配当金	20,000

*1 配当金領収証は、通貨代用証券に該当するため、現金勘定で仕訳する。

2．売買目的有価証券の売却

(借)	当座預金	2,018,000 *1	(貸) 売買目的有価証券	1,950,500 *2
	支払手数料	30,000 *3	有価証券売却益	97,500 *4

*1 問題文・売却代金2,048,000円－支払手数料30,000円(*3)＝2,018,000円
*2 前T/B 3,901,000円÷2＝1,950,500円
*3 問題文に「売却損益と手数料を相殺せずに計上する」と記載があるため、支払手数料勘定で仕訳する。
*4 貸借差額 または、問題文・売却代金2,048,000円－売買目的有価証券1,950,500円(*2)＝97,500円

[資料Ⅲ] 決算整理事項

1．貸倒引当金の計上

(1) 繰入額

(借)	貸倒引当金繰入	135,000	(貸) 貸倒引当金	135,000

見積額：(前T/B受取手形1,750,000円＋売掛金2,900,000円＋電子記録債権1,350,000円)×3%＝180,000円
繰入額：見積額180,000円－前T/B 貸倒引当金45,000円＝135,000円

(2) 税効果会計

(借)	繰延税金資産	28,500	(貸) 法人税等調整額	28,500

問題文・一時差異95,000円×法定実効税率30%＝28,500円
問題文に「¥95,000は税法上損金に算入することが認められない」と記載があるため、95,000円を損金不算入項目として税効果会計を適用し、借方に繰延税金資産勘定、貸方に法人税等調整額勘定で仕訳する。

2．売上原価の算定（棚卸減耗損、商品評価損）

(借)	仕入	980,000	(貸) 繰越商品	980,000 *1
	繰越商品	1,100,000 *2	仕入	1,100,000
	棚卸減耗損	50,000 *3	繰越商品	113,000 *5
	商品評価損	63,000 *4		

*1 前T/B 繰越商品980,000円
*2 原価@1,000円×帳簿棚卸数量1,100個＝1,100,000円
*3 原価@1,000円×(帳簿棚卸数量1,100個－実地棚卸数量1,050個(＝900個＋150個))＝50,000円
*4 (原価@1,000円－正味売却価額@960円)×実地棚卸数量900個
＋(原価@1,000円－正味売却価額@820円)×実地棚卸数量150個＝63,000円
*5 棚卸減耗損50,000円(*3)＋商品評価損63,000円(*4)＝113,000円

3．売買目的有価証券の評価

(借)	売買目的有価証券	110,000	(貸) 有価証券評価益	110,000

問題文・時価2,060,500円
－(前T/B 売買目的有価証券3,901,000円－1,950,500円(上記［資料Ⅱ］2.「売買目的有価証券の売却」参照))
＝110,000円(評価益)

4. 減価償却費の計上

（1）建物

(借) 減価償却費	150,000	(貸) 建物減価償却累計額	150,000

前T/B 建物4,500,000円÷耐用年数30年＝150,000円

（2）備品

(借) 減価償却費	76,800	(貸) 備品減価償却累計額	76,800

(前T/B 備品750,000円－前T/B 備品減価償却累計額366,000円)×償却率20%(※)＝76,800円

※ $\frac{1}{\text{耐用年数10年}}$×200%×100＝20%

（3）リース資産

(借) 減価償却費	96,000	(貸) リース資産減価償却累計額	96,000

前T/B リース資産480,000円÷耐用年数5年＝96,000円

【参考】リース債務

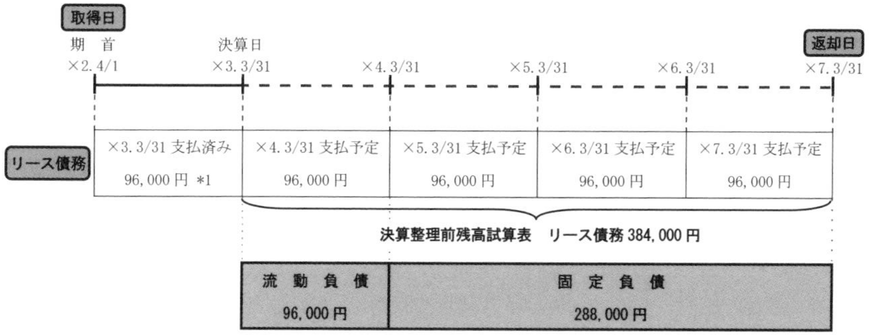

*1 リース料総額480,000円（年間支払額96,000円×5回）と前T/B リース資産480,000の金額が一致しているため、利子込み法で処理していると判断する。

（4）税効果会計

(借) 繰延税金資産	39,000	(貸) 法人税等調整額	39,000

問題文・一時差異130,000円×法定実効税率30%＝39,000円

問題文に「¥130,000は税法上損金に算入することが認められない」と記載があるため、130,000円を損金不算入項目として税効果会計を適用し、借方に繰延税金資産勘定、貸方に法人税等調整額勘定で仕訳する。

5. 未収利息の計上

(借) 未収利息	11,250	(貸) 受取利息	11,250

前T/B 定期預金3,000,000円×年利率1.5%× $\frac{\text{3ヶ月(×3年1月～×3年3月)}}{\text{12ヶ月}}$ ＝11,250円

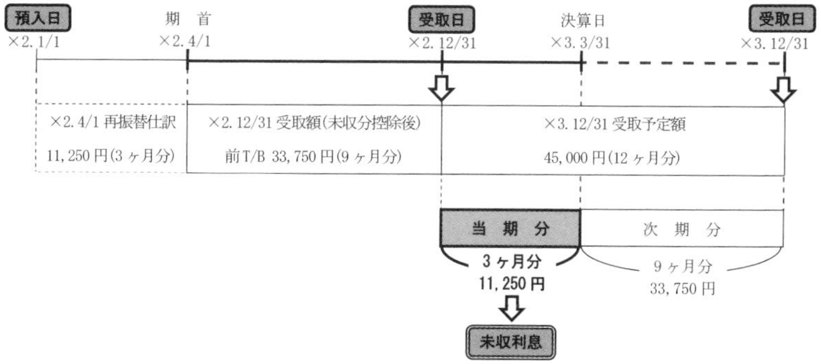

6. 前払利息の振替

(借) 支払利息	40,000	(貸) 前払利息	40,000

前T/B 借入金4,000,000円×年利率3.0%× $\frac{\text{6ヶ月(×2年12月～×3年5月)}}{\text{12ヶ月}}$ ＝60,000円(前T/B 前払利息)

支払額60,000円× $\frac{\text{4ヶ月(×2年12月～×3年3月)}}{\text{6ヶ月}}$ ＝40,000円

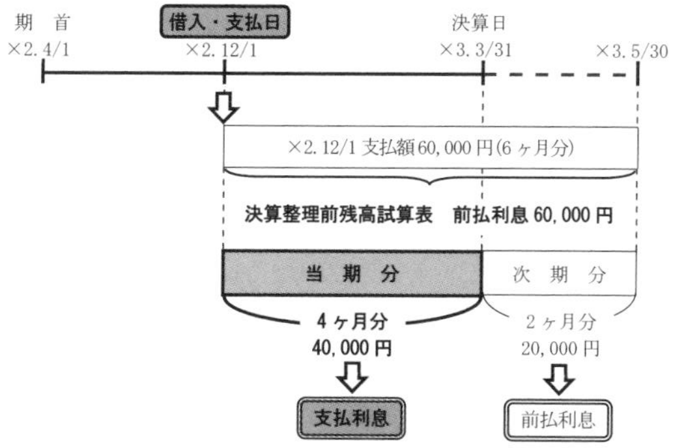

7. 未払消費税の計上

(借) 仮受消費税	2,436,000 *1	(貸) 仮払消費税	1,396,000 *2
		未払消費税	1,040,000 *3

*1 前T/B 仮受消費税2,436,000円

*2 前T/B 仮払消費税1,396,000円

*3 貸借差額

8．法人税、住民税及び事業税の計上

(借)	法人税、住民税及び事業税	1,646,400 *1	(貸)	未払法人税等	1,646,400

*1 課税所得5,488,000円(*2)×法定実効税率30%＝1,646,400円

*2 問題文・税引前当期純利益5,263,000円

＋損金不算入項目225,000円(95,000円(上記［資料Ⅲ］1.(2)「税効果会計」参照)

＋130,000円(上記［資料Ⅲ］4.(4)「税効果会計」参照))＝5,488,000円(*3)

*3 課税所得は、税引前当期純利益の金額に対して、損金不算入・算入項目、益金不算入・算入項目を加減算することによって計算する。本問では、損金不算入項目のみ存在するため、税引前当期純利益に損金不算入項目を加算すればよい。

9．損益計算書の作成

損 益 計 算 書

自×2年4月1日　至×3年3月31日　(単位：円)

Ⅰ 売上高		(30,450,000)
Ⅱ 売上原価		
1 期首商品棚卸高	(980,000)	
2 当期商品仕入高	(17,450,000)	
合計	(18,430,000)	
3 期末商品棚卸高	(1,100,000)	
差引	(17,330,000)	
4 棚卸減耗損	(50,000)	
5 商品評価損	(63,000)	(17,443,000)
売上総利益		(13,007,000)
Ⅲ 販売費及び一般管理費		
1 給料	(6,585,000)	
2 広告宣伝費	(678,000)	
3 租税公課	(235,700)	
4 貸倒引当金繰入	(135,000)	
5 減価償却費	(322,800)	(7,956,500)
営業利益		(5,050,500)
Ⅳ 営業外収益		
1 受取利息	(45,000)	
2 受取配当金	(30,000)	
3 有価証券評価益	(110,000)	
4 有価証券売却益	(97,500)	(282,500)
Ⅴ 営業外費用		
1 支払利息	(40,000)	
2 支払手数料	(30,000)	(70,000)
税引前当期純利益		(5,263,000)
法人税、住民税及び事業税	(1,646,400)	
法人税等調整額	(△67,500)	(1,578,900)
当期純利益		(3,684,100)

48

10. 貸借対照表の作成

現金預金	仕訳上では「現金」「当座預金」勘定を使用するが、貸借対照表上は、「現金預金」で表示する。
貸倒引当金	答案用紙の貸倒引当金が流動資産の最下部に記載されているため、一括間接控除方式で表示すべきであると判断する。したがって、貸借対照表上は、売上債権に対する貸倒引当金の合計額を表示する。
商品	仕訳上では「繰越商品」勘定を使用するが、貸借対照表上は、「商品」で表示する。
未収収益	仕訳上では「未収利息」勘定を使用するが、貸借対照表上は、「未収収益」で表示する。
前払費用	仕訳上では「前払利息」勘定を使用するが、貸借対照表上は、「前払費用」で表示する。
減価償却累計額	答案用紙の減価償却累計額が関連する各科目の下に記載されているため、科目別間接控除方式で表示すべきであると判断する。なお、仕訳上では「建物減価償却累計額」「備品減価償却累計額」「リース資産減価償却累計額」勘定を使用するが、貸借対照表上は、「減価償却累計額」で関連する各資産の下に表示する。
長期性預金	仕訳上では「定期預金」勘定を使用するが、定期預金は、貸借対照表日の翌日から起算して、1年を超える×6年12月31日に満期日を迎えるため、1年基準の適用により、貸借対照表上は、固定資産の投資その他の資産の区分に「長期性預金」で表示する。
リース債務	貸借対照表上は1年基準の適用により、リース債務のうち、貸借対照表日の翌日から起算して、1年以内の×4年3月31日に支払期日を迎える96,000円は、流動負債の区分に表示し、1年を超える×5年3月31日以降に支払期日を迎える288,000円は、固定負債の区分に表示する。
長期借入金	仕訳上では「借入金」勘定を使用するが、借入金は、貸借対照表日の翌日から起算して、1年を超える×5年11月30日に返済日を迎えるため、1年基準の適用により、貸借対照表上は、固定負債の区分に「長期借入金」で表示する。
繰越利益剰余金	前T/B 繰越利益剰余金648,750円 ＋当期純利益3,684,100円(上記［資料Ⅲ］9.「損益計算書の作成」参照)＝4,332,850円

第4問 【解答】 (1) 12点 (2) 16点　計28点

(1) 各4点　計12点

	借方科目名	記号	金額	貸方科目名	記号	金額
1	工場	ア	273,000	買掛金	カ	273,000
2	仕掛品	ウ	400,000	賃金・給料	オ	500,000
	製造間接費	カ	100,000			
3	製造間接費配賦差異	ウ	85,700	製造間接費	オ	85,700

(2) ● 2点×8箇所　計16点

問1　● 12,900 円／個

問2

仕掛品 (単位：円)

借方	金額	貸方	金額
月初有高	(693,000)	製品	(● 10,707,000)
直接材料費	(1,731,000)	月末有高	(● 2,966,700)
直接労務費	(1,812,750)	標準原価差異	(● 352,050)
製造間接費	(9,789,000)		
標準原価差異	(—)		
	(● 14,025,750)		(14,025,750)

問3

仕掛品 (単位：円)

借方	金額	貸方	金額
月初有高	(693,000)	製品	(10,707,000)
直接材料費	(● 1,692,000)	月末有高	(2,966,700)
直接労務費	(● 2,135,700)	標準原価差異	(—)
製造間接費	(● 9,153,000)		
標準原価差異	(—)		
	(13,673,700)		(13,673,700)

第4問 【解説】

(1)

1．材料の購入（工場会計）

本社	工場
工場 273,000 ／ 買掛金 273,000	材料 273,000 ／ 本社 273,000

(借) 工場 273,000 *1 (貸) 買掛金 273,000 *2

*1 問題文に「材料は工場倉庫に搬入させ」と記載があるため、工場勘定で仕訳する。

*2 問題文に「支払いは本社が行っている」と記載があるため、買掛金勘定で支払いの仕訳をする。

2．賃金・給料の消費高の計上

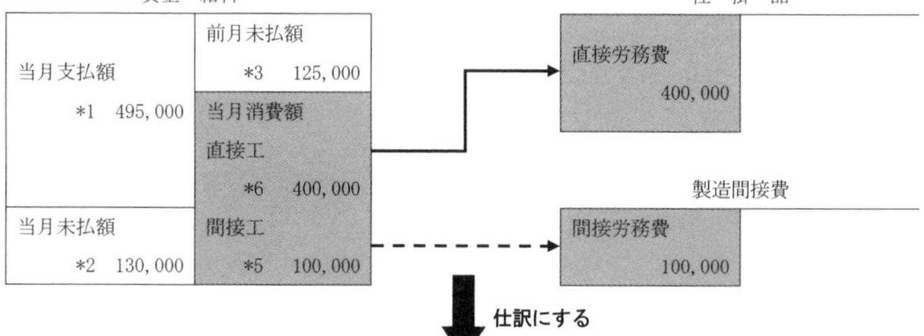

(借) 仕掛品 400,000 *6 (貸) 賃金・給料 500,000 *4
　　製造間接費 100,000 *5

*1 当月支払額：当月25日支払分495,000円

*2 当月未払額：当月21日から31日分130,000円

*3 前月未払額：前月21日から31日分125,000円

*4 当月支払額495,000円＋当月未払額130,000円－前月未払額125,000円＝500,000円

*5 当月消費額500,000円(*4)×20%＝100,000円

*6 当月消費額500,000円(*4)－間接工100,000円(*5)＝400,000円

3．製造間接費配賦差異の計上

製造間接費

実際発生額 1,857,600	予定配賦額 *1 1,771,900
	製造間接費配賦差異 *3 85,700

製造間接費配賦差異

借方差異 85,700	

仕訳にする

（借）	製造間接費配賦差異	85,700 *3	（貸）	製造間接費	85,700

*1　@290円(*2)×実際機械作業時間6,110時間＝1,771,900円

*2　$\frac{\text{年間の製造間接費予算 21,576,000円}}{\text{年間の予定機械作業時間 74,400時間}}$ ＝@290円

*3　予定配賦額1,771,900円－実際発生額1,857,600円＝△85,700円（不利差異・借方差異）

⑵

1．標準原価カードの作成（問1）

	標準単価		物量標準		原価標準
直接材料費	300円/kg	×	6kg/個	＝	1,800円/個
直接労務費	700円/h	×	3h/個	＝	2,100円/個
製造間接費	3,000円/h	×	3h/個	＝	9,000円/個
			製品1個当たりの標準原価		12,900円/個

※　製造間接費について

標準単価：製造間接費年間予算額118,800,000円（変動費71,280,000円＋固定費47,520,000円）

÷年間の予定直接作業時間39,600時間 ＝ 3,000円/時間

物量標準：問題文に「製造間接費の配賦基準は直接作業時間」と記載されているため、直接労務費と同じ物量標準を使用する。

2．仕掛品勘定の作成（パーシャル・プラン）（問2）

問2では、勘定記入の方法として、パーシャル・プランによっている。パーシャル・プランとは、直接材料費、直接労務費、製造間接費配賦額を仕掛品勘定に振り替える際に**実際原価**で記入する方法をいう。言い換えれば、それ以外の仕掛品勘定の項目（月初有高、製品、月末有高）は、**標準原価**で記入する。

（1）**生産データ**

仕掛品（直接材料費）

月初 200個	完成品 830個
当月投入 940個	月末 310個

仕掛品（加工費）

月初(200個×15%) 30個	完成品 830個
当月投入 （差引）1,017個	月末(310個×70%) 217個

（2）**実際原価での記入**

① 直接材料費　問題文［資料5.］実際発生額1,731,000円

② 直接労務費　問題文［資料5.］実際発生額1,812,750円

③ 製造間接費　問題文［資料5.］実際発生額9,789,000円

（3）**標準原価での記入**

標準原価計算では原価標準が設定されるため、1個当たりの金額は決まっている。そのため、**原価標準に数量を乗じるだけ**で、完成品原価、月初仕掛品原価、月末仕掛品原価を簡単に計算することができる。ただし、**月初仕掛品と月末仕掛品**は**加工進捗度を考慮する必要がある**ので、**直接材料費に乗じる数量と、加工費に乗じる数量が異なる**ことに注意すること。

① **完成品**

製品1個当たりの標準原価12,900円/個×830個 ＝ 10,707,000円

② **月初有高**

直接材料費：原価標準1,800円/個×200個＝　360,000円

直接労務費：原価標準2,100円/個× 30個＝　63,000円

製造間接費：原価標準9,000円/個× 30個＝　270,000円

693,000円

③ **月末有高**

直接材料費：原価標準1,800円/個×310個＝　558,000円

直接労務費：原価標準2,100円/個×217個＝　455,700円

製造間接費：原価標準9,000円/個×217個＝　1,953,000円

2,966,700円

（4）**標準原価差異**

貸借差額：352,050円（貸方）

3．仕掛品勘定の作成（シングル・プラン）（問3）

問3では、勘定記入の方法として、シングル・プランによっている。シングル・プランとは、直接材料費、直接労務費、製造間接費配賦額を仕掛品勘定に振り替える際に**標準原価**で記入する方法をいう。言い換えれば、すべての仕掛品勘定の項目を、**標準原価**で記入する。したがって、当月投入分以外は問2とまったく同じである。下記には、相違点である当月投入のみ（直接材料費、直接労務費、製造間接費）示すことにする。

（1）**当月投入（直接材料費、直接労務費、製造間接費）**

直接材料費：原価標準1,800円/個× 940個＝　1,692,000円

直接労務費：原価標準2,100円/個×1,017個＝　2,135,700円

製造間接費：原価標準9,000円/個×1,017個＝　9,153,000円

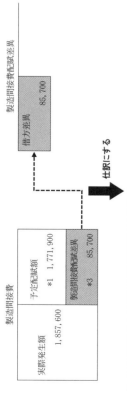

第5問 【解答】 ● 2点×6箇所 計12点

問1 直接原価計算による損益計算書では、原価（製造原価、販売費及び一般管理費）を（ ① **エ** ）と（ ② **オ** ）とに分解し、売上高から①を控除して（ ③ ● **ク** ）を計算して、さらに②を控除して営業利益を計算する。

本問において、③は（ ④ **14,400,000** ）円であり、営業利益は（ ⑤ ● **6,480,000** ）円である。本問の場合、直接原価計算による営業利益は、全部原価計算における営業利益と比べて、全部原価計算において期末棚卸資産に含まれる固定製造間接費の分だけ（ ⑥ **コ** ）なる。

問2	● 19,800,000 円	**問3**	● 45 %
問4	● 2,000,000 円	**問5**	● 12,000 台

第5問 【解説】

1．直接原価計算方式による損益計算書の作成 問1

損益計算書 （単位：円）

Ⅰ 売上高		36,000,000
Ⅱ 変動売上原価		19,800,000
Ⅲ 変動販売費		1,800,000
貢献利益		14,400,000
Ⅳ 固定費		7,920,000
営業利益		6,480,000

（1）**売上高**

販売単価@4,000円×販売数量9,000台＝36,000,000円

（2）**変動売上原価**

製造原価の資料は、**生産数量10,000台分**であることに注意すること！

変動売上原価は、**販売数量9,000台分**で計算しなければならない。

直接原価計算方式の場合、変動費のみで製造原価を計算する。

直接材料費	10,000,000円
直接労務費	9,000,000円
製造間接費	3,000,000円
合計	22,000,000円 ÷生産数量10,000台＝@2,200円

@2,200円×販売数量9,000台＝**19,800,000円**

（3）**変動販売費**

変動販売費 1,800,000円

（4）**固定費**

製造間接費	4,500,000円
販売費及び一般管理費	3,420,000円
合計	7,920,000円

2．全部原価計算方式による損益計算書の作成

損益計算書 （単位：円）

Ⅰ 売上高	36,000,000
Ⅱ 売上原価	23,850,000
売上総利益	12,150,000
Ⅲ 販売費及び一般管理費	5,220,000
営業利益	6,930,000

（1）**売上高**

販売単価@4,000円×販売数量9,000台＝36,000,000円

（2）**売上原価**

製造原価の資料は、**生産数量10,000台分**であることに注意すること！

売上原価は、**販売数量9,000台分**で計算しなければならない。

全部原価計算方式の場合、固定費も含めて製造原価を計算する。

直接材料費	10,000,000円
直接労務費	9,000,000円
製造間接費	7,500,000円
合計	26,500,000円 ÷生産数量10,000台＝@2,650円

@2,650円×販売数量9,000台＝**23,850,000円**

（3）**販売費及び一般管理費**

変動費	1,800,000円
固定費	3,420,000円
合計	5,220,000円

3．全部原価計算方式による損益計算書と直接原価計算方式による損益計算書の比較 問1

全部原価計算方式

損益計算書 （単位：円）

売上高	36,000,000
売上原価	23,850,000
売上総利益	12,150,000
販売費及び一般管理費	5,220,000
営業利益	6,930,000

直接原価計算方式

損益計算書 （単位：円）

売上高	36,000,000
変動売上原価	19,800,000
変動販売費	1,800,000
貢献利益	14,400,000
固定費	7,920,000
営業利益	6,480,000

期末棚卸資産に含まれる固定製造間接費分だけ、営業利益が小さくなる。

4．当期の損益分岐点売上高 問２

（1）求めるものが損益分岐点「売上高」なので、「売上高」をXとする。

（2） 問１ の直接原価計算方式の損益計算書を使って、変動費率を計算する。

変動費率：（変動売上原価 19,800,000 円＋変動販売費 1,800,000 円）／売上高 36,000,000 円 ＝ **0.6**

（3）（1）、（2）にもとづいて、直接原価計算方式の損益計算書を作成する。
損益分岐点売上高を計算するので、営業利益はゼロとする。

売　上　高	X	
変　動　費	0.6X	←（2）より
貢 献 利 益	0.4X	
固　定　費	7,920,000	
営 業 利 益	**0**	

（4）直接原価計算方式の損益計算書を計算式にして、Xを算定する。

X－0.6X－7,920,000＝0　　∴**X＝19,800,000**

5．当期の安全余裕率(※) 問３

安全余裕率：（売上高 36,000,000 円－損益分岐点売上高 19,800,000 円）／売上高 36,000,000 円 ×100＝**45%**

※ 問題文に「現在の売上高が何%落ち込むと損益分岐点の売上高に達するか計算しなさい」と記載があるため、安全余裕率のことを指していると判断する。

6．売上高 5,000,000 円増加時の営業利益の増加額 問４

5,000,000 円×貢献利益率 0.4＝**2,000,000 円**

固定費は、売上高の増減に関わらず一定額発生するため、売上高の増加によって増加する貢献利益の分だけ、営業利益は増加する。

7．来期の目標営業利益率達成販売量 問５

（1）求めるものが目標営業利益率達成「販売量」なので、目標営業利益率 15%の「販売量」をXとする。

（2）販売量をXとするため、1個当たりの販売単価、1個当たりの変動費を求める必要がある。
ただし、来期は当期に対して変動するため、以下のように来期の価格を計算する。

① 来期販売単価
当期販売単価@4,000 円×（1－0.1）＝**来期販売単価@3,600 円**

② 来期1個当たり変動費

変動売上原価		@2,200 円
変動販売費	当期 1,800,000 円÷当期販売量 9,000 個＝	@　200 円
来期1個当たり変動費		**@2,400 円**

（3）（1）、（2）にもとづいて、直接原価計算方式の損益計算書を作成する。
目標営業利益は、売上高の 15%であるので、営業利益は売上高 3,600Xに対して 15%を乗じたものとする。

売　上　高	3,600X	←（2）①より
変　動　費	2,400X	←（2）②より
貢 献 利 益	1,200X	
固　定　費	7,920,000	
営 業 利 益	**3,600X×0.15**	

（4）直接原価計算方式の損益計算書を計算式にして、Xを算定する。

3,600X－2,400X－7,920,000＝3,600X×0.15　　∴**X＝12,000**

2級 全国統一模擬試験Ⅰ 第５回 解答解説

第１問 【解答】 各４点 計 20 点

	借方科目名	記号	金額	貸方科目名	記号	金額
1	未収入金	イ	7,500,000	火災未決算	カ	7,330,000
				保険差益	オ	170,000
2	当座預金	キ	2,913,300	売買目的有価証券	オ	2,850,000
	支払手数料	カ	11,700	有価証券売却益	ア	75,000
3	当座預金	ウ	75,000,000	資本金	カ	37,500,000
				資本準備金	イ	37,500,000
	創立費	キ	1,150,000	当座預金	ウ	1,150,000
4	貸倒引当金	イ	500,000	売掛金	ア	850,000
	貸倒損失	ク	350,000			
5	売掛金	キ	550,000	売上	ウ	500,000
				契約資産	エ	50,000

第１問 【解説】

1．未決算勘定の精算

① 建物の火災（火災未決算の計上）

(借)	建物減価償却累計額	2,520,000 *1	(貸)	建物	10,000,000
	減価償却費	150,000 *2			
	火災未決算	7,330,000 *3			

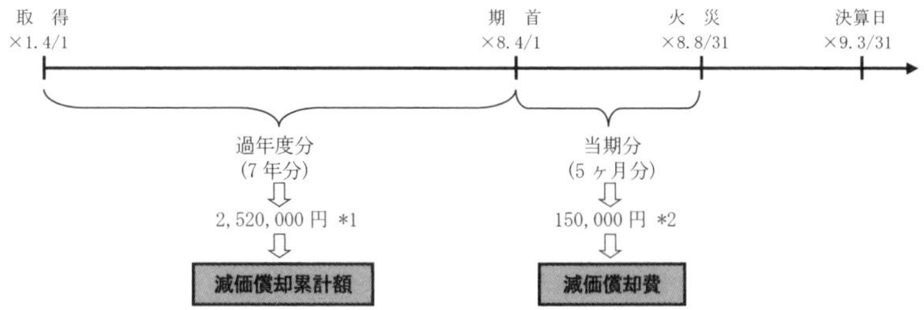

*1 建物(取得原価)10,000,000円×0.9× $\frac{7年(×1年4月～×8年3月)}{耐用年数25年}$ ＝2,520,000円

*2 建物(取得原価)10,000,000円×0.9÷耐用年数25年× $\frac{5ヶ月(×8年4月～×8年8月)}{12ヶ月}$ ＝150,000円

*3 貸借差額(*4)

*4 問題文に「火災発生日時点の帳簿価額の全額を火災未決算勘定に振り替えていた」と記載があるため、火災未決算勘定で仕訳する。

② 火災未決算の精算

(借)	未収入金	7,500,000 *5	(貸)	火災未決算	7,330,000 *5
				保険差益	170,000 *6

*5 問題文に「2週間後に全額支払う旨の連絡を保険会社から受けた」と記載があるため、火災未決算勘定を取り崩し、未収入金勘定に振り替える仕訳をする。

*6 貸借差額

2．売買目的有価証券の売却

(借)	当座預金	2,913,300 *3	(貸)	売買目的有価証券	2,850,000 *1
	支払手数料	11,700 *4		有価証券売却益	75,000 *5

*1 $\frac{第1回目2,750,000円(*2)＋第2回目1,800,000円(*2)＋第3回目580,000円(*2)}{第1回目500株＋第2回目300株＋第3回目100株}$ ×500株＝2,850,000円

*2 第1回目：1株当たり5,500円×500株＝2,750,000円
第2回目：1株当たり6,000円×300株＝1,800,000円
第3回目：1株当たり5,800円×100株＝580,000円

*3 2,850,000円(*1)－手数料11,700円＝2,913,300円

*4 問題文に「売却損益は手数料と相殺せずに計上すること」と記載があるため、支払手数料勘定で仕訳する。

*5 貸借差額

3．設立（創立費）

(借) 当座預金	75,000,000 *1	(貸) 資本金	37,500,000 *2
		資本準備金	37,500,000 *2
創立費	1,150,000 *4	当座預金	1,150,000 *6

*1　1株当たり 30,000円×2,500株＝75,000,000円

*2　75,000,000円(*1)×$\frac{1}{2}$＝37,500,000円(*3)

*3　問題文に「会社法で定める最低限度額を資本金に組み入れることとする」と記載があるため、払込金額の2分の1を資本金勘定、残額を資本準備金勘定で仕訳する。

*4　登記費用等350,000円＋株式発行にともなう諸費用800,000円＝1,150,000円(*5)

*5　問題文に「設立にあたり」と記載があるため、創立費勘定で仕訳する。
（会社設立に要した費用はすべて「創立費」となる。）

*6　問題文に「小切手を振り出して支払った」と記載があるため、当座預金勘定で仕訳する。

4．貸倒れの処理

(借) 貸倒引当金	500,000 *1	(貸) 売掛金	850,000
貸倒損失	350,000 *2		

*1　前期以前の販売から生じた売掛金について貸倒引当金が設定されているため、貸倒引当金勘定で仕訳し、貸倒引当金で充当できなかった残額は、貸倒損失勘定で仕訳する。

*2　（売掛金前期発生分530,000円－貸倒引当金500,000円(*1)）＋売掛金当期発生分320,000円＝350,000円

5．収益認識（契約資産の振替）

① 商品（プランター）引き渡し時（対価を受け取る権利が無条件ではない）

(借) 契約資産	50,000	(貸) 売上	50,000

② 商品（観葉植物）引き渡し時（対価を受け取る権利が無条件）

(借) 売掛金	550,000 *3	(貸) 売上	500,000 *1
		契約資産	50,000 *2

*1　問題文に「それぞれ独立した履行義務として識別する」と記載があり、商品を引き渡しているため、売上勘定で仕訳する。

*2　問題文に「代金は2つの商品を引き渡した後に請求する契約となっている」と記載があり、商品（観葉植物）を引き渡したことで、対価を受け取る権利が無条件になったため、契約資産勘定を振り替える仕訳をする。

*3　問題文に「今月末に請求書を送付する予定」と記載があるため、売掛金勘定で仕訳する。

第２問 【解答】 ● ２点×10箇所 計20点

連結第１年度　　連 結 精 算 表　　（単位：円）

科目	個別財務諸表 P社	個別財務諸表 S社	修正・消去 借方	修正・消去 貸方		連結財務諸表
貸借対照表						連結貸借対照表
現金預金	1,100,000	784,000				1,884,000
受取手形	900,000	400,000		300,000		1,000,000
売掛金	1,200,000	800,000		450,000		1,550,000
貸倒引当金	△ 42,000	△ 24,000	15,000		●	△ 51,000
商品	800,000	600,000		50,000		1,350,000
建物	200,000	150,000				350,000
土地	300,000	200,000		50,000		450,000
S社株式	1,500,000	—		1,500,000		—
のれん	—	—	180,000	36,000	●	144,000
資産合計	5,958,000	2,910,000	195,000	2,386,000		6,677,000
支払手形	1,000,000	400,000	300,000			1,100,000
買掛金	908,000	660,000	450,000		●	1,118,000
未払法人税等	250,000	100,000				350,000
借入金	150,000	—				150,000
資本金	2,500,000	1,000,000	1,000,000		●	2,500,000
資本剰余金	350,000	200,000	200,000			350,000
利益剰余金	800,000	550,000	2,599,000	2,025,000		776,000
非支配株主持分	—	—	30,000	363,000		333,000
負債・純資産合計	5,958,000	2,910,000	4,579,000	2,388,000		6,677,000
損益計算書						連結損益計算書
売上高	5,800,000	3,600,000	1,700,000		●	7,700,000
売上原価	4,400,000	2,500,000	50,000	1,700,000	●	5,250,000
販売費及び一般管理費	910,000	695,000	36,000	255,000		1,386,000
営業外収益	282,000	102,000	280,000		●	104,000
営業外費用	242,000	357,000				599,000
特別利益	120,000	100,000	50,000			170,000
法人税等	250,000	100,000				350,000
当期純利益	400,000	150,000	2,116,000	1,955,000		389,000
非支配株主に帰属する当期純利益			33,000	20,000	●	13,000
親会社株主に帰属する当期純利益			2,149,000	1,975,000		376,000
株主資本等変動計算書						連結株主資本等変動計算書
資本金当期首残高	2,500,000	1,000,000	1,000,000			2,500,000
資本金当期末残高	2,500,000	1,000,000	1,000,000			2,500,000
資本剰余金当期首残高	350,000	200,000	200,000			350,000
資本剰余金当期末残高	350,000	200,000	200,000			350,000
利益剰余金当期首残高	650,000	450,000	450,000			650,000
剰余金の配当	250,000	50,000		50,000		250,000
親会社株主に帰属する当期純利益	400,000	150,000	2,149,000	1,975,000	●	376,000
利益剰余金当期末残高	800,000	550,000	2,599,000	2,025,000		776,000
非支配株主持分当期首残高				330,000		330,000
非支配株主持分当期変動額			30,000	33,000		3,000
非支配株主持分当期末残高			30,000	363,000	●	333,000

第２問 【解説】

＜連結修正仕訳＞

１．投資と資本の相殺消去

（借）	資本金当期首残高	1,000,000 *2	（貸）S社株式	1,500,000 *1
	資本剰余金当期首残高	200,000 *2	非支配株主持分当期首残高	330,000 *3
	利益剰余金当期首残高	450,000 *2		
	のれん	180,000 *5		

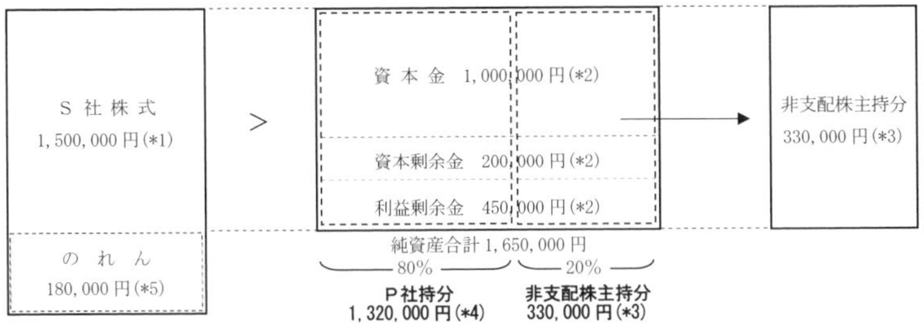

*1 問題文1.・P社×5年3月31日 S社株式1,500,000円

*2 問題文2.・S社×5年3月31日 資本金1,000,000円、資本剰余金200,000円、利益剰余金450,000円

*3 S社×5年3月31日 純資産合計1,650,000円(*2合計)×非支配株主持分比率20%＝330,000円

*4 S社×5年3月31日 純資産合計1,650,000円(*2合計)×P社持分比率80%＝1,320,000円

*5 貸借差額 または、S社株式1,500,000円(*1)－P社持分1,320,000円(*4)＝180,000円

２．当期純利益の按分

（借）	非支配株主に帰属する当期純利益	30,000	（貸）非支配株主持分当期変動額	30,000

S社の当期純利益150,000円×非支配株主持分比率20%＝30,000円

３．のれん償却の計上

（借）	販売費及び一般管理費（のれん償却）	36,000	（貸）のれん	36,000

のれん180,000円÷償却年数５年＝36,000円

４．剰余金の配当

（借）	営業外収益（受取配当金）	40,000 *1	（貸）剰余金の配当（利益剰余金当期変動額）	50,000
	非支配株主持分当期変動額	10,000 *2		

*1 S社の繰越利益剰余金(利益剰余金)からの配当額50,000円×P社持分比率80%＝40,000円

*2 S社の繰越利益剰余金(利益剰余金)からの配当額50,000円×非支配株主持分比率20%＝10,000円

5．売上高と仕入高(売上原価)の相殺消去

(借)	売　　上　　高	1,700,000	(貸)	売　上　原　価 （当期商品仕入高）	1,700,000

問題文に「Ｓ社のＰ社への売上高は¥1,700,000であり」と記載があるため、Ｓ社の売上高とＰ社の仕入高(売上原価)を相殺消去する仕訳をする。

6．棚卸資産に関する調整

①　棚卸資産に含まれる未実現損益の消去（アップ・ストリーム）

(借)	売　上　原　価 （期末商品棚卸高）	50,000	(貸)	商　　　　品	50,000

問題文に「Ｐ社がＳ社から仕入れた商品のうち、¥250,000が期末商品棚卸高に含まれている」と記載があるため、Ｐ社の当期末商品に含まれるＳ社の未実現利益を消去する仕訳をする。

Ｐ社の当期末商品に含まれるＳ社の未実現利益：

問題文・当期末商品（Ｓ社からの仕入分）250,000円×問題文・売上総利益率20%＝50,000円

②　非支配株主への負担計算（アップ・ストリーム）

(借)	非支配株主持分当期変動額	10,000	(貸)	非支配株主に帰属する当期純利益	10,000

上記6．①「棚卸資産に含まれる未実現損益の消去」より、Ｓ社の未実現利益を消去したことによってＳ社の利益が増減するため、非支配株主への負担計算の仕訳をする。

Ｓ社の未実現利益50,000円×非支配株主持分比率20%＝10,000円

7．売上債権と仕入債務に関する調整

①　受取手形と支払手形の相殺消去

(借)	支　払　手　形	300,000	(貸)	受　取　手　形	300,000

問題文に「Ｓ社の受取手形にはＰ社に対するものが含まれており、¥300,000であった」と記載があるため、当期末のＳ社の受取手形とＰ社の支払手形を相殺消去する仕訳をする。

②　売掛金と買掛金の相殺消去

(借)	買　　掛　　金	450,000	(貸)	売　　掛　　金	450,000

問題文に「Ｓ社の売掛金にはＰ社に対するものが含まれており、¥450,000であった」と記載があるため、当期末のＳ社の売掛金とＰ社の買掛金を相殺消去する仕訳をする。

③　貸倒引当金繰入額の調整（アップ・ストリーム）

(借)	貸　倒　引　当　金	15,000	(貸)	販売費及び一般管理費 （貸倒引当金繰入）	15,000

問題文に「Ｓ社は売上債権期末残高に対して2%の貸倒引当金を差額補充法により設定している」と記載があるため、上記7．①「受取手形と支払手形の相殺消去」および上記7．②「売掛金と買掛金の相殺消去」により消去した売上債権に対する貸倒引当金を調整する仕訳をする。

問題文・Ｓ社のＰ社に対する(当期末受取手形300,000円＋当期末売掛金450,000円)×2%＝15,000円

④　非支配株主への負担計算（アップ・ストリーム）

(借)	非支配株主に帰属する当期純利益	3,000	(貸)	非支配株主持分当期変動額	3,000

上記7．③「貸倒引当金繰入額の調整」より、Ｓ社の貸倒引当金を調整したことによってＳ社の利益が増減するため、非支配株主への負担計算の仕訳をする。

Ｓ社の貸倒引当金の調整額15,000円×非支配株主持分比率20%＝3,000円

8．受取家賃と支払家賃の相殺消去

(借)	営　業　外　収　益 （受　取　家　賃）	240,000	(貸)	販売費及び一般管理費 （支　払　家　賃）	240,000

問題文に「Ｐ社は×5年4月1日よりＳ社に対して建物を賃貸しており、賃貸料は¥240,000であった」と記載があるため、Ｐ社の受取家賃とＳ社の支払家賃を相殺消去する仕訳をする。

9．固定資産に関する調整

①　固定資産に含まれる未実現損益の消去（アップ・ストリーム）

(借)	特　別　利　益 （固定資産売却益）	50,000	(貸)	土　　　　地	50,000

問題文に「Ｓ社は当期にＰ社に対して帳簿価額¥100,000の土地を¥150,000で売却した」と記載があるため、Ｐ社の土地に含まれるＳ社の未実現利益を消去する仕訳をする。

Ｐ社の土地に含まれるＳ社の未実現利益：

問題文・Ｓ社売却価額150,000円－問題文・売却時Ｓ社帳簿価額100,000円＝50,000円(利益)

②　非支配株主への負担計算（アップ・ストリーム）

(借)	非支配株主持分当期変動額	10,000	(貸)	非支配株主に帰属する当期純利益	10,000

上記9．①「固定資産に含まれる未実現損益の消去」より、Ｓ社の未実現利益を消去したことによってＳ社の利益が増減するため、非支配株主への負担計算の仕訳をする。

Ｓ社の未実現利益50,000円×非支配株主持分比率20%＝10,000円

10．連結修正仕訳のまとめ(単位：千円)

×5.3/31　　当　期　　×6.3/31

資　首	1,000	Ｓ　株	1,500	非　損	30	非　当	30
資剰首	200	非　首	330	販管費	36	のれん	36
利　首	450			営外益	40	配　当	50
のれん	180			非　当	10		
				売　上	1,700	売　原	1,700
				売　原	50	商　品	50
				非　当	10	非　損	10
				支手形	300	受取手	300
				買掛金	450	売掛金	450
				貸　引	15	販管費	15
				非　損	3	非　当	3
				営外益	240	販管費	240
				特利益	50	土　地	50
				非　当	10	非　損	10

11. 連結財務諸表の作成

※ 一番左に「連結財務諸表（P/L、S/S、B/S）」の項目が記載されており、その右側には、算定過程を記載している。なお、「修正・消去」欄の数値の前に付いている番号または記号（＋ or △）の意味は以下のとおりである。

番号：上記<連結修正仕訳>における連結修正仕訳の解説番号

記号：個別財務諸表の金額の合計数値（単純合算）に足す（＋） or 引く（△）

また、下表には合計や差額で算定できるもの（親会社株主に帰属する当期純利益を除く）については記載しない。

① 連結損益計算書

項目	個別財務諸表の金額 P社側	個別財務諸表の金額 S社側	修正・消去	連結P/L 金額
売上高	5,800,000	3,600,000	5. △1,700,000	7,700,000
売上原価	4,400,000	2,500,000	5. △1,700,000 6.① ＋50,000	5,250,000
販売費及び一般管理費	910,000	695,000	3. ＋36,000 7.③ △15,000 8. △240,000	1,386,000
営業外収益	282,000	102,000	4. △40,000 8. △240,000	104,000
営業外費用	242,000	357,000	—	599,000
特別利益	120,000	100,000	9.①△ 50,000	170,000
法人税等	250,000	100,000	—	350,000
非支配株主に帰属する当期純利益	—	—	2. ＋30,000 6.② △10,000 7.④ ＋3,000 9.② △10,000	13,000
親会社株主に帰属する当期純利益	※ 連結P/Lの金額を集計する。			376,000

② 連結株主資本等変動計算書

項目	個別財務諸表の金額 P社側	個別財務諸表の金額 S社側	修正・消去	連結S/S 金額
資本金当期首残高	2,500,000	1,000,000	1. △1,000,000	2,500,000
資本剰余金当期首残高	350,000	200,000	1. △200,000	350,000
利益剰余金当期首残高	650,000	450,000	1. △450,000	650,000
剰余金の配当	250,000	50,000	4. △50,000	250,000
親会社株主に帰属する当期純利益	※ 連結損益計算書で計算した「親会社株主に帰属する当期純利益」の金額をそのまま移す。			376,000
非支配株主持分当期首残高	—	—	1. ＋330,000	330,000
非支配株主持分当期変動額	—	—	2. ＋30,000 4. △10,000 6.② △10,000 7.④ ＋3,000 9.② △10,000	3,000

③ 連結貸借対照表

項目	個別財務諸表の金額 P社側	個別財務諸表の金額 S社側	修正・消去	連結B/S 金額
現金預金	1,100,000	784,000	—	1,884,000
受取手形	900,000	400,000	7.① △300,000	1,000,000
売掛金	1,200,000	800,000	7.② △450,000	1,550,000
貸倒引当金	△ 42,000	△ 24,000	7.③ △15,000	△ 51,000
商品	800,000	600,000	6.① △50,000	1,350,000
建物	200,000	150,000	—	350,000
土地	300,000	200,000	9.① △50,000	450,000
S社株式	1,500,000	—	1. △1,500,000	—
のれん	—	—	1. ＋180,000 3. △36,000	144,000
支払手形	1,000,000	400,000	7.① △300,000	1,100,000
買掛金	908,000	660,000	7.② △450,000	1,118,000
未払法人税等	250,000	100,000	—	350,000
借入金	150,000	—	—	150,000
資本金	※ 連結株主資本等変動計算書で計算した「資本金当期末残高」「資本剰余金当期末残高」「利益剰余金当期末残高」「非支配株主持分当期末残高」の金額をそのまま移す。			2,500,000
資本剰余金				350,000
利益剰余金				776,000
非支配株主持分				333,000

第3問 【解答】 ○ 勘定科目と金額をセットで正解2点×4箇所 ● 2点×6箇所 計20点

損益計算書

自×3年4月1日 至×4年3月31日 (単位：円)

Ⅰ 売上高		(15,680,000)
Ⅱ 売上原価		
1 期首商品棚卸高	(960,000)	
2 当期商品仕入高	(8,400,000)	
合計	(9,360,000)	
3 期末商品棚卸高	(864,000)	
差引	(8,496,000)	
4 棚卸減耗損	(57,600)	
5 商品評価損	(● 6,400)	(8,560,000)
(売上総利益)		(7,120,000)
Ⅲ 販売費及び一般管理費		
1 販売費	(1,835,000)	
2 給料	(1,250,000)	
3 水道光熱費	(210,000)	
4 保険料	(● 189,000)	
5 (貸倒引当金繰入)	(● 16,000)	
6 減価償却費	(● 812,000)	(4,312,000)
(営業利益)		(2,808,000)
Ⅳ 営業外収益		
1 受取利息	(● 66,000)	
2 (有価証券評価益)	(○ 35,000)	(101,000)
Ⅴ 営業外費用		
1 支払利息	(● 95,000)	
2 (貸倒引当金繰入)	(○ 14,000)	(109,000)
(経常利益)		(2,800,000)
Ⅵ 特別利益		
1 国庫補助金受贈益		(800,000)
Ⅶ 特別損失		
1 (固定資産圧縮損)		(○ 800,000)
税引前当期純利益		(2,800,000)
法人税、住民税及び事業税		(840,000)
(当期純利益)		(○ 1,960,000)

第3問 【解説】

決算整理前残高試算表の推定

決算整理前残高試算表

×4年3月31日 (単位：円)

借方	勘定科目	貸方
1,270,000	現金	
2,270,000	当座預金	
1,320,000	受取手形	
2,030,000	売掛金	
960,000	繰越商品	
1,995,000	売買目的有価証券	
?	仮払消費税	
	貸倒引当金	82,000
10,800,000	建物	
2,400,000	備品	
1,200,000	リース資産	
	建物減価償却累計額	3,240,000
	備品減価償却累計額	1,440,000
	リース資産減価償却累計額	240,000
2,000,000	土地	
1,680,000	関連会社株式	
1,500,000	長期貸付金	
	支払手形	1,006,000
	買掛金	1,604,000
	仮受消費税	1,957,400
	リース債務	960,000
	長期借入金	2,500,000
	資本金	9,000,000
	利益準備金	250,000
	繰越利益剰余金	4,233,600
	売上	15,680,000
	受取利息	36,000
	国庫補助金受贈益	800,000
8,400,000	仕入	
?	販売費	
1,250,000	給料	
210,000	水道光熱費	
261,000	保険料	
80,000	支払利息	

③ 1,568,000

④ 41,194,000 ② 43,029,000 ① 43,029,000

⑤ 1,835,000 差額

① 貸方をすべて合計し、貸方合計を計算する。

② 貸借は必ず一致するため、貸方合計を借方合計に記入する。

③ ［資料Ⅲ］7.「未払消費税の計上」より、仮払消費税の金額が判明する。

④ 販売費を除く借方をすべて合計し、販売費を除く借方合計を計算する。

⑤ ②の借方合計と、④の販売費を除く借方合計の差額で、販売費を推定する。

［資料Ⅱ］未処理事項

1．建物の購入と圧縮記帳

（1）**建物の購入**

（借） 建物	2,000,000	（貸） 当座預金	2,000,000 *1

*1 問題文に「小切手を振り出して」と記載があるため、当座預金勘定で仕訳する。

（2）**圧縮記帳**

（借） 固定資産圧縮損	800,000 *2	（貸） 建物	800,000 *3

*2 問題文に「圧縮記帳（直接減額方式）」と記載があるため、圧縮相当額について、固定資産圧縮損勘定で仕訳する。
*3 圧縮相当額を建物の取得原価から直接減額させるため、建物勘定で仕訳する。

2．リース料の支払い（ファイナンス・リース取引）

（借） リース債務	240,000 *1	（貸） 当座預金	255,000
支払利息	15,000 *2		

*1 前T/B リース債務 960,000 円÷残存支払回数 4 回＝240,000 円
*2 貸借差額 または、(リース料総額(255,000 円×5 回)－前T/B リース資産 1,200,000 円)÷リース期間 5 年＝15,000 円

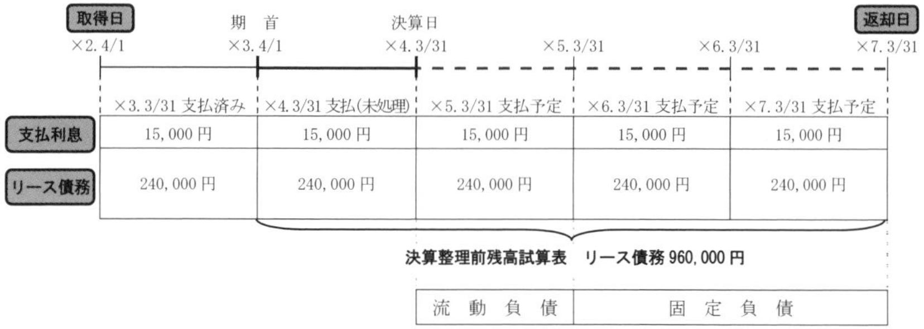

［資料Ⅲ］決算整理事項

1．貸倒引当金の計上

（1）**売上債権**

（借） 貸倒引当金繰入	16,000	（貸） 貸倒引当金	16,000

見積額：(前T/B 受取手形 1,320,000 円＋前T/B 売掛金 2,030,000 円)×2%＝67,000 円
繰入額：見積額 67,000 円－問題文・売上債権に対する貸倒引当金 51,000 円＝16,000 円

（2）**営業外債権（長期貸付金）**

（借） 貸倒引当金繰入	14,000	（貸） 貸倒引当金	14,000

見積額：前T/B 長期貸付金 1,500,000 円×3%＝45,000 円
繰入額：見積額 45,000 円－問題文・長期貸付金に対する貸倒引当金 31,000 円＝14,000 円

2．売上原価の算定（棚卸減耗損，商品評価損）

（1）**決算整理仕訳**

（借） 仕入	960,000	（貸） 繰越商品	960,000 *1
繰越商品	864,000 *2	仕入	864,000
棚卸減耗損	57,600 *3	繰越商品	64,000 *5
商品評価損	6,400 *4		

*1 前T/B 繰越商品 960,000 円
*2 原価@120 円×帳簿棚卸数量 7,200 個＝864,000 円
*3 原価@120 円×(帳簿棚卸数量 7,200 個－実地棚卸数量(6,400 個＋320 個))＝57,600 円
*4 (原価@120 円－時価@119 円)×実地棚卸数量 6,400 個＝6,400 円
*5 棚卸減耗損 57,600 円(*3)＋商品評価損 6,400 円(*4)＝64,000 円
(注) 実地棚卸数量 320 個は時価(@130 円)が原価(@120 円)を上回るため、商品評価損の計上は行わない。

3．減価償却費の計上

（1）**建物**

① **従来保有分**

（借） 減価償却費	360,000	（貸） 建物減価償却累計額	360,000

前T/B 建物 10,800,000 円÷耐用年数 30 年＝360,000 円

② **当期取得分**

（借） 減価償却費	20,000	（貸） 建物減価償却累計額	20,000

1,200,000 円(［資料Ⅱ］1.「建物の購入と圧縮記帳」参照)÷耐用年数 25 年×$\frac{5ヶ月(×3年11月～×4年3月)}{12ヶ月}$＝20,000 円

（2）**備品**

（借） 減価償却費	192,000	（貸） 備品減価償却累計額	192,000

(前T/B 備品 2,400,000 円－前T/B 備品減価償却累計額 1,440,000 円)×償却率 20%(※)＝192,000 円

※ $\frac{1}{耐用年数10年}$×200%×100＝20%

（3）**リース資産**

（借） 減価償却費	240,000	（貸） リース資産減価償却累計額	240,000

前T/B リース資産 1,200,000 円÷耐用年数 5 年＝240,000 円

4．有価証券の評価

（1）**売買目的有価証券**

（借） 売買目的有価証券	35,000	（貸） 有価証券評価益	35,000

時　価：1 株当たり 2,900 円×700 株＝2,030,000 円
帳簿価額：前T/B 1,995,000 円
時価 2,030,000 円－帳簿価額 1,995,000 円＝35,000 円（評価益）

（2）**関連会社株式**

仕訳なし

決算時に時価の変動があっても、時価に評価替えを行わない。

5．前払保険料の計上

(借)	前払保険料	72,000	(貸)	保険料	72,000

問題文・保険料 216,000 円 × $\frac{4ヶ月(×4年4月～×4年7月)}{12ヶ月}$ ＝72,000 円

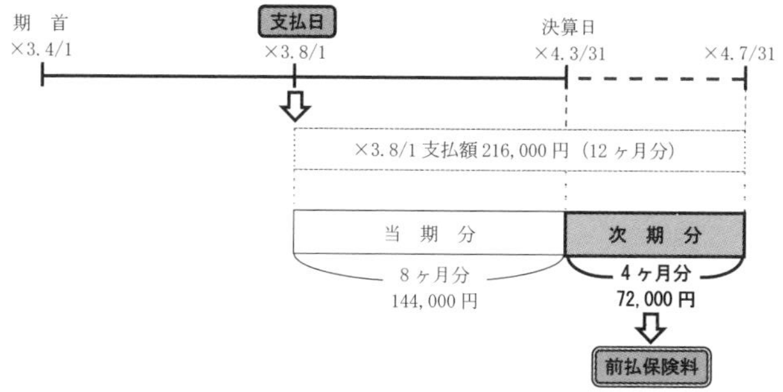

6．未収利息の計上

(借)	未収利息	30,000	(貸)	受取利息	30,000

前 T/B 長期貸付金 1,500,000 円 × 年利率 3% × $\frac{8ヶ月(×3年8月～×4年3月)}{12ヶ月}$ ＝30,000 円

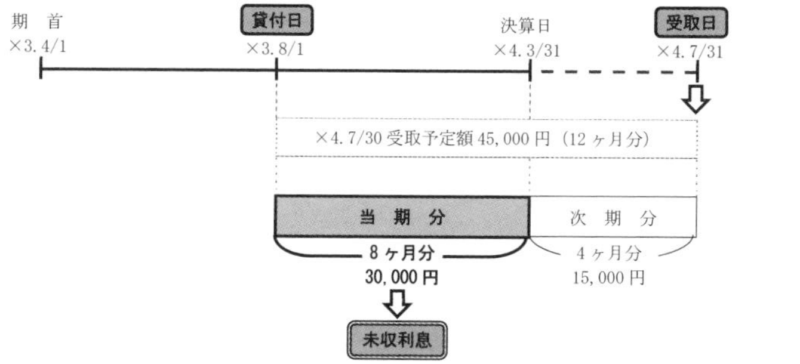

7．未払消費税の計上

(借)	仮受消費税	1,957,400 *1	(貸)	仮払消費税	1,568,000 *3
				未払消費税	389,400 *2

*1 前 T/B 仮受消費税 1,957,400 円
*2 問題文に「後日、納付すべき消費税額」と記載があるため、未払消費税勘定で仕訳する。
*3 貸借差額

8．法人税、住民税及び事業税の計上

(借)	法人税、住民税及び事業税	840,000	(貸)	未払法人税等	840,000

税引前当期純利益 2,800,000 円 × 法定実効税率 30%＝840,000 円

9．損益計算書の作成

売上高	仕訳上では「売上」勘定を使用するが、損益計算書は、「売上高」で表示する。
期首商品棚卸高	損益計算書上は、前 T/B 繰越商品の金額で表示する。
当期商品仕入高	損益計算書上は、前 T/B 仕入の金額で表示する。
期末商品棚卸高	損益計算書上は、問題文の期末商品棚卸高の金額で表示する。
棚卸減耗損	問題文（［資料Ⅲ］2.）に、「売上原価の内訳科目とする」と記載があるため、損益計算書上は、売上原価の内訳項目の区分に表示する。
商品評価損	問題文（［資料Ⅲ］2.）に、「売上原価の内訳科目とする」と記載があるため、損益計算書上は、売上原価の内訳項目の区分に表示する。
貸倒引当金繰入	［資料Ⅲ］1. (1)の貸倒引当金繰入は、売上債権に対する貸倒引当金繰入のため、損益計算書上は、販売費及び一般管理費の区分に表示する。また、［資料Ⅲ］1. (2)の貸倒引当金繰入は、営業外債権（長期貸付金）に対する貸倒引当金繰入のため、損益計算書上は、営業外費用の区分に表示する。

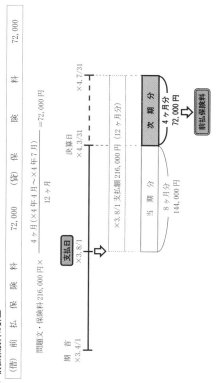

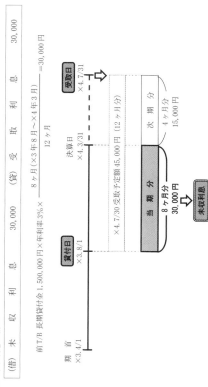

第4問 【解答】 (1) 12点 (2) 16点 計28点

(1) 各4点 計12点

	借方科目名	記号	金額	貸方科目名	記号	金額
1	売上原価	オ	101,000	材料消費価格差異	ア	2,000
				賃率差異	ウ	27,000
				製造間接費	エ	72,000
2	製造間接費	イ	1,120,000	賃金・給料	カ	1,120,000
3	減価償却費	オ	300,000	減価償却累計額	カ	940,000
	工場	イ	640,000			

(2) ● 3点×2箇所 ○ 2点×5箇所 計16点

問1 ● 3,780,000 円

問2 ● 10,800,000 円

問3 製品Mの完成品総合原価 ＝ ○ 4,320,000 円

製品Mの完成品単位原価 ＝ ○ 3,600 円／個

問4 製品Lの完成品総合原価 ＝ ○ 6,480,000 円

製品Lの完成品単位原価 ＝ ○ 2,880 円／個

問5 ○ 4,242,000 円

第4問 【解説】

(1)

1．売上原価勘定への振替

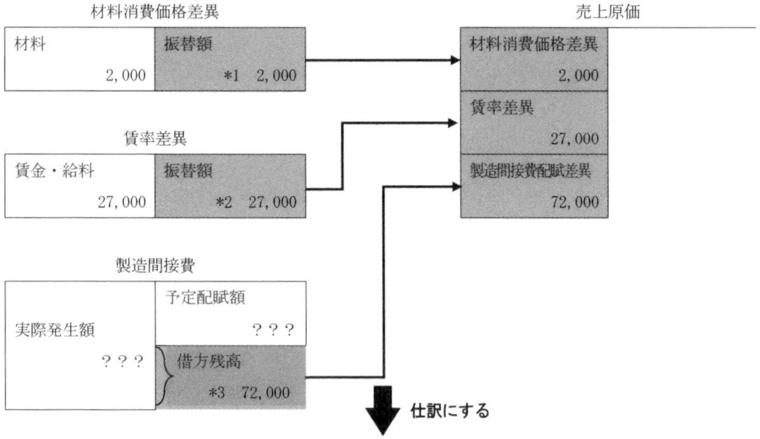

(借) 売上原価	101,000	(貸) 材料消費価格差異	2,000 *1
		賃率差異	27,000 *2
		製造間接費	72,000 *3

*1 問題文に「実際の購入価額が予定していた金額より高騰したことで生じた差異」と記載があるため、材料消費価格差異2,000円は不利差異・借方差異であると判断する。

*2 予定配賦額1,569,000円－実際発生額1,596,000円＝△27,000円（不利差異・借方差異）

*3 問題文に「経費等の消費額計上、仕掛品勘定への予定配賦後の借方残高」と記載があるため、製造間接費72,000円（借方残高）が製造間接費配賦差異△72,000円（不利差異・借方差異）に相当すると判断する。

2．間接工の消費高の計上

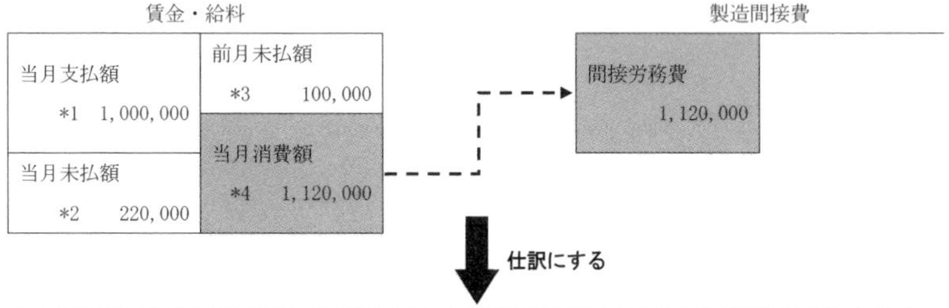

(借) 製造間接費	1,120,000 *4	(貸) 賃金・給料	1,120,000

*1 当月支払額：前月21日から当月20日の賃金1,000,000円

*2 当月未払額：当月21日から当月31日の賃金220,000円

*3 前月未払額：前月21日から前月31日の賃金100,000円

*4 当月支払額1,000,000円＋当月未払額220,000円－前月未払額100,000円＝1,120,000円(*5)

*5 問題文に「間接工による労務費の消費高」と記載があるため、製造間接費勘定で仕訳する。

3．減価償却費の計上（工場会計）

本　社	
減価償却費　300,000 ／ 減価償却累計額　940,000	
工　場　640,000 ／	

工　場
製造間接費　640,000 ／ 本　社　640,000

（借）減価償却費	300,000 *1	（貸）減価償却累計額	940,000
工場	640,000 *2		

*1　問題文に「本社建物の減価償却費」と記載があるため、減価償却費勘定で仕訳する。
*2　問題文に「工場の機械装置の減価償却費」と記載があるため、工場勘定で仕訳する。

(2)

1．仕掛品の計算（平均法・完成品負担）

仕損は**工程の終点**で発生しているため、**完成品負担**となる。

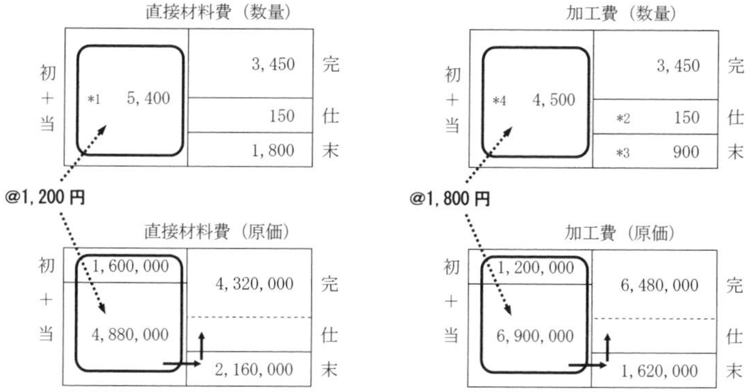

*1　貸方合計で求める

*2　150 個×加工進捗度 1
*3　1,800 個×加工進捗度 0.5
*4　貸方合計で求める

月末仕掛品原価　：直接材料費 2,160,000 円＋加工費 1,620,000 円＝3,780,000 円
完成品原価　：月初 2,800,000 円＋当月（直接材料費 4,880,000 円＋加工費 6,900,000 円）
－月末 3,780,000 円＝10,800,000 円

2．等級製品ごとの完成品原価および完成品単位原価の計算

（1）**等価係数の算定**

どちらの製品を基準に算定しても構わないが、この解説では製品Mを基準として算定する。製品Mを基準として算定するためには、製品Mを1として考えるため、すべての製品の重量を製品Mの 1,250 g で割る必要がある。

製品M：1,250 g ÷1,250 g ＝1.0
製品L：1,000 g ÷1,250 g ＝0.8

（2）**各製品の積数の算定**

等級製品	完成量		等価係数		積　数
製品M	1,200 個	×	1.0	＝	1,200 個
製品L	2,250 個	×	0.8	＝	1,800 個
					3,000 個

（3）**各等級製品への完成品原価の按分**

製品M：完成品原価 10,800,000 円× 製品Mの積数 1,200 個 ／ 積数の合計 3,000 個 ＝4,320,000 円

製品L：完成品原価 10,800,000 円× 製品Lの積数 1,800 個 ／ 積数の合計 3,000 個 ＝6,480,000 円

（4）**完成品単位原価の計算**

製品M：完成品原価 4,320,000円÷完成品数量 1,200個＝@3,600円/個
製品L：完成品原価 6,480,000円÷完成品数量 2,250個＝@2,880円/個

※　完成品原価を**積数で割らないように注意が必要である。**

3．製品Mの売上原価の計算（先入先出法）

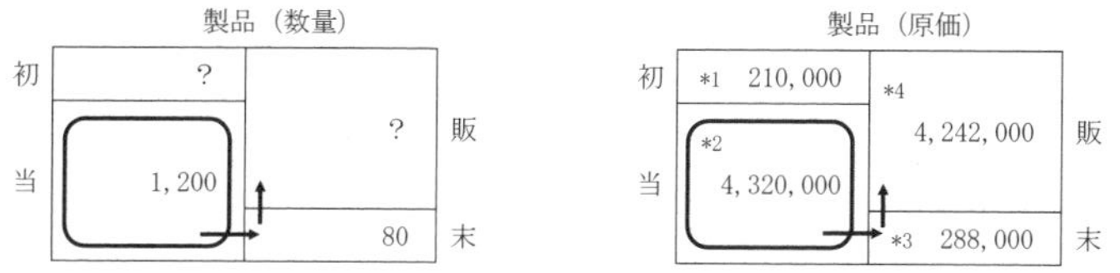

*1　**問5**問題文より
*2　完成品総合原価
*3　完成品単位原価 3,600 円／個×80 個
*4　貸借差額で求める

売上原価：月初 210,000 円＋当月 4,320,000 円－月末 288,000 円＝4,242,000 円

第5問 【解答】 ● 2点×6箇所 計12点

問1

直接原価計算による損益計算書 （単位：円）

売上高	（ 5,000,000 ）
変動売上原価	（ 2,800,000 ）
変動製造マージン	（ 2,200,000 ）
変動販売費	（ 400,000 ）
貢献利益	（ 1,800,000 ）
製造固定費	（ 1,000,000 ）
固定販売費及び一般管理費	（ 440,000 ）
営業利益	（ ● 360,000 ）

全部原価計算による損益計算書 （単位：円）

売上高	（ 5,000,000 ）
売上原価	（ ● 3,800,000 ）
売上総利益	（ 1,200,000 ）
販売費及び一般管理費	（ 840,000 ）
営業利益	（ 360,000 ）

	直接原価計算による営業利益	全部原価計算による営業利益
問2	● 450,000 円	● 610,000 円
問3	● 360,000 円	
問4	● 7,000,000 円	

第5問 【解説】

1．第1期の損益計算書の作成（期首・期末なし：生産量＝販売量） 問1

（1）**直接原価計算による損益計算書**

① **売上高**

販売単価@2,500円×製品販売量2,000個 ＝ 5,000,000円

② **変動売上原価**

直接材料費	@ 500円	
直接労務費	@ 300円	
変動製造間接費	@ 600円	
1個当たりの変動製造原価	@1,400円	× 製品販売量2,000個 ＝ 2,800,000円

③ **変動販売費**

@200円×製品販売量2,000個 ＝ 400,000円

④ **製造固定費** 固定製造間接費1,000,000円

⑤ **固定販売費及び一般管理費** 440,000円

（2）**全部原価計算による損益計算書**

① **売上高**

販売単価@2,500円×製品販売量2,000個 ＝ 5,000,000円

② **売上原価**

変動製造原価	@1,400円 × 製品販売量2,000個 ＝	2,800,000円
固定製造原価		1,000,000円
合　計		3,800,000円

③ **販売費及び一般管理費**

変動販売費	@200円×製品販売量2,000個 ＝	400,000円
固定販売費及び一般管理費		440,000円
合　計		840,000円

（3）**直接原価計算と全部原価計算の関係**

直接原価計算方式

損益計算書

売上高	5,000,000
変動売上原価	**2,800,000**
変動販売費	**400,000**
貢献利益	1,800,000
製造固定費	**1,000,000**
固定販売費及び一般管理費	**440,000**
営業利益	360,000

全部原価計算方式

損益計算書

売上高	5,000,000
売上原価	
変動製造原価	**2,800,000**
固定製造原価	**1,000,000**
売上総利益	1,200,000
販売費及び一般管理費	**840,000**
営業利益	360,000

一致

直接原価計算方式では、売上原価も販売費及び一般管理費もそれぞれ変動費と固定費に分類して、変動費と固定費という観点から集計し、営業利益を計算する。

全部原価計算方式では、変動費と固定費に分類せず、売上原価と販売費及び一般管理費という観点から集計し、営業利益を計算する。

期首・期末に仕掛品・製品が存在しない場合には、両者の営業利益の金額は一致する。

2．第2期の損益計算書の作成（期首なし・期末あり：生産量≠販売量） 問2

（1）直接原価計算による損益計算書

① **売上高**
販売単価@2,500円×製品販売量2,100個 ＝ 5,250,000円

② **変動売上原価**
1個当たりの変動製造原価@1,400円×製品販売量2,100個 ＝ 2,940,000円

③ **変動販売費**
@200円×製品販売量2,100個 ＝ 420,000円

④ **製造固定費** 固定製造間接費1,000,000円

⑤ **固定販売費及び一般管理費** 440,000円

（2）全部原価計算による損益計算書

① **売上高**
販売単価@2,500円×製品販売量2,100個 ＝ 5,250,000円

② **売上原価**

変動製造原価	@1,400円×製品販売量2,100個＝	2,940,000円
固定製造原価	1,000,000円×製品販売量2,100個／製品生産量2,500個＝	840,000円
合　計		3,780,000円

③ **販売費及び一般管理費**

変動販売費	@200円×製品販売量2,100個 ＝	420,000円
固定販売費及び一般管理費		440,000円
合　計		860,000円

（3）直接原価計算と全部原価計算の関係

直接原価計算方式 損益計算書		全部原価計算方式 損益計算書	
売上高	5,250,000	売上高	5,250,000
変動売上原価	2,940,000	売上原価	
変動販売費	420,000	変動製造原価	2,940,000
貢献利益	1,890,000	**固定製造原価**	**840,000**
製造固定費	**1,000,000**	売上総利益	1,470,000
固定販売費及び一般管理費	440,000	販売費及び一般管理費	860,000
営業利益	450,000	営業利益	610,000

（営業利益：不一致）

期首・期末に仕掛品・製品が存在する場合には、両者の営業利益の金額は不一致となる。
これは直接原価計算方式と全部原価計算方式で、固定製造原価の取扱いが異なるためである。

3．第1期の損益分岐点売上高 問3

（1）求めるものが損益分岐点「売上高」であるため、「売上高」をXとする。

（2） 問1 の直接原価計算方式の損益計算書を使って、変動費率を計算する。

変動費率：$\frac{変動売上原価2,800,000円＋変動販売費400,000円}{売上高5,000,000円}$ ＝0.64

（3）固定費合計額を計算する。
製造固定費1,000,000円＋固定販売費及び一般管理費440,000円＝1,440,000円

（4）（1）から（3）にもとづいて、直接原価計算方式の損益計算書を作成する。
損益分岐点売上高を計算するので、営業利益はゼロとする。

売上高	X	
変動費	0.64X	←（2）より
貢献利益	0.36X	
固定費	1,440,000	←（3）より
営業利益	0	

（5）直接原価計算方式の損益計算書を計算式にして、Xを算定する。

X－0.64X－1,440,000 ＝ 0　∴X＝4,000,000

（6）損益分岐点売上高を1,000,000円引き下げると3,000,000円となる。その際の固定費をYとする。

売上高	3,000,000	
変動費	1,920,000	← 3,000,000×0.64
貢献利益	1,080,000	
固定費	Y	
営業利益	0	

（7）直接原価計算方式の損益計算書を計算式にして、Yを算定する。

3,000,000－1,920,000－Y ＝ 0　∴Y＝1,080,000

固定費1,440,000円－1,080,000円＝**固定費引き下げ額360,000円**

4．第1期の目標営業利益額達成売上高 問4

求めるものが目標営業利益額達成「売上高」であるため、「売上高」をXとする。
目標営業利益が1,080,000円であるため、営業利益は1,080,000円とする。

売上高	X
変動費	0.64X
貢献利益	0.36X
固定費	1,440,000
営業利益	1,080,000

これを計算式にしてXを算定する。

X－0.64X－1,440,000 ＝ 1,080,000　∴**X＝7,000,000**

2級 全国統一模擬試験Ⅱ 第１回 解答解説

第１問 【解答】 各４点　計20点

	借方科目名	記号	金額	貸方科目名	記号	金額
1	未払法人税等	ウ	1,200,000	現金	オ	1,700,000
	追徴法人税等	ク	500,000			
2	株式申込証拠金	ク	50,000,000	資本金	ウ	25,000,000
				資本準備金	カ	25,000,000
	当座預金	エ	50,000,000	別段預金	ア	50,000,000
	株式交付費	イ	250,000	現金	キ	250,000
3	建物	イ	36,000,000	当座預金	カ	6,000,000
				未払金	ア	30,000,000
	固定資産圧縮損	ク	6,000,000	建物	イ	6,000,000
4	当座預金	カ	2,080,000	売上	ウ	1,600,000
				契約負債	イ	480,000
5	建物減価償却累計額	エ	1,500,000	建物	ア	5,000,000
	減価償却費	キ	75,000	商品	オ	200,000
	火災未決算	カ	3,000,000			
	火災損失	ク	625,000			

第１問 【解説】

1．未払法人税等と追徴法人税等の納付

（借）	未払法人税等	1,200,000 *1	（貸）	現金	1,700,000
	追徴法人税等	500,000 *3			

*1　法人税等年間確定税額2,500,000円－法人税等中間申告税額1,300,000円＝1,200,000円(*2)

*2　問題文に「×2年度の法人税等確定納付額」と記載があるため、未払法人税等勘定で仕訳する。

*3　法人税等納付額1,700,000円－未払法人税等1,200,000円＝500,000円(*4)

*4　問題文に「追加で納めることになった法人税等」と記載があるため、追徴法人税等勘定で仕訳する。

2．増資（株式交付費）

（借）	株式申込証拠金	50,000,000 *1	（貸）	資本金	25,000,000 *3
				資本準備金	25,000,000 *3
	当座預金	50,000,000		別段預金	50,000,000
	株式交付費	250,000 *5		現金	250,000

*1　1株当たり100,000円×500株＝50,000,000円(*2)

*2　問題文に「既に株主から代金の払込みを受けており、500株分の申込証拠金」と記載があるため、株式申込証拠金勘定で仕訳する。

*3　50,000,000円(*1)× $\frac{1}{2}$ ＝25,000,000円(*4)

*4　問題文に「資本金に組み入れる金額は会社法が定める最低額とする」と記載があるため、払込金額の２分の１を資本金勘定、残額を資本準備金勘定で仕訳する。

*5　問題文に「株式発行にあたり生じた費用」と記載があるため、株式交付費勘定で仕訳する。
（増資に要した費用はすべて「株式交付費」になる。）

3．建物の購入と圧縮記帳

（借）	建物	36,000,000	（貸）	当座預金	6,000,000 *1
				未払金	30,000,000 *2
	固定資産圧縮損	6,000,000 *4		建物	6,000,000 *5

*1　問題文に「小切手を振り出して支払い」と記載があるため、当座預金勘定で仕訳する。

*2　建物36,000,000円－当座預金6,000,000円(*1)＝30,000,000円(*3)

*3　問題文に「残額は今月末に支払う」と記載があるため、未払金勘定で仕訳する。
（建物の購入は主たる営業活動に係る取引には該当しないため、購入代金に係る債務は「未払金」となる。）

*4　問題文に「直接減額方式によって圧縮記帳を行う」と記載があるため、圧縮相当額(本問では補助金の充当額6,000,000円)について固定資産圧縮損勘定で仕訳する。

*5　圧縮相当額を建物の取得原価から直接減額させるために建物勘定で仕訳する。

4．収益認識（複数の履行義務を含む顧客との契約）

（借）	当座預金	2,080,000	（貸） 売上	1,600,000 *1
			契約負債	480,000 *2

*1　2,080,000円× $\frac{\text{ソフトウェア 1,600,000円}}{\text{ソフトウェア 1,600,000円＋保守サービス 480,000円}}$ ＝1,600,000円

*2　2,080,000円× $\frac{\text{保守サービス 480,000円}}{\text{ソフトウェア 1,600,000円＋保守サービス 480,000円}}$ ＝480,000円(*3)

*3　問題文に「保守サービスは本日より開始しており、時の経過に応じて履行義務を充足する」と記載があるため、×7年7月1日（本日）においては履行義務を充足しておらず、契約負債勘定で仕訳する。

5．建物の火災（未決算勘定）

（借）	建物減価償却累計額	1,500,000 *1	（貸） 建物	5,000,000
	減価償却費	75,000 *2	商品	200,000
	火災未決算	3,000,000 *3		
	火災損失	625,000 *5		

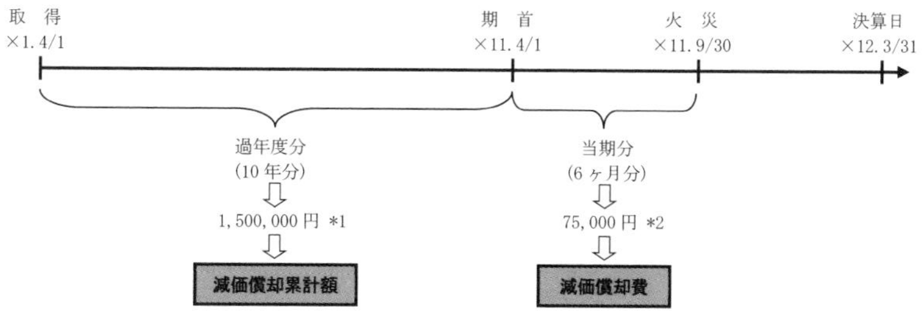

*1　建物(取得原価)5,000,000円×0.9× $\frac{\text{10年(×1年4月～×11年3月)}}{\text{耐用年数30年}}$ ＝1,500,000円

*2　建物(取得原価)5,000,000円×0.9÷耐用年数30年× $\frac{\text{6ヶ月(×11年4月～×11年9月)}}{\text{12ヶ月}}$ ＝75,000円

*3　下記の判定式から、いずれか小さい金額が火災未決算勘定(*4)の金額となる。

①　火災保険金額3,000,000円

②　帳簿価額3,425,000円(建物5,000,000円－建物減価償却累計額1,500,000円(*1)－減価償却費75,000円(*2))

①＜②　　∴　火災未決算勘定は3,000,000円である。

*4　問題文に「保険会社に保険金の支払いを直ちに請求した」と記載があるため、火災未決算勘定で仕訳する。

*5　帳簿価額3,425,000円(*3②)－火災未決算3,000,000円(*3①)＋商品200,000円(*6)＝625,000円

*6　問題文に「火災保険が倉庫についてのみ掛けられており」と記載があるため、商品に対しては火災保険が掛けられていないと判断し、商品の全額を火災損失勘定で仕訳する。

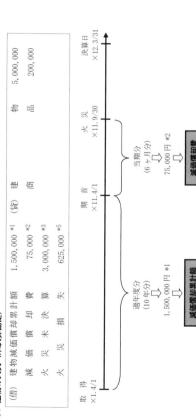

第2問 【解答】 ● 2点×10箇所 計20点

連結第2年度　　　　連　結　精　算　表　　　　(単位：円)

科目	個別財務諸表		修正・消去		連結財務諸表
	P 社	S 社	借 方	貸 方	
貸借対照表					連結貸借対照表
現金預金	754,000	672,000			1,426,000
売掛金	1,200,000	800,000		375,000	1,625,000
貸倒引当金	△ 24,000	△ 32,000	15,000		● △ 41,000
商品	1,550,000	980,000		135,000	2,395,000
前払費用	300,000	200,000		60,000	440,000
建物	2,000,000	300,000			2,300,000
土地	700,000	500,000		100,000	● 1,100,000
S社株式	1,500,000	—		1,500,000	—
のれん	—	—	525,000	75,000	● 450,000
資産合計	7,980,000	3,420,000	540,000	2,245,000	9,695,000
買掛金	1,230,000	820,000	375,000		● 1,675,000
前受収益	200,000	150,000	60,000		● 290,000
未払法人税等	450,000	200,000			650,000
資本金	3,500,000	1,200,000	1,200,000		3,500,000
資本剰余金	800,000	200,000	200,000		800,000
利益剰余金	1,800,000	850,000	2,871,000	2,149,000	1,928,000
非支配株主持分	—	—	94,000	946,000	852,000
負債・純資産合計	7,980,000	3,420,000	4,800,000	3,095,000	9,695,000
損益計算書					連結損益計算書
売上高	9,200,000	4,800,000	1,800,000		12,200,000
売上原価	6,800,000	3,500,000	135,000	1,920,000	● 8,515,000
販売費及び一般管理費	1,428,000	935,000	75,000	65,000	2,373,000
営業外収益	752,000	477,000	120,000		● 1,109,000
営業外費用	674,000	242,000			● 916,000
特別利益	100,000	—	100,000		—
法人税等	450,000	200,000			650,000
当期純利益	700,000	400,000	2,230,000	1,985,000	855,000
非支配株主に帰属する当期純利益			162,000	6,000	156,000
親会社株主に帰属する当期純利益			2,392,000	1,991,000	699,000
株主資本等変動計算書					連結株主資本等変動計算書
資本金当期首残高	3,500,000	1,200,000	1,200,000		3,500,000
資本金当期末残高	3,500,000	1,200,000	1,200,000		● 3,500,000
資本剰余金当期首残高	800,000	200,000	200,000		800,000
資本剰余金当期末残高	800,000	200,000	200,000		800,000
利益剰余金当期首残高	1,300,000	550,000	479,000	58,000	1,429,000
剰余金の配当	200,000	100,000		100,000	200,000
親会社株主に帰属する当期純利益	700,000	400,000	2,392,000	1,991,000	699,000
利益剰余金当期末残高	1,800,000	850,000	2,871,000	2,149,000	1,928,000
非支配株主持分当期首残高			48,000	784,000	736,000
非支配株主持分当期変動額			46,000	162,000	116,000
非支配株主持分当期末残高			94,000	946,000	● 852,000

第2問 【解説】

＜連結修正仕訳＞

1. 開始仕訳

① **投資と資本の相殺消去**

(借)	資本金当期首残高	1,200,000 *2	(貸)	S社株式	1,500,000 *1
	資本剰余金当期首残高	200,000 *2		非支配株主持分当期首残高	600,000 *3
	利益剰余金当期首残高	100,000 *2			
	のれん	600,000 *5			

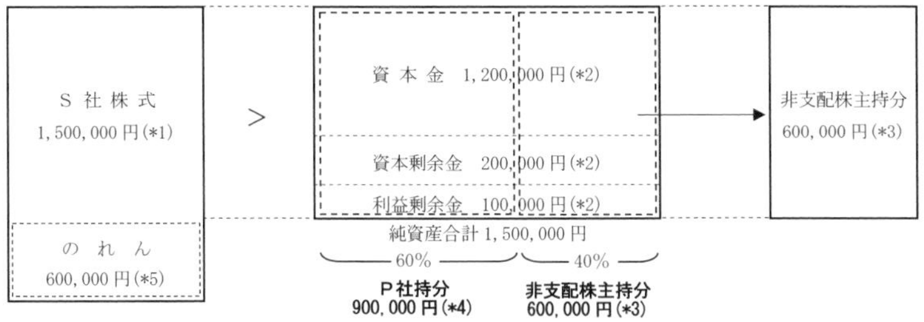

*1 問題文1.・P社×3年3月31日 S社株式1,500,000円
*2 問題文2.・S社×3年3月31日 資本金1,200,000円、資本剰余金200,000円、利益剰余金100,000円
*3 S社×3年3月31日 純資産合計1,500,000円(*2合計)×非支配株主持分比率40%＝600,000円
*4 S社×3年3月31日 純資産合計1,500,000円(*2合計)×P社持分比率60%＝900,000円
*5 貸借差額 または、S社株式1,500,000円(*1)－P社持分900,000円(*4)＝600,000円

② **非支配株主への按分**

(借)	利益剰余金当期首残高	180,000	(貸)	非支配株主持分当期首残高	180,000 *6

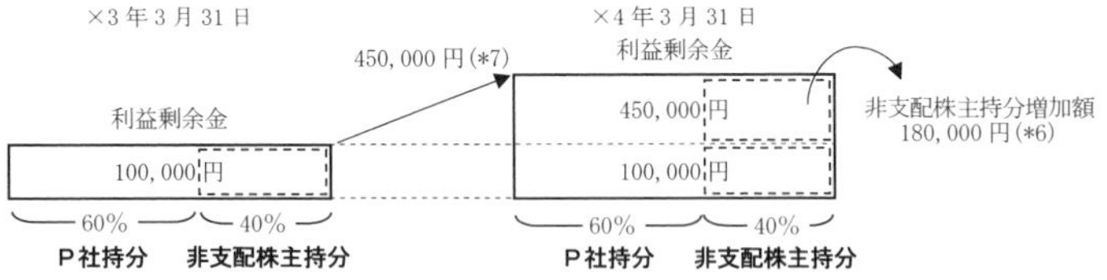

当期は連結2期目であり、過年度のS社の利益剰余金の増加を非支配株主持分に振り替えるため、利益剰余金当期首残高勘定と非支配株主持分当期首残高勘定で仕訳する。

*6 S社の利益剰余金増加額450,000円(*7)×非支配株主持分比率40%＝180,000円
*7 S社×4年3月31日 利益剰余金550,000円－×3年3月31日 利益剰余金100,000円＝450,000円

③ **のれん償却の計上**

(借)		(貸)	
利益剰余金当期首残高 (のれん償却)	75,000 *8	の れ ん	75,000

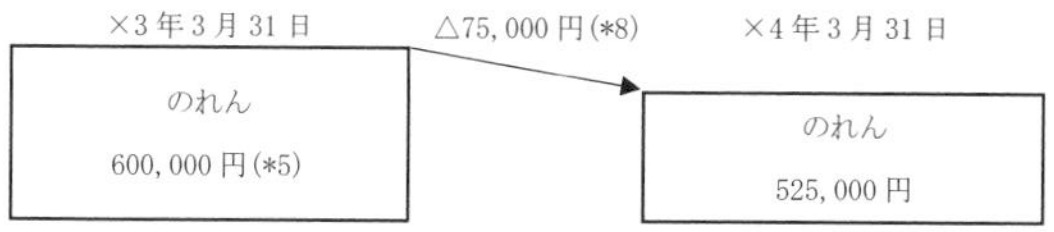

当該のれん償却は過年度分であるため、利益剰余金当期首残高勘定で仕訳する。

*8 のれん600,000円(*5)÷償却年数8年=75,000円

④ **上記(①、②、③)の合計仕訳**

(借)		(貸)	
資本金当期首残高	1,200,000	S 社 株 式	1,500,000
資本剰余金当期首残高	200,000	非支配株主持分当期首残高	780,000
利益剰余金当期首残高	355,000		
の れ ん	525,000		

2．当期純利益の按分

(借)		(貸)	
非支配株主に帰属する当期純利益	160,000	非支配株主持分当期変動額	160,000

S社の当期純利益400,000円×非支配株主持分比率40%=160,000円

3．のれん償却の計上

(借)		(貸)	
販売費及び一般管理費 (のれん償却)	75,000	の れ ん	75,000

支配獲得時のれん600,000円÷償却年数8年=75,000円

または、×4年3月31日のれん525,000円÷残存償却年数7年=75,000円

4．剰余金の配当

(借)		(貸)	
営業外収益 (受取配当金)	60,000 *1	剰余金の配当 (利益剰余金当期変動額)	100,000
非支配株主持分当期変動額	40,000 *2		

*1 S社の繰越利益剰余金(利益剰余金)からの配当額100,000円×P社持分比率60%=60,000円

*2 S社の繰越利益剰余金(利益剰余金)からの配当額100,000円×非支配株主持分比率40%=40,000円

5．売上高と仕入高(売上原価)の相殺消去

(借)		(貸)	
売 上 高	1,800,000	売上原価 (当期商品仕入高)	1,800,000

問題文に「当期のS社のP社への売上高は¥1,800,000である」と記載があるため、S社の売上高とP社の仕入高(売上原価)を相殺消去する仕訳をする。

6．棚卸資産に関する調整

① **棚卸資産に含まれる未実現損益の消去（アップ・ストリーム）**

(借)		(貸)	
利益剰余金当期首残高	120,000 *1	売上原価 (期首商品棚卸高)	120,000
売上原価 (期末商品棚卸高)	135,000 *2	商 品	135,000

問題文に「P社の前期末商品棚卸高のうち¥400,000、当期末商品棚卸高のうち¥450,000は、S社から仕入れた金額である」と記載があるため、P社の前期末商品(当期首商品)および当期末商品に含まれるS社の未実現利益を消去する仕訳をする。

*1 P社の当期首商品に含まれるS社の未実現利益：
問題文・当期首商品(S社からの仕入分)400,000円×問題文・売上総利益率30%=120,000円

*2 P社の当期末商品に含まれるS社の未実現利益：
問題文・当期末商品(S社からの仕入分)450,000円×問題文・売上総利益率30%=135,000円

② **非支配株主への負担計算（アップ・ストリーム）**

(借)		(貸)	
非支配株主持分当期首残高	48,000 *3	利益剰余金当期首残高	48,000
非支配株主持分当期変動額	6,000 *4	非支配株主に帰属する当期純利益	6,000

上記6. ①「棚卸資産に含まれる未実現損益の消去」より、S社の未実現利益を消去したことによってS社の利益が増減するため、非支配株主への負担計算の仕訳をする。

*3 S社の未実現利益(当期首分)120,000円(*1)×非支配株主持分比率40%=48,000円

*4 S社の(未実現利益(当期末分)135,000円(*2)－未実現利益(当期首分)120,000円(*1))
×非支配株主持分比率40%=6,000円

7．売上債権と仕入債務に関する調整

① **売掛金と買掛金の相殺消去**

(借)		(貸)	
買 掛 金	375,000	売 掛 金	375,000

問題文に「S社のP社に対する売掛金残高は前期末¥250,000、当期末¥375,000であった」と記載があるため、当期末のS社の売掛金とP社の買掛金を相殺消去する仕訳をする。

② **貸倒引当金繰入額の調整（アップ・ストリーム）**

(借)		(貸)	
貸倒引当金	15,000 *1	利益剰余金当期首残高	10,000 *2
		販売費及び一般管理費 (貸倒引当金繰入)	5,000 *3

問題文に「S社は売上債権期末残高に対して4%の貸倒引当金を差額補充法により設定している」と記載があるため、上記7. ①「売掛金と買掛金の相殺消去」により消去した売掛金に対する貸倒引当金を調整する仕訳をする。また、前期分の貸倒引当金についても調整する仕訳をする。

*1 問題文・S社のP社に対する当期末売掛金375,000円×4%=15,000円

*2 問題文・S社のP社に対する前期末売掛金250,000円×4%=10,000円

*3 貸借差額

③ **非支配株主への負担計算（アップ・ストリーム）**

(借)		(貸)	
利益剰余金当期首残高	4,000 *4	非支配株主持分当期首残高	4,000
非支配株主に帰属する当期純利益	2,000 *5	非支配株主持分当期変動額	2,000

上記7. ②「貸倒引当金繰入額の調整」より、S社の貸倒引当金を調整したことによってS社の利益が増減するため、非支配株主への負担計算の仕訳をする。

*4 S社の貸倒引当金の調整額(過年度分)10,000円(*2)×非支配株主持分比率40%=4,000円

*5 S社の貸倒引当金の調整額(当年度分)5,000円(*3)×非支配株主持分比率40%=2,000円

8. 賃貸借取引に関する調整

① 受取家賃と支払家賃の相殺消去

(借)	営業外収益 （受取家賃）	60,000	(貸)	販売費及び一般管理費 （支払家賃）	60,000

問題文に「P社は×4年10月1日より、S社に対して建物を賃貸しており、賃貸料は年額¥120,000である」と記載があるため、P社の受取家賃とS社の支払家賃を相殺消去する仕訳をする。

問題文・賃貸料120,000円×$\frac{6ヶ月(×4年10月～×5年3月)}{12ヶ月}$＝60,000円

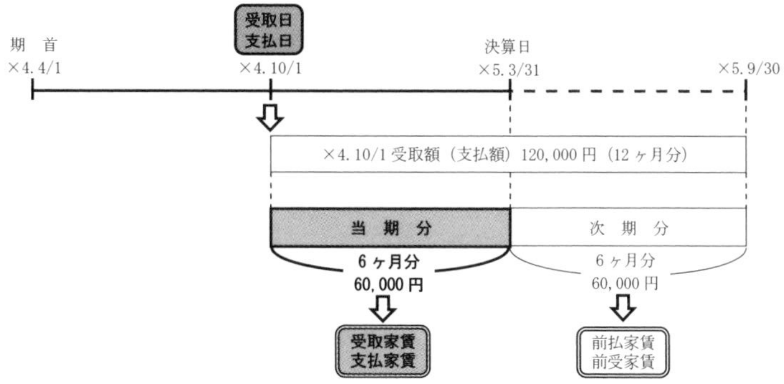

② 前払家賃と前受家賃の相殺消去

(借)	前受収益 （前受家賃）	60,000	(貸)	前払費用 （前払家賃）	60,000

問題文に「P社は当該賃貸料を10月1日に向こう1年分受け取っている。」と記載があるため、S社の前払家賃とP社の前受家賃を相殺消去する仕訳をする。

問題文・賃貸料120,000円×$\frac{6ヶ月(×5年4月～×5年9月)}{12ヶ月}$＝60,000円

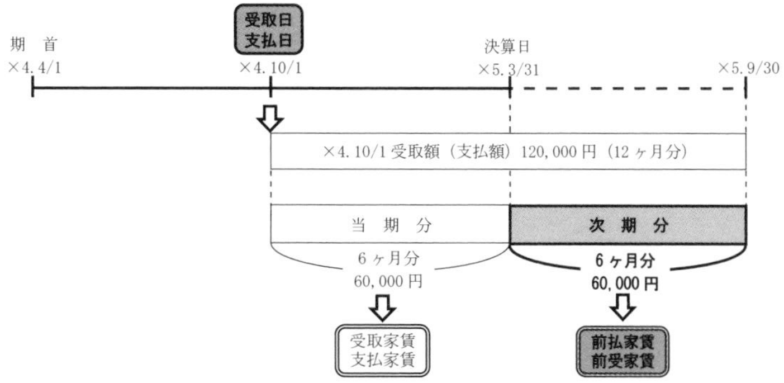

9. 固定資産に含まれる未実現損益の消去（ダウン・ストリーム）

(借)	特別利益 （固定資産売却益）	100,000	(貸)	土地	100,000

問題文に「P社はS社に対して×4年4月1日に土地（簿価¥200,000）を¥300,000で売却した」と記載があるため、S社の土地に含まれるP社の未実現利益を消去する仕訳をする。

S社の土地に含まれるP社の未実現利益：

問題文・P社売却価額300,000円－問題文・売却時P社帳簿価額200,000円＝100,000円(利益)

10. 連結修正仕訳のまとめ(単位：千円)

×3.3/31　×4.3/31　当期　×5.3/31

資首	1,200	S株	1,500	利首	180	非首	180	非損	160	非当	160
資剰首	200	非首	600	利首	75	のれん	75	販管費	75	のれん	75
利首	100							営外益	60	配当	100
のれん	600							非当	40		

【開始仕訳】

資首	1,200	S株	1,500
資剰首	200	非首	780
利首	355		
のれん	525		

売上	1,800	売原	1,800
利首	120	売原	120
売原	135	商品	135
非首	48	利首	48
非当	6	非損	6
買掛金	375	売掛金	375
貸引	15	利首	10
		販管費	5
利首	4	非首	4
非損	2	非当	2
営外益	60	販管費	60
前収益	60	前費用	60
特益	100	土地	100

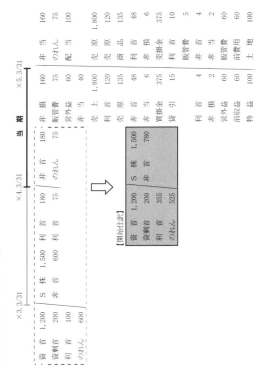

11. 連結財務諸表の作成

※ 一番左に「連結財務諸表(P/L、S/S、B/S)」の項目が記載されており、その右側には、算定過程を記載している。なお、「修正・消去」欄の数値の前に付いている番号または記号(＋ or △)の意味は以下のとおりである。

番号：上記<連結修正仕訳>における連結修正仕訳の解説番号

記号：個別財務諸表の金額の合計数値(単純合算)に足す(＋) or 引く(△)

また、下表には合計や差額で算定できるもの(親会社株主に帰属する当期純利益を除く)については記載しない。

① 連結損益計算書

項目	個別財務諸表の金額		修正・消去	連結P/L
	P社側	S社側		金額
売上高	9,200,000	4,800,000	5. △1,800,000	12,200,000
売上原価	6,800,000	3,500,000	5. △1,800,000 6.① △120,000 6.① ＋135,000	8,515,000
販売費及び一般管理費	1,428,000	935,000	3. ＋75,000 7.② △5,000 8.① △60,000	2,373,000
営業外収益	752,000	477,000	4. △60,000 8.① △60,000	1,109,000
営業外費用	674,000	242,000	—	916,000
特別利益	100,000	—	9. △100,000	—
法人税等	450,000	200,000	—	650,000
非支配株主に帰属する当期純利益	—	—	2. ＋160,000 6.② △6,000 7.③ ＋2,000	156,000
親会社株主に帰属する当期純利益	※ 連結P/Lの金額を集計する。			699,000

② 連結株主資本等変動計算書

項目	個別財務諸表の金額		修正・消去	連結S/S
	P社側	S社側		金額
資本金当期首残高	3,500,000	1,200,000	1.④ △1,200,000	3,500,000
資本剰余金当期首残高	800,000	200,000	1.④ △200,000	800,000
利益剰余金当期首残高	1,300,000	550,000	1.④ △355,000 6.① △120,000 6.② ＋48,000 7.② ＋10,000 7.③ △4,000	1,429,000
剰余金の配当	200,000	100,000	4. △100,000	200,000
親会社株主に帰属する当期純利益	※ 連結損益計算書で計算した「親会社株主に帰属する当期純利益」の金額をそのまま移す。			699,000
非支配株主持分当期首残高	—	—	1.④ ＋780,000 6.② △48,000 7.③ ＋4,000	736,000
非支配株主持分当期変動額	—	—	2. ＋160,000 4. △40,000 6.② △6,000 7.③ ＋2,000	116,000

③ 連結貸借対照表

項目	個別財務諸表の金額		修正・消去	連結B/S
	P社側	S社側		金額
現金預金	754,000	672,000	—	1,426,000
売掛金	1,200,000	800,000	7.① △375,000	1,625,000
貸倒引当金	△ 24,000	△ 32,000	7.② △15,000	△ 41,000
商品	1,550,000	980,000	6.① △135,000	2,395,000
前払費用	300,000	200,000	8.② △60,000	440,000
建物	2,000,000	300,000	—	2,300,000
土地	700,000	500,000	9. △100,000	1,100,000
S社株式	1,500,000	—	1.④ △1,500,000	—
のれん	—	—	1.④ ＋525,000 3. △75,000	450,000
買掛金	1,230,000	820,000	7.① △375,000	1,675,000
前受収益	200,000	150,000	8.② △60,000	290,000
未払法人税等	450,000	200,000	—	650,000
資本金	※ 連結株主資本等変動計算書で計算した「資本金当期末残高」「資本剰余金当期末残高」「利益剰余金当期末残高」「非支配株主持分当期末残高」の金額をそのまま移す。			3,500,000
資本剰余金				800,000
利益剰余金				1,928,000
非支配株主持分				852,000

第3問 【解答】 ○ 勘定科目と金額をセットで正解2点×4箇所 ● 2点×6箇所 計20点

貸借対照表
×20年3月31日
(単位：円)

資産の部		
Ⅰ 流動資産		
現金預金		(● 663,900)
受取手形		(600,000)
売掛金		(715,000)
(契約資産)		(○ 385,000)
商品		(1,215,000)
(貯蔵品)		(○ 40,000)
貸倒引当金		(△ ● 17,000)
Ⅱ 固定資産		
建物	(● 8,400,000)	
減価償却累計額	(△ 3,080,000)	(5,320,000)
備品	(1,000,000)	
減価償却累計額	(△ ● 488,000)	(512,000)
土地		(7,000,000)
建設仮勘定		(2,000,000)
(のれん)		(○ 48,000)
資産合計		(18,481,900)
負債の部		
Ⅰ 流動負債		
支払手形		(450,000)
買掛金		(733,000)
短期借入金		(600,000)
(前受収益)		(○ 102,000)
未払費用		(4,800)
未払法人税等		(460,000)
賞与引当金		(● 330,000)
Ⅱ 固定負債		
長期借入金		1,000,000
負債合計		(3,679,800)
純資産の部		
Ⅰ 株主資本		
資本金		(8,500,000)
資本準備金		(200,000)
利益準備金		(100,000)
繰越利益剰余金		(● 6,002,100)
純資産合計		(14,802,100)
負債・純資産合計		(18,481,900)

第3問 【解説】

［資料Ⅱ］未処理事項

1．貸倒れの処理

(借)	当座預金	35,000	(貸)	売掛金	150,000
	貸倒損失	115,000 *1			

*1 問題文・売掛金150,000円－問題文・当座預金35,000円＝115,000円(*2)

*2 問題文に「当期から掛け販売を開始した得意先が倒産した」と記載があり、貸倒引当金が設定されていないため、回収不能額は貸倒損失勘定で仕訳する。

2．収益の認識

（1）商品P引渡し時の仕訳（処理済み）

(借)	契約資産	202,500	(貸)	売上	202,500

（2）商品T引渡し時の仕訳（処理済み）

(借)	売掛金	607,500 *1	(貸)	売上	607,500

*1 問題文に「商品Tの引渡しにかかる処理は適切に行われている」と記載されており、商品Pと商品Tの引渡しが完了しているため、売掛金勘定で仕訳する。

（3）商品Pの代金を振り替える仕訳（未処理）

(借)	売掛金	202,500	(貸)	契約資産	202,500

問題文に「商品Pの代金を同社との契約から生じた債権として処理すべきところ、未処理であった」と記載があるため、契約資産勘定から売掛金勘定に振り替える仕訳をする。

３．備品の期中除却

借方科目	金額	貸方科目	金額
(借) 備品減価償却累計額	100,000 *1	(貸) 備品	500,000
減価償却費	20,000 *2		
貯蔵品	40,000 *5		
固定資産除却損	340,000 *6		

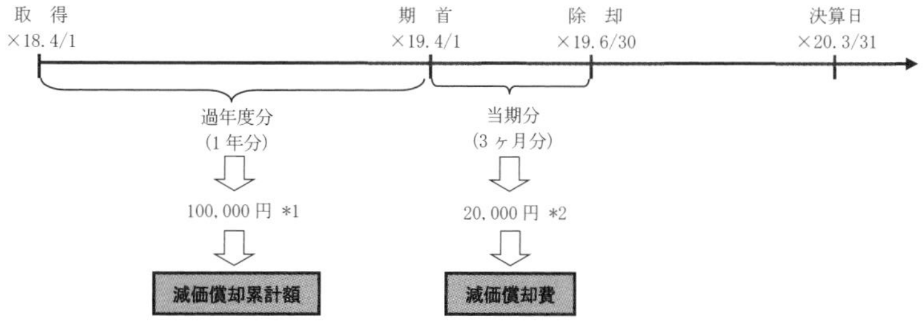

*1 備品(取得原価)500,000 円×償却率 20%(*4)=100,000 円

*2 備品(帳簿価額)400,000 円(*3)×償却率 20%(*4)×$\frac{3ヶ月}{12ヶ月}$=20,000 円

*3 備品(取得原価)500,000 円－減価償却累計額 100,000 円(*1)=400,000 円

*4 $\frac{1}{耐用年数10年}$×200%×100=20%

*5 問題文に「当該備品の処分価値は¥40,000 と見積もられた」と記載があるため、貯蔵品勘定で仕訳する。

*6 貸借差額

［資料Ⅲ］決算整理事項

１．売上原価の算定（棚卸減耗損、商品評価損）

借方科目	金額	貸方科目	金額
(借) 仕入	1,188,000	(貸) 繰越商品	1,188,000 *1
繰越商品	1,350,000 *2	仕入	1,350,000
棚卸減耗損	30,000 *3	繰越商品	135,000 *5
商品評価損	105,000 *4		

*1 前 T/B 繰越商品 1,188,000 円

*2 問題文・期末帳簿棚卸高 1,350,000 円

*3 問題文・期末帳簿棚卸高 1,350,000 円－問題文・実地棚卸高(原価)1,320,000 円=30,000 円

*4 商品 A (原価@2,000 円－正味売却価額@1,600 円)×100 個
＋商品 B (原価@4,000 円－正味売却価額@3,350 円)×100 個=105,000 円

*5 棚卸減耗損 30,000 円(*3)＋商品評価損 105,000 円(*4)=135,000 円

２．貸倒引当金の計上

借方科目	金額	貸方科目	金額
(借) 貸倒引当金繰入	1,500	(貸) 貸倒引当金	1,500

見積額：(前 T/B 受取手形 600,000 円
＋前 T/B 売掛金 662,500 円－150,000 円(上記［資料Ⅱ］1.「貸倒れの処理」参照)
＋202,500 円(上記［資料Ⅱ］2.「収益の認識」参照)
＋前 T/B 契約資産 587,500 円－202,500 円(上記［資料Ⅱ］2.「収益の認識」参照))×1%=17,000 円

繰入額：見積額 17,000 円－前 T/B 貸倒引当金 15,500 円=1,500 円

３．減価償却費の計上

（１）建物（定額法）

借方科目	金額	貸方科目	金額
(借) 減価償却費	280,000	(貸) 建物減価償却累計額	280,000

前 T/B・建物(取得原価)8,400,000 円÷耐用年数 30 年=280,000 円

（２）備品（200%定率法）

借方科目	金額	貸方科目	金額
(借) 減価償却費	128,000 *1	(貸) 備品減価償却累計額	128,000

*1 (残存分備品(取得原価)1,000,000 円(*2)－残存分期首減価償却累計額 360,000 円(*3))
×償却率 20%(上記［資料Ⅱ］3.「備品の期中除却」参照)=128,000 円

*2 前 T/B・備品 1,500,000 円－500,000 円(上記［資料Ⅱ］3.「備品の期中除却」参照)=1,000,000 円

*3 前 T/B・備品減価償却累計額 460,000 円－100,000 円(上記［資料Ⅱ］3.「備品の期中除却」参照)=360,000 円

４．のれん償却の計上

借方科目	金額	貸方科目	金額
(借) のれん償却	48,000	(貸) のれん	48,000

前 T/B のれん 96,000 円×$\frac{1年}{残存償却期間2年※}$=48,000 円

※ 当初償却期間 5 年－既償却期間 3 年(×16 年 4 月～×19 年 3 月)=2 年

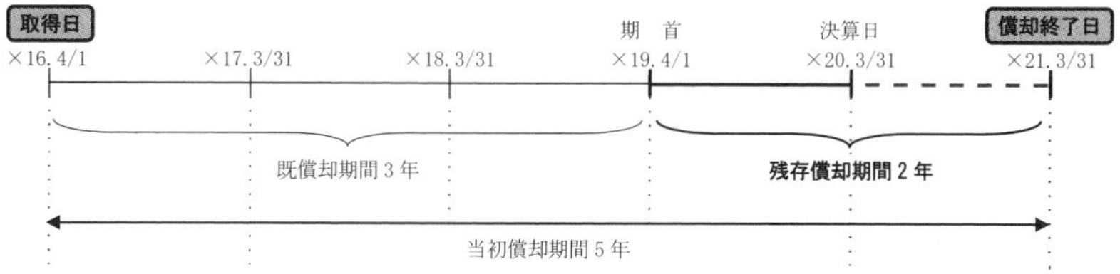

５．賞与引当金の計上

借方科目	金額	貸方科目	金額
(借) 賞与引当金繰入	60,000	(貸) 賞与引当金	60,000

問題文・期末賞与引当金 330,000 円－前 T/B 賞与引当金 270,000 円=60,000 円

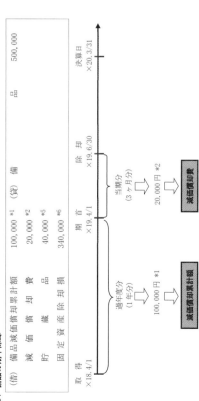

6．未払利息の計上

(借)	支払利息	4,800	(貸)	未払利息	4,800

問題文・借入金600,000円×年利率2.4%× $\frac{4ヶ月(×19年12月～×20年3月)}{12ヶ月}$ =4,800円

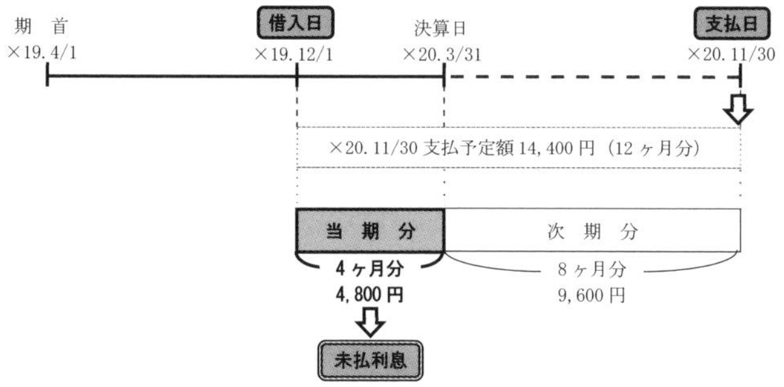

7．前受地代の計上

(借)	受取地代	102,000	(貸)	前受地代	102,000

前T/B 受取地代510,000円× $\frac{3ヶ月(×20年4月～6月)}{15ヶ月(×19年4月～×20年6月)}$ =102,000円

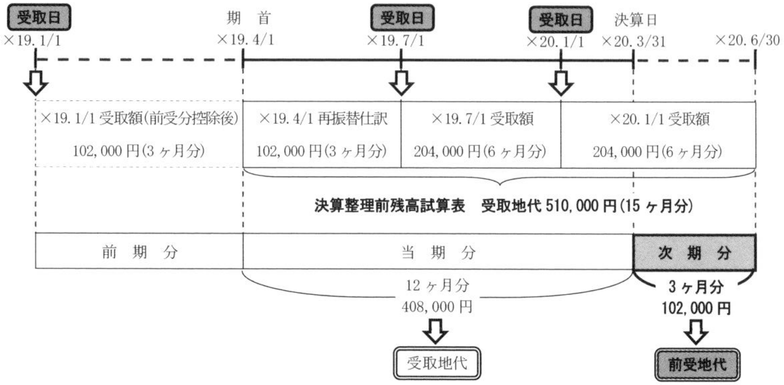

8．法人税、住民税及び事業税の計上

(借)	法人税、住民税及び事業税	840,000 *1	(貸)	仮払法人税等	380,000 *2
				未払法人税等	460,000 *3

*1 問題文・法人税、住民税及び事業税840,000円

*2 前T/B 仮払法人税等380,000円

*3 貸借差額

9．損益計算書の作成

損益計算書

自×19年4月1日 至×20年3月31日 (単位：円)

Ⅰ	売上高		(21,654,000)
Ⅱ	売上原価		
1	期首商品棚卸高	(1,188,000)	
2	当期商品仕入高	(13,014,000)	
	合計	(14,202,000)	
3	期末商品棚卸高	(1,350,000)	
	差引	(12,852,000)	
4	棚卸減耗損	(30,000)	
5	商品評価損	(105,000)	(12,987,000)
	売上総利益		(8,667,000)
Ⅲ	販売費及び一般管理費		
1	給料	(4,033,000)	
2	広告宣伝費	(406,700)	
3	保険料	(253,000)	
4	通信費	(240,000)	
5	旅費交通費	(340,000)	
6	貸倒損失	(115,000)	
7	貸倒引当金繰入	(1,500)	
8	減価償却費	(428,000)	
9	のれん償却	(48,000)	
10	賞与引当金繰入	(330,000)	(6,195,200)
	営業利益		(2,471,800)
Ⅳ	営業外収益		
1	受取地代		(408,000)
Ⅴ	営業外費用		
1	支払利息		(24,800)
	経常利益		(2,855,000)
Ⅵ	特別損失		
1	固定資産除却損		(340,000)
	税引前当期純利益		(2,515,000)
	法人税、住民税及び事業税		(840,000)
	当期純利益		(1,675,000)

10. 貸借対照表の作成

現金預金	仕訳上では「現金」「当座預金」勘定を使用するが、貸借対照表上は、「現金預金」で表示する。
貸倒引当金	答案用紙の貸倒引当金が流動資産の最下部に記載されているため、一括間接控除方式で表示すべきであると判断する。したがって、貸借対照表上は、売上債権に対する貸倒引当金の合計額を表示する。
商品	仕訳上では「繰越商品」勘定を使用するが、貸借対照表上は、流動資産の区分に「商品」で表示する。
減価償却累計額	答案用紙の減価償却累計額が関連する各科目の下に記載されているため、科目別間接控除方式で表示すべきであると判断する。なお、仕訳上では「建物減価償却累計額」「備品減価償却累計額」勘定を使用するが、貸借対照表上は、「減価償却累計額」で関連する各資産の下に表示する。
短期借入金	仕訳上では「借入金」勘定を使用するが、上記［資料Ⅲ］6.「未払利息の計上」の対象となった借入金は、貸借対照表日の翌日から起算して１年以内の×20年11月30日に返済期日を迎えるため、１年基準の適用により、貸借対照表上は、流動負債の区分に「短期借入金」で表示する。
前受収益	仕訳上では「前受地代」勘定を使用するが、貸借対照表上は、流動負債の区分に「前受収益」で表示する。
未払費用	仕訳上では「未払利息」勘定を使用するが、貸借対照表上は、流動負債の区分に「未払費用」で表示する。
長期借入金	仕訳上では「借入金」勘定を使用するが、上記［資料Ⅲ］6.「未払利息の計上」の対象となった借入金以外は、問題文に返済期日等の記載がないが、既に答案用紙の固定負債の区分に長期借入金1,000,000円と記載されているため、「長期借入金」として表示する。
繰越利益剰余金	前T/B 繰越利益剰余金 4,327,100円 ＋当期純利益 1,675,000円(上記［資料Ⅲ］9.「損益計算書の作成」参照)＝6,002,100円

第4問 【解答】 (1) 12点 (2) 16点 計28点

(1) 各4点 計12点

	借方科目名	記号	金額	貸方科目名	記号	金額
1	仕掛品	ウ	1,656,000	材料	エ	1,761,000
	製造間接費	ア	105,000			
2	売掛金	イ	1,000,000	売上	カ	1,000,000
	売上原価	エ	700,000	工場	ア	700,000
3	予算差異	カ	85,000	製造間接費	オ	285,000
	操業度差異	ウ	200,000			

(2) ○ 2点×5箇所 問2と問3はすべて正解で各3点 計16点

問1

月次損益計算書 (単位：円)

売上高		4,260,000
売上原価		
月初製品有高	(○ 402,500)	
当月製品製造原価	(○ 916,500)	
合計	(1,319,000)	
月末製品有高	(○ 357,000)	
差引	(962,000)	
原価差異	(○ ＋ 3,000)	(965,000)
売上総利益		(3,295,000)
販売費及び一般管理費		1,796,000
営業利益		(○ 1,499,000)

問2 予算差異 ＝ 8,000 円 （(借方差異)・貸方差異）

操業度差異 ＝ 5,000 円 （借方差異・(貸方差異)）

問3 予算差異 ＝ 21,000 円 （(借方差異)・貸方差異）

操業度差異 ＝ 18,000 円 （借方差異・(貸方差異)）

76

第4問 【解説】

(1)

1．材料の消費高の計上

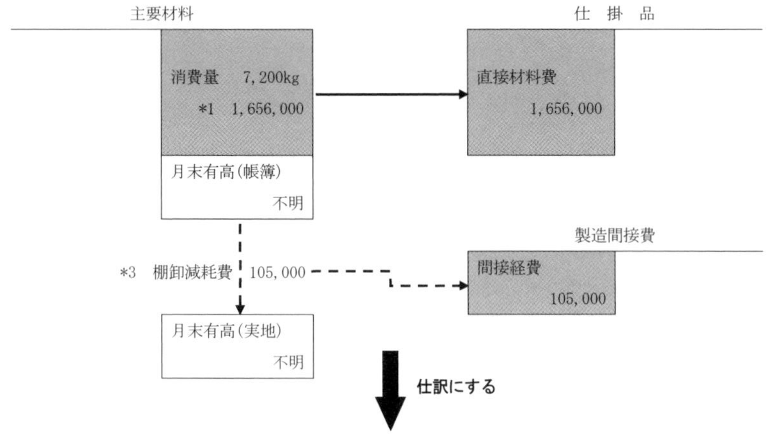

(借)	仕掛品	1,656,000 *1	(貸) 材料	1,761,000
	製造間接費	105,000 *3		

*1 @230円(*2)×消費量7,200kg＝1,656,000円

*2 年間予定購入金額25,392,000円 / 年間予定購入量110,400kg ＝@230円

*3 棚卸減耗費は、間接経費に該当するため、製造間接費勘定に振り替える。

2．製品の売上

本社	工場
売掛金 1,000,000 ／ 売上 1,000,000 売上原価 700,000 ／ 工場 700,000	本社 700,000 ／ 製品 700,000

(借)	売掛金	1,000,000	(貸) 売上	1,000,000
	売上原価	700,000 *1	工場	700,000 *3

*1 製造原価@3,500円×製品200個＝700,000円(*2)

*2 問題文に「売上原価の計算は販売した都度、本社で行われている」と記載があるため、売上原価勘定で仕訳する。

*3 問題文に「製品勘定は工場で記帳しており」と記載があるため、工場勘定で仕訳する。

3．予算差異と操業度差異の計上（変動予算）

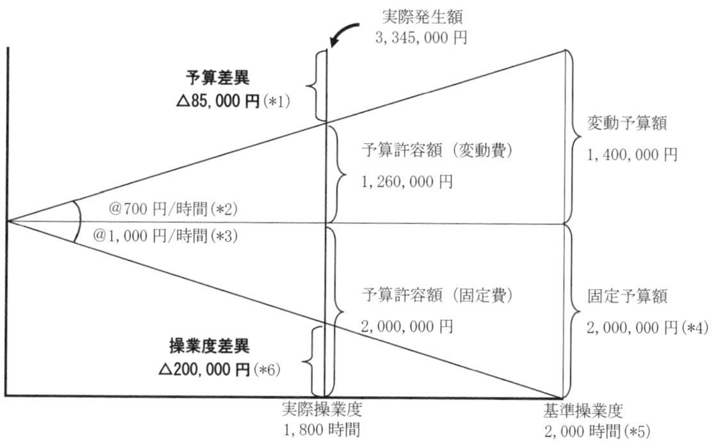

(借) 予算差異	85,000 *1	(貸) 製造間接費	285,000
操業度差異	200,000 *6		

*1 予算差異：予算許容額3,260,000円－実際発生額3,345,000円＝△85,000円（不利差異・借方差異）

*2 予定配賦率(変動費)：予算許容額変動費1,260,000円÷実際操業度1,800時間＝700円/時間

*3 予定配賦率(固定費)：予定配賦率1,700円/時間－予定配賦率(変動費)700円/時間(*2)＝1,000円/時間

*4 固定予算額：予算許容額(固定費)2,000,000円

*5 基準操業度：固定予算額2,000,000円÷予定配賦率(固定費)1,000円/時間＝2,000時間

*6 操業度差異：予定配賦率(固定費)1,000円/時間(*3)
×(実際操業度1,800時間－基準操業度2,000時間)＝△200,000（不利差異・借方差異）

(2)

1．原価計算表の作成

問題文の直接材料消費量・直接作業時間に対して、各予定単価を乗じることで、直接材料費、直接労務費、製造間接費を計算する。

2月 @700円

3月 @750円　　@1,200円　(*1) @900円

		直接材料費	直接労務費	製造間接費	合　計
331	2月	224,000円	102,000円	76,500円	402,500円
332	3月	307,500円	144,000円	108,000円	559,500円
333	3月	210,000円	84,000円	63,000円	357,000円
334	3月	277,500円	36,000円	27,000円	340,500円

*1 (変動製造間接費予算額1,560,000円＋固定製造間接費予算額600,000円)÷予定直接作業時間2,400時間

2．損益計算書の作成

作成した原価計算表をもとに、問題文の製造着手日、完成日、販売日を参照して損益計算書の金額を求める。
各勘定の○番号の順に求めるとよい。

2月 @700円
3月 @750円　　@1,200円　(*1) @900円

		直接材料費	直接労務費	製造間接費	合　計	
331	2月	224,000円	102,000円	76,500円	402,500円	← ① **月初製品**
332	3月	**307,500円**	**144,000円**	**108,000円**	559,500円	
333	3月	**210,000円**	**84,000円**	**63,000円**	**357,000円**	← ③ **月末製品**
334	3月	**277,500円**	**36,000円**	**27,000円**	340,500円	← 月末仕掛品
	②合計	**795,000円**	**264,000円**	**198,000円**	**計1,257,000円**	

月次損益計算書　(単位：円)

売上高		4,260,000
売上原価		
月初製品有高	(① 402,500)	
当月製品製造原価	(② 916,500)	
合計	(1,319,000)	
月末製品有高	(③ 357,000)	
差引	(962,000)	
原価差異	(④ ＋ 3,000)	(965,000)
売上総利益		(3,295,000)
販売費及び一般管理費		1,796,000
営業利益		(1,499,000)

① **月初製品の算定**

月初製品は、月初（3/1）に完成しているものが該当する。331が2月に着手し、2月に完成しているため、331の製造原価が月初製品となる。

② **当月製品製造原価の算定**

当月（3月）に発生した製造原価を集計し、月末仕掛品となっている334の製造原価を差し引いて計算する。

なお、当月製品製造原価は当月（3月）に完成した原価であるから、当月（3月）に完成した332（559,500円）、333（357,000円）を集計して求めることもできる。

③ **月末製品の算定**

月末製品は、月末（3/31）の時点で完成しているが、販売していないものが該当する。333が「3/31在庫」であるため、333の製造原価が月末製品となる。

④ **原価差異**

②より製造間接費の予定配賦額は198,000円とわかる。

予定配賦額198,000円－実際発生額201,000円＝△3,000円の不利差異・借方差異が発生している。

3．製造間接費配賦差異の差異分析（変動予算・問2）

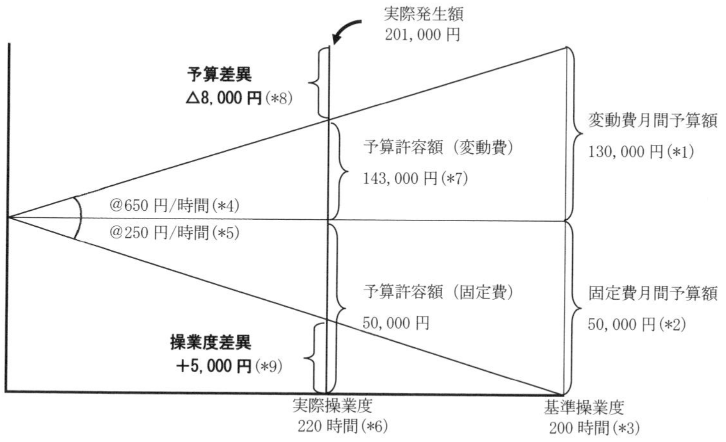

*1　変動費月間予算額：変動費年間予算額1,560,000円÷12ヶ月 ＝ 130,000円
*2　固定費月間予算額：固定費年間予算額600,000円÷12ヶ月 ＝ 50,000円
*3　基準操業度：年間の予定直接作業時間2,400時間÷12ヶ月 ＝ 200時間
*4　予定配賦率(変動費)：変動費月間予算額130,000円÷基準操業度200時間 ＝ 650円/時間
*5　予定配賦率(固定費)：固定費月間予算額50,000円÷基準操業度200時間 ＝ 250円/時間
*6　実際操業度：332（120時間）＋333（70時間）＋334（30時間） ＝ 220時間
*7　予算許容額(変動費)：予定配賦率(変動費)650円/時間×実際操業度220時間 ＝ 143,000円
*8　予算差異：(予算許容額(変動費)143,000円＋予算許容額(固定費)50,000円)
　　－実際発生額201,000円 ＝ △8,000円（不利差異・借方差異）
*9　操業度差異：予定配賦率(固定費)250円/時間
　　×(実際操業度220時間－基準操業度200時間) ＝ ＋5,000円（有利差異・貸方差異）

4．製造間接費配賦差異の差異分析（固定予算・問3）

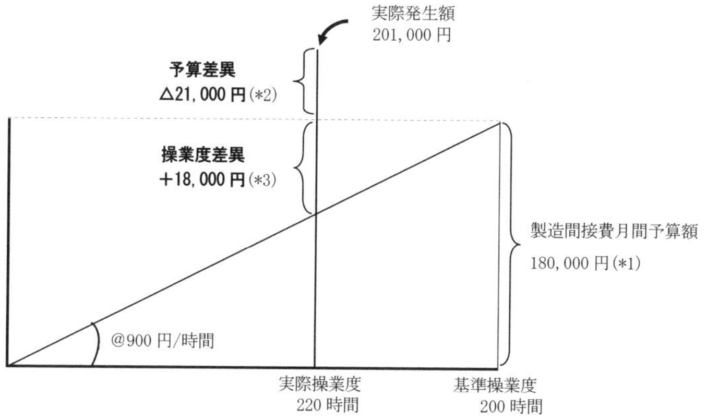

*1　製造間接費月間予算額：製造間接費年間予算額2,160,000円÷12ヶ月 ＝ 180,000円
*2　予算差異：製造間接費月間予算額180,000円－実際発生額201,000円 ＝ △21,000円（不利差異・借方差異）
*3　操業度差異：予定配賦率900円/時間
　　×（実際操業度220時間－基準操業度200時間） ＝ ＋18,000円（有利差異・貸方差異）

第5問 【解答】 ● 完答2点×6箇所　計12点

標準製造原価差異分析表

直接材料費差異	材料価格差異	● 235,000 円	有利差異 ・ (不利差異)
	材料数量差異	● 96,000 円	有利差異 ・ (不利差異)
直接労務費差異	労働賃率差異	● 240,000 円	(有利差異) ・ 不利差異
	労働時間差異	● 66,000 円	有利差異 ・ (不利差異)
製造間接費差異	予算差異	● 124,000 円	有利差異 ・ (不利差異)
	変動費能率差異	24,000 円	有利差異 ・ (不利差異)
	固定費能率差異	57,000 円	有利差異 ・ (不利差異)
	操業度差異	● 190,000 円	有利差異 ・ (不利差異)

(注) 貸方差異の場合には有利差異、借方差異の場合には不利差異を○で囲むこと。

第5問 【解説】

1．標準原価カードの作成

	標準単価		物量標準		原価標準
直接材料費	1,200円/kg	×	6kg/個	=	7,200円/個
直接労務費	2,200円/h	×	3h/個	=	6,600円/個
製造間接費	2,700円/h	×	3h/個	=	8,100円/個
			製品1個当たりの標準原価		21,900円/個

※ 製造間接費について

標準単価：年間予算81,000,000円÷正常直接年間作業時間30,000時間=2,700円/h

物量標準：問題文に「製造間接費は直接作業時間を基準として製品に標準配賦」と記載があるため直接労務費と同じ物量標準を使用する。

2．原価差異の分析

生産データ

仕掛品（直接材料費）

月初 80個	完成品 800個
当月投入 （差引）770個	月末 50個

仕掛品（加工費）

月初(80個×50%) 40個	完成品 800個
当月投入 （差引）790個	月末(50個×60%) 30個

（1）**直接材料費差異**

標準価格	1,200円/kg	：問題文［資料Ⅰ］より
実際価格	1,250円/kg	：実際直接材料費5,875,000円÷実際消費量4,700kg
標準消費量	4,620 kg	：物量標準6 kg/個×当月投入770個(直接材料費)
実際消費量	4,700 kg	：問題文［資料Ⅲ］より

① **価格差異**

(標準価格1,200円/kg－実際価格1,250円/kg)×実際消費量4,700kg＝△235,000円(不利差異・借方差異)

② **数量差異**

標準価格1,200円/kg×(標準消費量4,620kg－実際消費量4,700kg)＝△96,000円(不利差異・借方差異)

（2）**直接労務費差異**

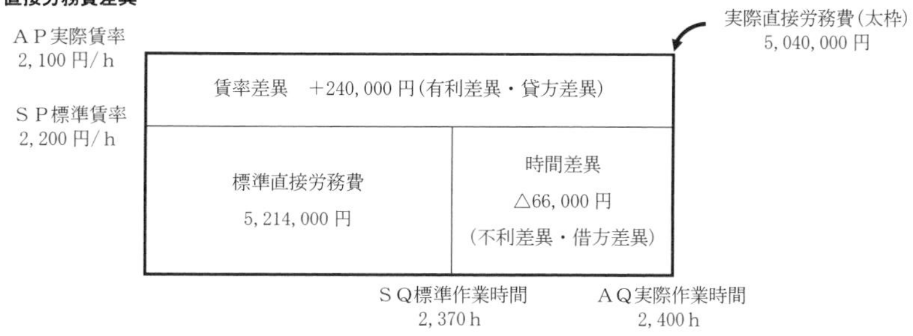

標準賃率	2,200円/h	：問題文［資料Ⅰ］より
実際賃率	2,100円/h	：実際直接労務費5,040,000円÷実際作業時間2,400h
標準作業時間	2,370h	：物量標準3h/個×当月投入790個(加工費)
実際作業時間	2,400h	：問題文［資料Ⅲ］より

① **賃率差異**

(標準賃率2,200円/h－実際賃率2,100円/h)×実際作業時間2,400h＝＋240,000円(有利差異・貸方差異)

② **時間差異**

標準賃率2,200円/h×(標準作業時間2,370h－実際作業時間2,400h)＝△66,000円(不利差異・借方差異)

（3）**製造間接費差異（4分法）**

答案用紙に示されている製造間接費差異の内訳が4つに分かれていることから、4分法により差異分析をすべきということがわかる。

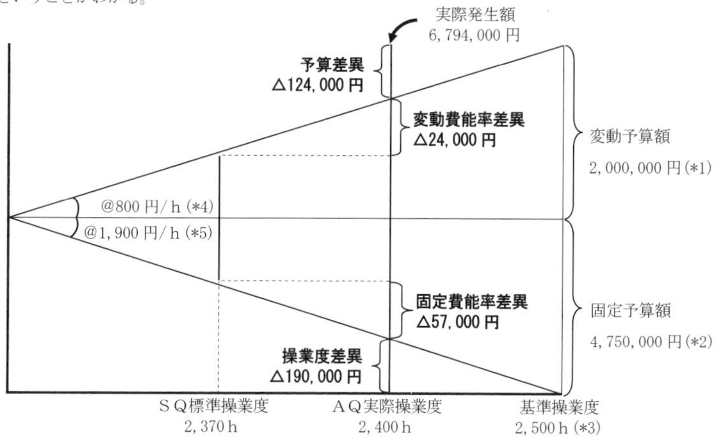

*1　月間変動予算額：変動費年間予算24,000,000円÷12ヶ月＝2,000,000円

*2　月間固定予算額：固定費年間予算57,000,000円÷12ヶ月＝4,750,000円

*3　月間基準操業度：正常直接年間作業時間30,000h÷12ヶ月＝2,500h

*4　変動費率：月間変動予算額2,000,000円(*1)÷月間基準操業度2,500h(*3)＝@800円/h

*5　固定費率：月間固定予算額4,750,000円(*2)÷月間基準操業度2,500h(*3)＝@1,900円/h

① **予算差異**

予算許容額：変動費率@800円/h×実際操業度2,400h＋固定予算額4,750,000円＝6,670,000円

予算差異：予算許容額6,670,000円－実際発生額6,794,000円＝△124,000円(不利差異・借方差異)

② **変動費能率差異**

@800円/h×(標準操業度2,370h－実際操業度2,400h)＝△24,000円(不利差異・借方差異)

③ **固定費能率差異**

@1,900円/h×(標準操業度2,370h－実際操業度2,400h)＝△57,000円(不利差異・借方差異)

④ **操業度差異**

固定費率@1,900円/h×(実際操業度2,400h－基準操業度2,500h)＝△190,000円(不利差異・借方差異)

2級 全国統一模擬試験Ⅱ 第2回 解答解説

第1問 【解答】 各4点 計20点

	借方科目名	記号	金額	貸方科目名	記号	金額
1	当座預金	エ	491,000	売買目的有価証券	キ	478,000
				有価証券利息	ウ	11,000
				有価証券売却益	カ	2,000
2	営業外受取手形	ク	3,500,000	建物	ウ	1,800,000
	建物減価償却累計額	オ	1,050,000	土地	エ	3,000,000
	減価償却費	カ	37,500			
	固定資産売却損	イ	212,500			
3	役務原価	ア	1,060,000	当座預金	ウ	1,060,000
	前受金	イ	2,650,000	役務収益	ク	2,650,000
4	その他資本剰余金	キ	320,000	未払配当金	オ	900,000
	繰越利益剰余金	ウ	770,000	資本準備金	ア	20,000
				利益準備金	カ	40,000
				別途積立金	イ	130,000
5	買掛金	エ	290,000	売掛金	ア	471,200
	当座預金	ウ	156,000			
	為替差損	カ	25,200			

第1問 【解説】

1. 売買目的有価証券の売却（端数利息）

(借) 当座預金	491,000	(貸)	売買目的有価証券	478,000 *1
			有価証券利息	11,000 *2
			有価証券売却益	2,000 *4

*1 問題文に「短期的な価格変動を期待して」と記載があるため、売買目的有価証券勘定で仕訳する。

*2 額面総額500,000円×年利率5.5%×$\frac{146日(10月1日～2月23日)}{365日}$＝11,000円(*3)

*3 問題文に「端数利息」と記載があるため、利払日と異なる日に債券を売却した場合、売却日の直前の利払日の翌日から売却日までの期間に発生した利息を計算し、有価証券利息勘定で仕訳する。

*4 貸借差額　または、(当座預金491,000円＋手数料3,500円－帳簿価額478,000円(*1))
－有価証券利息11,000円(*2)－手数料3,500円＝2,000円(*5)

*5 問題文に「支払手数料は売買損益に含める」と記載があるため、本問では、有価証券売却益勘定から差し引いて計算する。

2. 土地付き建物の期中売却（営業外受取手形）

(借) 営業外受取手形	3,500,000 *1	(貸)	建物	1,800,000
建物減価償却累計額	1,050,000 *2		土地	3,000,000
減価償却費	37,500 *3			
固定資産売却損	212,500 *4			

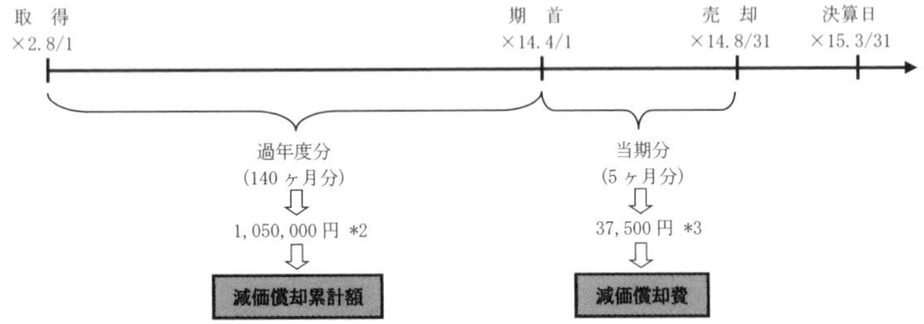

*1 問題文に「店舗およびその敷地を売却し、代金は約束手形(期日3ヶ月後)を受け取った」と記載があるため、営業外受取手形勘定で仕訳する。
(店舗およびその敷地の売却は主たる営業活動に係る取引には該当しないため、売却代金に係る債権は「営業外受取手形」となる。)

*2 建物(取得原価)1,800,000円÷耐用年数20年×$\frac{140ヶ月(×2年8月～×14年3月)}{12ヶ月}$＝1,050,000円

*3 建物(取得原価)1,800,000円÷耐用年数20年×$\frac{5ヶ月(×14年4月～×14年8月)}{12ヶ月}$＝37,500円

*4 貸借差額

３．サービス業の会計処理

(借)	役務原価	1,060,000 *1	(貸)	当座預金	1,060,000 *2
	前受金	2,650,000 *3		役務収益	2,650,000 *4

南日本旅行株式会社は旅行業を営んでおり、無形のサービスを提供する会社に該当するため、商品売買業における売上・売上原価(仕入)勘定にかえて、役務収益・役務原価勘定で仕訳する。

*1　問題文に「ツアー費用」と記載があるため、役務原価勘定で仕訳する。

*2　問題文に「小切手を振り出して」と記載があるため、当座預金勘定で仕訳する。

*3　問題文に「7日前までに普通預金口座に振り込まれている」と記載があるため、前受金勘定で仕訳する。

*4　問題文に「4泊5日の旅行ツアーを催行した」と記載があるため、役務収益勘定で仕訳する。

４．剰余金の配当および処分

(借)	その他資本剰余金	320,000 *4	(貸)	未払配当金	900,000 *1
	繰越利益剰余金	770,000 *5		資本準備金	20,000 *3
				利益準備金	40,000 *3
				別途積立金	130,000

*1　その他資本剰余金からの配当 300,000円＋繰越利益剰余金からの配当 600,000円＝900,000円(*2)

*2　株主総会により配当することが決定したため、未払配当金勘定で仕訳する。

*3　下記の判定式から、いずれか小さい金額が準備金となる。

①　資本金 4,000,000円× $\frac{1}{4}$ －940,000円(資本準備金 600,000円＋利益準備金 340,000円)＝60,000円

②　配当金額合計 900,000円(*1)× $\frac{1}{10}$ ＝90,000円

①＜②　∴　準備金積立合計額は60,000円である。なお、資本準備金と利益準備金の内訳は、問題文に指示が記載されていないため、原則的な方法として、配当金の財源の割合に応じて計算する。

資本準備金計上額：60,000円(①)× $\frac{\text{その他資本剰余金からの配当 300,000円}}{\text{配当金額合計 900,000円(*1)}}$ ＝20,000円

利益準備金計上額：60,000円(①)× $\frac{\text{繰越利益剰余金からの配当 600,000円}}{\text{配当金額合計 900,000円(*1)}}$ ＝40,000円

*4　その他資本剰余金からの配当 300,000円＋資本準備金 20,000円(*3)＝320,000円

*5　繰越利益剰余金からの配当 600,000円＋利益準備金 40,000円(*3)＋別途積立金 130,000円＝770,000円

５．外貨建売掛金の回収・買掛金の決済

(借)	買掛金	290,000 *2	(貸)	売掛金	471,200 *1
	当座預金	156,000 *3			
	為替差損	25,200 *4			

*1　売掛金 3,800ドル×124円(売上時の為替相場)＝471,200円

*2　買掛金 2,500ドル×116円(仕入時の為替相場)＝290,000円

*3　回収額：売掛金 3,800ドル×120円(回収日の為替相場)＝456,000円
決済額：買掛金 2,500ドル×120円(決済日の為替相場)＝300,000円
回収額 456,000円－決済額 300,000円＝156,000円

*4　貸借差額　または、(回収額 456,000円(*3)－売掛金 471,200円(*1))
＋(買掛金 290,000円(*2)－決済額 300,000円(*3))＝△25,200円(損)

第2問 【解答】 完答2点×10箇所 計20点

問1

総 勘 定 元 帳 (抜粋)

売買目的有価証券

年	月	日	摘 要	借 方	年	月	日	摘 要	貸 方
×6	4	3	未 払 金	73,600,000	×7	3	31	次 期 繰 越	74,800,000
×7	3	31	有価証券評価益	1,200,000					
				74,800,000					74,800,000

満期保有目的債券

年	月	日	摘 要	借 方	年	月	日	摘 要	貸 方
×6	4	1	前 期 繰 越	29,280,000	×7	3	31	次 期 繰 越	29,460,000
×7	3	31	有 価 証 券 利 息	180,000					
				29,460,000					29,460,000

その他有価証券

年	月	日	摘 要	借 方	年	月	日	摘 要	貸 方
×6	9	16	未 払 金	9,180,000	×7	3	31	次 期 繰 越	9,900,000
×7	3	31	その他有価証券評価差額金	720,000					
				9,900,000					9,900,000

問2

①	関 連 会 社 株 式	¥ 21,000,000	② 有 価 証 券 利 息	¥ 2,092,400
③	×7年5月7日の取引により発生する有価証券売却（損・(益)）			¥ 150,000
④	×7年6月9日の取引により発生する投資有価証券売却（損・(益)）			¥ 18,000

※ 損または益のいずれかを○で囲むこと。

第2問 【解説】

1. ×6年3月31日以前に行った取引

(1) ×5年8月12日 関連会社株式(A社株式)の取得

(借) 関 連 会 社 株 式 21,000,000 *1 (貸) 現 金 預 金 等 21,000,000 *3

*1 1株当たり4,200円×5,000株＝21,000,000円(*2)

*2 A社が発行する株式総数の約33%(5,000株÷15,000株)を取得したことによって、A社が発行する株式総数の20%以上50%以下の持株比率となったため、関連会社株式勘定で仕訳する。

*3 解説の都合上、問題文から支払対価が不明であるため、現金預金等勘定を使用している。

関連会社株式

8/12 現金預金等 21,000,000	

(2) ×6年1月1日 満期保有目的債券(B社社債)の取得（端数利息の処理は省略する）

(借) 満 期 保 有 目 的 債 券 29,235,000 *1 (貸) 現 金 預 金 等 29,235,000 *3

*1 額面総額30,000,000円×$\dfrac{97.45\text{円(端数を含まない金額)}}{\text{額面}100\text{円}}$＝29,235,000円(*2)

*2 問題文に「満期まで保有する意図をもって」と記載があるため、満期保有目的債券勘定で仕訳する。

*3 解説の都合上、問題文から支払対価が不明であるため、現金預金等勘定を使用している。

満期保有目的債券

1/ 1 現金預金等 29,235,000	

(3) ×6年3月31日 決算日（利息の受け取りの処理は省略する）

① 関連会社株式の評価(A社株式)

仕 訳 な し

決算時に時価の変動があっても、時価に評価替えを行わない。

② 満期保有目的債券の評価(B社社債)

(借) 満 期 保 有 目 的 債 券 45,000 (貸) 有 価 証 券 利 息 45,000

(額面30,000,000円－取得価額29,235,000円)×$\dfrac{\text{経過期間3ヶ月(×6年1月～×6年3月)}}{\text{当初償却期間51ヶ月(×6年1月～×10年3月)}}$＝45,000円

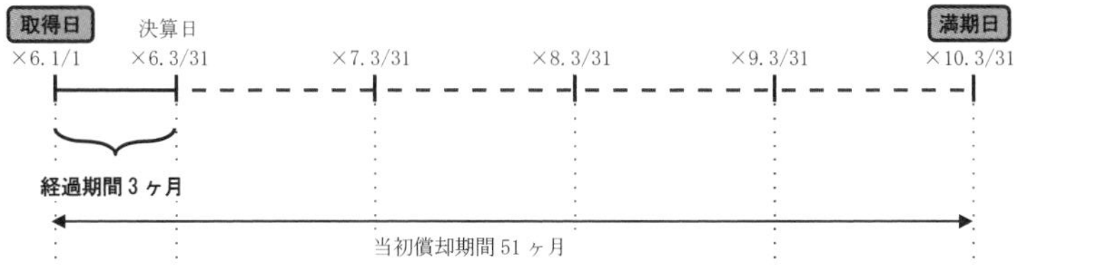

満期保有目的債券

1/ 1 現金預金等 29,235,000	
3/31 有価証券利息 45,000	

③ **総勘定元帳の締切り（解答に関連する科目のみ）**

関連会社株式

8/12 現金預金等	21,000,000	**3/31 次期繰越**	**21,000,000**
	21,000,000		**21,000,000**

満期保有目的債券

1/1 現金預金等	29,235,000	**3/31 次期繰越**	**29,280,000**
3/31 有価証券利息	45,000		
	29,280,000		**29,280,000**

2．×6年度中に行った取引

（1）**×6年4月1日　総勘定元帳の開始記入（解答に関連する科目のみ）**

関連会社株式

4/1 前期繰越	**21,000,000**		

満期保有目的債券

4/1 前期繰越	**29,280,000**		

貸借対照表項目は、前期末の次期繰越と逆側に前期繰越として開始記入する。

（2）**×6年4月3日　売買目的有価証券（C社社債）の取得（端数利息）**

（借）売買目的有価証券	73,600,000 *1	（貸）未払金	73,897,600 *5
有価証券利息	297,600 *3		

*1　額面総額80,000,000円×$\frac{92.00円（端数利息を含まない金額）}{額面100円}$＝73,600,000円(*2)

*2　問題文に「売買目的で」と記載があるため、売買目的有価証券勘定で仕訳する。

*3　額面総額80,000,000円×年利率1.46%×$\frac{93日（×6年1月1日～×6年4月3日）}{365日}$＝297,600円(*4)

*4　問題文に「端数利息」と記載があるため、利払日と異なる日に債券を購入した場合、購入日の直前の利払日の翌日から購入日までの期間に発生した利息を計算し、有価証券利息勘定で仕訳する。

*5　問題文に「翌月末に支払うこととした」と記載があるため、未払金勘定で仕訳する。
（売買目的有価証券の購入は主たる営業活動に係る取引には該当しないため、購入代金に係る債務は「未払金」となる。）

売買目的有価証券

4/3 未払金	**73,600,000**		

有価証券利息

4/3 未払金	**297,600**		

（3）**×6年6月30日　利払日（C社社債）**

（借）普通預金	584,000 *2	（貸）有価証券利息	584,000 *1

*1　額面総額80,000,000円×年利率1.46%×$\frac{6ヶ月（×6年1月～×6年6月）}{12ヶ月}$＝584,000円

*2　問題文（[資料III] 2.）に、「利息については、利払日に普通預金口座に振り込まれている」と記載があるため、有価証券利息の受け取りを普通預金勘定で仕訳する。

有価証券利息

4/3 未払金	297,600	**6/30 普通預金**	**584,000**

（4）**×6年9月16日　その他有価証券（D社株式）の取得**

（借）その他有価証券	9,180,000 *1	（貸）未払金	9,180,000 *3

*1　1株当たり2,000円×4,500株
＋買入手数料180,000円（付随費用のためその他有価証券勘定に含める）＝9,180,000円(*2)

*2　問題文に「長期利殖目的」と記載があるため、その他有価証券勘定で仕訳する。

*3　問題文に「翌月末に支払うこととした」と記載があるため、未払金勘定で仕訳する。
（その他有価証券の購入は主たる営業活動に係る取引には該当しないため、購入代金に係る債務は「未払金」となる。）

その他有価証券

9/16 未払金	**9,180,000**		

（5）**×6年9月30日　利払日（B社社債）**

（借）普通預金	375,000 *2	（貸）有価証券利息	375,000 *1

*1　額面総額30,000,000円×年利率2.5%×$\frac{6ヶ月（×6年4月～×6年9月）}{12ヶ月}$＝375,000円

*2　問題文（[資料III] 2.）に「利息については、利払日に普通預金口座に振り込まれている」と記載があるため、有価証券利息の受け取りを普通預金勘定で仕訳する。

有価証券利息

4/3 未払金	297,600	6/30 普通預金	584,000
		9/30 普通預金	**375,000**

（6）**×6年12月31日　利払日（C社社債）**

（借）普通預金	584,000 *2	（貸）有価証券利息	584,000 *1

*1　額面総額80,000,000円×年利率1.46%×$\frac{6ヶ月（×6年7月～×6年12月）}{12ヶ月}$＝584,000円

*2　問題文（[資料III] 2.）に「利息については、利払日に普通預金口座に振り込まれている」と記載があるため、有価証券利息の受け取りを普通預金勘定で仕訳する。

有価証券利息

4/3 未払金	297,600	6/30 普通預金	584,000
		9/30 普通預金	375,000
		12/31 普通預金	**584,000**

（7）**×7年3月31日　決算日**

<利払日（B社社債）>

（借）普通預金	375,000 *2	（貸）有価証券利息	375,000 *1

*1　額面総額30,000,000円×年利率2.5%×$\frac{6ヶ月（×6年10月～×7年3月）}{12ヶ月}$＝375,000円

*2　問題文（[資料III] 2.）に「利息については、利払日に普通預金口座に振り込まれている」と記載があるため、有価証券利息の受け取りを普通預金勘定で仕訳する。

<決算整理仕訳>

① **関連会社株式の評価（A社株式）**

仕訳なし

決算時に時価の変動があっても、時価に評価替えを行わない。

② **満期保有目的債券の評価（B社社債）**

（借）満期保有目的債券	180,000	（貸）有価証券利息	180,000

（額面30,000,000円－取得価額29,235,000円）×$\frac{経過期間12ヶ月（×6年4月～×7年3月）}{当初償却期間51ヶ月（×6年1月～×10年3月）}$＝180,000円

または

（額面30,000,000円－帳簿価額29,280,000円）×$\frac{経過期間12ヶ月（×6年4月～×7年3月）}{残存償却期間48ヶ月（×6年4月～×10年3月）}$＝180,000円

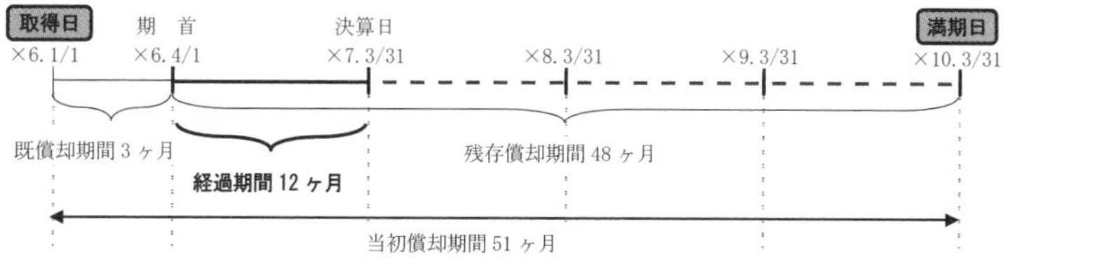

③ **売買目的有価証券の評価（C社社債）**

(借) 売買目的有価証券	1,200,000	(貸) 有価証券評価益	1,200,000

時　価：額面総額 80,000,000 円 × $\frac{93.50円(時価)}{額面100円}$ ＝74,800,000 円

帳簿価額：73,600,000 円（上記 2.(2)参照）

時価 74,800,000 円－帳簿価額 73,600,000 円＝1,200,000 円（評価益）

④ **未収有価証券利息の計上（C社社債）**

(借) 未収有価証券利息	292,000	(貸) 有価証券利息	292,000

額面総額 80,000,000 円 × 年利率 1.46% × $\frac{3ヶ月(×7年1月～3月)}{12ヶ月}$ ＝292,000 円

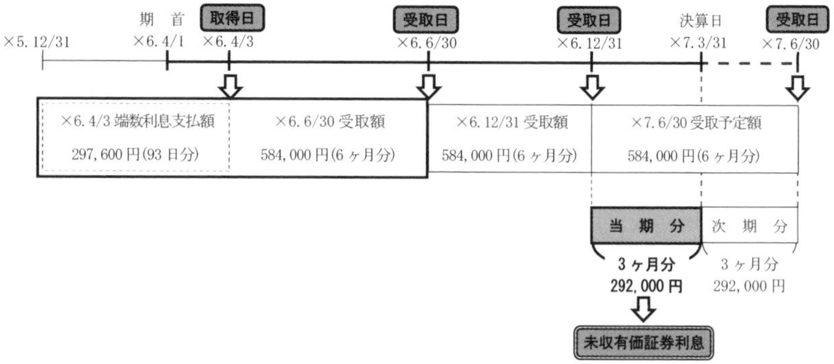

⑤ **その他有価証券の評価（D社株式）**

(借) その他有価証券	720,000	(貸) その他有価証券評価差額金	720,000

時　価：1 株当たり 2,200 円 × 4,500 株＝9,900,000 円

帳簿価額：9,180,000 円（上記 2.(4)参照）

時価 9,900,000 円－帳簿価額 9,180,000 円＝720,000 円（評価益）

満期保有目的債券

4/1	前期繰越	29,280,000			
3/31	**有価証券利息**	**180,000**			

売買目的有価証券

4/3	未払金	73,600,000			
3/31	**有価証券評価益**	**1,200,000**			

その他有価証券

9/16	未払金	9,180,000			
3/31	**その他有価証券評価差額金**	**720,000**			

有価証券利息

4/3	未払金	297,600	6/30	普通預金	584,000
			9/30	普通預金	375,000
			12/31	普通預金	584,000
			3/31	**普通預金**	**375,000**
			3/31	**満期保有目的債券**	**180,000**
			3/31	**未収有価証券利息**	**292,000**

その他有価証券評価差額金

			3/31	**その他有価証券**	**720,000**

⑥ **総勘定元帳の締切り（解答に関連する科目のみ）**

関連会社株式

4/1	前期繰越	21,000,000	**3/31**	**次期繰越**	**21,000,000**
		21,000,000			**21,000,000**

問２ ① 関連会社株式
21,000,000 円

満期保有目的債券

4/1	前期繰越	29,280,000	**3/31**	**次期繰越**	**29,460,000**
3/31	有価証券利息	180,000			
		29,460,000			**29,460,000**

有価証券利息

4/3	未払金	297,600	6/30	普通預金	584,000
3/31	**損益**	**2,092,400**	9/30	普通預金	375,000
			12/31	普通預金	584,000
			3/31	普通預金	375,000
			3/31	満期保有目的債券	180,000
			3/31	未収有価証券利息	292,000
		2,390,000			**2,390,000**

問２ ② 有価証券利息
2,092,400 円

売買目的有価証券

4/3	未払金	73,600,000	**3/31**	**次期繰越**	**74,800,000**
3/31	有価証券評価益	1,200,000			
		74,800,000			**74,800,000**

その他有価証券

9/16	未払金	9,180,000	**3/31**	**次期繰越**	**9,900,000**
3/31	その他有価証券評価差額金	720,000			
		9,900,000			**9,900,000**

その他有価証券評価差額金

3/31	**次期繰越**	**720,000**	3/31	その他有価証券	720,000
		720,000			**720,000**

貸借対照表項目は、期末残高を次期繰越として締切り、有価証券利息は、残高を損益勘定に振り替えて締切る。

３．×７年度中に行った取引

（１）×７年４月１日

① **総勘定元帳の開始記入（解答に関連する科目のみ）**

売買目的有価証券

4/1	**前期繰越**	**74,800,000**			

その他有価証券

4/1	**前期繰越**	**9,900,000**			

その他有価証券評価差額金

			4/1	**前期繰越**	**720,000**

貸借対照表項目は、前期末の次期繰越と逆側に前期繰越として開始記入する。

② **その他有価証券の再振替仕訳**

(借) その他有価証券評価差額金	720,000	(貸) その他有価証券	720,000

その他有価証券の評価差額は洗替方式にもとづくものとされているため、期首に前期末に実施した評価差額の決算整理仕訳を反対仕訳で振り戻す仕訳をする。

その他有価証券

4/1	前期繰越	9,900,000	**4/1**	**その他有価証券評価差額金**	**720,000**

その他有価証券評価差額金

4/1	**その他有価証券**	**720,000**	4/1	前期繰越	720,000

（2）×7年5月7日　売買目的有価証券の売却

（借）	未収入金	18,981,600 *7	（貸）売買目的有価証券	18,700,000 *1
			現金	30,000
			有価証券売却益	150,000 *2
			有価証券利息	101,600 *5

*1　売買目的有価証券74,800,000円×$\frac{\text{売却額面}20,000,000\text{円}}{\text{額面総額}80,000,000\text{円}}$＝18,700,000円

*2　売却価額18,880,000円(*3)－帳簿価額18,700,000円(*1)－手数料30,000円(*4)＝150,000円

*3　額面20,000,000円×$\frac{94.40\text{円(端数利息を含まない金額)}}{\text{額面}100\text{円}}$＝18,880,000円

*4　問題文（［資料Ⅲ］4.）に「支払手数料は、有価証券売却損益に含めて処理」と記載があるため、本問では、有価証券売却益勘定から差し引いて計算する。

*5　額面20,000,000円×年利率1.46％×$\frac{127\text{日(×7年1月1日～×7年5月7日)}}{365\text{日}}$＝101,600円(*6)

*6　問題文に「端数利息」と記載があるため、利払日と異なる日に債券を売却した場合、売却日の直前の利払日の翌日から売却日までの期間に発生した利息を計算し、有価証券利息勘定で仕訳する。

*7　売却価額18,880,000円(*3)＋端数利息101,600円(*5)＝18,981,600円(*8)

*8　問題文に「翌月末に受け取ることとした」と記載があるため、未収入金で仕訳する。
（売買目的有価証券の売却は主たる営業活動に係る取引には該当しないため、売却代金に係る債権は「未収入金」となる。）

（3）×7年6月9日　その他有価証券の売却

（借）	未収入金	2,058,000 *2	（貸）その他有価証券	2,040,000 *1
			投資有価証券売却益	18,000 *5

*1　（前期繰越9,900,000円－再振替仕訳720,000円）×$\frac{\text{売却株式}1,000\text{株}}{\text{保有株式}4,500\text{株}}$＝2,040,000円

*2　売却価額2,100,000円(*3)－手数料42,000円＝2,058,000円(*4)

*3　1株当たり2,100円×1,000株＝2,100,000円

*4　問題文に「翌月末に受け取ることとした」と記載があるため、未収入金で仕訳する。
（その他有価証券の売却は主たる営業活動に係る取引には該当しないため、売却代金に係る債権は「未収入金」となる。）

*5　貸借差額 または、売却価額2,100,000円(*3)－帳簿価額2,040,000円(*1)－手数料42,000円(*6)＝18,000円

*6　問題文（［資料Ⅲ］4.）に「支払手数料は、有価証券売却損益に含めて処理」と記載があるため、本問では、投資有価証券売却益勘定から差し引いて計算する。

第3問 【解答】 ○ 勘定科目と金額をセットで正解2点×1箇所 ● 2点×9箇所 計20点

損益計算書

自×5年4月1日 至×6年3月31日 (単位：円)

Ⅰ 売上高			(● 12,700,000)
Ⅱ 売上原価			
1 期首商品棚卸高	(325,000)		
2 当期商品仕入高	(● 8,920,000)		
合計	(9,245,000)		
3 期末商品棚卸高	(● 338,000)		
差引	(8,907,000)		
4 棚卸減耗損	(13,000)		
5 (商品評価損)	(5,000)		(8,925,000)
売上総利益			(3,775,000)
Ⅲ 販売費及び一般管理費			
1 給料	(678,000)		
2 賞与	(200,000)		
3 広告宣伝費	(350,000)		
4 租税公課	(247,000)		
5 保険料	(● 96,000)		
6 (貸倒引当金繰入)	(○ 41,000)		
7 減価償却費	(● 256,000)		
8 退職給付費用	(● 38,000)		
9 賞与引当金繰入	(● 40,000)		
10 支払手数料	(144,000)		(2,090,000)
(営業利益)			(1,685,000)
Ⅳ 営業外収益			
1 受取利息	(45,000)		
2 受取配当金	(14,000)		(59,000)
Ⅴ 営業外費用			
1 有価証券評価損			(● 19,000)
税引前当期純利益			(1,725,000)
法人税、住民税及び事業税			(● 650,000)
当期純利益			(1,075,000)

第3問 【解説】

［資料Ⅱ］未処理事項

1．買掛金の決済（仕入割戻）

(借)	買掛金	60,000	(貸)	仕入	2,000 *1
				普通預金	58,000 *2

*1 問題文に「一定の取引量を超えたため、¥2,000の割戻を受け」と記載があるため、仕入勘定で仕訳する。

*2 貸借差額

2．収益認識（一定の期間にわたり充足される履行義務）

（1）取引時

(借)	現金	480,000	(貸)	契約負債	480,000 *1

*1 問題文に「サポートサービスは、当日から開始しており、時の経過（月割計算）に応じて履行義務を充足する」と記載があるため、契約負債勘定で仕訳する。

（2）決算時

(借)	契約負債	200,000 *2	(貸)	売上	200,000 *4

*2 契約負債480,000円× $\frac{5ヶ月（×5年11月～×6年3月）}{12ヶ月}$ ＝200,000円(*3)

*3 ×5年11月から×6年3月の5ヶ月分について、履行義務を充足した部分を契約負債勘定から収益に振り替える仕訳をする。

*4 問題文に勘定科目の指示はないが、損益計算書に売上高の表示しかないため、売上勘定で仕訳している。

［資料Ⅲ］決算整理事項

1．貸倒引当金の計上

(借)	貸倒引当金繰入	41,000	(貸)	貸倒引当金	41,000

見積額：前T/B クレジット売掛金300,000円×2%＝6,000円

(前T/B 受取手形770,000円＋前T/B 売掛金490,000円)×5%＝63,000円

6,000円＋63,000円＝69,000円

繰入額：見積額69,000円－前T/B 貸倒引当金28,000円＝41,000円

2．売上原価の算定（棚卸減耗損、商品評価損）

(借)	仕入	325,000	(貸)	繰越商品	325,000 *1
	繰越商品	338,000 *2		仕入	338,000
	棚卸減耗損	13,000 *3		繰越商品	18,000 *5
	商品評価損	5,000 *4			

*1 前T/B 繰越商品325,000円

*2 問題文・期末帳簿棚卸高338,000円

*3 問題文・棚卸減耗損13,000円

*4 問題文・商品評価損5,000円

*5 棚卸減耗損13,000円(*3)＋商品評価損5,000円(*4)＝18,000円

3．有価証券の評価

（1）売買目的有価証券（A社株式・B社社債）

(借)	有価証券評価損	19,000	(貸) 売買目的有価証券	19,000

時　　価：A社株式 255,000 円＋B社社債 460,000 円＝715,000 円
帳簿価額：A社株式 284,000 円＋B社社債 450,000 円＝734,000 円
時価 715,000 円－帳簿価額 734,000 円＝△19,000 円(評価損)

（2）子会社株式（C社株式）

仕　訳　な　し

決算時に時価の変動があっても、時価に評価替えを行わない。

（3）その他有価証券（D社株式）

(借)	その他有価証券	50,000	(貸) その他有価証券評価差額金	50,000

時価 400,000 円－帳簿価額 350,000 円＝50,000 円(評価益相当)

4．減価償却費の計上

（1）建物

(借)	減価償却費	106,000	(貸) 建物減価償却累計額	106,000

既存分：(前T/B 建物 3,720,000 円－当期取得分 720,000 円)÷耐用年数 30 年＝100,000 円

取得分：720,000 円÷耐用年数 30 年× $\frac{3\text{ヶ月}(\times 6\text{年}1\text{月}\sim 3\text{月})}{12\text{ヶ月}}$ ＝6,000 円

既存分 100,000 円＋取得分 6,000 円＝106,000 円

（2）備品

(借)	減価償却費	150,000	(貸) 備品減価償却累計額	150,000

(前T/B 備品 1,000,000 円－前T/B 備品減価償却累計額 400,000 円)×償却率 25%＝150,000 円

5．退職給付引当金の計上

（1）未処理事項（年金掛金を拠出した時）

(借)	退職給付引当金	56,000 *1	(貸) 普通預金	56,000

*1　問題文に「外部の基金に対し、年金掛金」と記載があるため、退職給付引当金勘定で仕訳する。

（2）決算整理事項

(借)	退職給付費用	38,000	(貸) 退職給付引当金	38,000

問題文に「当期の期間に帰属する金額」と記載があるため、問題文の金額をそのまま使用して仕訳する。

6．賞与引当金の計上

(借)	賞与引当金繰入	40,000	(貸) 賞与引当金	40,000

問題文に「当期の負担分」と記載があるため、問題文の金額をそのまま使用して仕訳する。

7．前払保険料の計上

(借)	前払保険料	24,000	(貸) 保険料	24,000

前T/B 保険料 120,000 円× $\frac{3\text{ヶ月}(\times 6\text{年}4\text{月}\sim 6\text{月})}{15\text{ヶ月}}$ ＝24,000 円

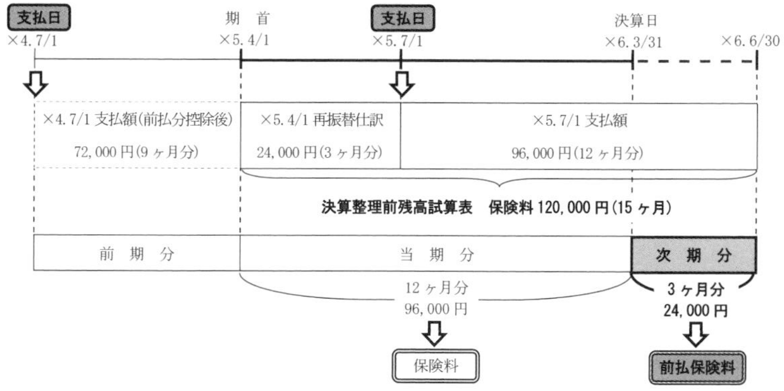

8．法人税、住民税及び事業税の計上

(借)	法人税、住民税及び事業税	650,000	(貸) 未払法人税等	650,000

問題文・課税所得 1,625,000 円×法定実効税率 40%＝650,000 円

9．損益計算書の作成

売上高	仕訳上では「売上」勘定を使用するが、損益計算書上は、「売上高」で表示する。
期首商品棚卸高	損益計算書上は、前T/B 繰越商品の金額で表示する。
当期商品仕入高	損益計算書上は、前T/B 仕入の金額に［資料Ⅱ］1. 買掛金の決済（仕入割戻）を差し引いた金額で表示する。
期末商品棚卸高	損益計算書上は、問題文の期末商品棚卸高の金額で表示する。
棚卸減耗損	問題文（［資料Ⅲ］2.）に、「いずれも原価性があると判断された」と記載があり、答案用紙の売上原価の内訳項目に棚卸減耗損が記載されているため、損益計算書上は、売上原価の内訳項目に表示する。
商品評価損	問題文（［資料Ⅲ］2.）に、「いずれも原価性があると判断された」と記載があるため、損益計算書上は、売上原価の内訳項目の区分に表示する。
貸倒引当金繰入	売上債権に対する貸倒引当金繰入について、損益計算書上は、販売費及び一般管理費の区分に表示する。

第４問 【解答】 (1) 12点 (2) 16点 計28点

(1) 各４点 計12点

	借方科目名	記号	金額	貸方科目名	記号	金額
1	予算差異	エ	9,600	製造間接費	オ	279,600
	操業度差異	ウ	270,000			
2	仕掛品	イ	1,188,000	賃金・給料	カ	1,544,000
	製造間接費	オ	297,000			
	賃率差異	ウ	59,000			
3	仕掛品	イ	1,809,600	材料	ウ	1,960,400
	製造間接費	オ	150,800			

(2) ○ ２点×８箇所 計16点

問１

工程別総合原価計算表 (単位：円)

	第１工程			第２工程		
	原料費	加工費	合計	前工程費	加工費	合計
月初仕掛品原価	620,000	330,000	950,000	394,400	73,800	468,200
当月製造費用	5,572,800	12,405,000	17,977,800	○17,967,200	5,960,300	23,927,500
合計	6,192,800	12,735,000	18,927,800	18,361,600	6,034,100	24,395,700
月末仕掛品原価	464,400	○ 496,200	960,600	851,200	58,100	○ 909,300
完成品総合原価	○ 5,728,400	12,238,800	17,967,200	17,510,400	○ 5,976,000	23,486,400

問２

前工程費 (単位：円)

月初仕掛品前工程費	(394,400)	完成品前工程費	(○ 17,310,400)
当月前工程費	(17,967,200)	正常仕損品	(○ 200,000)
		月末仕掛品前工程費	(○ 851,200)

第４問 【解説】

(1)

１．予算差異と操業度差異の計上（固定予算）

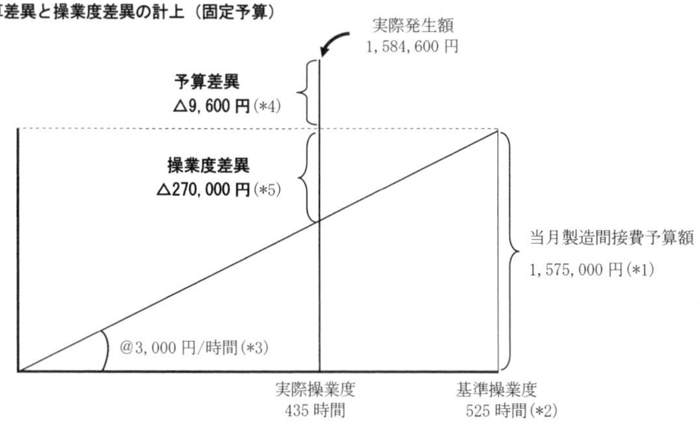

(借)	予算差異	9,600 *4	(貸) 製造間接費	279,600
	操業度差異	270,000 *5		

本問は製造間接費の予算について変動予算と固定予算の明記はないが、変動費と固定費の内訳が不明であるため、固定予算と判断する。

*1 当月製造間接費予算額：年間の製造間接費予算 18,900,000円÷12ヶ月＝1,575,000円

*2 基準操業度：年間の予定直接作業時間 6,300時間÷12ヶ月＝525時間

*3 予定配賦率：当月の製造間接費予算額 1,575,000円÷基準操業度 525時間＝3,000円/時間

*4 予算差異：当月製造間接費予算額 1,575,000円－実際発生額 1,584,600円＝△9,600円（不利差異・借方差異）

*5 操業度差異：予定配賦率 3,000円/時間
×（実際操業度 435時間－基準操業度 525時間）＝△270,000円（不利差異・借方差異）

2．労務費の消費高と賃率差異の計上

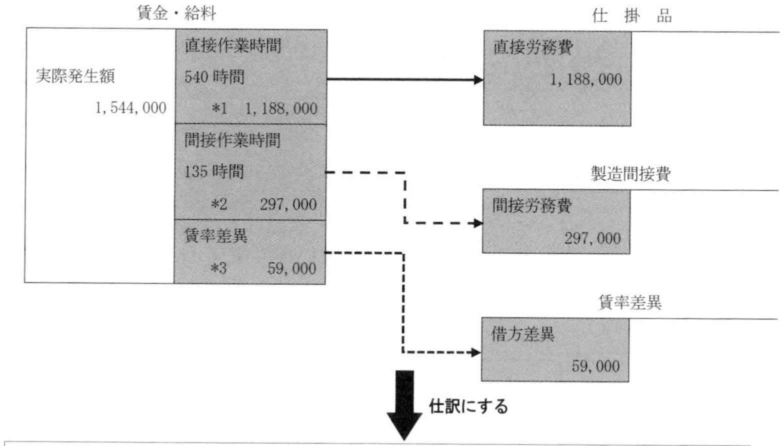

(借)	仕　掛　品	1,188,000 *1	(貸)	賃 金 ・ 給 料	1,544,000
	製 造 間 接 費	297,000 *2			
	賃 率 差 異	59,000 *3			

*1　予定賃率 2,200 円×直接作業時間 540 時間＝1,188,000 円
*2　予定賃率 2,200 円×間接作業時間 135 時間＝297,000 円
*3　仕掛品 1,188,000 円(*1)＋製造間接費 297,000 円(*2)－実際発生額 1,544,000 円＝△59,000 円(不利差異・借方差異)

3．素材と製造用切削油の消費高の計上

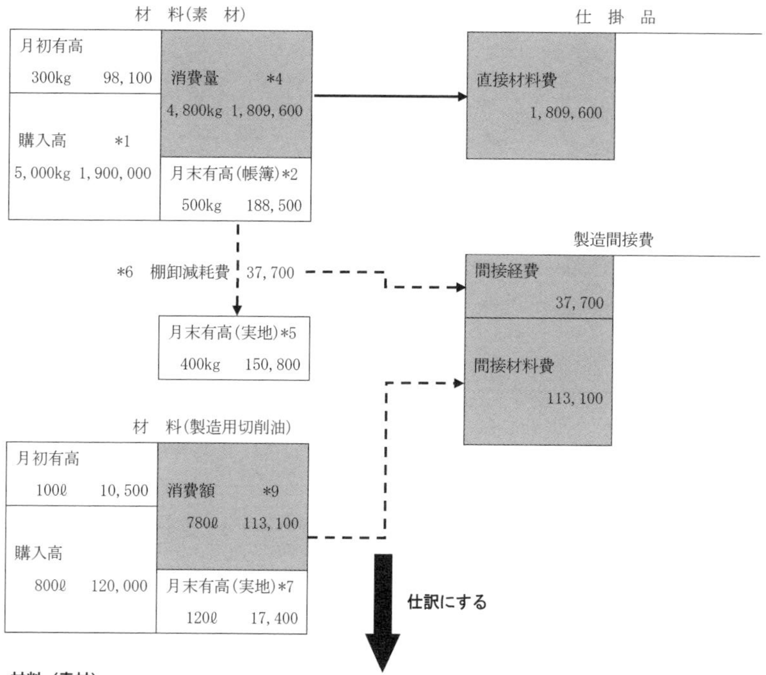

① **材料（素材）**

(借)	仕　掛　品	1,809,600 *4	(貸)	材　料	1,847,300
	製 造 間 接 費	37,700 *6			

*1　当月購入価格@380 円×当月購入量 5,000kg＝1,900,000 円
*2　@377 円(*3)×(月初有高 300kg＋購入高 5,000kg－消費量 4,800kg)＝188,500 円
*3　$\dfrac{\text{月初有高 98,100 円＋購入高 1,900,000 円(*1)}}{\text{月初有高 300kg＋購入高 5,000kg}}$＝@377 円(※)
*4　月初有高 98,100 円＋購入高 1,900,000 円－月末有高(帳簿) 188,500 円＝1,809,600 円
*5　@377 円(*3)×月末実地有高 400kg＝150,800 円
*6　月末有高(帳簿) 188,500 円－月末有高(実地) 150,800 円＝37,700 円
※　問題文に「払出単価は、素材と製造用切削油ともに平均法」と記載があるため、平均単価を計算する。

② **材料（製造用切削油）**

(借)	製 造 間 接 費	113,100 *9	(貸)	材　料	113,100

*7　@145 円(*8)×月末実地数量 120ℓ＝17,400 円
*8　$\dfrac{\text{月初有高 10,500 円＋購入高 120,000 円}}{\text{月初有高 100ℓ＋購入高 800ℓ}}$＝@145 円(※)
*9　月初有高 10,500 円＋購入高 120,000 円－月末有高(実地) 17,400 円＝113,100 円
※　問題文に「払出単価は、素材と製造用切削油ともに平均法」と記載があるため、平均単価を計算する。

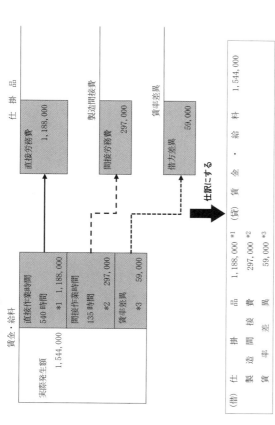

(2)

1．**第1工程の計算（先入先出法・両者負担）**

減損は**工程の始点**で発生しているため、**両者負担**となる。

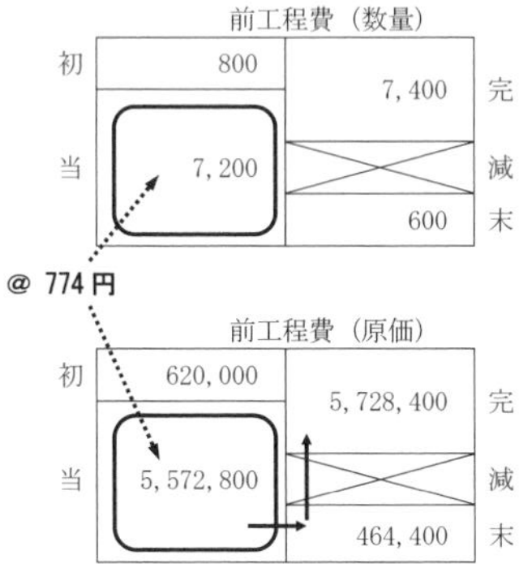

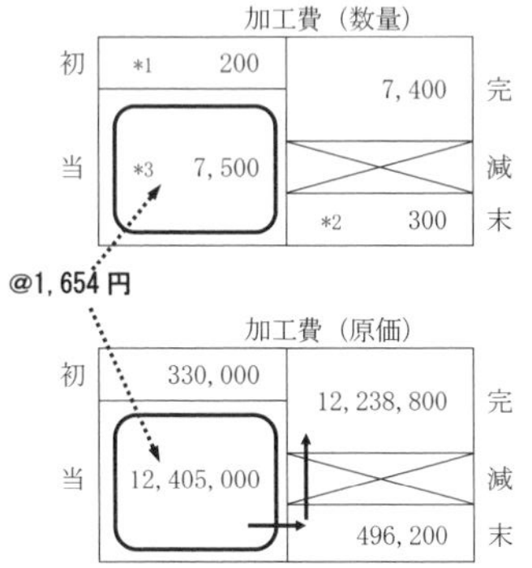

*1 800個×加工進捗度25%
*2 600個×加工進捗度50%
*3 貸借差額で求める

月末仕掛品原価 ：原料費464,400円＋加工費496,200円＝960,600円

完 成 品 原 価 ：原料費5,728,400円＋加工費12,238,800円＝17,967,200円 → **第2工程へ**

2．**第2工程の計算（平均法・完成品負担）**

仕損は**工程の終点**で発生しているため、**完成品負担**となる。

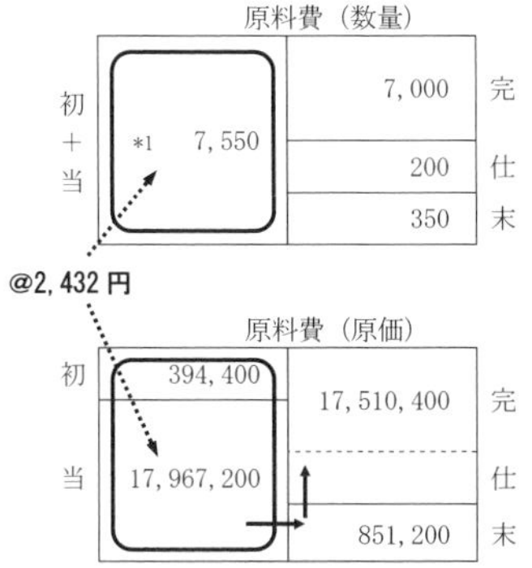

*1 貸方合計で求める

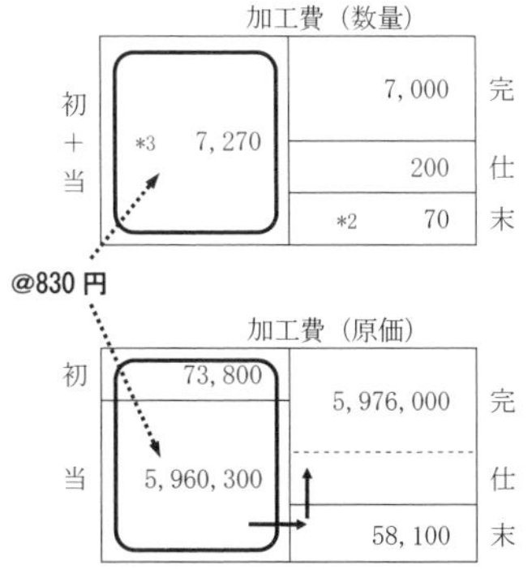

*2 350個×加工進捗度20%
*3 貸方合計で求める

月末仕掛品原価 ：前工程費851,200円＋加工費58,100円＝909,300円

完 成 品 原 価 ：前工程費17,510,400円＋加工費5,976,000円＝23,486,400円

3．**勘定記入**

完成品負担であるため、処分価額を完成品前工程費から差し引いて計算する。

前 工 程 費

月初仕掛品前工程費	（ *1 394,400）	完成品前工程費	（ *3 17,310,400）
当月前工程費	（ *2 17,967,200）	正常仕損品	（ *4 200,000）
		月末仕掛品前工程費	（ *5 851,200）

*1 答案用紙記載
*2 第1工程完成品総合原価
*3 貸借差額
*4 問題分記載の処分価額
*5 （月初394,400円＋当月17,967,200円）／月初＋当月数量7,550個×月末数量350個

第5問 【解答】 ● 2点×6箇所 計12点

問1	変動費率	● 32	%			
問2	損益分岐点売上高	● 4,400,000	円	安全余裕率	● 8.3	%
問3	目標達成売上高	● 5,150,000	円			
問4	貢献利益	3,366,000	円	営業利益	● 374,000	円
問5	変動費率	● 3.6	%	月間固定費	499,160	円

第5問 【解説】

1．直接原価計算による損益計算書の作成

損益計算書

(単位：円)

売上高	4,800,000
変動費	1,536,000
貢献利益	3,264,000
固定費	2,992,000
営業利益	272,000

（1）**売上高**

問題文より 4,800,000 円

（2）**変動費**

食材費 1,008,000 円＋アルバイト給料 384,000 円＋その他 144,000 円＝1,536,000 円

（3）**貢献利益**

売上高 4,800,000 円－変動費 1,536,000 円＝3,264,000 円

（4）**固定費**

正社員給料 864,000 円＋水道光熱費 672,000 円＋支払家賃 576,000 円＋その他 880,000 円＝2,992,000 円

（5）**営業利益**

貢献利益 3,264,000 円－固定費 2,992,000 円＝272,000 円

2．変動費率の算定 **問1**

変動費率：$\frac{\text{変動費 } 1,536,000 \text{ 円}}{\text{売上高 } 4,800,000 \text{ 円}} \times 100 =$ **32%**

３．損益分岐点売上高 問２

（１）求めるものが損益分岐点「売上高」であるため、「売上高」をＸとする。

（２）直接原価計算方式の損益計算書を作成する。
損益分岐点売上高を計算するので、営業利益はゼロとする。

売上高	X	
変動費	0.32X	← 問１より
貢献利益	0.68X	
固定費	2,992,000	←上記１.より
営業利益	**0**	

（３）直接原価計算方式の損益計算書を計算式にして、Ｘを算定する。

X－0.32X－2,992,000 ＝ 0　　∴**X＝4,400,000**

４．安全余裕率 問２

安全余裕率：$\frac{\text{売上高4,800,000円}-\text{損益分岐点売上高4,400,000円}}{\text{売上高4,800,000円}}\times100=8.333\cdots$

∴ **8.3%**（0.1%未満四捨五入）

５．目標営業利益額達成売上高 問３

求めるものが目標営業利益額達成「売上高」であるため、「売上高」をＸとする。
目標営業利益が510,000円であるため、営業利益は510,000円とする。

売上高	X
変動費	0.32X
貢献利益	0.68X
固定費	2,992,000
営業利益	**510,000**

これを計算式にしてＸを算定する。

X－0.32X－2,992,000 ＝ 510,000　　∴**X＝5,150,000**

６．11月の貢献利益および営業利益 問４

売上高	4,950,000	
変動費	1,584,000	← 4,950,000円×変動費率0.32
貢献利益	**3,366,000**	
固定費	2,992,000	
営業利益	**374,000**	

７．高低点法による原価分解 問５

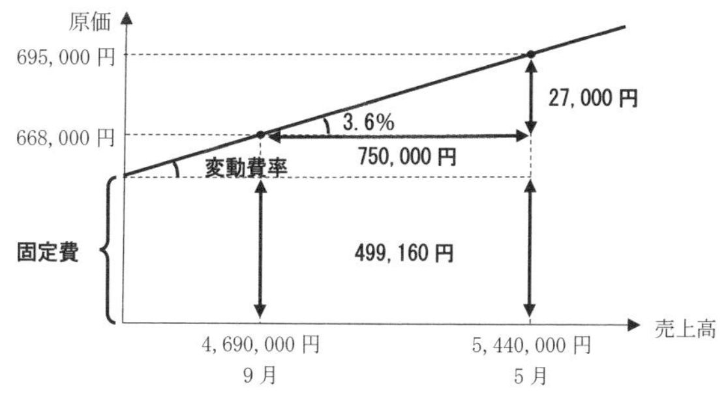

（１）**変動費率**

$\frac{\text{695,000円(5月)}-\text{668,000円(9月)}}{\text{5,440,000円(5月)}-\text{4,690,000円(9月)}}\times100=$**3.6%**

（２）**月間固定費**

4,690,000円（9月）×3.6%＋月間固定費＝668,000円
月間固定費＝**499,160円**

2級 全国統一模擬試験Ⅱ 第3回 解答解説

第1問 【解答】 各4点 計20点

	借方科目名	記号	金額	貸方科目名	記号	金額
1	研究開発費	ア	820,000	社会保険料預り金	カ	7,000
				所得税預り金	ク	3,000
				普通預金	ウ	810,000
2	営業外受取手形	ア	305,400	営業外受取手形	ア	300,000
				受取利息	ウ	5,400
	電子記録債権	エ	340,000	売掛金	カ	340,000
3	満期保有目的債券	イ	96,850,000	当座預金	オ	97,070,000
	有価証券利息	エ	220,000			
4	ソフトウェア	エ	860,000	当座預金	イ	860,000
	ソフトウェア仮勘定	キ	450,000	普通預金	カ	450,000
5	減価償却費	カ	1,530,000	車両運搬具	エ	1,530,000

第1問 【解説】

1．研究開発費の計上

(借)	研究開発費	820,000 *1	(貸)	社会保険料預り金	7,000 *4
				所得税預り金	3,000 *5
				普通預金	810,000 *6

*1 原料300,000円＋機械装置210,000円＋研究員の給料310,000円(*2)＝820,000円(*3)

*2 手取額300,000円＋社会保険料7,000円＋所得税3,000円＝310,000円

*3 問題文に「研究開発するために」と記載があるため、支出した全額を研究開発費勘定で仕訳する。

*4 問題文に「社会保険料控除後」と記載があるため、社会保険料預り金勘定で仕訳する。

*5 問題文に「所得税控除後」と記載があるため、所得税預り金勘定で仕訳する。

*6 貸借差額 または、原料300,000円＋機械装置210,000円＋研究員の給料(手取額)300,000円＝810,000円

2．営業外受取手形の更改と売掛金の回収（電子記録債権の計上）

(借)	営業外受取手形	305,400 *1	(貸)	営業外受取手形	300,000 *3
				受取利息	5,400 *2
	電子記録債権	340,000 *4		売掛金	340,000

*1 旧営業外受取手形300,000円＋受取利息5,400円(*2)＝305,400円(*3)

*2 旧営業外受取手形300,000円×年利率6.57%×$\frac{100日}{365日}$＝5,400円

*3 問題文に「営業用の備品の売却代金として受け取っていた約束手形」と「手形の更改」と記載があるため、営業外受取手形勘定で、旧約束手形分を貸方、新約束手形分を借方に仕訳する。
(営業用の備品の売却は主たる営業活動に係る取引には該当しないため、売却代金に係る債権は「営業外受取手形」となる。)

*4 問題文に「電子債権記録機関から発生記録の通知を受けた」と記載があるため、電子記録債権勘定で仕訳する。

3．満期保有目的債券の取得（付随費用、端数利息）

(借)	満期保有目的債券	96,850,000 *1	(貸)	当座預金	97,070,000 *5
	有価証券利息	220,000 *3			

*1 額面総額100,000,000円×$\frac{96.4円(裸相場)}{額面100円}$＋手数料450,000円(付随費用のため満期保有目的債券勘定に含める)
＝96,850,000円(*2)

*2 問題文に「満期まで保有する意図で買い入れ」と記載があるため、満期保有目的債券勘定で仕訳する。

*3 額面総額100,000,000円×年利率1.46%×$\frac{55日(1月1日〜2月24日)}{365日}$＝220,000円(*4)

*4 問題文に「端数利息」と記載があるため、利払日と異なる日に債券を購入した場合、購入日の直前の利払日の翌日から購入日までの期間に発生した利息を計算し、有価証券利息勘定で仕訳する。

*5 借方合計 または、満期保有目的債券96,850,000円(*1)＋有価証券利息220,000円(*3)＝97,070,000円(*6)

*6 問題文に「小切手を振り出して支払った」と記載があるため、当座預金勘定で仕訳する。

4．自社利用目的ソフトウェアの購入とソフトウェア仮勘定の計上

(借)	ソフトウェア	860,000	(貸)	当座預金	860,000
	ソフトウェア仮勘定	450,000 *1		普通預金	450,000

*1 問題文に「ソフトウェアの開発を依頼する契約を行い、契約金額¥1,500,000の3割に当たる金額を普通預金口座から支払った」と記載があるため、ソフトウェア仮勘定で仕訳する。

5．減価償却費の計上（生産高比例法）

（借）減価償却費	1,530,000 *1	（貸）車両運搬具	1,530,000 *4

*1 864,000円(*2)＋666,000円(*3)＝1,530,000円

*2 車両運搬具(取得原価)8,000,000円×0.9×$\frac{\text{当期実際走行距離 24,000 km}}{\text{見積走行可能距離 200,000 km}}$＝864,000円

*3 車両運搬具(取得原価)8,000,000円×0.9×$\frac{\text{当期実際走行距離 18,500 km}}{\text{見積走行可能距離 200,000 km}}$＝666,000円

*4 問題文に「記帳方法は車両運搬具減価償却累計額勘定を使わない方法」と記載があるため、車両運搬具勘定で仕訳する。

第2問 【解答】 ● 2点×10箇所 計20点

株主資本等変動計算書

自×7年4月1日 至×8年3月31日 （単位：千円）

	株主資本			
	資本金	資本剰余金		
		資本準備金	その他資本剰余金	資本剰余金合計
当期首残高	(45,000)	(4,000)	(3,000)	(7,000)
当期変動額				
計数の変動	(△5,000)	(3,000)	(● 2,000)	(5,000)
剰余金の配当		(● 200)	(△2,200)	(△2,000)
任意積立金の積立				
新株の発行	(15,000)	(－)		(－)
吸収合併	(● 7,000)			
当期純利益				
株主資本以外の項目の当期変動額(純額)				
当期変動額合計	(17,000)	(3,200)	(△200)	(● 3,000)
当期末残高	(62,000)	(7,200)	(2,800)	(10,000)

（下段へ続く）

（上段から続く）

	株主資本					評価・換算差額等		純資産合計
	利益剰余金				株主資本合計	その他有価証券評価差額金	評価・換算差額等合計	
	利益準備金	その他利益剰余金		利益剰余金合計				
		任意積立金	繰越利益剰余金					
当期首残高	(2,500)	(1,000)	(8,000)	(11,500)	(63,500)	(300)	(300)	(63,800)
当期変動額								
計数の変動					—			—
剰余金の配当	(● 300)		(△4,300)	(△4,000)	(△6,000)			(△6,000)
任意積立金の積立		(●1,000)	(△1,000)		—			—
新株の発行					(15,000)			(15,000)
吸収合併					(7,000)			(7,000)
当期純利益			(●6,200)	(6,200)	(6,200)			(6,200)
株主資本以外の項目の当期変動額(純額)						(● △700)	(△700)	(△700)
当期変動額合計	(300)	(1,000)	(900)	(2,200)	(22,200)	(△700)	(△700)	(21,500)
当期末残高	(2,800)	(2,000)	(8,900)	(●13,700)	(85,700)	(△400)	(△400)	(●85,300)

※ 解答すべき金額がない場合には「－」を記入すること。

第2問 【解説】(単位：千円)

1．×7年4月1日 その他有価証券の再振替仕訳

（1）決算整理仕訳（前期末の仕訳）

(借)	その他有価証券	300	(貸)	その他有価証券評価差額金	300

前期末時価1,700千円－取得原価1,400千円＝300千円(評価益相当)

取消

（2）再振替仕訳（当期首の仕訳）

(借)	その他有価証券評価差額金	300	(貸)	その他有価証券	300

前期末の決算整理仕訳を取り消す仕訳をする。

2．×7年5月17日 計数の変動（資本金から資本準備金およびその他資本剰余金への振替）

(借)	資本金	5,000	(貸)	資本準備金	3,000
				その他資本剰余金	2,000 *1

*1 資本金5,000千円－資本準備金3,000千円＝2,000千円

3．×7年6月27日 剰余金の配当および処分（繰越利益剰余金から任意積立金への振替）

(借)	その他資本剰余金	2,200 *4	(貸)	未払配当金	6,000 *1
	繰越利益剰余金	5,300 *5		資本準備金	200 *3
				利益準備金	300 *3
				任意積立金	1,000

*1 その他資本剰余金からの配当2,000千円＋繰越利益剰余金からの配当4,000千円＝6,000千円(*2)

*2 株主総会により配当することが承認されたため、未払配当金勘定で仕訳する。

*3 下記の判定式から、いずれか小さい金額が準備金の金額となる。

① 資本金(45,000千円－5,000千円(上記2．参照))×$\frac{1}{4}$

－(資本準備金4,000千円＋3,000千円(上記2．参照)＋利益準備金2,500千円)＝500千円

② 配当金額合計6,000千円(*1)×$\frac{1}{10}$＝600千円

①＜② ∴ 準備金積立合計額は500千円となる。利益準備金と資本準備金の内訳は、次のとおりである。

資本準備金計上額：その他資本剰余金からの配当2,000千円×$\frac{1}{10}$＝200千円(※)

※ 問題文に「資本準備金を優先的に積み立てる」と記載があるため、その他資本剰余金からの配当2,000千円の10分の1が資本準備金の計上額になる。

利益準備金計上額：500千円(①)－資本準備金計上額200千円＝300千円

*4 その他資本剰余金からの配当2,000千円＋資本準備金200千円(*3)＝2,200千円

*5 繰越利益剰余金からの配当4,000千円＋利益準備金300千円(*3)＋任意積立金1,000千円＝5,300千円

4．×7年9月1日 増資

(借)	当座預金	15,000	(貸)	資本金	15,000 *1

*1 1株当たり5,000円×3,000株＝15,000千円(*2)

*2 問題文に「資本金は会社法による原則的な金額とする」と記載があるため、払込金額の全額を資本金勘定で仕訳する。

5．×8年1月1日　吸収合併

(借)	諸資産	9,000 *1	(貸)	諸負債	4,000 *1
	のれん	2,000 *3		資本金	7,000 *2

*1 合併によって取得する資産および負債は、合併時の時価で仕訳する。
*2 1株当たり 1,750円×4,000株＝7,000千円
*3 貸借差額（貸借差額が借方に生じるため、のれん勘定で仕訳する。）

6．×8年3月31日

① 当期純利益の計上

(借)	損益	6,200	(貸)	繰越利益剰余金	6,200

損益（単位：千円）

借方			貸方		
3/31	費用	×××	3/31	収益	×××
3/31	繰越利益剰余金	6,200			
		×××			×××

繰越利益剰余金（単位：千円）

借方			貸方		
6/27	諸口	5,300	4/1	前期繰越	8,000
			3/31	損益	6,200

※ 問題文から、収益総額および費用総額は判明しないため「×××」としている。

② その他有価証券の評価

(借)	その他有価証券評価差額金	400	(貸)	その他有価証券	400

当期末時価 1,000千円－取得原価 1,400千円＝△400千円（評価損相当）

第3問 【解答】 ○ 勘定科目と金額をセットで正解2点×4箇所 ● 2点×6箇所 計20点

貸借対照表

×9年3月31日 (単位：円)

資産の部			負債の部		
I 流動資産			I 流動負債		
現金預金	●	(746,600)	支払手形		(590,000)
受取手形		(800,000)	買掛金		(1,009,000)
貸倒引当金		(△ 8,000)	未払費用	●	(30,000)
売掛金	●	(1,230,000)	未払法人税等		(183,600)
貸倒引当金		(△ 12,300)	流動負債合計		(1,812,600)
商品	●	(1,181,400)			
(未収入金)	○	(500,000)	II 固定負債		
流動資産合計		(4,437,700)	(長期借入金)		(5,000,000)
II 固定資産			固定負債合計		(5,000,000)
有形固定資産			負債合計		(6,812,600)
建物		(10,800,000)			
減価償却累計額	●	(△ 2,960,000)			
備品		(1,600,000)	純資産の部		
減価償却累計額		(△ 925,000)	I 株主資本		
土地		(8,000,000)	資本金		(8,500,000)
有形固定資産合計		(16,515,000)	資本準備金		(500,000)
無形固定資産			利益準備金		(200,000)
(ソフトウェア)	○	(396,000)	(繰越利益剰余金)	○	(6,069,400)
無形固定資産合計		(396,000)	株主資本合計		(15,269,400)
投資その他の資産					
投資有価証券		(600,000)	II 評価・換算差額等		
繰延税金資産	●	(42,300)	(その他有価証券評価差額金)	○	(△ 91,000)
投資その他の資産合計		(642,300)	評価・換算差額等合計		(△ 91,000)
固定資産合計		(17,553,300)	純資産合計		(15,178,400)
資産合計		(21,991,000)	負債及び純資産合計		(21,991,000)

第3問 【解説】

［資料II］未処理事項

1. 会計処理の訂正（火災損失の訂正）

① **適切な仕訳**

(借)	建物減価償却累計額	×××	(貸)	建物	×××
	減価償却費	×××			
	未収入金	500,000 *1			
	火災損失	1,500,000			

*1 問題文に「保険会社から¥500,000を後日支払う旨の連絡を受けていた」と記載があるため、未収入金勘定で仕訳をする。

② **当社が行っていた仕訳**

(借)	建物減価償却累計額	×××	(貸)	建物	×××
	減価償却費	×××			
	火災損失	2,000,000			

③ **訂正仕訳（①－②）**

(借)	未収入金	500,000	(貸)	火災損失	500,000

過大な火災損失勘定を未収入金勘定に訂正する仕訳をする。

2. 会計処理の訂正（取引以前予約の訂正）

① **適切な仕訳**

(借)	売掛金	357,000	(貸)	売上	357,000

3,000ドル×FR119円(予約時の為替レート)＝357,000円

② **当社が行っていた仕訳**

(借)	売掛金	348,000	(貸)	売上	348,000

3,000ドル×HR116円(発生時の為替レート)＝348,000円

③ **訂正仕訳（①－②）**

(借)	売掛金	9,000	(貸)	売上	9,000

問題文に「販売以前に1ドル¥119で為替予約を行っていた」と記載があるため、円換算額を発生時の為替レートから予約時の為替レートに訂正する仕訳をする。

［資料III］決算整理事項

1．現金過不足の精算

（1）**通貨代用証券（支払期限到来後の公社債利札の処理）**

（借）	現　　金	12,000 *2	（貸）有価証券利息	12,000 *1

*1　問題文に「支払期限到来後の公社債利札（未処理）」と記載があるため、有価証券利息勘定で仕訳する。

*2　支払期限到来後の公社債利札は通貨代用証券に該当するため、現金勘定で仕訳する。

（2）**通貨代用証券（配当金領収書（源泉税額あり）の処理）**

（借）	仮払法人税等	6,400 *3	（貸）受取配当金	32,000 *1
	現　　金	25,600 *5		

*1　源泉所得税控除後の金額25,600円÷（1－0.2）＝32,000円(*2)

*2　問題文に「配当金領収書（未処理）」と記載があるため、受取配当金勘定で仕訳する。

*3　32,000円(*1)×源泉所得税20％＝6,400円(*4)

*4　源泉徴収額は、仮払法人税等勘定で仕訳する。

*5　配当金領収書は、通貨代用証券に該当するため、現金勘定で仕訳する。

（3）**現金過不足の精算**

（借）	雑　　損	41,000	（貸）現　　金	41,000

実際有高276,600円(*1)－帳簿残高317,600円(*2)＝△41,000円（雑損）

*1　問題文・紙幣・硬貨87,000円＋他店振出小切手116,000円＋送金小切手36,000円
＋支払期限到来後の公社債利札12,000円＋配当金領収書25,600円＝276,600円

*2　前T/B 現金280,000円
＋支払期限到来後の公社債利札12,000円（上記(1)「支払期限到来後の公社債利札」参照）
＋配当金領収書25,600円（上記(2)「配当金領収書」参照）＝317,600円

2．売上原価の算定（棚卸減耗損、商品評価損）

（借）	仕　　入	1,380,000	（貸）繰越商品	1,380,000 *1
	繰越商品	1,250,000 *2	仕　　入	1,250,000
	棚卸減耗損	20,000 *3	繰越商品	68,600 *5
	商品評価損	48,600 *4		

*1　前T/B 繰越商品1,380,000円

*2　問題文・期末帳簿棚卸高1,250,000円

*3　問題文・期末帳簿棚卸高1,250,000円－問題文・実地棚卸高（原価）1,230,000円＝20,000円

*4　問題文に「価値が¥48,600下落している商品が含まれている」と記載があるため、商品評価損勘定で仕訳する。

*5　棚卸減耗損20,000円(*3)＋商品評価損48,600円(*4)＝68,600円

3．貸倒引当金の計上

（1）**繰入額**

（借）	貸倒引当金繰入	19,000	（貸）貸倒引当金	19,000

見積額：（前T/B 受取手形800,000円＋前T/B 売掛金1,221,000円
＋9,000円（上記［資料II］2.「会計処理の訂正」参照））×1％＝20,300円

繰入額：見積額20,300円－前T/B 貸倒引当金1,300円＝19,000円

（2）**税効果会計**

（借）	繰延税金資産	3,300 *1	（貸）法人税等調整額	3,300

*1　問題文・貸倒引当金繰入限度超過額11,000円×30％＝3,300円(*2)

*2　問題文に「貸倒引当金繰入限度超過額が¥11,000生じている」と記載があるため、11,000円を損金不算入項目として税効果会計を適用し、借方に繰延税金資産勘定、貸方に法人税等調整額勘定で仕訳する。

4．減価償却費の計上（月次決算）

（1）**建物**

（借）	減価償却費	30,000	（貸）建物減価償却累計額	30,000

前T/B 建物10,800,000円÷耐用年数30年×$\frac{1ヶ月(3月分)}{12ヶ月}$＝30,000円

または、

年間計上額：前T/B 建物10,800,000円÷耐用年数30年＝360,000円

月次計上額：1ヶ月当たり見積計上額30,000円×11ヶ月＝330,000円

決算計上額：360,000円－330,000円＝30,000円

（2）**備品**

（借）	減価償却費	18,750	（貸）備品減価償却累計額	18,750

前T/B（備品1,600,000円－期首備品減価償却累計額700,000円(※)）×償却率25％×$\frac{1ヶ月(3月分)}{12ヶ月}$＝18,750円

※　前T/B 備品減価償却累計額906,250円－1ヶ月当たり見積計上額18,750円×11ヶ月分＝700,000円

または、

年間計上額：前T/B（備品1,600,000円－期首備品減価償却累計額700,000円）×償却率25％＝225,000円

月次計上額：1ヶ月当たり見積計上額18,750円×11ヶ月＝206,250円

決算計上額：225,000円－206,250円＝18,750円

5. ソフトウェア償却の計上

(借) ソフトウェア償却	144,000	(貸) ソフトウェア	144,000

前T/B ソフトウェア 540,000円 × 12ヶ月 / 残存償却期間45ヶ月(※) ＝144,000円

※ 当初償却期間60ヶ月(5年)－既償却期間15ヶ月(×7年1月～×8年3月)＝45ヶ月

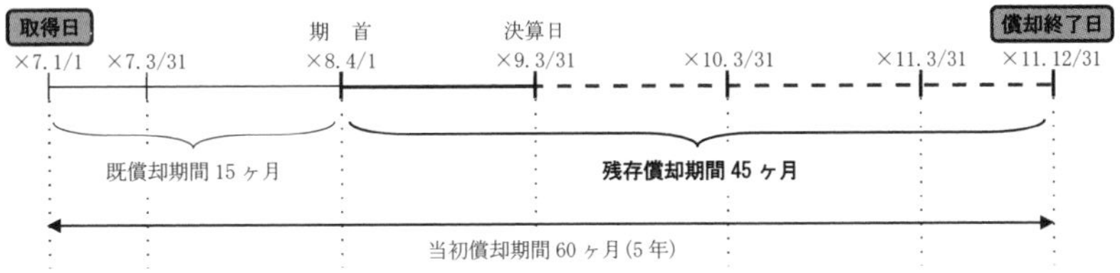

6. その他有価証券の評価

(借) 繰延税金資産	39,000 *2	(貸) その他有価証券	130,000 *1
その他有価証券評価差額金	91,000 *4		

*1 問題文・時価600,000円－前T/B その他有価証券730,000円＝△130,000円(評価損相当)

*2 △130,000円(*1)×法定実効税率30%＝△39,000円(*3)

*3 評価損相当に係る税効果会計の適用のため、繰延税金資産勘定で仕訳する。

*4 △130,000円(*1)×(1－法定実効税率30%)＝△91,000円

7. 未払利息の計上

(借) 支払利息	30,000	(貸) 未払利息	30,000

前T/B 借入金5,000,000円×年利率1.8%× 4ヶ月(×8年12月～×9年3月) / 12ヶ月 ＝30,000円

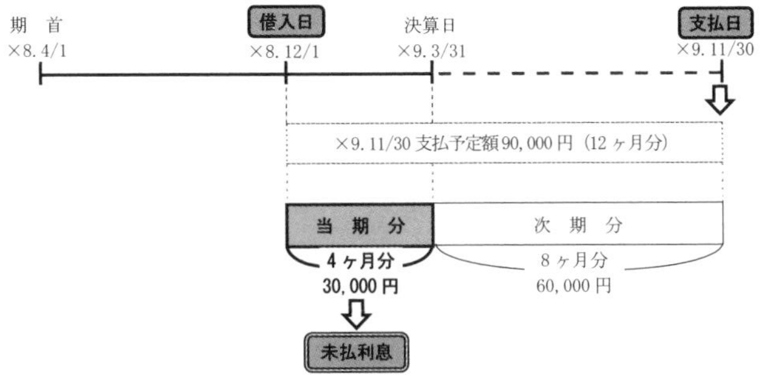

8. 法人税、住民税及び事業税の計上

(借) 法人税、住民税及び事業税	390,000 *1	(貸) 仮払法人税等	206,400 *3
		未払法人税等	183,600 *4

*1 課税所得1,300,000円(*2)×法定実効税率30%＝390,000円

*2 税引前当期純利益1,289,000円(下記9.「損益計算書の作成」参照)
＋貸倒引当金繰入限度超過額11,000円(問題文［資料Ⅲ］3. 参照)＝1,300,000円

*3 前T/B 仮払法人税等200,000円＋源泉所得税6,400円(上記1.「現金過不足の精算」参照)＝206,400円

*4 貸借差額

9. 損益計算書の作成

損益計算書

自×8年4月1日 至×9年3月31日 (単位：円)

Ⅰ 売上高		(21,509,000)
Ⅱ 売上原価		
1 期首商品棚卸高	(1,380,000)	
2 当期商品仕入高	(13,750,000)	
合計	(15,130,000)	
3 期末商品棚卸高	(1,250,000)	
差引	(13,880,000)	
4 棚卸減耗損	(20,000)	
5 商品評価損	(48,600)	(13,948,600)
売上総利益		(7,560,400)
Ⅲ 販売費及び一般管理費		
1 給料	(2,706,400)	
2 水道光熱費	(590,500)	
3 通信費	(335,500)	
4 租税公課	(273,000)	
5 貸倒引当金繰入	(19,000)	
6 減価償却費	(675,000)	
7 ソフトウェア償却	(144,000)	(4,743,400)
営業利益		(2,817,000)
Ⅳ 営業外収益		
1 有価証券利息	(12,000)	
2 受取配当金	(32,000)	
3 有価証券売却益	(74,000)	(118,000)
Ⅴ 営業外費用		
1 支払利息	(105,000)	
2 雑損	(41,000)	(146,000)
経常利益		(2,789,000)
Ⅵ 特別損失		
1 火災損失		(1,500,000)
税引前当期純利益		(1,289,000)
法人税、住民税及び事業税	(390,000)	
法人税等調整額	(△3,300)	(386,700)
当期純利益		(902,300)

10. 貸借対照表の作成

現金預金	仕訳上では「現金」「当座預金」勘定を使用するが、貸借対照表上は、「現金預金」で表示する。
貸倒引当金	答案用紙の貸倒引当金が関連する設定対象の科目の下に記載されているため、科目別間接控除方式で表示すべきであると判断する。したがって、貸借対照表上は、関連する設定対象の科目の下に「貸倒引当金」を表示する。
商品	仕訳上では「繰越商品」勘定を使用するが、貸借対照表上は、「商品」で表示する。
減価償却累計額	答案用紙の減価償却累計額が関連する各科目の下に記載されているため、科目別間接控除方式で表示すべきであると判断する。なお、仕訳上では「建物減価償却累計額」「備品減価償却累計額」勘定を使用するが、貸借対照表上は、「減価償却累計額」で関連する各資産の下に表示する。
投資有価証券	仕訳上では「その他有価証券」勘定を使用するが、貸借対照表上は、固定資産の投資その他の資産の区分に「投資有価証券」で表示する。
未払費用	仕訳上では「未払利息」勘定を使用するが、貸借対照表上は、「未払費用」で表示する。
長期借入金	仕訳上では「借入金」勘定を使用するが、上記［資料Ⅲ］7.「未払利息の計上」の対象となった借入金は、貸借対照表日の翌日から起算して1年を超える×11年11月30日に返済期日を迎えるため、1年基準の適用により、貸借対照表上は、固定負債の区分に「長期借入金」で表示する。
繰越利益剰余金	前T/B 繰越利益剰余金5,167,100円 ＋当期純利益902,300円(上記［資料Ⅲ］9.「損益計算書の作成」参照)＝6,069,400円

第4問 【解答】 (1) 12点 (2) 16点 計28点

(1) 各4点 計12点

	借方科目名	記号	金額	貸方科目名	記号	金額
1	仕掛品	ウ	1,155,000	賃金・給料	カ	1,239,000
	製造間接費	エ	84,000			
2	製造間接費	ア	107,000	製造間接費配賦差異	オ	107,000
3	仕掛品	イ	3,456,000	材料	ウ	3,456,000

(2) ○ 2点×8箇所 計16点

問1

仕掛品 (単位：円)

月初有高	(○ 503,000)	製品	(○ 2,217,500)
材料費	(○ 1,080,000)	仕損費	(○ 58,500)
労務費	(○ 895,000)	月末有高	(1,066,000)
製造間接費	(○ 805,500)		
仕損費	(58,500)		
	(3,342,000)		(3,342,000)

問2 当月末の製品残高 ○ 688,000 円

問3 当月の売上原価 ○ 1,541,750 円

第4問 【解説】

(1)

1．直接工の消費高の計上

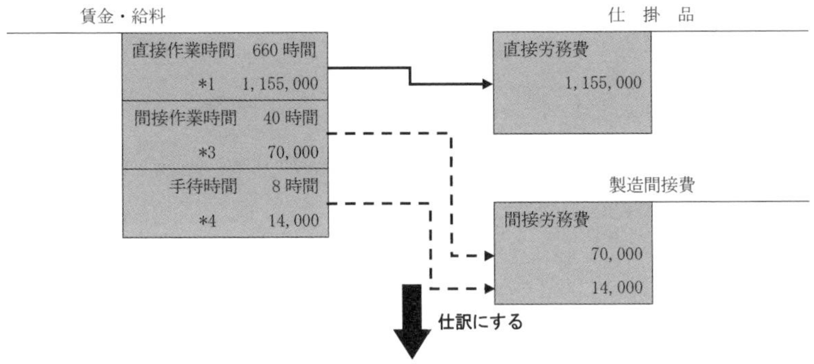

(借)	仕掛品	1,155,000 *1	(貸)	賃金・給料	1,239,000
	製造間接費	84,000 *5			

*1 予定賃率1,750円(*2)×直接作業時間660時間＝1,155,000円

*2 $\frac{\text{年間予定賃金支払額14,700,000円}}{\text{年間予定作業時間8,400時間}}$ ＝@1,750円

*3 予定賃率1,750円(*2)×間接作業時間40時間＝70,000円

*4 予定賃率1,750円(*2)×手待時間8時間＝14,000円

*5 間接作業時間分70,000円(*3)＋手待時間分14,000円(*4)＝84,000円

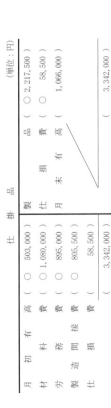

2．**製造間接費配賦差異の計上**

厚生費

前月前払額 14,000	当月消費額 431,000
当月支払額 426,000	当月前払額 9,000

製造間接費

補修用材料消費額 *1 800,000	予定配賦額 3,420,000
間接作業時間 *2 1,487,500	
厚生費 *4 431,000	
電気料 *5 282,000	
減価償却費 *6 312,500	
製造間接費配賦差異 *8 107,000	

製造間接費配賦差異

	貸方差異 107,000

仕訳にする

(借)	製　造　間　接　費	107,000 *8	(貸) 製造間接費配賦差異	107,000

*1　補修用材料は間接材料費に該当するため、製造間接費勘定に振り替えられている。
*2　賃金消費額 4,250,000 円×間接作業時間 35%＝1,487,500 円(*3)
*3　賃金のうち間接作業時間分は間接労務費に該当するため、製造間接費勘定に振り替えられている。
*4　厚生費は間接経費に該当するため、当月消費額(金額は上図参照)が製造間接費勘定に振り替えられている。
*5　電気料は間接経費に該当するため、測定額が製造間接費勘定に振り替えられている。
*6　減価償却費年間見積額 3,750,000 円÷12 ヶ月＝312,500 円(*7)
*7　減価償却費は間接経費に該当するため、製造間接費勘定に振り替えられている。
*8　予定配賦額 3,420,000 円－借方合計 3,313,000 円＝＋107,000 円（有利差異・貸方差異）
※　外注加工賃は、直接経費に該当し、仕掛品勘定に振り替えられているため、考慮しない。

3．**材料の消費高の計上（シングル・プラン）**

材　　料

	消費額 *1 3,456,000

仕　掛　品

直接材料費 3,456,000	

仕訳にする

(借)	仕　　掛　　品	3,456,000 *1	(貸) 材　　料	3,456,000

*1　標準単価@2,400 円/kg×標準消費量 1,440kg（標準消費量 2 kg/個×完成品 720 個）＝3,456,000 円(*2)
*2　問題文に「勘定記入はシングル・プラン」と記載があるため、標準原価で仕掛品勘定に振り替えられる。

(2)

1．**原価計算表の作成**

下書用紙に製造指図書ごとの製造原価を以下のように集計する。その際、発生した月ごとに集計すること。ただし、製造間接費が問題文に書かれていないため、（1）製造間接費の計算にしたがって計算する。

		直接材料費	直接労務費	**製造間接費**	合　計
701	6月	180,000 円	170,000 円	**153,000 円**	503,000 円
	7月	20,000 円	50,000 円	**45,000 円**	115,000 円
702	7月	340,000 円	270,000 円	**243,000 円**	853,000 円
702-#	7月	30,000 円	15,000 円	**13,500 円**	58,500 円
703	7月	270,000 円	220,000 円	**198,000 円**	688,000 円
704	7月	420,000 円	340,000 円	**306,000 円**	1,066,000 円

下記（1）参照

（1）**製造間接費の計算**

		直接労務費		**製造間接費**
701	6月	170,000 円	× 90% ＝	**153,000 円**
	7月	50,000 円	× 90% ＝	**45,000 円**
702	7月	270,000 円	× 90% ＝	**243,000 円**
702-#	7月	15,000 円	× 90% ＝	**13,500 円**
703	7月	220,000 円	× 90% ＝	**198,000 円**
704	7月	340,000 円	× 90% ＝	**306,000 円**

問題文に「年間を通じて直接労務費の 90%を予定配賦」と記載があるため、直接労務費に 90%を乗じて製造間接費を計算する。

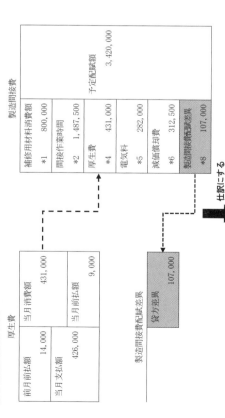

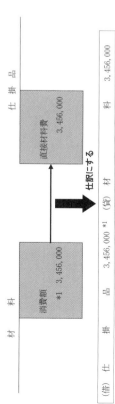

（2）**仕損の取扱い**

問題文に「702-#は、仕損品となった702の一部を補修して合格品とするために発行した指図書であり、仕損は正常なものであった」と記載がある。

702を製造したところ、853,000円かかったが、その製造の過程でミスが生じて、そのままでは製品として合格できないことがわかった。これを補修して合格品とするために追加で702-#の58,500円のコストがかかってしまった。

702を合格品とするためには、もともとの853,000円と追加の58,500円を合計した911,500円の費用がかかったといえる。そのため、702-#の58,500円を702の金額へ加える必要がある。

		直接材料費	直接労務費	製造間接費	合　計	
701	6月	180,000円	170,000円	153,000円	503,000円	
	7月	20,000円	50,000円	45,000円	115,000円	
702	7月	340,000円	270,000円	243,000円	853,000円	**計　911,500円**
702-#	7月	30,000円	15,000円	13,500円	**58,500円**	**補修にかかった費用を加える**
703	7月	270,000円	220,000円	198,000円	688,000円	
704	7月	420,000円	340,000円	306,000円	1,066,000円	

2．勘定記入

作成した原価計算表をもとに、問題文の製造着手日、完成日、販売日を参照して仕掛品勘定の金額を求める。各勘定の○番号の順番に求めるとよい。

		直接材料費	直接労務費	製造間接費	合　計	
701	6月	180,000円	170,000円	153,000円	503,000円	← **① 月初仕掛品**
	7月	**20,000円**	**50,000円**	**45,000円**	115,000円	
702	7月	**340,000円**	**270,000円**	**243,000円**	853,000円	**計　911,500円**
702-#	7月	**30,000円**	**15,000円**	**13,500円**	**58,500円**	← **③ 仕損費**
703	7月	**270,000円**	**220,000円**	**198,000円**	**688,000円**	← **⑧ 月末製品**
704	7月	**420,000円**	**340,000円**	**306,000円**	**1,066,000円**	← **⑤ 月末仕掛品**
②合計		**1,080,000円**	**895,000円**	**805,500円**	**計 2,780,500円**	

仕　掛　品

月初有高	（ ① 503,000 ）	製品	（ ⑥ 2,217,500 ）
材料費	（ ② 1,080,000 ）	仕損費	（ ③ 58,500 ）
労務費	（ ② 895,000 ）	月末有高	（ ⑤ 1,066,000 ）
製造間接費	（ ② 805,500 ）		
仕損費	（ ③ 58,500 ）		
	（ ④ 3,342,000 ）		（ ④ 3,342,000 ）

製　品

仕掛品	（ ⑥ 2,217,500 ）	売上原価	（ ⑨ 1,529,500 ）
		月末製品	（ ⑧ 688,000 ）
	（ ⑦ 2,217,500 ）		（ ⑦ 2,217,500 ）

売上原価

製品	（ ⑨ 1,529,500 ）	損益	（ ⑪ 1,541,750 ）
原価差異	（ ⑩ 12,250 ）		
	（ ⑪ 1,541,750 ）		（ ⑪ 1,541,750 ）

① **月初仕掛品の算定**

月初仕掛品は、月初（7/1）の時点で製造は着手しているが、完成していないものが該当する。701が6月に着手、7月に完成しているため、701のうち6月発生分が月初仕掛品となる。

② **材料費・労務費・製造間接費の算定**

材料費・労務費・製造間接費は当月（7月）発生した製造原価が該当する。

月初仕掛品となる701の6月発生分の原価まで集計しないように気を付けること！

③ **仕損費の算定**

仕損費は、補修して合格品とするために発行された指図書が該当する。702-#の合計額が仕損費となる。

④ **仕掛品勘定の借方合計額の算定**

仕掛品勘定の借方合計額を計算し、これを仕掛品勘定の貸方合計額にも記入する。

⑤ **月末仕掛品の算定**

月末仕掛品は、月末（7/31）の時点で製造は着手しているが、完成していないものが該当する。704が7月に着手し、仕掛中であるため、704の製造原価が月末仕掛品となる。

⑥ **完成品原価の算定**

仕掛品勘定の貸方合計額3,342,000円と月末仕掛品1,066,000円と仕損費58,500円の差額で求める。これを仕掛品勘定の貸方と、製品勘定の借方に記入する。

なお、完成品原価は当月（7月）に完成した原価であるから、当月（7月）に完成した701（503,000円＋115,000円）、702（853,000円＋58,500円）、703（688,000円）を集計して求めることもできる。

⑦ **製品勘定の借方合計額の算定**

製品勘定の借方合計額を計算し、これを製品勘定の貸方合計額にも記入する。

⑧ **月末製品の算定（問2）**

月末製品は、月末（7/31）の時点で完成しているが、販売していないものが該当する。703が7月に完成、在庫として残っている状況であるため、703の製造原価が月末製品となる。

⑨ **売上原価の算定**

製品勘定の貸方合計額2,217,500円と月末製品688,000円の差額で求める。これを製品勘定の貸方と、売上原価勘定の借方に記入する。

なお、売上原価は当月（7月）に販売した原価であるから、当月（7月）に販売した701（503,000円＋115,000円）、702（853,000円＋58,500円）を集計して求めることもできる。

⑩ **原価差異**

②より製造間接費の予定配賦額は805,500円とわかる。

予定配賦額805,500円－実際発生額817,750円＝△12,250円の不利差異・借方差異が発生している。

⑪ **当月の売上原価の算定（問3）**

売上原価勘定の借方合計を計算し、これを売上原価勘定の貸方にも記入する。

第５問 【解答】 ● ２点×５箇所 ○ 完答２点×１箇所 計12点

全部原価計算による損益計算書 (単位：円)

売上高	(● 30,162,500)
売上原価	(17,614,900)
原価差異	(● ＋ 307,500)
売上総利益	(12,240,100)
販売費	(4,530,400)
一般管理費	(4,800,000)
営業利益	(● 2,909,700)

直接原価計算による損益計算書 (単位：円)

売上高	(30,162,500)
変動売上原価	(8,686,800)
原価差異	(● ＋ 122,500)
(変動製造マージン)	(21,353,200)
変動販売費	(1,930,400)
(貢献利益)	(○ 19,422,800)
固定費	(16,650,000)
営業利益	(● 2,772,800)

(注) 原価差異は、売上原価に対してプラスする場合は「＋」、マイナスする場合は「－」を金額の前に付すこと。

第５問 【解説】

１．全部原価計算による損益計算書

(１) **売上高**

販売単価@12,500円/個×製品販売量2,413個＝30,162,500円

(２) **売上原価**

変動製造原価8,686,800円＋固定製造原価8,928,100円＝17,614,900円

変動製造原価：(原料費1,200円/個＋変動加工費2,400円/個(※))×製品販売量2,413個＝8,686,800円

固定製造原価：固定加工費3,700円/個(※)×製品販売量2,413個＝8,928,100円

※ 変動加工費予算額6,000,000円÷予定生産量2,500個＝予定配賦率2,400円/個
固定加工費予算額9,250,000円÷予定生産量2,500個＝予定配賦率3,700円/個

(３) **原価差異（算定過程は、下記3.「原価差異の算定」参照）**

原価差異(変) △122,500円＋原価差異(固) △185,000円＝△307,500円(不利差異・借方差異)

全部原価計算の場合、製造原価は変動費と固定費の合計で計算するため、原価差異も同様に計算する。

(４) **販売費**

変動販売費	@800円/個×製品販売量2,413個＝	1,930,400円
固定販売費		2,600,000円
合計		4,530,400円

(５) **一般管理費**

一般管理費（固定費）4,800,000円

２．直接原価計算による損益計算書

(１) **売上高**

販売単価@12,500円/個×製品販売量2,413個＝30,162,500円

(２) **変動売上原価**

変動製造原価：(原料費1,200円/個＋変動加工費2,400円/個)×製品販売量2,413個＝8,686,800円

(３) **原価差異（算定過程は、下記3.「原価差異の算定」参照）**

原価差異(変) △122,500円(不利差異・借方差異)

直接原価計算の場合、製造原価は変動費のみで計算するため、原価差異も同様に計算する。

(４) **変動販売費**

@800円/個×製品販売量2,413個＝1,930,400円

(５) **固定費**

固定加工費9,250,000円＋固定販売費2,600,000円＋一般管理費4,800,000円＝16,650,000円

3．原価差異の算定

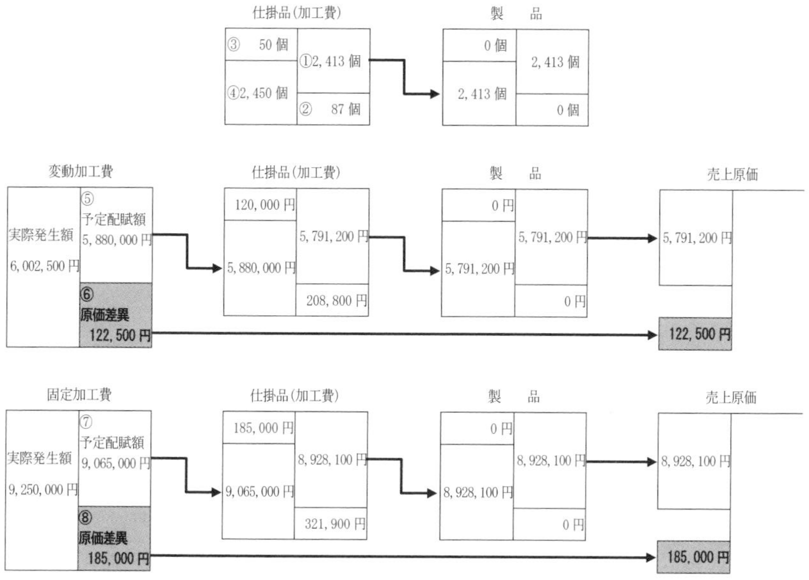

（1）**生産データの算定**

① 完成品数量：当期製品販売量2,413個（期首・期末製品は存在しないため、販売量＝完成品数量となる。）

② 期末仕掛品数量：870個×加工進捗度10%＝87個

③ 期首仕掛品数量：250個×加工進捗度20%＝50個

④ 当月投入量(加工費)：完成品数量2,413個＋期末仕掛品数量87個－期首仕掛品数量50個＝2,450個

（2）**予定配賦額・原価差異の算定**

⑤ 予定配賦額(変)：予定配賦率2,400円/個×当月投入量(加工費)2,450個＝5,880,000円

⑥ 原価差異(変)：予定配賦額5,880,000円－実際発生額6,002,500円＝△122,500円(不利差異・借方差異)

⑦ 予定配賦額(固)：予定配賦率3,700円/個×当月投入量2,450個(加工費)＝9,065,000円

⑧ 原価差異(固)：予定配賦額9,065,000円－実際発生額9,250,000円＝△185,000円(不利差異・借方差異)

2級 全国統一模擬試験Ⅱ 第4回 解答解説

第1問 【解答】 各4点　計20点

	借方科目名	記号	金額	貸方科目名	記号	金額
1	当座預金	キ	193,000	受取手形	ア	135,000
	水道光熱費	ウ	9,000	買掛金	エ	68,000
	仮払消費税	ク	1,000			
2	前受金	ク	20,400	売上	オ	232,400
	売掛金	イ	212,000			
3	機械装置	ア	3,300,000	営業外支払手形	イ	3,600,000
	支払利息	オ	15,000			
	前払費用	ウ	180,000			
	長期前払費用	ク	105,000			
	減価償却費	カ	55,000	機械装置減価償却累計額	キ	55,000
4	子会社株式	ア	595,000	当座預金	ク	802,500
	売買目的有価証券	エ	207,500			
5	車両運搬具	カ	1,200,000	車両運搬具	カ	1,200,000
	車両運搬具減価償却累計額	オ	900,000	当座預金	ア	1,000,000
	固定資産売却損	イ	100,000			

第1問 【解説】

1．銀行残高の調整

① 入金未通知

(借) 当座預金　135,000　(貸) 受取手形　135,000

問題文に「受取手形の満期日の到来にともない、銀行に自動入金された額¥135,000が当方に未達であった」と記載があるため、当社側で受取手形の取立の仕訳をする。

② 未取付小切手

仕訳なし

問題文に「決算日現在銀行への呈示がなされていなかった」と記載があるため、後日、小切手が銀行に呈示されれば、銀行側で出金処理が行われ、不一致は解消される。したがって、当社側は仕訳をしない。

③ 未渡小切手

（1）当社が行っていた仕訳

(借) 買掛金　68,000　(貸) 当座預金　68,000

取消

（2）訂正仕訳

(借) 当座預金　68,000　(貸) 買掛金　68,000

問題文に「小切手¥68,000が未渡し」と記載があるため、仕入代金の支払いが行われていないことになる。したがって、当社が行っていた仕訳が誤っているため、反対仕訳で取り消す仕訳をする。

④ 会社誤記入

（1）適切な仕訳

(借) 水道光熱費　10,000 *1　(貸) 当座預金　11,000
　　 仮払消費税　1,000 *2

*1 税込価額11,000円÷(1＋消費税率10%)＝10,000円
*2 税抜価額10,000円(*1)×消費税率10%＝1,000円

（2）当社が行っていた仕訳

(借) 水道光熱費　1,000　(貸) 当座預金　1,000

（3）訂正仕訳（(1)－(2)）

(借) 水道光熱費　9,000　(貸) 当座預金　10,000
　　 仮払消費税　1,000

問題文に「水道光熱費¥11,000(税込価額)が当座預金口座より引き落とされていたが、当社では¥1,000で仕訳し、消費税も考慮していなかった」と記載があるため、訂正する仕訳をする。

⑤ 時間外預入

仕訳なし

問題文に「時間外であったため、翌日の入金として取り扱われていた」と記載があるため、翌日になれば、銀行側で入金処理が行われ、不一致が解消される。したがって、当社側は仕訳をしない。

⑥ 上記（①、②、③、④、⑤）の合計仕訳

(借) 当座預金　193,000 *3　(貸) 受取手形　135,000
　　 水道光熱費　9,000　　　 買掛金　68,000
　　 仮払消費税　1,000

*3 ①135,000円＋③68,000円－④10,000円＝193,000円

2．輸出取引（前受金）

(借) 前受金	20,400 *1	(貸) 売上	232,400 *4
売掛金	212,000 *3		

*1 手付金 200 ドル×ＨＲ102 円(手付金受取時の為替相場)＝20,400 円(*2)
*2 問題文に「手付金として予め受取済みである」と記載があるため、前受金勘定で仕訳する。
*3 (売上高 2,200 ドル－手付金 200 ドル)×ＦＲ106 円(予約した為替相場)＝212,000 円
*4 借方合計

3．機械装置の割賦購入と決算整理

(借) 機械装置	3,300,000 *1	(貸) 営業外支払手形	3,600,000 *2
支払利息	15,000 *4		
前払費用	180,000 *5		
長期前払費用	105,000 *6		
減価償却費	55,000 *7	機械装置減価償却累計額	55,000

*1 現金購入価額 3,300,000 円
*2 約束手形@360,000 円×10 枚＝3,600,000 円(*3)
*3 問題文に「代金は¥360,000 の約束手形を 10 枚振り出していた」と記載があるため、営業外支払手形勘定で仕訳する。（機械装置の購入は主たる営業活動に係る取引には該当しないため、購入代金に係る債務は「営業外支払手形」となる。）
*4 利息相当額 300,000 円(*8)× $\frac{1ヶ月(3月分(当期))}{20ヶ月}$ ＝15,000 円
*5 利息相当額 300,000 円(*8)× $\frac{12ヶ月(4月～3月(翌期))}{20ヶ月}$ ＝180,000 円
*6 利息相当額 300,000 円(*8)× $\frac{7ヶ月(4月～10月(翌々期))}{20ヶ月}$ ＝105,000 円
*7 機械装置(取得原価)3,300,000 円(*1)÷耐用年数 5 年× $\frac{1ヶ月(3月分)}{12ヶ月}$ ＝55,000 円
*8 営業外支払手形 3,600,000 円(*2)－現金購入価額 3,300,000 円(*1)＝300,000 円

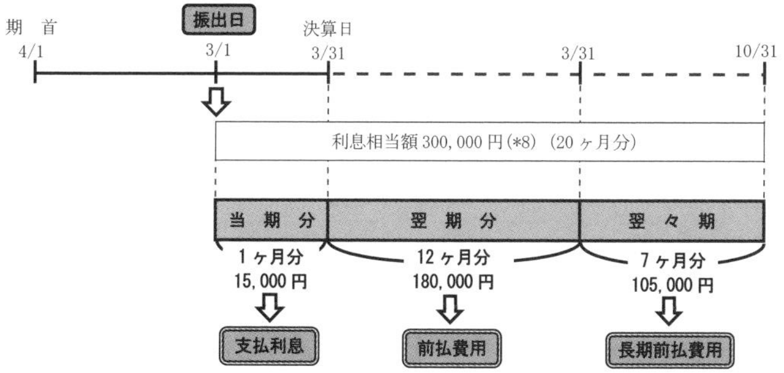

4．子会社株式と売買目的有価証券の取得（付随費用）

(借) 子会社株式	595,000 *1	(貸) 当座預金	802,500 *5
売買目的有価証券	207,500 *3		

*1 1株当たり 300 円×1,950 株＋手数料 10,000 円(付随費用のため子会社株式勘定に含める)＝595,000 円(*2)
*2 問題文より、長崎物産株式会社が発行する株式総数の 65%(1,950 株÷3,000 株)を取得しているため、長崎物産株式会社が発行する株式総数の 50%超の持株比率となる。したがって、子会社株式勘定で仕訳する。
*3 額面総額 200,000 円× $\frac{98.75円(裸相場)}{額面100円}$ ＋手数料 10,000 円(付随費用のため売買目的有価証券勘定に含める)
＝207,500 円(*4)
*4 問題文に「短期的な価格変動によって利益を得ることを目的として」と記載があるため、売買目的有価証券勘定で仕訳する。
*5 問題文に「代金はすべて小切手を振り出して支払っている」と記載があるため、当座預金勘定で仕訳する。

5．車両の買替え

① 旧車両の期首売却

(借) 当座預金	200,000 *1	(貸) 車両運搬具	1,200,000
車両運搬具減価償却累計額	900,000 *2		
固定資産売却損	100,000 *3		

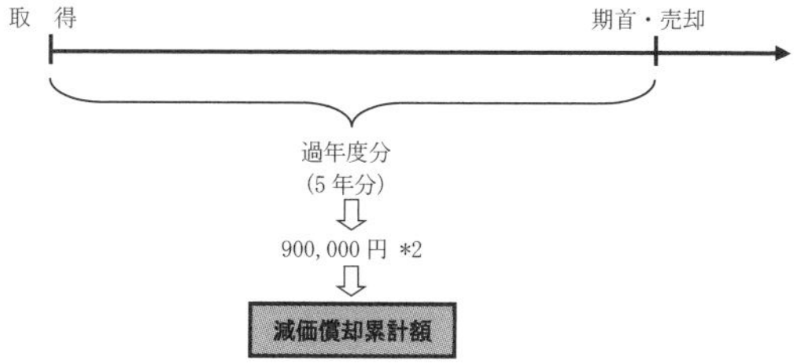

*1 解説の都合上、下取価額 200,000 円を受け取ったわけではないが当座預金勘定で仕訳する。
*2 旧車両運搬具(取得原価)1,200,000 円×0.9× $\frac{5年(当期首より5年前のため)}{耐用年数6年}$ ＝900,000 円
*3 貸借差額

② 新車両の購入

(借) 車両運搬具	1,200,000	(貸) 当座預金	1,200,000 *4

*4 解説の都合上、車両の価額 1,200,000 円を支払ったわけではないが当座預金勘定で仕訳する。

③ 上記（①、②）の合計仕訳

(借) 車両運搬具	1,200,000	(貸) 車両運搬具	1,200,000
車両運搬具減価償却累計額	900,000	当座預金	1,000,000 *5
固定資産売却損	100,000		

*5 新車両運搬具購入価額 1,200,000 円－旧車両運搬具下取価額 200,000 円＝1,000,000 円(*6)
*6 問題文に「下取価額との差額は小切手を振り出して支払った」と記載があるため、当座預金勘定で仕訳する。

第2問 【解答】 □ 完答2点 計20点

問1

建　　　物

年	月	日	摘　要	借　方	年	月	日	摘　要	貸　方
×17	4	1	ア	2,000,000	×17	6	30	ウ	800,000
	10	1	ウ	1,000,000	×18	3	31	イ	3,700,000
×18	1	1	ウ	1,500,000					
				4,500,000					4,500,000

備品減価償却累計額

年	月	日	摘　要	借　方	年	月	日	摘　要	貸　方
×18	3	31	イ	252,544	×17	4	1	ア	215,680
					×18	3	31	コ	36,864
				252,544					252,544

減　価　償　却　費

年	月	日	摘　要	借　方	年	月	日	摘　要	貸　方
×17	6	30	ウ	10,000	×18	3	31	シ	193,814
×18	3	31	※キ	86,950					
	〃	〃	※ク	36,864					
	〃	〃	※ケ	60,000					
				193,814					193,814

※　記載箇所は、順不同とする。

問2

固定資産管理台帳（一部）

×18年3月31日現在

用　途	差引期首帳簿価額	当期有償取得額	当期減少額 減価償却費	当期減少額 その他	差引期末帳簿価額	期末減価償却累計額
建物						
店　舗	(768,000)	(0)	(43,200)	(0)	(724,800)	(475,200)
旧倉庫	(720,000)	(0)	(10,000)	(710,000)	(0)	(0)
新倉庫	(0)	(1,000,000)	(25,000)	(0)	(975,000)	(25,000)
工　場	(0)	(1,500,000)	(18,750)	(0)	(1,481,250)	(18,750)
小計	(1,488,000)	(2,500,000)	(96,950)	(710,000)	(3,181,050)	(518,950)

※　記入欄に該当する金額がない場合、「０」と記入すること。

問3

当期の火災損失の金額　1,010,000 円

当期ののれん償却の金額　11,667 円

第2問 【解説】

1．前期以前（×16年度以前）の取引

（1）建物（店舗）に関する仕訳

① ×7年4月1日　建物（店舗）の取得

（借）	建　　物	1,200,000 *1	（貸）	現 金 預 金 等	1,200,000 *2

*1　固定資産台帳・店舗1,200,000円

*2　解説の都合上、問題文から支払対価が不明であるため、現金預金等勘定を使用している。

② ×7年度～×16年度　減価償却費の計上（10年分）

（借）	減 価 償 却 費	432,000	（貸）	建物減価償却累計額	432,000

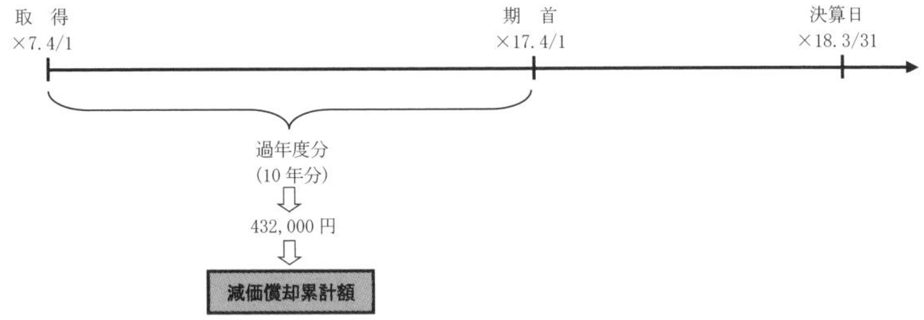

建物（店舗）1,200,000円（上記①参照）×0.9× $\frac{10年（×7年4月～×17年3月）}{耐用年数25年}$ ＝432,000円

（2）建物（旧倉庫）に関する仕訳

① ×15年4月1日　建物（旧倉庫）の取得

（借）	建　　物	800,000 *1	（貸）	現 金 預 金 等	800,000 *2

*1　固定資産台帳・倉庫800,000円

*2　解説の都合上、問題文から支払対価が不明であるため、現金預金等勘定を使用している。

② ×15年度～×16年度　減価償却費の計上（2年分）

（借）	減 価 償 却 費	80,000	（貸）	建物減価償却累計額	80,000

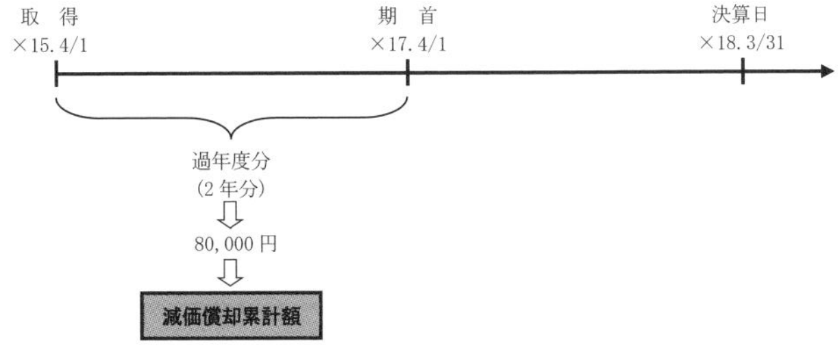

建物（旧倉庫）800,000円（上記①参照）× $\frac{2年（×15年4月～×17年3月）}{耐用年数20年}$ ＝80,000円

（3）備品に関する仕訳

① ×13年10月1日 備品の取得

（借）	備　品	400,000 *1	（貸）現金預金等	400,000 *2

*1 固定資産台帳・備品 400,000 円
*2 解説の都合上、問題文から支払対価が不明であるため、現金預金等勘定を使用している。

② ×13年度～×16年度 減価償却費の計上（3年6ヶ月分）

（借）	減価償却費	215,680	（貸）備品減価償却累計額	215,680

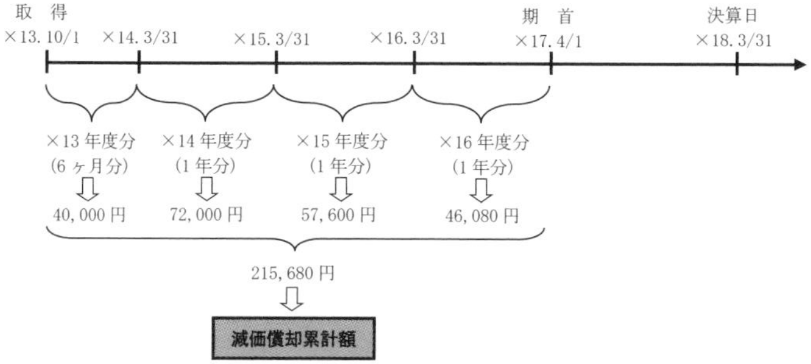

×13年度：備品 400,000 円（上記①参照）×償却率 20%（※）× $\frac{6ヶ月（×13年10月～×14年3月）}{12ヶ月}$ ＝40,000 円

×14年度：（備品 400,000 円（上記①参照）－×13年度 40,000 円）×償却率 20%（※）＝72,000 円

×15年度：（備品 400,000 円（上記①参照）－×13年度 40,000 円－×14年度 72,000 円）×償却率 20%（※）＝57,600 円

×16年度：（備品 400,000 円（上記①参照）－×13年度 40,000 円－×14年度 72,000 円－×15年度 57,600 円）×償却率 20%（※）＝46,080 円

×13年度 40,000 円＋×14年度 72,000 円＋×15年度 57,600 円＋×16年度 46,080 円＝215,680 円

※ $\frac{1}{耐用年数10年}$ ×200%×100＝20%

（4）総勘定元帳の締切り（×16年度末時点・解答に関係する科目のみ）

建　物

××	現金預金等	1,200,000	3/31	次期繰越	2,000,000
××	現金預金等	800,000			
		2,000,000			2,000,000

備品減価償却累計額

3/31	次期繰越	215,680	××	減価償却費	215,680
		215,680			215,680

貸借対照表項目は、期末残高を次期繰越として締切る。なお、解説の都合上、過年度の仕訳も当期に記帳が行われたものとみなして、勘定記入している。

2．当期（×17年度）の取引

（1）総勘定元帳の開始記入（解答に関係する科目のみ）

建　物

4/1	前期繰越	2,000,000			

備品減価償却累計額

			4/1	前期繰越	215,680

貸借対照表項目は、前期末の次期繰越と逆側に前期繰越として開始記入する。

（2）×17年5月1日 車両の購入

（借）	車　両	500,000	（貸）未払金	500,000 *1

*1 問題文に「月末に支払うこととした」と記載があるため、未払金勘定で仕訳する。
（車両の購入は主たる営業活動に係る取引には該当しないため、購入代金に係る債務は「未払金」となる。）

（3）×17年6月30日 建物（旧倉庫）の火災

（借）	建物減価償却累計額	80,000 *2	（貸）建　物	800,000 *1
	減価償却費	10,000 *3		
	火災未決算	710,000 *4		
	火災損失	900,000 *6	商　品	900,000

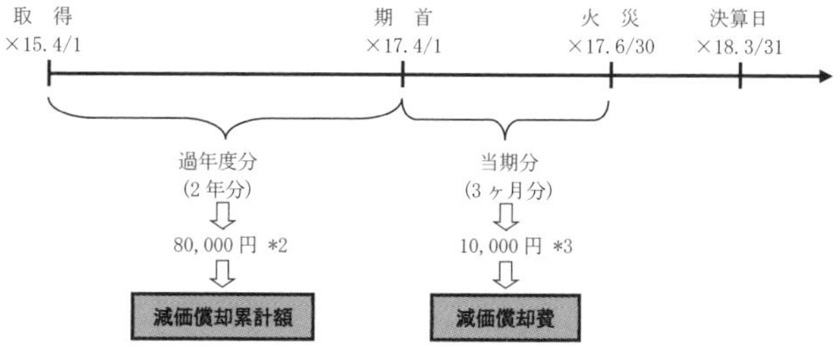

*1 固定資産台帳・倉庫 800,000 円
*2 建物減価償却累計額 80,000 円（上記1.(2)②参照）
*3 建物（倉庫）800,000 円（*1）÷耐用年数20年× $\frac{3ヶ月（×17年4月～6月）}{12ヶ月}$ ＝10,000 円
*4 下記の判定式から、いずれか小さい金額が火災未決算勘定（*5）の金額となる。
① 保険契約額 750,000 円
② 帳簿価額 710,000 円（建物（倉庫）800,000 円（*1）－建物減価償却累計額 80,000 円（*2）－減価償却費 10,000 円（*3））
① ＜ ②　∴ 火災未決算勘定は 710,000 円となる。
*5 問題文に「保険会社に保険金支払いの請求をした」と記載があるため、火災未決算勘定で仕訳する。
*6 問題文より、焼失した商品について火災保険が掛けられていないため、火災損失勘定で仕訳する。

建　物

4/1	前期繰越	2,000,000	6/30	諸口	800,000

減価償却費

6/30	諸口	10,000			

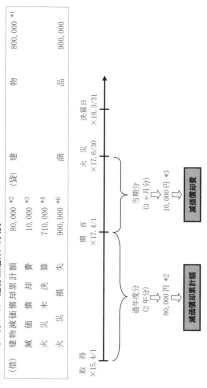

（4）×17年7月20日　建設仮勘定の計上

（借）	建設仮勘定	100,000 *1	（貸） 現金	100,000

*1 問題文に「建築業者に手付金￥100,000を現金で支払った」と記載があるため建設仮勘定で仕訳する。

（5）×17年9月10日　未決算勘定の精算

（借）	当座預金	600,000 *2	（貸） 火災未決算	710,000 *1
	火災損失	110,000 *3		

*1 火災未決算 710,000円（上記2.(3)参照）
*2 保険金査定額 600,000円
*3 貸借差額

（6）×17年10月1日　建物（新倉庫）の完成（建設仮勘定）

（借）	建物	1,000,000 *3	（貸） 建設仮勘定	100,000 *1
			当座預金	900,000 *2

*1 建設仮勘定 100,000円（上記2.(4)参照）
*2 問題文に「小切手を振り出して支払った」と記載があるため、当座預金勘定で仕訳する。
*3 建設仮勘定 100,000円（*1）＋当座預金 900,000円（*2）＝1,000,000円

建　物

4/1	前期繰越	2,000,000	6/30	諸口	800,000
10/1	諸口	1,000,000			

（7）×18年1月1日　買収

（借）	諸資産	3,000,000 *1	（貸） 諸負債	2,200,000 *1
	建物	1,500,000 *1	当座預金	3,000,000 *2
	のれん	700,000 *3		

*1 買収によって取得する資産および負債は、買収時の時価で仕訳する。
*2 問題文に「小切手を振り出して支払った」と記載があるため、当座預金勘定で仕訳する。
*3 貸借差額（貸借差額が借方に生じるため、のれん勘定で仕訳する。）
※ 建物勘定は、解答上必要なため、諸資産勘定から独立させている。

建　物

4/1	前期繰越	2,000,000	6/30	諸口	800,000
10/1	諸口	1,000,000			
1/1	諸口	1,500,000			

（8）×18年3月31日　決算整理仕訳

① 建物の減価償却費の計上

（借）	減価償却費	86,950	（貸） 建物減価償却累計額	86,950

店舗分：固定資産台帳・店舗 1,200,000円×0.9÷耐用年数25年＝43,200円

新倉庫分：建物 1,000,000円（上記2.(6)参照）÷耐用年数20年×$\frac{6ヶ月（×17年10月〜×18年3月）}{12ヶ月}$＝25,000円

工場分：建物 1,500,000円（上記2.(7)参照）÷耐用年数20年×$\frac{3ヶ月（×18年1月〜3月）}{12ヶ月}$＝18,750円

店舗分 43,200円＋新倉庫分 25,000円＋工場分 18,750円＝86,950円

② 備品の減価償却費の計上

（借）	減価償却費	36,864	（貸） 備品減価償却累計額	36,864

（固定資産台帳・備品 400,000円－期首備品減価償却累計額 215,680円（上記2.(1)参照））×償却率20％＝36,864円

③ 車両の減価償却費の計上

（借）	減価償却費	60,000	（貸） 車両減価償却累計額	60,000

車両 500,000円（上記2.(2)参照）×$\frac{当期走行距離12,000km}{見積走行可能距離100,000km}$＝60,000円

④ のれん償却の計上

（借）	のれん償却	11,667	（貸） のれん	11,667

のれん 700,000円（上記2.(7)参照）÷償却年数15年×$\frac{3ヶ月（×18年1月〜3月）}{12ヶ月}$＝11,667円（円未満四捨五入）

減価償却費

6/30	諸口	10,000			
3/31	建物減価償却累計額	86,950			
〃	備品減価償却累計額	36,864			
〃	車両減価償却累計額	60,000			

（9）総勘定元帳の締切り（×17年度末時点・解答に関係する科目のみ）（問1）

建　物

4/1	前期繰越	2,000,000	6/30	諸口	800,000
10/1	諸口	1,000,000	3/31	次期繰越	3,700,000
1/1	諸口	1,500,000			
		4,500,000			4,500,000

備品減価償却累計額

3/31	次期繰越	252,544	4/1	前期繰越	215,680
			3/31	減価償却費	36,864
		252,544			252,544

減価償却費

6/30	諸口	10,000	3/31	損益	193,814
3/31	建物減価償却累計額	86,950			
〃	備品減価償却累計額	36,864			
〃	車両減価償却累計額	60,000			
		193,814			193,814

貸借対照表項目は、期末残高を次期繰越として締切り、減価償却費は、残高を損益勘定に振り替えて締切る。

３．固定資産台帳の一部（建物）の作成（問２）

固定資産管理台帳（一部）

×18年３月31日現在

用途	差引期首帳簿価額	当期有償取得額	当期減少額 減価償却費	当期減少額 その他	差引期末帳簿価額	期末減価償却累計額
建物						
店舗	(768,000)	(0)	(43,200)	(0)	(724,800)	(475,200)
旧倉庫	(720,000)	(0)	(10,000)	(710,000)	(0)	(0)
新倉庫	(0)	(1,000,000)	(25,000)	(0)	(975,000)	(25,000)
工場	(0)	(1,500,000)	(18,750)	(0)	(1,481,250)	(18,750)
小計	(1,488,000)	(2,500,000)	(96,950)	(710,000)	(3,181,050)	(518,950)

差引期首帳簿価額

店　舗：取得原価 1,200,000 円（上記 1.(1)①参照）
－期首減価償却累計額 432,000 円（上記 1.(1)②参照）＝768,000 円

旧倉庫：取得原価 800,000 円（上記 1.(2)①参照）
－期首減価償却累計額 80,000 円（上記 1.(2)②参照）＝720,000 円

新倉庫と工場は、×17 年度中の取得であるため、該当なし。

当期有償取得額

新倉庫：取得原価 1,000,000 円（上記 2.(6)参照）

工　場：取得原価 1,500,000 円（上記 2.(7)参照）

店舗と旧倉庫は、×17 年度以前に取得しているため、該当なし。

当期減少額（減価償却費）

店　舗：減価償却費 43,200 円（上記 2.(8)①店舗分参照）

旧倉庫：減価償却費 10,000 円（上記 2.(3)参照）

新倉庫：減価償却費 25,000 円（上記 2.(8)①新倉庫分参照）

工　場：減価償却費 18,750 円（上記 2.(8)①工場参照）

当期減少額（その他）

旧倉庫：帳簿価額 720,000 円－減価償却費 10,000 円＝710,000 円

店舗、新倉庫および工場は、減価償却費以外の事象は生じていないため、該当なし。

差引期末帳簿価額

店　舗：期首帳簿価額 768,000 円－当期減少額(減価償却費) 43,200 円＝724,800 円

旧倉庫：火災により焼失しているため、該当なし。

新倉庫：当期有償取得額 1,000,000 円－当期減少額(減価償却費) 25,000 円＝975,000 円

工　場：当期有償取得額 1,500,000 円－当期減少額(減価償却費) 18,750 円＝1,481,250 円

期末減価償却累計額

店　舗：取得原価 1,200,000 円－期末帳簿価額 724,800 円＝475,200 円

旧倉庫：火災により焼失しているため、該当なし。

新倉庫：取得原価 1,000,000 円－期末帳簿価額 975,000 円＝25,000 円

工　場：取得原価 1,500,000 円－期末帳簿価額 1,481,250 円＝18,750 円

【参考】

期首減価償却累計額と当期減価償却費の合計によっても計算することができる。

店　舗：期首減価償却累計額 432,000 円（上記 1.(1)②参照）
＋減価償却費 43,200 円（上記 2.(8)①店舗分参照）＝475,200 円

旧倉庫：火災により焼失しているため、該当なし。

新倉庫：期首減価償却累計額 0 円(当期取得のため 0 円となる)
＋減価償却費 25,000 円（上記 2.(8)①新倉庫分参照）＝25,000 円

工　場：期首減価償却累計額 0 円(当期取得のため 0 円となる)
＋減価償却費 18,750 円（上記 2.(8)①工場参照）＝18,750 円

４．×17 年度末の損益計算書に計上される火災損失とのれん償却の金額（問３）

火 災 損 失：900,000 円（上記 2.(3)参照）＋110,000 円（上記 2.(5)参照）＝1,010,000 円

のれん償却：11,667 円（上記 2.(8)④参照）

第3問 【解答】 ○ 勘定科目と金額をセットで正解2点×4箇所 ● 2点×6箇所 計20点

損益計算書

自×8年4月1日 至×9年3月31日 (単位：円)

I 売上高			(19,400,000)
II 売上原価			
1 期首商品棚卸高		(536,000)	
2 当期商品仕入高		(12,149,300)	
合計		(12,685,300)	
3 期末商品棚卸高		(645,500)	
差引		(12,039,800)	
4 (棚卸減耗損)	○	(16,200)	
5 商品評価損		(32,200)	(12,088,200)
(売上総利益)	○		(7,311,800)
III 販売費及び一般管理費			
1 給料		(2,786,800)	
2 広告宣伝費		(612,500)	
3 消耗品費		(266,000)	
4 退職給付費用	●	(460,000)	
5 支払家賃	●	(440,400)	
6 貸倒引当金繰入	●	(19,500)	
7 減価償却費	●	(815,500)	
8 (支払リース料)	※○	(463,500)	
9 (研究開発費)	※○	(240,000)	(6,104,200)
(営業利益)			(1,207,600)
IV 営業外収益			
1 受取手数料		(249,000)	
2 受取配当金		(300,000)	(549,000)
V 営業外費用			
1 支払利息	●		(21,600)
(税引前当期純利益)			(1,735,000)
法人税、住民税及び事業税		(660,000)	
法人税等調整額	●	(△139,500)	(520,500)
当期純利益			(1,214,500)

※ 記載箇所は、順不同とする。

第3問 【解説】

[資料II]未処理事項

1．リース料の支払い（オペレーティング・リース取引）

(借)	支払リース料	463,500 *1	(貸)	仮払金	463,500

*1 問題文に「オペレーティング・リース取引」と記載があるため、支払リース料勘定で仕訳する。

2．会計処理の訂正（研究開発費への訂正）

① **適切な仕訳**

(借)	研究開発費	240,000	(貸)	現金預金等	240,000 *1

*1 解説の都合上、問題文から支払対価が判明しないため、現金預金等勘定を使用している。

② **当社が行っていた仕訳**

(借)	給料	240,000	(貸)	現金預金等	240,000 *1

③ **訂正仕訳（①－②）**

(借)	研究開発費	240,000	(貸)	給料	240,000

問題文に「給料のうち¥240,000は、研究開発部門で働く研究員に対する金額である」と記載があるため、給料勘定から研究開発費勘定に訂正する仕訳をする。

[資料III] 決算整理事項

1．貸倒引当金の計上

(借)	貸倒引当金繰入	19,500	(貸)	貸倒引当金	19,500

見積額：(前T/B 受取手形3,200,000円＋前T/B 売掛金2,300,000円)×2%＝110,000円

繰入額：見積額110,000円－前T/B 貸倒引当金90,500円＝19,500円

2．売上原価の算定（棚卸減耗損、商品評価損）

(借)	仕入	536,000	(貸)	繰越商品	536,000 *1
	繰越商品	645,500 *2		仕入	645,500
	棚卸減耗損	16,200 *3		繰越商品	48,400 *5
	商品評価損	32,200 *4			

*1 前T/B 繰越商品536,000円

*2 A商品：帳簿価額@210円×帳簿棚卸数量1,650個＋B商品：帳簿価額@130円×帳簿棚卸数量2,300個＝645,500円

*3 A商品：帳簿価額@210円×(帳簿棚卸数量1,650個－実地棚卸数量1,610個)
＋B商品：帳簿価額@130円×(帳簿棚卸数量2,300個－実地棚卸数量2,240個)＝16,200円

*4 A商品：(帳簿価額@210円－正味売却価額@190円)×実地棚卸数量1,610個＝32,200円

*5 棚卸減耗損16,200円(*3)＋商品評価損32,200円(*4)＝48,400円

(注) B商品は、正味売却価額が帳簿価額を上回っているため、商品評価損の計上は行わない。

3．減価償却費の計上

（1）**建物**

(借) 減価償却費	385,000	(貸) 建物減価償却累計額	385,000

前T/B 建物7,700,000円÷耐用年数20年＝385,000円

（2）**備品**

(借) 減価償却費	370,500	(貸) 備品減価償却累計額	370,500

(前T/B 備品2,700,000円－前T/B 備品減価償却累計額1,218,000円)×償却率25%(※)＝370,500円

※ $\frac{1}{耐用年数8年}$×200%×100＝25%

（3）**車両運搬具**

(借) 減価償却費	60,000	(貸) 車両運搬具減価償却累計額	60,000

前T/B 車両運搬具1,500,000円× $\frac{当期実績走行距離8,000km}{総走行可能距離200,000km}$ ＝60,000円

4．退職給付引当金の計上

(借) 退職給付費用	53,000	(貸) 退職給付引当金	53,000

問題文・期末退職金支給見積額1,820,000円－前T/B 退職給付引当金1,767,000円＝53,000円

5．未払利息の計上

(借) 支払利息	18,000	(貸) 未払利息	18,000

前T/B 借入金900,000円×年利率2.4%× $\frac{10ヶ月(×8年6月～×9年3月)}{12ヶ月}$ ＝18,000円

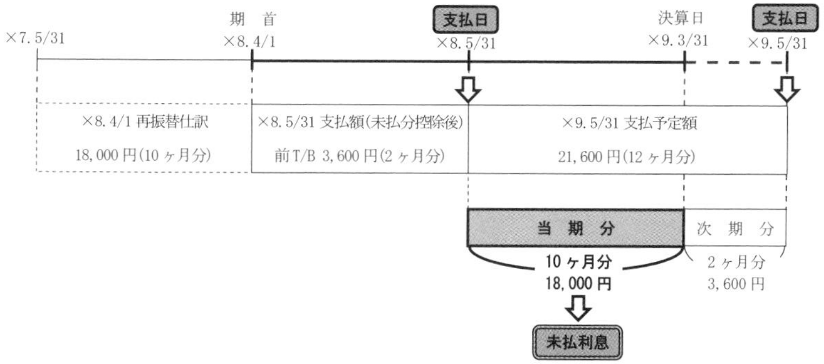

6．前払家賃の計上

(借) 前払家賃	183,500	(貸) 支払家賃	183,500

前T/B 支払家賃623,900円× $\frac{5ヶ月(×9年4月～×9年8月)}{17ヶ月}$ ＝183,500円

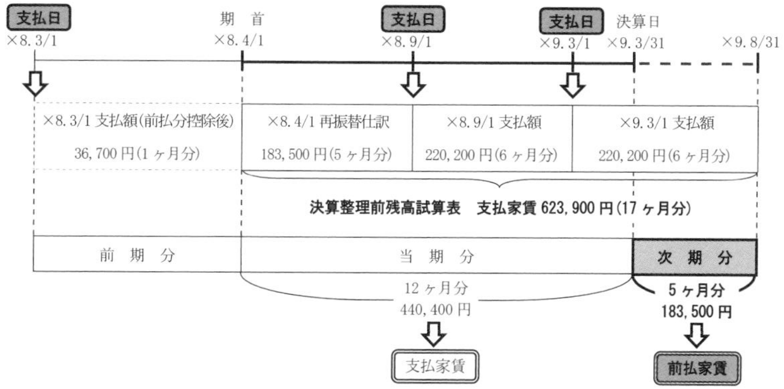

7．法人税、住民税及び事業税の計上

(借) 法人税、住民税及び事業税	660,000	(貸) 未払法人税等	660,000

8．税効果会計

(借) 繰延税金資産	139,500 *1	(貸) 法人税等調整額	139,500

*1　一時差異の当期末残高(1,145,000円(*2)＋1,820,000円(*3))×法定実効税率30%
－前T/B 繰延税金資産750,000円＝139,500円

*2　問題文に「減価償却費の償却限度超過額」と記載があるため、損金不算入項目と判断し、税効果会計を適用して借方に繰延税金資産勘定、貸方に法人税等調整額勘定で仕訳する。(以下同様)

*3　問題文に「退職給付引当金の損金算入限度超過額」と記載があるため、損金不算入項目と判断する。

9．損益計算書の作成

売上高	仕訳上では「売上」勘定を使用するが、損益計算書上は、「売上高」で表示する。
期首商品棚卸高	損益計算書上は、前T/B 繰越商品の金額で表示する。
当期商品仕入高	損益計算書上は、前T/B 仕入の金額で表示する。
期末商品棚卸高	損益計算書上は、問題文の期末商品棚卸高の金額で表示する。
棚卸減耗損	問題文（［資料Ⅲ］2.）に、「売上原価の内訳科目とする」と記載があるため、原価性があるものとして、損益計算書上は、売上原価の内訳項目の区分に表示する。
商品評価損	問題文（［資料Ⅲ］2.）に、「売上原価の内訳科目とする」と記載があるため、原価性があるものとして、損益計算書上は、売上原価の内訳項目の区分に表示する。
貸倒引当金繰入	売上債権に対する貸倒引当金繰入について、損益計算書上は、販売費及び一般管理費の区分に表示する。

第4問 【解答】 (1) 12点 (2) 16点 計28点

(1) 各4点 計12点

	借方科目名	記号	金額	貸方科目名	記号	金額
1	仕掛品	イ	4,248,000	製造間接費	カ	4,248,000
2	仕掛品	ウ	1,184,000	材料	イ	1,216,000
	製造間接費	カ	32,000			
3	仕掛品	イ	2,200,000	賃金・給料	オ	2,200,000

(2) ● 3点×2箇所 ○ 2点×5箇所 計16点

問1 ● 10,000 円

問2

総合原価計算表 (単位：円)

	原料費	加工費	合計
月初仕掛品原価	74,000	83,600	157,600
当月製造費用	○ 360,000	495,000	855,000
合計	434,000	578,600	1,012,600
月末仕掛品原価	○ 64,000	○ 24,000	88,000
完成品総合原価	○ 370,000	○ 554,600	924,600

問3 ● 997,880 円

第4問 【解説】

(1)

1. 製造間接費の配賦（部門別原価計算）

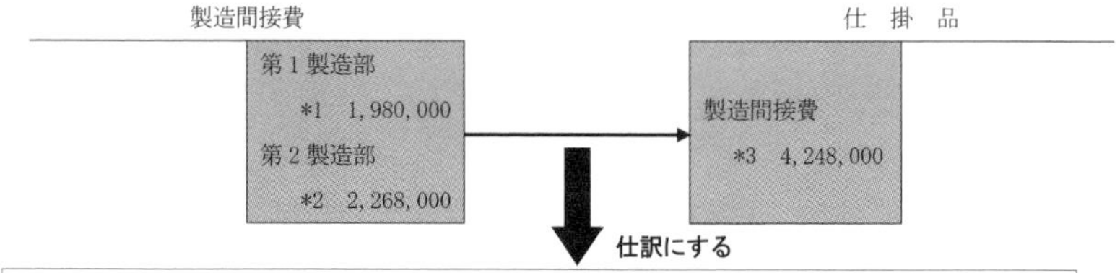

(借) 仕掛品	4,248,000 *3	(貸) 製造間接費	4,248,000

*1 第1製造部：予定配賦率900円×直接作業時間2,200時間＝1,980,000円
*2 第2製造部：予定配賦率2,700円×直接作業時間840時間＝2,268,000円
*3 第1製造部1,980,000円＋第2製造部2,268,000円＝4,248,000円

2. 材料の消費高の計上

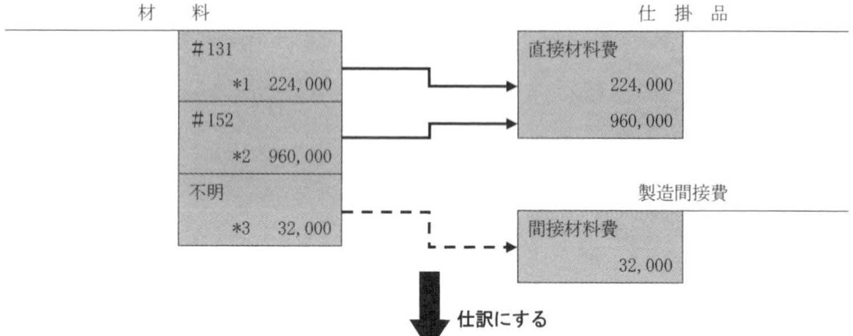

(借) 仕掛品	1,184,000 *4	(貸) 材料	1,216,000
製造間接費	32,000 *3		

*1 予定消費価格3,200円×#131消費量70kg＝224,000円
*2 予定消費価格3,200円×#152消費量300kg＝960,000円
*3 予定消費価格3,200円×不明な消費量10kg＝32,000円
*4 #131 224,000円＋#152 960,000円＝1,184,000円

3. 直接労務費の振替（パーシャル・プラン）

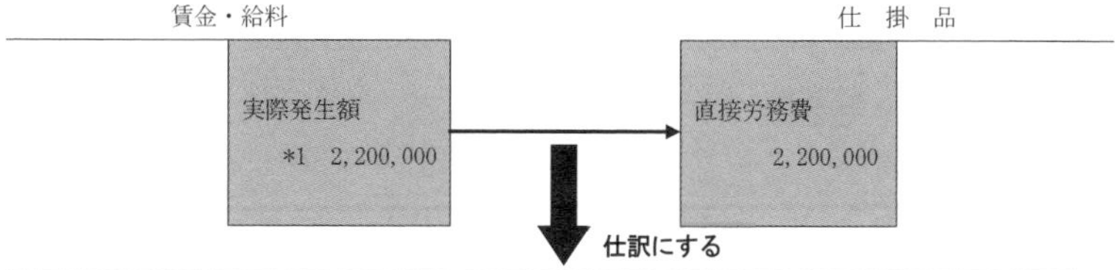

(借) 仕掛品	2,200,000	(貸) 賃金・給料	2,200,000

*1 実際発生額2,200,000円(*2)
*2 問題文に「勘定記入はパーシャル・プラン」と記載があるため、実際発生額で仕掛品勘定に振り替えられる。

⑵

1．原料費の算定

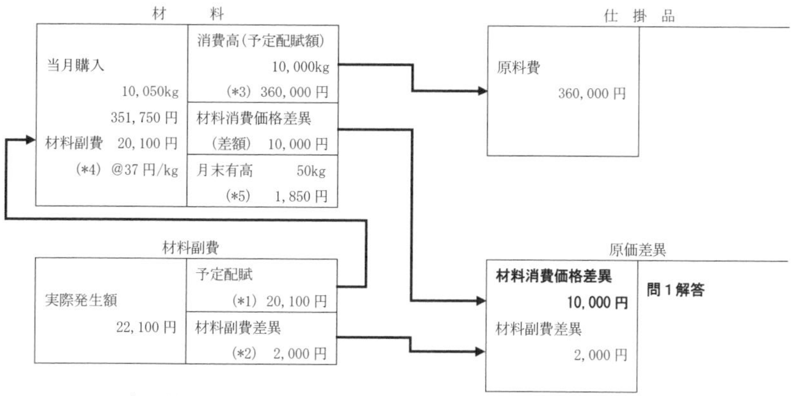

*1 予定配賦率 2 円/kg×購入量 10,050kg ＝ 20,100 円
*2 予定配賦額 20,100 円－実際発生額 22,100 円 ＝ △2,000 円（不利差異・借方差異）
*3 予定消費単価 36 円/kg×消費量 10,000kg ＝ 360,000 円
*4 （購入代価 351,750 円＋材料副費 20,100 円）/購入量 10,050kg ＝ 37 円/kg
*5 払出単価 37 円/kg×月末有高 50kg ＝ 1,850 円

2．先入先出法（仕損品評価額なし）（単位：円）

仕損は**工程の途中**で発生しているため、**両者負担**となる。

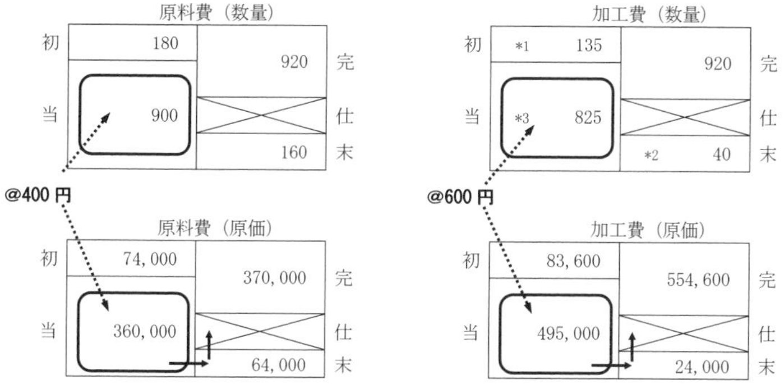

*1 180 個×加工進捗度 75%
*2 160 個×加工進捗度 25%
*3 貸借差額で求める

月末仕掛品原価 ：原料費 64,000 円＋加工費 24,000 円 ＝ 88,000 円
完 成 品 原 価 ：原料費 370,000 円＋加工費 554,600 円 ＝ 924,600 円

3．売上原価の算定

（1）仕掛品・先入先出法（仕損品評価額あり）（単位：円）

仕損は**両者負担**であるため、当月製造費用から評価額を差し引いて計算する。

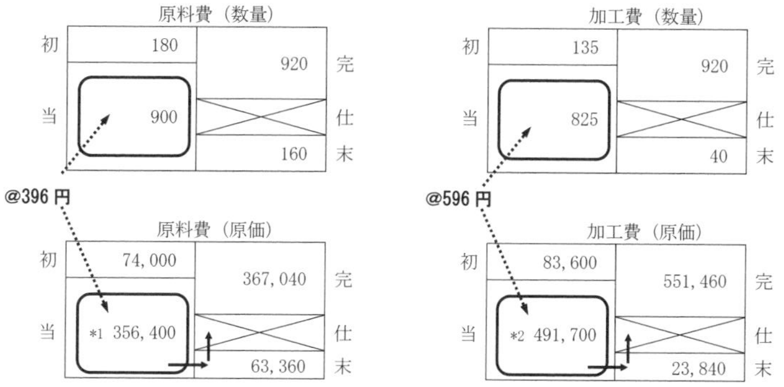

*1 360,000 円－(36 円/個×仕損品 100 個)
*2 495,000 円－(33 円/個×仕損品 100 個)

月末仕掛品原価 ：原料費 63,360 円＋加工費 23,840 円 ＝ 87,200 円
完 成 品 原 価 ：原料費 367,040 円＋加工費 551,460 円 ＝ 918,500 円

（2）製品・平均法（単位：円）

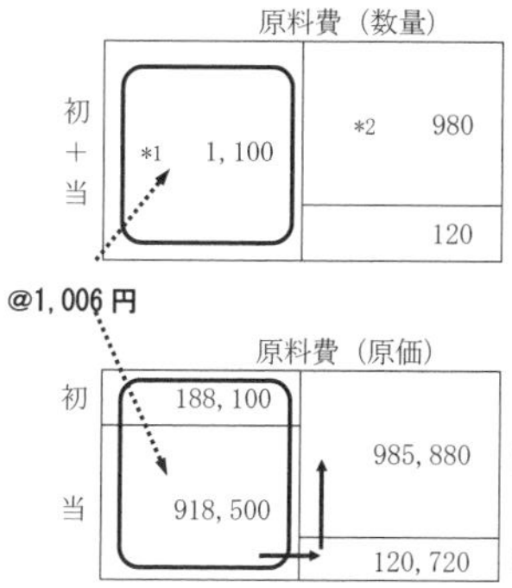

*1 月初製品 180 個＋完成品 920 個で求める
*2 貸借差額で求める

（3）売上原価の計算

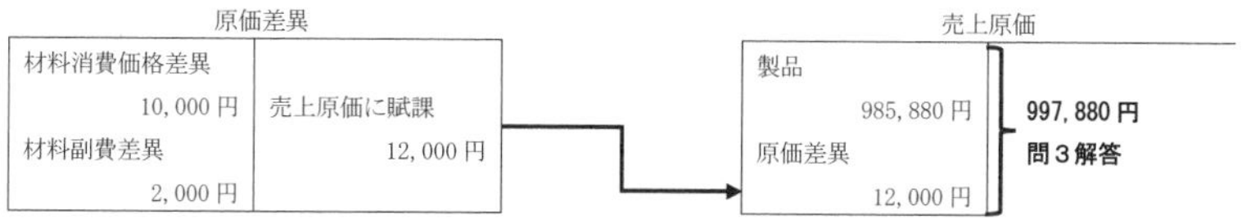

第5問 【解答】 ● 完答2点×6箇所 計12点

標準原価差異分析表

直接材料費差異			
材料価格差異	●	86,000 円	借方差異・**貸方差異**
材料数量差異	●	100,000 円	**借方差異**・貸方差異
直接労務費差異			
労働賃率差異		370,000 円	**借方差異**・貸方差異
労働時間差異	●	90,000 円	**借方差異**・貸方差異
製造間接費差異			
予算差異	●	40,000 円	借方差異・**貸方差異**
能率差異	●	30,000 円	**借方差異**・貸方差異
操業度差異	●	135,000 円	**借方差異**・貸方差異

※ 借方差異の場合には借方差異、貸方差異の場合には貸方差異を○で囲むこと。

第5問 【解説】

1．生産データ

仕掛品（直接材料費）

月初 200個	完成品 1,500個
当月投入 1,400個	月末 100個

仕掛品（加工費）

月初(200個×40%) 80個	完成品 1,500個
当月投入 (差引) 1,470個	月末(100個×50%) 50個

2．原価差異の分析

（1）直接材料費差異

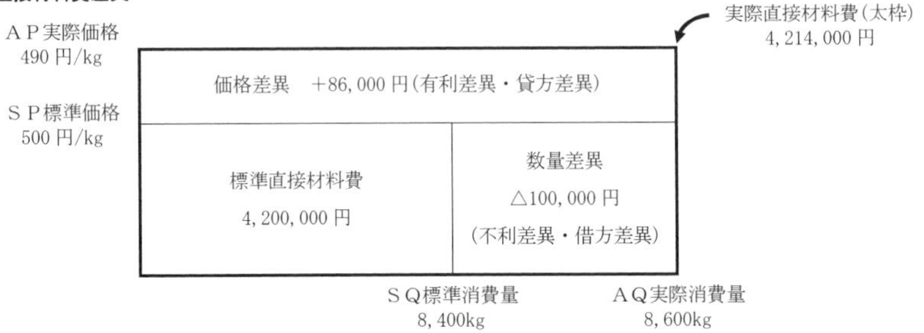

標準価格 500円/kg ：問題文［資料］1.より
実際価格 490円/kg ：問題文［資料］3.より
標準消費量 8,400 kg ：物量標準6 kg/個×当月投入1,400個(直接材料費)
実際消費量 8,600 kg ：実際直接材料費4,214,000円÷実際消費価格@490円/kg

① **価格差異**

(標準価格500円/kg－実際価格490円/kg) ×実際消費量8,600kg＝＋86,000円(有利差異・貸方差異)

② **数量差異**

標準価格500円/kg×（標準消費量8,400kg－実際消費量8,600kg）＝△100,000円(不利差異・借方差異)

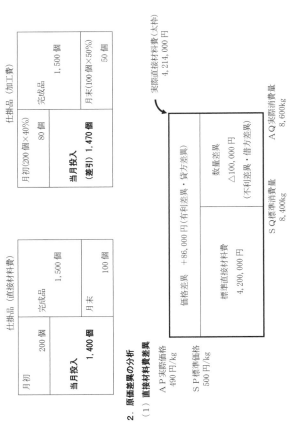

（2）**直接労務費差異**

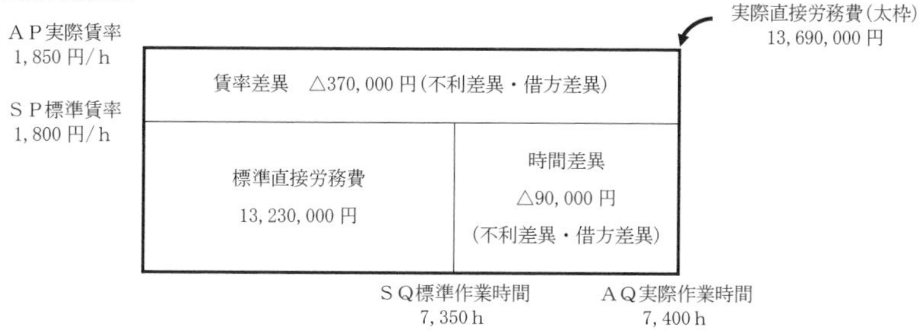

標　準　賃　率	1, 800 円/ h	：問題文［資料］1. より
実　際　賃　率	1, 850 円/ h	：問題文［資料］3. より
標準作業時間	7, 350 h	：物量標準 5 h /個×当月投入 1, 470 個(加工費)
実際作業時間	7, 400 h	：実際直接労務費 13, 690, 000 円÷実際賃率@1, 850 円/ h

① **賃率差異**

(標準賃率 1, 800 円/ h －実際賃率 1, 850 円/ h ）×実際作業時間 7, 400 h ＝△370, 000 円(不利差異・借方差異)

② **時間差異**

標準賃率 1, 800 円/ h ×（標準作業時間 7, 350 h －実際作業時間 7, 400 h ）＝△90, 000 円(不利差異・借方差異)

（3）**製造間接費差異（３分法　能率差異を変動費から計算する場合 … ＳＱ基準）**

「能率差異は、変動費からなるものとして計算すること」との指示から、３分法・ＳＱ基準により差異分析すべきということがわかる。

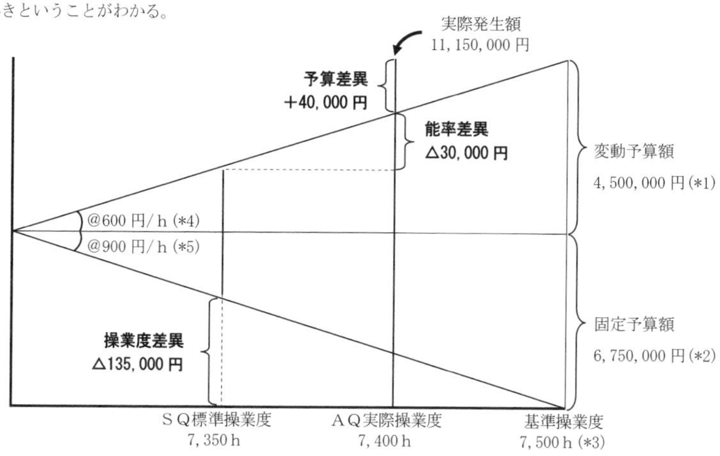

*1　月間変動予算額：変動費年間予算 54, 000, 000 円÷12 ヶ月＝4, 500, 000 円

*2　月間固定予算額：固定費年間予算 81, 000, 000 円÷12 ヶ月＝6, 750, 000 円

*3　月間基準操業度：正常直接年間作業時間 90, 000 h ÷12 ヶ月＝7, 500 h

*4　変動費率：月間変動予算額 4, 500, 000 円(*1)÷基準操業度 7, 500 h (*3)＝600 円/ h

*5　固定費率：月間固定予算額 6, 750, 000 円(*2)÷基準操業度 7, 500 h (*3)＝900 円/ h

① **予算差異**

予算許容額：変動費率@600 円/ h ×実際操業度 7, 400 h ＋固定予算額 6, 750, 000 円＝11, 190, 000 円

予 算 差 異：予算許容額 11, 190, 000 円－実際発生額 11, 150, 000 円＝＋40, 000 円(有利差異・貸方差異)

② **能率差異**

変動費率@600 円/ h ×（標準操業度 7, 350 h －実際操業度 7, 400 h ）＝△30, 000 円(不利差異・借方差異)

③ **操業度差異**

固定費率@900 円/ h ×（標準操業度 7, 350 h －基準操業度 7, 500 h ）＝△135, 000 円(不利差異・借方差異)

2級 全国統一模擬試験Ⅱ 第5回 解答解説

第1問 【解答】 各4点 計20点

	借方科目名	記号	金額	貸方科目名	記号	金額
1	支払手数料	ウ	8,750	売上	ア	350,000
	クレジット売掛金	キ	341,250			
	売上原価	カ	273,000	商品	オ	273,000
2	現金	ウ	4,000,000	借入金	エ	5,000,000
	売掛金	ア	4,500,000	資本金	カ	6,000,000
	土地	ク	3,000,000	資本準備金	オ	2,000,000
	のれん	キ	1,500,000			
3	買掛金	キ	710,000	売掛金	オ	200,000
				電子記録債務	カ	510,000
4	建物	オ	50,250,000	建設仮勘定	ク	35,000,000
				当座預金	イ	10,250,000
				未払金	エ	5,000,000
	リース資産	ア	120,000	リース債務	カ	120,000
5	売掛金	ク	210,000	売上	カ	189,000
				返金負債	エ	21,000
	返金負債	エ	60,000	未払金	ウ	60,000

第1問 【解説】

1．売上（クレジット売掛金、売上原価対立法）

(借)	支払手数料	8,750 *1	(貸)	売上	350,000
	クレジット売掛金	341,250 *3			
	売上原価	273,000 *4		商品	273,000 *4

*1 売上350,000円×クレジット手数料2.5%＝8,750円(*2)
*2 問題文に「販売時に手数料を認識する」と記載があるため、支払手数料勘定で仕訳する。
*3 売上350,000円－クレジット手数料8,750円(*1)＝341,250円
*4 問題文に「売上原価対立法で記帳」と記載があるため、商品勘定を売上原価勘定に振り替える仕訳をする。

2．吸収合併

(借)	現金	4,000,000 *1	(貸)	借入金	5,000,000 *1
	売掛金	4,500,000 *1		資本金	6,000,000 *2
	土地	3,000,000 *1		資本準備金	2,000,000 *3
	のれん	1,500,000 *5			

*1 吸収合併によって取得する資産および負債は、吸収合併時の時価で仕訳する。
*2 問題文に「株式の交付にともなって増加する株主資本のうち¥6,000,000を資本金」と記載があるため、資本金勘定に6,000,000円で仕訳する。
*3 1株当たり40,000円×200株－資本金6,000,000円(*2)＝2,000,000円(*4)
*4 問題文に「残高は資本準備金とする」と記載があるため、資本準備金勘定で仕訳する。
*5 貸借差額（貸借差額が借方に生じるため、のれん勘定で仕訳する。）

3．買掛金の決済（売掛金の譲渡、電子記録債務の計上）

(借)	買掛金	710,000	(貸)	売掛金	200,000 *1
				電子記録債務	510,000 *2

*1 問題文に「売掛金¥200,000の譲渡」と記載があるため、売掛金勘定で仕訳する。
*2 問題文に「仕入先から求められた電子債権記録機関における債務の発生記録請求の承諾によって決済」と記載があるため、電子記録債務勘定で仕訳する。

4．建物の完成（建設仮勘定）とリース取引の開始（ファイナンス・リース取引、利子抜き法）

(借)	建物	50,250,000 *1	(貸)	建設仮勘定	35,000,000 *2
				当座預金	10,250,000 *3
				未払金	5,000,000 *5
	リース資産	120,000 *7		リース債務	120,000 *7

*1 建設仮勘定35,000,000円(*2)＋工事代金残額15,000,000円
＋登記料250,000円（付随費用のため建物勘定に含める）＝50,250,000円
*2 問題文に「この営業用店舗の工事に対して、工事代金の一部として既に¥35,000,000を前払いしている」と記載があるため、建設仮勘定で仕訳する。
*3 工事代金(一部)10,000,000円＋登記料250,000円＝10,250,000円(*4)
*4 問題文に「小切手を振り出して支払い」と記載があるため、当座預金勘定で仕訳する。
*5 工事代金残額15,000,000円－当座預金10,000,000円＝5,000,000円(*6)
*6 問題文に「残りの金額は翌期に支払う」と記載があるため、未払金勘定で仕訳する。
（建物の購入は主たる営業活動に係る取引には該当しないため、購入代金に係る債務は「未払金」となる。）
*7 問題文に「リース契約（ファイナンス・リース取引）を締結し、利用を開始した。なお、利子抜き法により処理する」と記載があるため、見積現金購入価額をもってリース資産勘定およびリース債務勘定で仕訳をする。

5．収益認識（変動対価）

① 4月中の取引

（借）	売掛金	390,000 *1	（貸）売上	351,000 *4
			返金負債	39,000 *2

*1 @600円×650個＝390,000円

*2 390,000円×10％＝39,000円(*3)

*3 問題文に「×4年4月～5月の間に商品を合計900個以上購入した場合に、この期間の販売額の1割をリベートとして6月末に支払う取り決めを行い、この条件が達成される可能性は高いと予想していた」と記載があるため、返金負債勘定で仕訳する。

*4 貸借差額

② ×4年5月9日の取引

（借）	売掛金	210,000 *5	（貸）売上	189,000 *4
			返金負債	21,000 *6

*5 @600円×350個＝210,000円

*6 210,000円×10％＝21,000円(*3)

*3 問題文に「×4年4月～5月の間に商品を合計900個以上購入した場合に、この期間の販売額の1割をリベートとして6月末に支払う取り決めを行い、この条件が達成される可能性は高いと予想していた」と記載があるため、返金負債勘定で仕訳する。

*4 貸借差額

③ リベート条件達成時

（借）	返金負債	60,000 *7	（貸）未払金	60,000 *9

*7 4月中の返金負債39,000円(*2)＋×4年5月9日の返金負債21,000円(*6)＝60,000円(*8)

*8 問題文に「リベート条件が達成された」と記載があるため、返金負債勘定を振り替える仕訳をする。

*9 問題文に「6月末に支払う取り決めを行い」と記載があるため、未払金勘定で仕訳する。

④ 上記（②、③）の合計仕訳

（借）	売掛金	210,000	（貸）売上	189,000
			返金負債	21,000
	返金負債	60,000	未払金	60,000

【参考】×4年5月9日以降の5月中の取引の仕訳

（借）	売掛金	×××	（貸）売上	×××
			未払金	××× *10

*10 リベート条件を達成した場合、それ以降の取引では、リベートを支払うことが確実となるため、未払金勘定で仕訳することになる。

第２問 【解答】 ● ２点×10箇所 計20点

連 結 損 益 計 算 書

自×6年4月1日 至×7年3月31日 (単位：円)

Ⅰ	売上高		(15,300,000)
Ⅱ	売上原価	●	(10,080,000)
	売上総利益		(5,220,000)
Ⅲ	販売費及び一般管理費	●	(2,890,000)
	営業利益		(2,330,000)
Ⅳ	営業外収益	●	(1,176,000)
Ⅴ	営業外費用		(1,396,000)
	経常利益		(2,110,000)
Ⅵ	特別利益		(600,000)
Ⅶ	特別損失	●	(300,000)
	税金等調整前当期純利益		(2,410,000)
	法人税、住民税及び事業税		(960,000)
	当期純利益		(1,450,000)
	非支配株主に帰属する当期純利益	●	(170,000)
	親会社株主に帰属する当期純利益		(1,280,000)

連 結 貸 借 対 照 表

×7年3月31日 (単位：円)

現金預金	(2,442,000)	支払手形	(● 2,310,000)
受取手形	(2,450,000)	買掛金	(2,170,000)
売掛金	(3,050,000)	未払法人税等	(350,000)
貸倒引当金	(△● 110,000)	借入金	(1,800,000)
商品	(2,630,000)	資本金	(3,500,000)
貸付金	(500,000)	資本剰余金	(250,000)
土地	(● 1,900,000)	利益剰余金	(● 2,227,000)
のれん	(● 315,000)	非支配株主持分	(570,000)
	(13,177,000)		(13,177,000)

第２問 【解説】

<連結修正仕訳>

[資料Ⅰ] 資本連結に関する事項

1. 開始仕訳

① 投資と資本の相殺消去

(借)	資本金当期首残高	1,000,000 *2	(貸) S社株式	1,500,000 *1
	資本剰余金当期首残高	200,000 *2	非支配株主持分当期首残高	350,000 *3
	利益剰余金当期首残高	200,000 *2		
	のれん	450,000 *5		

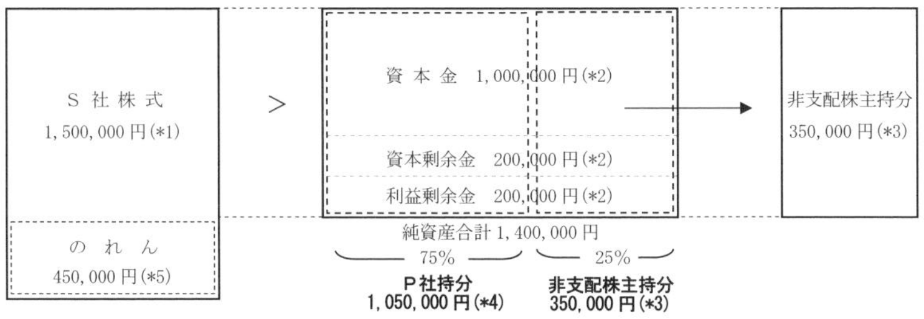

*1 問題文1.・P社×4年3月31日 S社株式1,500,000円

*2 問題文2.・S社×4年3月31日 資本金1,000,000円、資本剰余金200,000円、利益剰余金200,000円

*3 S社×4年3月31日 純資産合計1,400,000円(*2合計)×非支配株主持分比率25%＝350,000円

*4 S社×4年3月31日 純資産合計1,400,000円(*2合計)×P社持分比率75%＝1,050,000円

*5 貸借差額 またはS社株式1,500,000円(*1)－P社持分1,050,000円(*4)＝450,000円

② 非支配株主への按分

(借)	利益剰余金当期首残高	75,000	(貸) 非支配株主持分当期首残高	75,000 *6

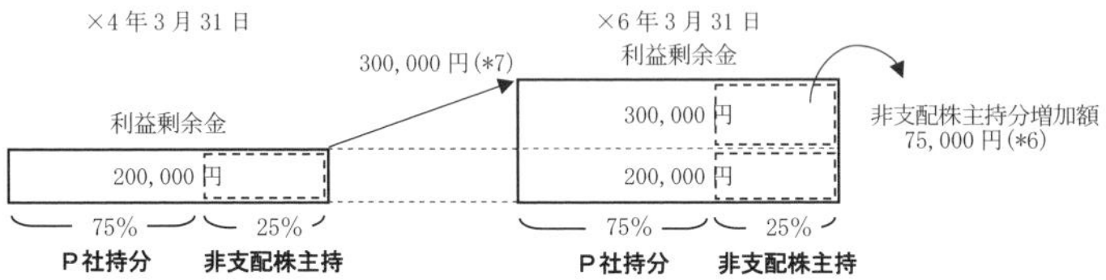

当期は連結３期目であり、過年度のS社の利益剰余金の増加を非支配株主持分に振り替えるため、利益剰余金当期首残高勘定と非支配株主持分当期首残高勘定で仕訳する。

*6 S社の利益剰余金増加額300,000円(*7)×非支配株主持分比率25%＝75,000円

*7 S社×6年3月31日 利益剰余金500,000円(*8)－×4年3月31日 利益剰余金200,000円＝300,000円

*8 S社×7年3月31日 利益剰余金980,000円＋S社の当期剰余金の配当100,000円
－S社の当期純利益580,000円＝500,000円

③ **のれん償却の計上**

(借)	利益剰余金当期首残高 （のれん償却）	90,000 *9	(貸)	の　れ　ん	90,000

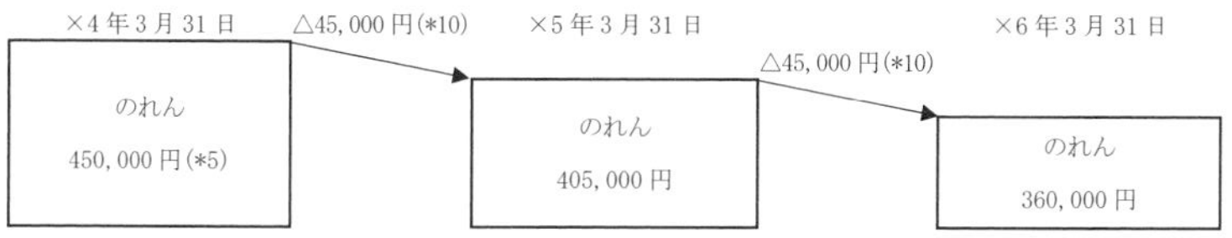

当該のれん償却は過年度分であるため、利益剰余金当期首残高勘定で仕訳する。

*9　45,000円(*10)×2年＝90,000円

*10　のれん450,000円(*5)÷償却年数10年＝45,000円

④ **上記仕訳(①、②、③)の合計**

(借)	資本金当期首残高	1,000,000	(貸)	S　社　株　式	1,500,000
	資本剰余金当期首残高	200,000		非支配株主持分当期首残高	425,000
	利益剰余金当期首残高	365,000			
	の　れ　ん	360,000			

2. 当期純利益の按分

(借)	非支配株主に帰属する当期純利益	145,000	(貸)	非支配株主持分当期変動額	145,000

S社の当期純利益580,000円×非支配株主持分比率25%＝145,000円

3. のれん償却の計上

(借)	販売費及び一般管理費 （のれん償却）	45,000	(貸)	の　れ　ん	45,000

支配獲得時のれん450,000円÷償却年数10年＝45,000円

または、×6年3月31日のれん360,000円÷残存償却年数8年＝45,000円

4. 剰余金の配当

(借)	営　業　外　収　益 （受取配当金）	75,000 *1	(貸)	剰余金の配当 （利益剰余金当期変動額）	100,000
	非支配株主持分当期変動額	25,000 *2			

*1　S社の繰越利益剰余金(利益剰余金)からの配当額100,000円×P社持分比率75%＝75,000円

*2　S社の繰越利益剰余金(利益剰余金)からの配当額100,000円×非支配株主持分比率25%＝25,000円

［資料III］成果連結に関する事項

1. 売上高と仕入高(売上原価)の相殺消去

(借)	売　上　高	2,500,000	(貸)	売上原価 （当期商品仕入高）	2,500,000

問題文に「当期のP社のS社への売上高は¥2,500,000であり」と記載があるため、P社の売上高とS社の仕入高(売上原価)を相殺消去する仕訳をする。

2. 棚卸資産に含まれる未実現損益の消去（ダウン・ストリーム）

(借)	利益剰余金当期首残高	100,000 *1	(貸)	売上原価 （期首商品棚卸高）	100,000
	売上原価 （期末商品棚卸高）	120,000 *2		商　品	120,000

問題文に「S社の前期末商品棚卸高のうち¥500,000、当期末商品棚卸高のうち¥600,000は、P社から仕入れた金額である」と記載があるため、S社の前期末商品(当期首商品)および当期末商品に含まれるP社の未実現利益を消去する仕訳をする。

*1　S社の当期首商品に含まれるP社の未実現利益：
問題文・当期首商品(P社からの仕入分)500,000円×問題文・売上総利益率20%＝100,000円

*2　S社の当期末商品に含まれるP社の未実現利益：
問題文・当期末商品(P社からの仕入分)600,000円×問題文・売上総利益率20%＝120,000円

3. 売上債権と仕入債務に関する調整

① **受取手形と支払手形の相殺消去**

(借)	支　払　手　形	650,000	(貸)	受　取　手　形	650,000

問題文に「P社の受取手形にはS社に対するものが含まれている。前期末残高に含まれていた金額は¥400,000であり、当期末残高に含まれていた金額は¥650,000である」と記載があるため、P社の受取手形とS社の支払手形を相殺消去する仕訳をする。

② **売掛金と買掛金の相殺消去**

(借)	買　掛　金	450,000	(貸)	売　掛　金	450,000

問題文に「P社の売掛金にはS社に対するものが含まれている。前期末残高に含まれていた金額は¥200,000であり、当期末残高に含まれていた金額は¥450,000である」と記載があるため、P社の売掛金とS社の買掛金を相殺消去する仕訳をする。

③ **貸倒引当金繰入額の調整（ダウン・ストリーム）**

(借)	貸倒引当金	22,000 *1	(貸)	利益剰余金当期首残高	12,000 *2
				販売費及び一般管理費 （貸倒引当金繰入）	10,000 *3

問題文に「P社は売上債権期末残高に対して2%の貸倒引当金を差額補充法により設定している」と記載があるため、上記［資料III］3. ①「受取手形と支払手形の相殺消去」および②「売掛金と買掛金の相殺消去」により消去した売上債権に対する貸倒引当金を調整する仕訳をする。また、前期分の貸倒引当金についても調整する仕訳をする。

*1　問題文・P社のS社に対する(当期末受取手形650,000円＋当期末売掛金450,000円)×2%＝22,000円

*2　問題文・P社のS社に対する(前期末受取手形400,000円＋前期末売掛金200,000円)×2%＝12,000円

*3　貸借差額

４．金銭債権債務に関する調整

①　貸付金と借入金の相殺消去

(借)	借入金	200,000	(貸)	貸付金	200,000

問題文に「Ｐ社は×6年４月１日にＳ社に対して¥200,000を貸し付けている」と記載があるため、Ｐ社の貸付金とＳ社の借入金を相殺消去する仕訳をする。

②　受取利息と支払利息の相殺消去

(借)	営業外収益 （受取利息）	2,000	(貸)	営業外費用 （支払利息）	2,000

問題文に「期間２年、年利率1%、利払日３月末日の条件」と記載があるため、Ｐ社の受取利息とＳ社の支払利息を相殺消去する仕訳をする。

問題文・Ｐ社の貸付金（Ｓ社の借入金）200,000円×年利率1%＝2,000円

５．固定資産に関する調整

①　未入収金と未払金の相殺消去

(借)	未払金	400,000	(貸)	未収入金	400,000

問題文に「売却代金については×7年４月15日に受け取ることとなっている」と記載があるため、Ｓ社の未収入金とＰ社の未払金を相殺消去する仕訳をする。

②　固定資産に含まれる未実現損益の消去（アップ・ストリーム）

(借)	土地	100,000	(貸)	特別損失 （固定資産売却損）	100,000

問題文に「Ｓ社はＰ社に対して×7年３月31日に土地（簿価¥500,000）を¥400,000で売却した」と記載があるため、Ｐ社の土地に含まれるＳ社の未実現損失を消去する仕訳をする。

Ｐ社の土地に含まれるＳ社の未実現損失：

問題文・Ｓ社売却価額400,000円－問題文・売却時Ｓ社帳簿価額500,000円＝△100,000円（損失）

③　非支配株主への負担計算（アップ・ストリーム）

(借)	非支配株主に帰属する当期純利益	25,000	(貸)	非支配株主持分当期変動額	25,000

上記［資料Ⅲ］5. ②「固定資産に含まれる未実現損益の消去」より、Ｓ社の未実現損失を消去したことによってＳ社の利益が増減するため、非支配株主への負担計算の仕訳をする。

Ｓ社の未実現損失100,000円×非支配株主持分比率25%＝25,000円

６．連結修正仕訳のまとめ（単位：千円）

×4.3/31　　　×6.3/31　**当　期**　×7.3/31

資首	1,000	Ｓ株	1,500	利首	75	非首	75
資剰首	200	非首	350	利首	90	のれん	90
利首	200						
のれん	450						

⇩

【開始仕訳】

資首	1,000	Ｓ株	1,500
資剰首	200	非首	425
利首	365		
のれん	360		

当期

非損	145	非当	145
販管費	45	のれん	45
営外益	75	配当	100
非当	25		
売上	2,500	売原	2,500
利首	100	売原	100
売原	120	商品	120
支手形	650	受手形	650
買掛金	450	売掛金	450
貸引	22	利首	12
		販管費	10
借入金	200	貸付金	200
営外益	2	営外費	2
未払金	400	未収金	400
土地	100	特損失	100
非損	25	非当	25

７．連結財務諸表の作成

※ 一番左に「連結財務諸表（Ｐ/Ｌ、Ｂ/Ｓ）」の項目が記載されており、その右側には、算定過程を記載している。なお、「修正・消去」欄の数値の前に付いている番号または記号（＋ or △）の意味は以下のとおりである。
番号：上記［資料］に対応する連結修正仕訳の解説番号
記号：個別財務諸表の金額の合計数値（単純合算）に足す（＋） or 引く（△）
また、下表には合計や差額で算定できるもの（親会社株主に帰属する当期純利益を除く）については記載しない。

① 連結損益計算書

項目	個別財務諸表の金額		修正・消去	連結Ｐ/Ｌ
	Ｐ社側	Ｓ社側		金額
売上高	11,000,000	6,800,000	［Ⅲ］1. △2,500,000	15,300,000
売上原価	7,800,000	4,760,000	［Ⅲ］1. △2,500,000 ［Ⅲ］2. △100,000 ［Ⅲ］2. ＋120,000	10,080,000
販売費及び一般管理費	1,920,000	935,000	［Ⅰ］3. ＋45,000 ［Ⅲ］3.③ △10,000	2,890,000
営業外収益	864,000	389,000	［Ⅰ］4. △75,000 ［Ⅲ］4.② △2,000	1,176,000
営業外費用	844,000	554,000	［Ⅲ］4.② △2,000	1,396,000
特別利益	350,000	250,000	―	600,000
特別損失	250,000	150,000	［Ⅲ］5.② △100,000	300,000
法人税等	500,000	460,000	―	960,000
非支配株主に帰属する当期純利益	―	―	［Ⅰ］2. ＋145,000 ［Ⅲ］5.③ ＋25,000	170,000
親会社株主に帰属する当期純利益	※ 連結Ｐ/Ｌの金額を集計する。			1,280,000

② 連結貸借対照表

項目	個別財務諸表の金額		修正・消去	連結Ｂ/Ｓ
	Ｐ社側	Ｓ社側		金額
現金預金	1,458,000	984,000	―	2,442,000
受取手形	1,800,000	1,300,000	［Ⅲ］3.① △650,000	2,450,000
売掛金	2,100,000	1,400,000	［Ⅲ］3.② △450,000	3,050,000
貸倒引当金	△ 78,000	△ 54,000	［Ⅲ］3.③ △22,000	△ 110,000
商品	1,750,000	1,000,000	［Ⅲ］2. △120,000	2,630,000
未収入金	―	400,000	［Ⅲ］5.① △400,000	―
貸付金	400,000	300,000	［Ⅲ］4.① △200,000	500,000
土地	1,000,000	800,000	［Ⅲ］5.② ＋100,000	1,900,000
Ｓ社株式	1,500,000	―	［Ⅰ］1.④△1,500,000	―
のれん	―	―	［Ⅰ］1.④ ＋360,000 ［Ⅰ］3. △45,000	315,000
支払手形	1,460,000	1,500,000	［Ⅲ］3.① △650,000	2,310,000
買掛金	1,520,000	1,100,000	［Ⅲ］3.② △450,000	2,170,000
未払金	400,000	―	［Ⅲ］5.① △400,000	―
未払法人税等	200,000	150,000	―	350,000
借入金	800,000	1,200,000	［Ⅲ］4.① △200,000	1,800,000
資本金	3,500,000	1,000,000	［Ⅰ］1.④△1,000,000	3,500,000
資本剰余金	250,000	200,000	［Ⅰ］1.④ △200,000	250,000
利益剰余金	下記③利益剰余金の算定を参照			2,227,000
非支配株主持分	―	―	［Ⅰ］1.④ ＋425,000 ［Ⅰ］2. ＋145,000 ［Ⅰ］4. △25,000 ［Ⅲ］5.③ ＋25,000	570,000

③ 利益剰余金の算定

Ｐ社、Ｓ社の個別貸借対照表の利益剰余金の残高から個別損益計算書の当期純利益を差し引いた金額に連結上影響する金額を加減算することによって求める。

利益剰余金

Ｐ社個別 当期純利益	900,000	Ｐ社個別 利益剰余金	1,800,000
Ｓ社個別 当期純利益	580,000	Ｓ社個別 利益剰余金	980,000
［Ⅰ］1.④開始仕訳	365,000	［Ⅰ］4.剰余金の配当	100,000
［Ⅲ］2.棚卸資産の未実現損益の消去	100,000	［Ⅲ］3.③貸倒引当金繰入額の調整	12,000
連結 利益剰余金（差額）	**2,227,000**	親会社株主に帰属する当期純利益	1,280,000
	4,172,000		4,172,000

第3問 【解答】 ○ 勘定科目と金額をセットで正解2点×3箇所 ● 2点×7箇所 計20点

問1

決算整理後残高試算表
×6年3月31日
(単位：円)

借方残高	勘定科目	貸方残高
58,500	現金	
● 729,700	当座預金	
● 1,070,000	受取手形	
2,130,000	売掛金	
1,832,000	繰越商品	
42,000	前払利息	
27,000,000	建物	
1,500,000	車両運搬具	
247,000	特許権	
● 2,272,400	満期保有目的債券	
1,285,900	繰延税金資産	
	支払手形	925,000
	営業外支払手形	● 792,000
	買掛金	1,341,500
	未払金	370,000
	未払（法人税等）	○ 390,000
	（未払）利息	12,500
	借入金	1,000,000
	貸倒引当金	64,000
	建物減価償却累計額	18,000,000
	車両運搬具減価償却累計額	210,000
	資本金	10,000,000
	繰越利益剰余金	3,660,450
	売上	19,000,000
	受取利息	24,000
	有価証券利息	82,800
13,610,000	仕入	
37,000	棚卸減耗損	
21,000	商品評価損	
1,966,000	給料	
42,000	貸倒引当金繰入	
● 1,110,000	減価償却費	
○ 78,000	（特許権）償却	
6,300	（手形）売却損	
● 79,500	支払利息	
840,000	法人税、住民税及び事業税	
	（法人税等調整額）	○ 85,050
55,957,300		55,957,300

問2 当期純利益または当期純損失の金額 ¥ ● 1,402,050

第3問 【解説】

問1 決算整理後残高試算表作成

[資料Ⅱ] 未処理事項

1. 受取手形の割引

(借)	当座預金	493,700 *2	(貸) 受取手形	500,000 *1
	手形売却損	6,300 *3		

*1 問題文に「受け取っていた約束手形」と記載があるため、受取手形勘定で仕訳する。
*2 受取手形500,000円－手形売却損6,300円＝493,700円
*3 問題文に「割引料」と記載があるため、手形売却損勘定で仕訳する。

2. 営業外支払手形の決済

(1) 割賦購入時の仕訳

(借)	車両運搬具	1,500,000 *2	(貸) 営業外支払手形	1,584,000 *1
	前払利息	84,000 *3		

*1 1枚当たり264,000円×6枚＝1,584,000円
*2 現金購入価額1,500,000円
*3 手形振出額1,584,000円(*1)－現金購入価額1,500,000円(*2)＝84,000円(前T/B 前払利息)

(2) 割賦決済時の仕訳

(借)	営業外支払手形	264,000	(貸) 当座預金	264,000

問題文に「支払期限は×6年1月末より毎月末到来」と記載があるため、振り出した約束手形1枚分の額面264,000円を決済した仕訳をする。

[資料Ⅲ] 決算整理事項

1. 売上原価の算定（棚卸減耗損、商品評価損）

(借)	仕入	1,750,000	(貸) 繰越商品	1,750,000 *1
	繰越商品	1,890,000 *2	仕入	1,890,000
	棚卸減耗損	37,000 *3	繰越商品	58,000 *5
	商品評価損	21,000 *4		

*1 前T/B 繰越商品1,750,000円
*2 問題文・期末帳簿棚卸高1,890,000円
*3 問題文・期末帳簿棚卸高1,890,000円－問題文・実地棚卸高1,853,000円＝37,000円
*4 商品Y(原価@200円－正味売却価額@170円)×700個＝21,000円
*5 棚卸減耗損37,000円(*3)＋商品評価損21,000円(*4)＝58,000円
(注) 商品Xは正味売却価額が原価を上回っているため、評価損は生じない。

2. 貸倒引当金の計上

(借)	貸倒引当金繰入	42,000	(貸) 貸倒引当金	42,000

見積額：(前T/B 受取手形1,570,000円－500,000円(上記［資料Ⅱ］1.「受取手形の割引」参照)
＋前T/B 売掛金2,130,000円)×2%＝64,000円
繰入額：見積額64,000円－前T/B 貸倒引当金22,000円＝42,000円

3．減価償却費の計上

（1）建物

（借）減価償却費	900,000	（貸）建物減価償却累計額	900,000

前T/B 建物27,000,000円÷耐用年数30年＝900,000円

（2）車両運搬具

（借）減価償却費	210,000	（貸）車両運搬具減価償却累計額	210,000

前T/B 車両運搬具1,500,000円×$\frac{\text{当期実際走行距離 2.8万km}}{\text{見積走行可能距離 20万km}}$＝210,000円

（3）割賦購入に係る支払利息の振替

（借）支払利息	42,000	（貸）前払利息	42,000

前T/B 前払利息84,000円×$\frac{\text{3ヶ月（×6年1月～×6年3月）}}{\text{6ヶ月（×6年1月～×6年6月）}}$＝42,000円

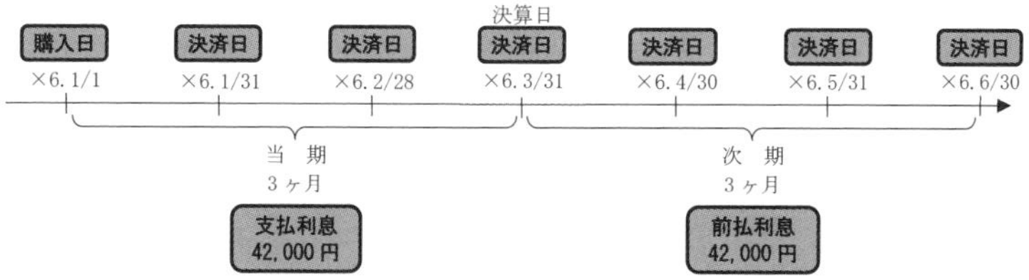

4．特許権償却の計上

（借）特許権償却	78,000	（貸）特許権	78,000

前T/B 特許権325,000円×$\frac{\text{12ヶ月}}{\text{残存償却期間50ヶ月（※）}}$＝78,000円

※ 当初償却期間96ヶ月（8年）－既償却期間46ヶ月（×1年6月～×5年3月）＝50ヶ月

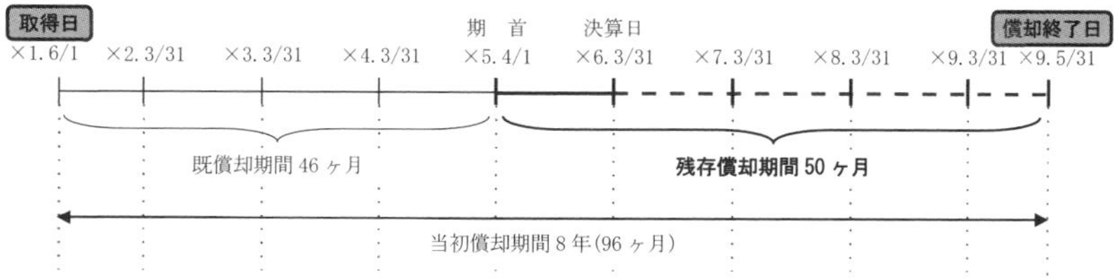

5．未払利息の計上

（借）支払利息	12,500	（貸）未払利息	12,500

問題文・未払利息額12,500円

6．満期保有目的債券の評価

（借）満期保有目的債券	13,800	（貸）有価証券利息	13,800

償却原価法（定額法）によって計算される金額は、毎期同額となるため、過年度の償却額にもとづいて計算する。

（前T/B 帳簿価額2,258,600円－取得原価2,231,000円）÷既償却期間2年＝13,800円（1年分の償却額）

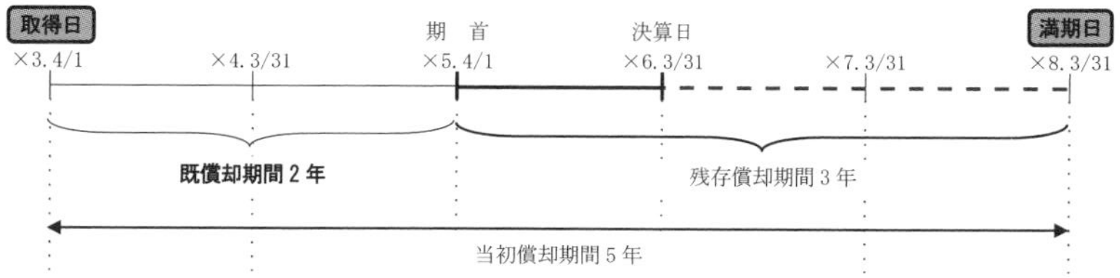

7．法人税、住民税及び事業税の計上

（借）法人税、住民税及び事業税	840,000 *1	（貸）仮払法人税等	450,000 *2
		未払法人税等	390,000 *3

*1 問題文・法人税、住民税及び事業税840,000円

*2 前T/B 仮払法人税等450,000円

*3 貸借差額

8．税効果会計

（借）繰延税金資産	85,050	（貸）法人税等調整額	85,050

一時差異の当期末残高3,674,000円（①）×法定実効税率35%－前T/B 繰延税金資産1,200,850円＝85,050円

① 32,000円（②）＋3,642,000円（③）＝3,674,000円

② 貸倒引当金繰入限度超過額：貸倒引当金の当期末残高（22,000円＋42,000円）×50%＝32,000円

③ 減価償却費償却限度超過額：減価償却累計額の当期末残高（17,100,000円＋900,000円＋210,000円）×20%＝3,642,000円

問2 当期純利益の計算

当期純利益は収益と費用の差で計算する。本問は、収益が費用より大きいため、当期純利益となる。

借方		貸方	
費用勘定合計	**17,789,800円**	**収益勘定合計**	**19,191,850円**
仕入	13,610,000円	売上	19,000,000円
棚卸減耗損	37,000円	受取利息	24,000円
商品評価損	21,000円	有価証券利息	82,800円
給料	1,966,000円	法人税等調整額	85,050円
貸倒引当金繰入	42,000円		
減価償却費	1,110,000円		
特許権償却	78,000円		
手形売却損	6,300円		
支払利息	79,500円		
法人税等	840,000円		
当期純利益	**1,402,050円**		

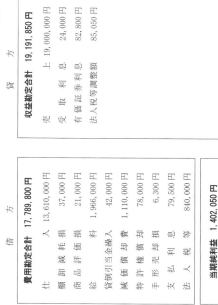

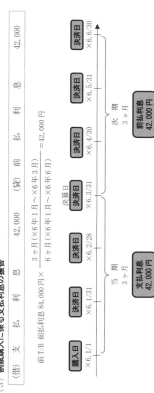

第4問 【解答】 (1) 12点 (2) 16点 計28点

(1) 各4点 計12点

	借方科目名	記号	金額	貸方科目名	記号	金額
1	賃金・給料	オ	3,000	賃率差異	エ	3,000
2	製品	ア	1,217,000	仕掛品	イ	1,217,000
3	仕掛品	イ	800,000	本社	カ	940,000
	製造間接費	ア	140,000			

(2) □ 2点×5箇所 ○ 3点×2箇所 計16点

問1

部門費配賦表 (単位：円)

費目	合計	製造部門		補助部門	
		組立部	仕上部	動力部	工場事務部
部門費	7,818,000	2,760,000	1,678,000	1,620,000	1,760,000
動力部		540,000	1,080,000		
工場事務部		1,320,000	440,000		
製造部門費	7,818,000	4,620,000	3,198,000		

問2 1001 への製造間接費予定配賦額 ＝ ○ 354,700 円

1002 への製造間接費予定配賦額 ＝ ○ 306,900 円

問3

組立部 (単位：円)

実際発生額	(385,000)	仕掛品	(382,800)
		予算差異	(1,200)
		操業度差異	(1,000)
	(385,000)		(385,000)

仕上部 (単位：円)

実際発生額	(310,000)	仕掛品	(278,800)
(操業度)差異	(12,300)	(予算)差異	(43,500)
	(322,300)		(322,300)

第4問 【解説】

(1)

1．賃率差異の計上

賃金・給料

当月支払高 300,000	前月未払高 *1 23,000
当月未払高 20,000	予定配賦額 *2 300,000
賃率差異 *3 3,000	

賃率差異

	貸方差異 3,000

仕訳にする

(借) 賃金・給料	3,000	(貸) 賃率差異	3,000 *3

*1 問題文に「未払賃金 23,000 円の再振替仕訳」と記載があるため、賃金・給料勘定の前月未払高と判断する。

*2 予定賃率 1,200 円

× (主体加工時間 180 時間＋段取時間 20 時間＋間接作業時間 40 時間＋手待時間 10 時間) ＝300,000 円

*3 予定配賦額 300,000 円－実際消費高 297,000 円(*4)＝＋3,000 円 (有利差異・貸方差異)

*4 当月支払高 300,000 円＋当月未払高 20,000 円－前月未払高 23,000 円＝297,000 円

2．製品勘定への振替 (個別原価計算)

仕掛品

	#201 エレキ *1 547,000 #390 ベース 670,000

製品

完成品原価 1,217,000	

仕訳にする

(借) 製品	1,217,000	(貸) 仕掛品	1,217,000

*1 問題文に「製造原価合計」と記載があるため、前月着手した際に生じた原価は、含まれていると判断する。

3．経費の計上 (工場会計)

本社

工場	940,000 ／	当座預金	1,000,000
水道光熱費	60,000 ／		

工場

仕掛品	800,000 ／	本社	940,000
製造間接費	140,000		

(借) 仕掛品	800,000 *1	(貸) 本社	940,000 *3
製造間接費	140,000 *2		

*1 外注加工賃は直接経費に該当するため、仕掛品勘定で仕訳する。

*2 水道光熱費は間接経費に該当するため、工場で生じている分について製造間接費勘定で仕訳する。

*3 問題文に「経費の支払いはすべて本社が行っている」と記載があるため、本社勘定で仕訳する。

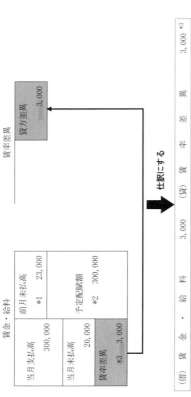

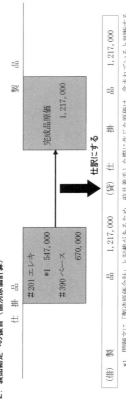

(2)

1．部門費配賦表の作成

（1）**動力部費の配賦**

組 立 部 ： $\dfrac{1,620,000\text{円}}{38\text{時間}+76\text{時間}}\times 38\text{時間} = 540,000\text{円}$

仕 上 部 ： $\dfrac{1,620,000\text{円}}{38\text{時間}+76\text{時間}}\times 76\text{時間} = 1,080,000\text{円}$

（2）**工場事務部費の配賦**

組 立 部 ： $\dfrac{1,760,000\text{円}}{9\text{人}+3\text{人}}\times 9\text{人} = 1,320,000\text{円}$

仕 上 部 ： $\dfrac{1,760,000\text{円}}{9\text{人}+3\text{人}}\times 3\text{人} = 440,000\text{円}$

2．予定配賦額の計算・勘定記入

（1）**予定配賦率の計算**

部門費配賦表　（単位：円）

費 目	合 計	製造部門		補助部門		
		組 立 部	仕 上 部	動 力 部	工場事務部	
部 門 費	7,818,000	2,760,000	1,678,000	1,620,000	1,760,000	
動 力 部		540,000	1,080,000			
工場事務部		1,320,000	440,000			
製造部門費	7,818,000	4,620,000	3,198,000			← ① **年間予算額**
	年間予定直接作業時間	4,200 時間	3,120 時間			← ②
	予定配賦率	1,100 円/時間	1,025 円/時間			← ③

① 部門費配賦表に記入した金額は、年間予算額である。

② 予定配賦率を計算するためには、予算額を配賦基準である年間予定直接作業時間を使用する。

③ 年間予算額を年間予定直接作業時間で割って、予定配賦率を計算する。

（2）**予定配賦額の算定**

① （1）で計算した各製造部門の予定配賦率に、各製造指図書の当月実際直接作業時間を乗じて、予定配賦額を計算する。

② 答案用紙に各製造部門の実際発生額が書かれているので、①で計算した予定配賦額との差額で配賦差異を計算する。

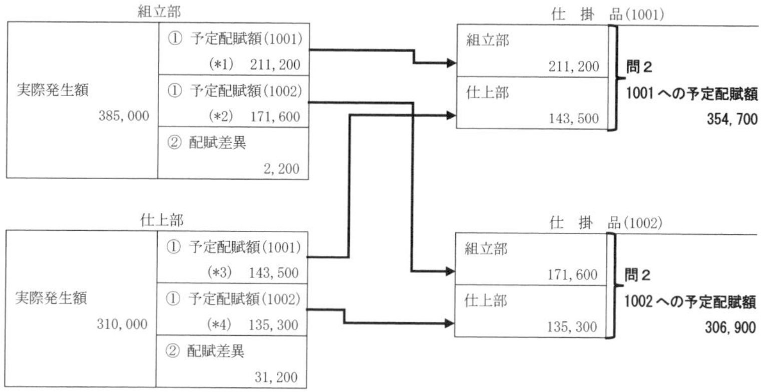

*1 予定配賦率 1,100 円/時間×1001 の当月実際直接作業時間 192 時間 ＝ 211,200 円

*2 予定配賦率 1,100 円/時間×1002 の当月実際直接作業時間 156 時間 ＝ 171,600 円

*3 予定配賦率 1,025 円/時間×1001 の当月実際直接作業時間 140 時間 ＝ 143,500 円

*4 予定配賦率 1,025 円/時間×1002 の当月実際直接作業時間 132 時間 ＝ 135,300 円

（3）**配賦差異の分析**

① 答案用紙には、予算差異と操業度差異が示されているため、（2）で計算した配賦差異を予算差異と操業度差異に分析する。

(1) **製造間接費配賦差異の分析（組立部・変動予算）**

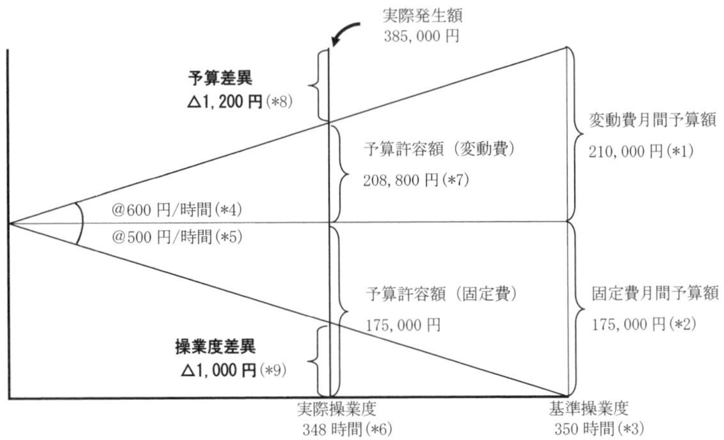

*1 変動費月間予算額：変動費年間予算額 2,520,000 円÷12 ヶ月 ＝ 210,000 円
*2 固定費月間予算額：(年間予算額 4,620,000 円－変動費年間予算額 2,520,000 円)÷12 ヶ月 ＝ 175,000 円
*3 基準操業度：年間の予定直接作業時間 4,200 時間÷12 ヶ月 ＝ 350 時間
*4 予定配賦率(変動費)：変動費月間予算額 210,000 円÷基準操業度 350 時間 ＝ 600 円/時間
*5 予定配賦率(固定費)：固定費月間予算額 175,000 円÷基準操業度 350 時間 ＝ 500 円/時間
*6 実際操業度：1001 の直接作業時間 192 時間＋1002 の直接作業時間 156 時間 ＝ 348 時間
*7 予算許容額(変動費)：予定配賦率(変動費)600 円/時間×実際操業度 348 時間 ＝ 208,800 円
*8 予算差異：(予算許容額(変動費)208,800 円＋予算許容額(固定費)175,000 円)
－実際発生額 385,000 円 ＝ △1,200 円（不利差異・借方差異）
*9 操業度差異：予定配賦率(固定費)500 円/時間
×(実際操業度 348 時間－基準操業度 350 時間) ＝ △1,000 円（不利差異・借方差異）

(2) **製造間接費配賦差異の分析（仕上部・固定予算）**

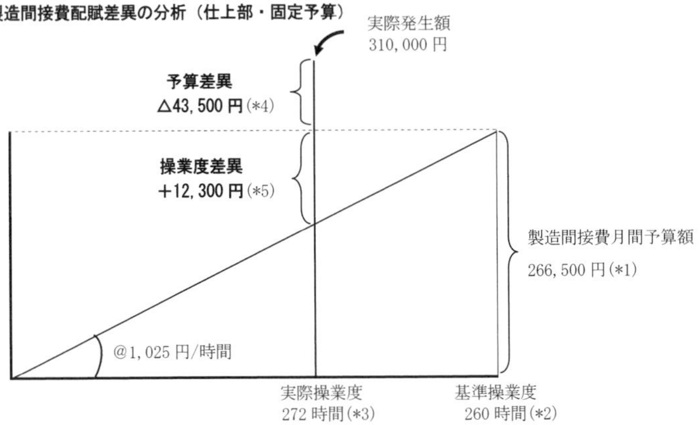

仕上部は製造間接費の予算について変動費と固定費に区別していないため、固定予算と判断する。

*1 製造間接費月間予算額：製造間接費年間予算額 3,198,000 円÷12 ヶ月 ＝ 266,500 円
*2 基準操業度：年間の予定直接作業時間 3,120 時間÷12 ヶ月 ＝ 260 時間
*3 実際操業度：1001 の直接作業時間 140 時間＋1002 の直接作業時間 132 時間 ＝ 272 時間
*4 予算差異：製造間接費月間予算額 266,500 円－実際発生額 310,000 円 ＝ △43,500 円（不利差異・借方差異）
*5 操業度差異：予定配賦率 1,025 円/時間
×（実際操業度 272 時間－基準操業度 260 時間） ＝ ＋12,300 円（有利差異・貸方差異）

第5問 【解答】 ● 完答3点×4箇所 計12点

製造間接費総差異	=	● 988,000	円（ 有利 ・ (不利) 差異）
予算差異	=	● 260,000	円（ (有利) ・ 不利 差異）
能率差異	=	● 468,000	円（ 有利 ・ (不利) 差異）
操業度差異	=	● 780,000	円（ 有利 ・ (不利) 差異）

（注）（ ）内の「有利」または「不利」を○で囲むこと。

第5問 【解説】

1．標準原価カードの作成

本問では製造間接費のみが問われているため、製造間接費のみの標準原価カードを考える。

	標準配賦率		物量標準		原価標準
製造間接費	780円/h	×	4h/個	=	3,120円/個

2．生産データ

仕掛品（直接材料費）

月初 800個	完成品 4,300個
当月投入 （差引）3,900個	月末 400個

仕掛品（加工費）

月初(800個×50%) 400個	完成品 4,300個
当月投入 （差引）4,100個	月末(400個×50%) 200個

3．原価差異の分析（固定予算）

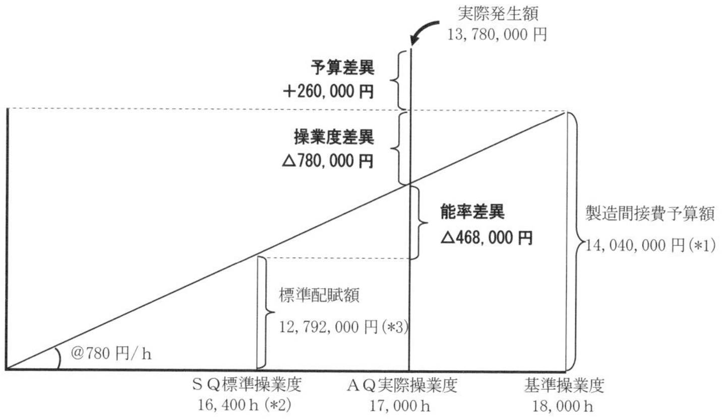

*1 製造間接費予算額：標準配賦率780円/h×基準操業度18,000h＝14,040,000円
*2 標準操業度：物量標準4h/個×当月投入4,100個(加工費)＝16,400h
*3 標準配賦額：標準配賦率780円/h×標準操業度16,400h＝12,792,000円

① **製造間接費総差異**

標準配賦額12,792,000円－実際発生額13,780,000円＝△988,000円(不利差異・借方差異)

② **予算差異**

予算許容額：製造間接費予算額14,040,000円

予算差異：予算許容額14,040,000円－実際発生額13,780,000円＝＋260,000円(有利差異・貸方差異)

③ **能率差異**

標準配賦率@780円/h×(標準操業度16,400h－実際操業度17,000h)＝△468,000円(不利差異・借方差異)

④ **操業度差異**

標準配賦率@780円/h×(実際操業度17,000h－基準操業度18,000h)＝△780,000円(不利差異・借方差異)

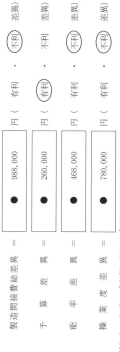

2級 チャレンジ 第3問　解答

I 第1回　○ 勘定科目と金額をセットで正解2点×3箇所　● 2点×7箇所　計20点

貸 借 対 照 表

×8年3月31日　(単位：円)

資産の部		
I 流動資産		
現金預金		(● 1,421,600)
受取手形		(400,000)
売掛金		(1,800,000)
商品		(745,000)
(前払費用)		(○ 18,000)
貸倒引当金		(●△ 22,000)
II 固定資産		
建物	(12,000,000)	
減価償却累計額	(△ 6,234,500)	(● 5,765,500)
備品	(800,000)	
減価償却累計額	(△ 462,500)	(337,500)
土地		(10,200,000)
(商標権)		(○ 54,000)
繰延税金資産		(● 253,000)
資産合計		(20,972,600)
負債の部		
I 流動負債		
支払手形		(360,000)
買掛金		(1,856,000)
商品保証引当金		(● 25,000)
(未払法人税等)		(○ 655,000)
負債合計		(2,896,000)
純資産の部		
I 株主資本		
資本金		(● 10,000,000)
資本準備金		(1,280,000)
利益準備金		(700,000)
繰越利益剰余金		(● 6,096,600)
純資産合計		(18,076,600)
負債・純資産合計		(20,972,600)

I 第2回　○ 勘定科目と金額をセットで正解2点×3箇所　● 2点×7箇所　計20点

損 益 計 算 書

自×3年4月1日　至×4年3月31日　(単位：円)

I 売上高		(● 26,420,000)
II 売上原価		
1 期首商品棚卸高	(856,000)	
2 当期商品仕入高	(17,500,000)	
合計	(18,356,000)	
3 期末商品棚卸高	(820,000)	
差引	(17,536,000)	
4 棚卸減耗損	(● 40,000)	(● 17,576,000)
売上総利益		(8,844,000)
III 販売費及び一般管理費		
1 給料	(5,560,000)	
2 水道光熱費	(660,500)	
3 旅費交通費	(593,600)	
4 保険料	(● 80,000)	
5 貸倒引当金繰入	(● 64,000)	
6 (減価償却費)	(○ 449,400)	(7,407,500)
営業利益		(1,436,500)
IV 営業外収益		
1 (有価証券利息)	(○ 33,000)	
2 受取家賃	(● 480,000)	(513,000)
V 営業外費用		
1 支払利息		(100,000)
経常利益		(1,849,500)
VI 特別利益		
1 (固定資産売却益)		(○ 25,000)
税引前当期純利益		(1,874,500)
法人税、住民税及び事業税		(● 749,800)
当期純利益		(1,124,700)

Ⅰ 第3回 □ 勘定科目と金額のセットが2点×5箇所 金額のみが2点×5箇所 計20点

精　算　表

勘定科目	残高試算表		修正記入		損益計算書		貸借対照表	
	借方	貸方	借方	貸方	借方	貸方	借方	貸方
現金預金	580,100			240,000			340,100	
受取手形	740,000						740,000	
売掛金	2,246,200			11,200			2,235,000	
繰越商品	345,000		280,000	345,000			240,000	
				40,000				
建物	4,320,000		840,000				5,580,000	
			420,000					
備品	1,200,000						1,200,000	
土地	3,800,000						3,800,000	
建設仮勘定	600,000			600,000				
支払手形		595,000						595,000
買掛金		429,000						429,000
貸倒引当金		18,500		67,400				85,900
修繕引当金		400,000	240,000	400,000				400,000
			160,000					
退職給付引当金		1,360,000		260,000				1,620,000
建物減価償却累計額		576,000		172,000				748,000
備品減価償却累計額		300,000		225,000				525,000
資本金		4,000,000						4,000,000
利益準備金		500,000						500,000
繰越利益剰余金		2,097,200						2,097,200
売上		27,630,000				27,630,000		
受取家賃		405,000	135,000			270,000		
仕入	16,842,000		345,000	280,000	16,907,000			
給料	6,927,400				6,927,400			
修繕費	710,000			660,000	50,000			
	38,310,700	38,310,700						
(為替差損益)			11,200		11,200			
貸倒引当金繰入			67,400		67,400			
棚卸減耗損			11,200		11,200			
商品評価損			28,800		28,800			
減価償却費			397,000		397,000			
(修繕引当金)戻入				160,000		160,000		
(修繕引当金)繰入			400,000		400,000			
退職給付費用			260,000		260,000			
(前受)家賃				135,000				135,000
(未払)法人税等				900,000				900,000
法人税等			900,000		900,000			
当期純(利益)					2,100,000			2,100,000
			4,495,600	4,495,600	28,060,000	28,060,000	14,135,100	14,135,100

Ⅰ 第4回 ○ 勘定科目と金額をセットで正解2点×3箇所 ● 2点×7箇所 計20点

損　益　計　算　書

自×2年4月1日　至×3年3月31日　(単位：円)

Ⅰ 売上高			(30,450,000)
Ⅱ 売上原価			
1 期首商品棚卸高		(980,000)	
2 当期商品仕入高		(17,450,000)	
合計		(18,430,000)	
3 期末商品棚卸高		(1,100,000)	
差引		(17,330,000)	
4 棚卸減耗損	●	(50,000)	
5 (商品評価損)	○	(63,000)	(17,443,000)
売上総利益			(● 13,007,000)
Ⅲ 販売費及び一般管理費			
1 給料		(6,585,000)	
2 広告宣伝費		(678,000)	
3 租税公課		(235,700)	
4 貸倒引当金繰入	●	(135,000)	
5 減価償却費	●	(322,800)	(7,956,500)
営業利益			(5,050,500)
Ⅳ 営業外収益			
1 受取利息	●	(45,000)	
2 受取配当金		(30,000)	
3 (有価証券評価益)	○	(110,000)	
4 有価証券売却益	●	(97,500)	(282,500)
Ⅴ 営業外費用			
1 支払利息	●	(40,000)	
2 支払手数料		(30,000)	(70,000)
税引前当期純利益			(5,263,000)
法人税、住民税及び事業税		(1,646,400)	
(法人税等調整額)	○	(△67,500)	(1,578,900)
当期純利益			(3,684,100)

Ⅰ 第5回 ○ 勘定科目と金額をセットで正解2点×3箇所 ● 2点×7箇所 計20点

貸借対照表

×4年3月31日 (単位：円)

資産の部		負債の部	
Ⅰ 流動資産		Ⅰ 流動負債	
現金預金	(● 1,285,000)	支払手形	(1,006,000)
受取手形	(1,320,000)	買掛金	(1,604,000)
売掛金	(2,030,000)	未払法人税等	(840,000)
貸倒引当金	(△ 67,000)	(未払消費税)	(○ 389,400)
商品	(● 800,000)	リース債務	(● 240,000)
有価証券	(2,030,000)	流動負債合計	(4,079,400)
前払費用	(● 72,000)		
(未収収益)	(○ 30,000)		
流動資産合計	(7,500,000)		
Ⅱ 固定資産		Ⅱ 固定負債	
有形固定資産		(リース債務)	(○ 480,000)
建物	(● 12,000,000)	長期借入金	(2,500,000)
減価償却累計額	(△ 3,620,000)	固定負債合計	(2,980,000)
備品	(2,400,000)	負債合計	(7,059,400)
減価償却累計額	(△ 1,632,000)		
リース資産	(● 1,200,000)		
減価償却累計額	(△ 480,000)		
土地	(2,000,000)		
有形固定資産合計	(11,868,000)	純資産の部	
投資その他の資産		Ⅰ 資本金	(9,000,000)
関係会社株式	(1,680,000)	Ⅱ 利益剰余金	
長期貸付金	(1,500,000)	利益準備金	(250,000)
貸倒引当金	(△ 45,000)	繰越利益剰余金	(● 6,193,600)
投資その他の資産合計	(3,135,000)	利益剰余金合計	(6,443,600)
固定資産合計	(15,003,000)	純資産合計	(15,443,600)
資産合計	(22,503,000)	負債及び純資産合計	(22,503,000)

Ⅱ 第1回 ○ 勘定科目と金額をセットで正解2点×3箇所 ● 2点×7箇所 計20点

損益計算書

自×19年4月1日 至×20年3月31日 (単位：円)

Ⅰ 売上高		(21,654,000)
Ⅱ 売上原価		
1 期首商品棚卸高	(1,188,000)	
2 当期商品仕入高	(13,014,000)	
合計	(14,202,000)	
3 期末商品棚卸高	(● 1,350,000)	
差引	(12,852,000)	
4 (棚卸減耗損)	(○ 30,000)	
5 商品評価損	(105,000)	(● 12,987,000)
売上総利益		(8,667,000)
Ⅲ 販売費及び一般管理費		
1 給料	(4,033,000)	
2 広告宣伝費	(406,700)	
3 保険料	(253,000)	
4 通信費	(240,000)	
5 旅費交通費	(340,000)	
6 (貸倒損失)	(○ 115,000)	
7 貸倒引当金繰入	(● 1,500)	
8 減価償却費	(● 428,000)	
9 のれん償却	(● 48,000)	
10 賞与引当金繰入	(● 330,000)	(6,195,200)
営業利益		(2,471,800)
Ⅳ 営業外収益		
1 受取地代		(408,000)
Ⅴ 営業外費用		
1 支払利息		(24,800)
経常利益		(2,855,000)
Ⅵ 特別損失		
1 (固定資産除却損)		(○ 340,000)
税引前当期純利益		(2,515,000)
法人税、住民税及び事業税		(840,000)
当期純利益		(● 1,675,000)

Ⅱ第2回 ○ 勘定科目と金額をセットで正解2点×3箇所 ● 2点×7箇所 計20点

貸借対照表

×6年3月31日 (単位：円)

資産の部		負債の部	
Ⅰ 流動資産		Ⅰ 流動負債	
現金預金	(● 1,099,800)	支払手形	(876,000)
受取手形	(770,000)	買掛金	(● 722,000)
貸倒引当金	(△ 38,500)	(契約負債)	(○ 280,000)
売掛金	(490,000)	賞与引当金	(40,000)
貸倒引当金	(△ 24,500)	未払法人税等	(● 650,000)
クレジット売掛金	(300,000)	流動負債合計	(2,568,000)
貸倒引当金	(△ 6,000)		
商品	(● 320,000)		
(有価証券)	(○ 715,000)	Ⅱ 固定負債	
前払費用	(● 24,000)	(退職給付引当金)	(○ 324,000)
流動資産合計	(3,649,800)	固定負債合計	(324,000)
Ⅱ 固定資産		負債合計	(2,892,000)
有形固定資産			
建物	(3,720,000)		
減価償却累計額	(△ 856,000)	純資産の部	
備品	(1,000,000)	Ⅰ 株主資本	
減価償却累計額	(△ 550,000)	資本金	(5,000,000)
土地	(1,000,000)	繰越利益剰余金	(2,571,800)
有形固定資産合計	(4,314,000)	株主資本合計	(7,571,800)
投資その他の資産			
投資有価証券	(400,000)		
関係会社株式	(● 650,000)		
長期貸付金	(1,500,000)	Ⅱ 評価・換算差額等	
投資その他の資産合計	(2,550,000)	その他有価証券評価差額金	(● 50,000)
固定資産合計	(6,864,000)	純資産合計	(7,621,800)
資産合計	(10,513,800)	負債及び純資産合計	(10,513,800)

Ⅱ第3回 ○ 勘定科目と金額をセットで正解2点×3箇所 ● 2点×7箇所 計20点

損益計算書

自×8年4月1日 至×9年3月31日 (単位：円)

Ⅰ 売上高		(● 21,509,000)
Ⅱ 売上原価		
1 期首商品棚卸高	(1,380,000)	
2 当期商品仕入高	(13,750,000)	
合計	(15,130,000)	
3 期末商品棚卸高	(1,250,000)	
差引	(13,880,000)	
4 棚卸減耗損	(● 20,000)	
5 商品評価損	(● 48,600)	(13,948,600)
売上総利益		(7,560,400)
Ⅲ 販売費及び一般管理費		
1 給料	(2,706,400)	
2 水道光熱費	(590,500)	
3 通信費	(335,500)	
4 租税公課	(273,000)	
5 貸倒引当金繰入	(● 19,000)	
6 減価償却費	(● 675,000)	
7 (ソフトウェア償却)	(○ 144,000)	(4,743,400)
営業利益		(2,817,000)
Ⅳ 営業外収益		
1 (有価証券利息)	(12,000)	
2 (受取配当金)	(○ 32,000)	
3 有価証券売却益	(74,000)	(118,000)
Ⅴ 営業外費用		
1 支払利息	(105,000)	
2 (雑損)	(○ 41,000)	(146,000)
経常利益		(2,789,000)
Ⅵ 特別損失		
1 火災損失		(● 1,500,000)
税引前当期純利益		(1,289,000)
法人税、住民税及び事業税	(390,000)	
法人税等調整額	(● △3,300)	(386,700)
当期純利益		(902,300)

(注) 勘定科目がすべて空欄の箇所は順不同とする。

Ⅱ第4回 ○ 勘定科目と金額をセットで正解2点×3箇所 ● 2点×7箇所 計20点

貸借対照表
×9年3月31日
(単位：円)

資産の部			
Ⅰ 流動資産			
現金預金			(498,000)
受取手形			(3,200,000)
売掛金			(2,300,000)
商品		●	(597,100)
前払費用		●	(183,500)
(貸倒引当金)		○△	(110,000)
Ⅱ 固定資産			
建物	(7,700,000)		
減価償却累計額	(△ 2,026,300)	●	(5,673,700)
備品	(2,700,000)		
減価償却累計額	(△ 1,588,500)	●	(1,111,500)
車両運搬具	(1,500,000)		
減価償却累計額	(△ 60,000)	●	(1,440,000)
(繰延税金資産)		○	(889,500)
資産合計			(15,783,300)
負債の部			
Ⅰ 流動負債			
支払手形			(1,204,000)
買掛金			(1,797,600)
(未払費用)		○	(18,000)
未払法人税等		●	(660,000)
Ⅱ 固定負債			
長期借入金			(900,000)
退職給付引当金		●	(1,820,000)
負債合計			(6,399,600)
純資産の部			
Ⅰ 株主資本			
資本金			(7,000,000)
利益準備金			(300,000)
繰越利益剰余金			(2,083,700)
純資産合計			(9,383,700)
負債・純資産合計			(15,783,300)

Ⅱ第5回 [ ] 勘定科目と金額のセットが2点×4箇所 金額のみが2点×6箇所 計20点

精算表

勘定科目	残高試算表		修正記入		損益計算書		貸借対照表	
	借方	貸方	借方	貸方	借方	貸方	借方	貸方
現金	58,500						58,500	
当座預金	500,000		493,700	264,000			[729,700]	
受取手形	1,570,000			500,000			1,070,000	
売掛金	2,130,000						2,130,000	
仮払法人税等	450,000			450,000				
繰越商品	1,750,000		1,890,000	1,750,000			[1,832,000]	
				58,000				
前払利息	84,000			42,000			42,000	
建物	27,000,000						27,000,000	
車両運搬具	1,500,000						1,500,000	
特許権	325,000			78,000			247,000	
満期保有目的債券	2,258,600		13,800				[2,272,400]	
繰延税金資産	1,200,850		85,050				1,285,900	
支払手形		925,000						925,000
営業外支払手形		1,056,000	264,000					792,000
買掛金		1,341,500						1,341,500
未払金		370,000						370,000
借入金		1,000,000						1,000,000
貸倒引当金		22,000		42,000				[64,000]
建物減価償却累計額		17,100,000		900,000				18,000,000
資本金		10,000,000						10,000,000
繰越利益剰余金		3,660,450						3,660,450
売上		19,000,000				19,000,000		
受取利息		24,000				24,000		
有価証券利息		69,000		13,800		82,800		
仕入	13,750,000		1,750,000	1,890,000	13,610,000			
給料	1,966,000				1,966,000			
支払利息	25,000		42,000		[79,500]			
			12,500					
	54,567,950	54,567,950						
(手形)売却損			6,300		6,300			
棚卸減耗損			37,000		37,000			
商品評価損			21,000		21,000			
貸倒引当金繰入			42,000		42,000			
車両運搬具減価償却累計額				210,000				210,000
減価償却費			1,110,000		[1,110,000]			
[(特許権)償却]			78,000		[78,000]			
未払利息				12,500				12,500
[未払(法人税等)]				[390,000]				[390,000]
法人税等			840,000		840,000			
[(法人税等調整額)]				[85,050]		[85,050]		
当期純[(利益)]					[1,402,050]			[1,402,050]
			6,685,350	6,685,350	19,191,850	19,191,850	38,167,500	38,167,500

2級 チャレンジ第4問(2) 解答解説

Ⅰ **第1回** 【解答】 ● 4点×2箇所 ○ 2点×4箇所 計16点

工程別総合原価計算表 （単位：円）

	第 1 工 程			第 2 工 程		
	原料費	加工費	合計	前工程費	加工費	合計
月初仕掛品原価	189,000	30,800	219,800	360,000	64,000	424,000
当月製造費用	1,137,000	1,049,200	2,186,200	○1,920,000	1,064,000	2,984,000
合 計	1,326,000	1,080,000	2,406,000	2,280,000	1,128,000	3,408,000
月末仕掛品原価	306,000	180,000	486,000	384,000	84,000	468,000
完成品総合原価	●1,020,000	○ 900,000	1,920,000	○1,896,000	●1,044,000	2,940,000

完成品単位原価	○ 1,050 円

【解説】

1．**第1工程の計算（平均法・両者負担）**

減損は**工程の途中**で発生しているため、**両者負担**となる。

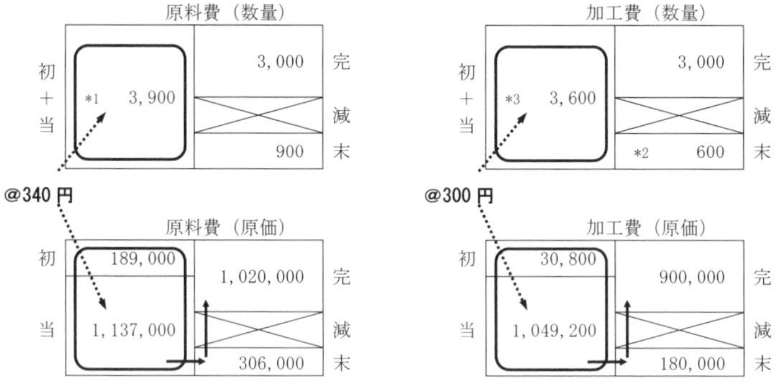

*1 貸方合計で求める

*2 900 kg×加工進捗度 2/3

*3 貸方合計で求める

月末仕掛品原価 ：原料費 306,000円＋加工費 180,000円＝486,000円

完 成 品 原 価 ：原料費 1,020,000円＋加工費 900,000円＝**1,920,000円 → 第2工程へ**

2．**第2工程の計算（先入先出法・完成品負担）**

仕損は**工程の終点**で発生しているため、**完成品負担**となる。

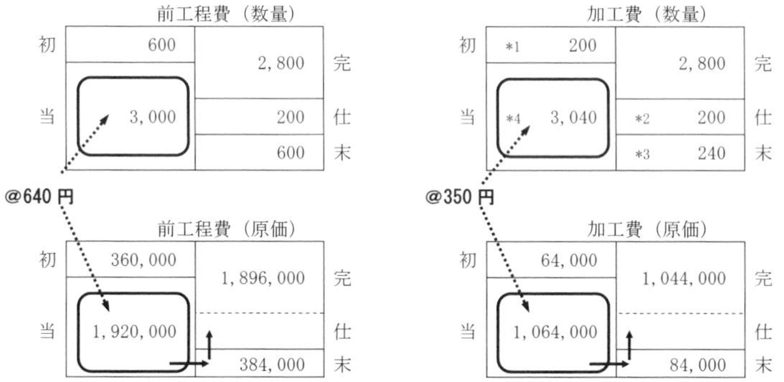

*1 600 kg×加工進捗度 1/3

*2 200 kg×加工進捗度 1

*3 600 kg×加工進捗度 2/5

*4 貸借差額で求める

月末仕掛品原価 ：原料費 384,000円＋加工費 84,000円＝468,000円

完 成 品 原 価 ：原料費 1,896,000円＋加工費 1,044,000円＝2,940,000円

3．**完成品単位原価の計算**

完成品単位原価 ：完成品原価 2,940,000円÷完成品数量 2,800kg＝1,050円/kg

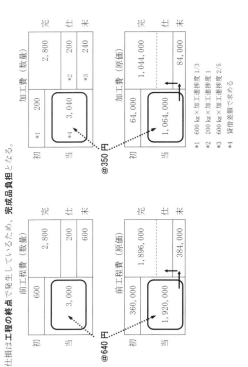

Ⅰ **第2回** 【解答】 ● 2点×8箇所　計16点

仕　掛　品　（単位：円）

月初有高	(240,000)	製品	(5,616,000)
直接材料費	(● 3,840,000)	月末有高	(● 552,000)
加工費	(● 2,616,000)	標準原価差異	(528,000)
標準原価差異	(● －)		
	(6,696,000)		(6,696,000)

（注） 標準原価差異は、借方または貸方のどちらか一方に解答し、不要な解答欄には「－」を記入すること。

損　益　計　算　書　（単位：円）

Ⅰ 売上高		(● 6,000,000)
Ⅱ 売上原価		
当月製品製造原価	(● 5,616,000)	
月末製品棚卸高	(936,000)	
標準売上原価	(4,680,000)	
原価差異	(● ＋528,000)	(5,208,000)
売上総利益		(● 792,000)

（注） 原価差異は、標準売上原価に対してプラスの場合は「＋」、マイナスの場合は「△」を金額の前に付けること。

【解説】

1．生産データ

仕掛品（直接材料費）

月初 40個	完成品 720個
当月投入（差引）760個	月末 80個

仕掛品（加工費）

月初(40個×40%) 16個	完成品 720個
当月投入（差引）760個	月末(80個×70%) 56個

2．仕掛品勘定の作成

（1）**月初有高**

(直接材料費4,800円/個×仕掛品数量40個)＋(加工費3,000円/個×仕掛品数量16個)＝240,000円

（2）**直接材料費（パーシャル・プランのため、当月投入の金額は、実際発生額となる。）**

直接材料費実際発生額3,840,000円

（3）**加工費（パーシャル・プランのため、当月投入の金額は、実際発生額となる。）**

実際発生額が資料から判明しないため、標準配賦額に問題文から判明する借方差異を合計して計算する。

加工費3,000円/個×当月投入760個(加工費)＋借方差異336,000円＝2,616,000円

（4）**製品**

製品1個当たりの原価標準7,800円×当月完成品720個＝5,616,000円

（5）**月末有高**

(直接材料費4,800円/個×仕掛品数量80個)＋(加工費3,000円/個×仕掛品数量56個)＝552,000円

（6）**標準原価差異**

① **直接材料費**：直接材料費4,800円/個×当月投入760個(直接材料費)
－実際発生額3,840,000円＝△192,000円(不利差異・借方差異)

② **加工費**：問題文より△336,000円(不利差異・借方差異)

③ **標準原価差異**：貸借差額または△192,000円＋△336,000円＝△528,000円(不利差異・借方差異)

3．損益計算書の作成

（1）**売上高**

販売単価@10,000円/個×販売数量600個＝6,000,000円

（2）**売上原価**

① **当月製品製造原価**：製品1個当たりの原価標準7,800円×当月完成品720個＝5,616,000円

② **月末製品棚卸高**：製品1個当たりの原価標準7,800円×月末製品120個＝936,000円

③ **原価差異**：528,000円（上記2.「仕掛品勘定の作成」参照）

（3）**売上総利益**

売上高6,000,000円－売上原価5,208,000円＝792,000円

Ⅰ 第3回 【解答】 ● 2点×8箇所 計16点

組別総合原価計算表 (単位：円)

	P製品		Q製品	
	原料費	加工費	原料費	加工費
月初仕掛品原価	(500,000)	341,560	760,000	(412,600)
当月製造費用	(● 1,000,000)	(● 1,231,600)	(● 2,840,000)	(● 4,462,400)
合計	(1,500,000)	(1,573,160)	(3,600,000)	(4,875,000)
月末仕掛品原価	(250,000)	(● 123,160)	(● 1,200,000)	(975,000)
完成品原価	(● 1,250,000)	(1,450,000)	(2,400,000)	(3,900,000)
完成品単位原価	(3,000)		(● 10,500)	

【解説】

1．月初仕掛品原価の計算

P製品・原料費：原料費合計(問題文)1,260,000円－Q製品分(問題文)760,000円 ＝ 500,000円

Q製品・加工費：加工費合計(問題文)754,160円－P製品分(問題文)341,560円 ＝ 412,600円

2．当月製造費用の計算

（1）**原料費**

P製品：@800円×1,250kg ＝ 1,000,000円

Q製品：@800円×3,550kg(※) ＝ 2,840,000円

※ 消費量合計4,800kg－P製品分1,250kg＝3,550kg

（2）**直接労務費**

P製品：@1,350円×440時間(※) ＝ 594,000円

Q製品：@1,350円×1,760時間 ＝ 2,376,000円

※ 直接作業時間合計2,200時間－Q製品分1,760時間＝440時間

（3）**製造間接費**

① **原料費と直接労務費の合計額**

P製品：原料費1,000,000円＋直接労務費594,000円 ＝ 1,594,000円

Q製品：原料費2,840,000円＋直接労務費2,376,000円 ＝ 5,216,000円

② **各製品への配賦**

配賦基準は、問題文の指示より「原料費と直接労務費の合計額」を使用する。

P製品:製造間接費 2,724,000円×(P製品1,594,000円)/(P製品1,594,000円＋Q製品5,216,000円) ＝ 637,600円

Q製品:製造間接費 2,724,000円×(Q製品5,216,000円)/(P製品1,594,000円＋Q製品5,216,000円) ＝ 2,086,400円

３．仕掛品の計算

（１）Ｐ製品（先入先出法・完成品負担）

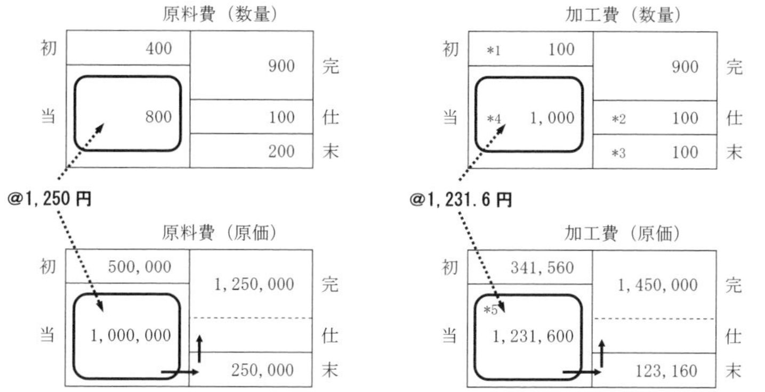

*1　400 個×加工進捗度 0.25
*2　100 個×加工進捗度 1.0
*3　200 個×加工進捗度 0.5
*4　貸借差額で求める
*5　直接労務費 594,000 円＋製造間接費 637,600 円

月末仕掛品原価　：原料費 250,000 円＋加工費 123,160 円＝373,160 円
完 成 品 原 価　：原料費 1,250,000 円＋加工費 1,450,000 円＝2,700,000 円
完成品単位原価　：2,700,000 円÷900 個＝3,000 円/個

（２）Ｑ製品（平均法・両者負担）

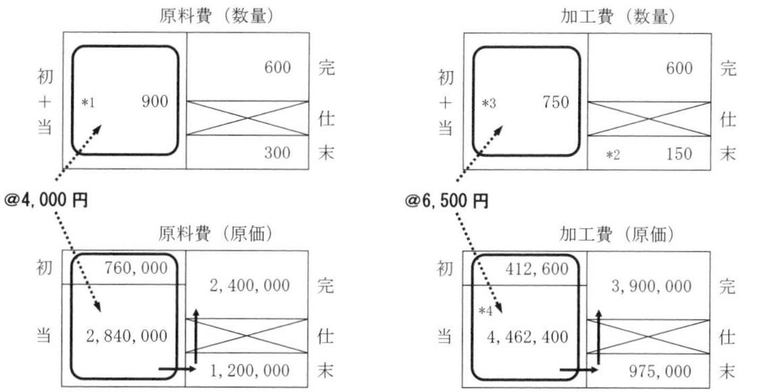

*1　貸方合計で求める
*2　300 個×加工進捗度 0.5
*3　貸方合計で求める
*4　直接労務費 2,376,000 円＋製造間接費 2,086,400 円

月末仕掛品原価　：原料費 1,200,000 円＋加工費 975,000 円＝2,175,000 円
完 成 品 原 価　：原料費 2,400,000 円＋加工費 3,900,000 円＝6,300,000 円
完成品単位原価　：6,300,000 円÷600 個＝10,500 円/個

Ⅰ 第4回 【解答】 ● 2点×8箇所　計16点

（1）	月末仕掛品原価		● 735,000	円
（2）	完成品総合原価		● 6,064,000	円
（3）	製品A：	完成品原価	● 1,760,000	円
		完成品単位原価	● 1,600	円／個
	製品B：	完成品原価	● 2,288,000	円
		完成品単位原価	● 1,760	円／個
	製品C：	完成品原価	● 2,016,000	円
		完成品単位原価	● 960	円／個

【解説】

1．仕掛品の計算

（1）**原価配分方法について**

原価投入額を月末仕掛品と完成品総合原価に按分する方法は、**先入先出法**となる。

問題文に直接の指示はないが、**月初仕掛品原価の材料費と加工費の内訳が不明**なため、**平均法が採用できず、先入先出法で計算するしか方法がない**ためである。

（2）**等級製品すべての月末仕掛品原価・完成品総合原価の計算（先入先出法・両者負担）**

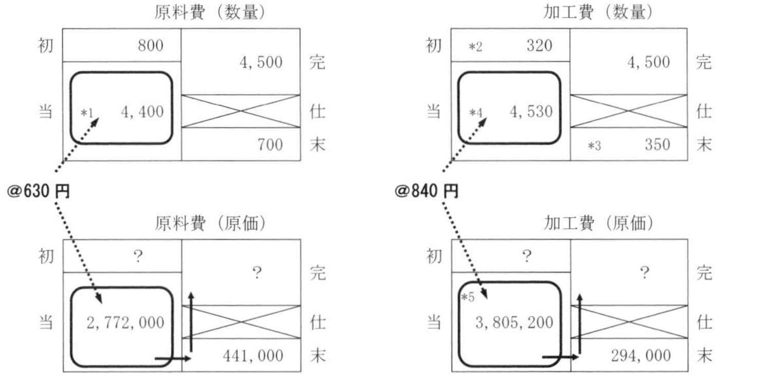

*1　貸借差額で求める

*2　800個×加工進捗度0.4

*3　700個×加工進捗度0.5

*4　貸借差額で求める

*5　400円/時間×当月実際直接作業時間9,513時間

月末仕掛品原価　：原料費441,000円＋加工費294,000円＝**735,000円**

完成品原価　：月初221,800円＋当月製造原価（原料費2,772,000円＋加工費3,805,200円）

－月末735,000円＝**6,064,000円**

2．等級製品ごとの完成品原価および完成品単位原価の計算

（1）**等価係数の算定**

どの製品を基準に算定しても構わないが、この解説では製品Aを基準として算定する。製品Aを基準として算定するためには、製品Aを1として考えるため、すべての製品の重量を製品Aの1,000gで割る必要がある。

製品A：1,000g÷1,000g＝1.0

製品B：1,100g÷1,000g＝1.1

製品C：　600g÷1,000g＝0.6

（2）**各製品の積数の算定**

等級製品	完成量		等価係数		積数
製品A	1,100個	×	1.0	＝	1,100個
製品B	1,300個	×	1.1	＝	1,430個
製品C	2,100個	×	0.6	＝	1,260個
					3,790個

（3）**各等級製品への完成品原価の按分**

製品A：完成品原価6,064,000円×（製品Aの積数1,100個／積数の合計3,790個）＝**1,760,000円**

製品B：完成品原価6,064,000円×（製品Bの積数1,430個／積数の合計3,790個）＝**2,288,000円**

製品C：完成品原価6,064,000円×（製品Cの積数1,260個／積数の合計3,790個）＝**2,016,000円**

（4）**完成品単位原価の計算**

製品A：完成品原価　1,760,000円÷完成品数量　1,100個＝**@1,600円/個**

製品B：完成品原価　2,288,000円÷完成品数量　1,300個＝**@1,760円/個**

製品C：完成品原価　2,016,000円÷完成品数量　2,100個＝**@　960円/個**

※　完成品原価を**積数で割らないように注意が必要である。**

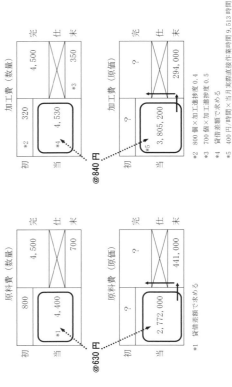

Ⅰ 第5回 【解答】 ● 2点×8箇所 計16点

製造原価報告書 (単位：円)

Ⅰ	直接材料費	(4,214,000)
Ⅱ	直接労務費	(14,960,000)
Ⅲ	製造間接費	(15,150,000)
	合　計	(● 34,324,000)
	標準原価差異	(△4,660,000)
	当月製造費用	(● 29,664,000)
	月初仕掛品有高	(● 606,000)
	合　計	(30,270,000)
	月末仕掛品有高	(870,000)
	当月製品製造原価	(29,400,000)

月次損益計算書 (単位：円)

Ⅰ 売上高		(● 49,440,000)
Ⅱ 売上原価		
月初製品有高	(3,750,000)	
当月製品製造原価	(● 29,400,000)	
合　計	(33,150,000)	
月末製品有高	(● 2,250,000)	
差　引	(30,900,000)	
標準原価差異	(●＋4,660,000)	(35,560,000)
売上総利益		(● 13,880,000)

【解説】

1．標準原価カードの作成

	標準単価		物量標準		原価標準
直接材料費	300円/kg	×	8kg/個	＝	2,400円/個
直接労務費	1,320円/h	×	5h/個	＝	6,600円/個
製造間接費	1,200円/h	×	5h/個	＝	6,000円/個
			製品1個当たりの標準原価		15,000円/個

※ 加工費：直接労務費6,600円/個＋製造間接費6,000円/個＝12,600円/個

2．生産データ

仕掛品(直接材料費)

月初 200個	完成品 1,960個
当月投入 1,860個	月末 100個

仕掛品（加工費）

月初(200個×5%) 10個	完成品 1,960個
当月投入 (差引)2,000個	月末(100個×50%) 50個

製品

月初 250個	売上原価 2,060個
当月完成 1,960個	月末 150個

3．製造原価報告書の作成

（1）**直接材料費**：4,214,000円（問題文［資料］2.より）

（2）**直接労務費**：14,960,000円（問題文［資料］2.より）

（3）**製造間接費**：15,150,000円（問題文［資料］2.より）

（4）**標準原価差異(下記合計)**：△4,660,000円（不利差異・借方差異）

① **直接材料費総差異**：原価標準2,400円/個×当月投入1,860個(直接材料費)
－実際原価4,214,000円＝＋250,000円(有利差異・貸方差異)

② **直接労務費総差異**：原価標準6,600円/個×当月投入2,000個(加工費)
－実際原価14,960,000円＝△1,760,000円(不利差異・借方差異)

③ **製造間接費総差異**：原価標準6,000円/個×当月投入2,000個(加工費)
－実際原価15,150,000円＝△3,150,000円(不利差異・借方差異)

（5）**月初仕掛品有高**：直接材料費2,400円/個×月初200個(直接材料費)
＋加工費12,600円/個×月初10個(加工費)＝606,000円

（6）**月末仕掛品有高**：直接材料費2,400円/個×月末100個(直接材料費)
＋加工費12,600円/個×月末50個(加工費)＝870,000円

4．月次損益計算書の作成

（1）**売上高**：販売単価@24,000円×販売数量2,060個＝49,440,000円

（2）**売上原価**

① **月初製品棚卸高**：製品1個当たり標準原価@15,000円×月初250個＝3,750,000円

② **当月製品製造原価**：製品1個当たり標準原価@15,000円×当月完成1,960個＝29,400,000円

③ **月末製品棚卸高**：製品1個当たり標準原価@15,000円×月末150個＝2,250,000円

④ **標準原価差異（上記3.(4)参照）**：△4,660,000円（不利差異・借方差異）

Ⅱ 第1回 【解答】 ● 2点×8箇所 計16点

問1

	月末仕掛品	完成品
材料A	● 315,000 円	● 967,000 円
材料B	0 円	● 765,000 円
加工費	● 115,200 円	867,100 円

問2

	月末仕掛品	完成品
材料A	322,500 円	● 959,500 円
材料B	● 90,000 円	● 675,000 円
加工費	115,800 円	● 866,500 円

【解説】

1．先入先出法・完成品負担 問1

仕損は**工程の終点**で発生しているため、**完成品負担**となる。

（1）**材料Aと加工費**

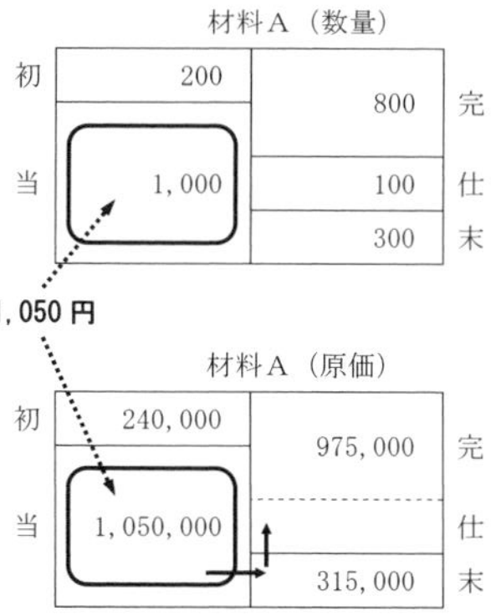

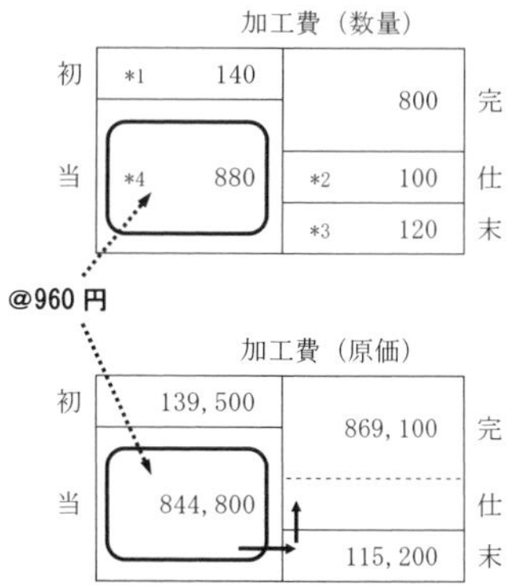

*1 200個×加工進捗度 0.7
*2 100個×加工進捗度 1
*3 300個×加工進捗度 0.4
*4 貸借差額で求める

（2）**材料B** 加工進捗度の60%の時点で投入

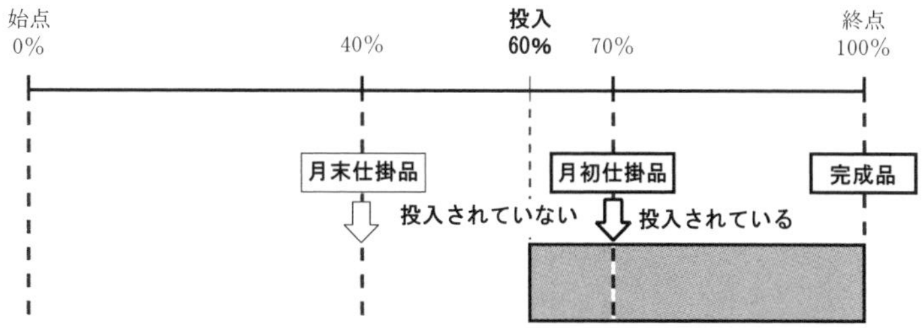

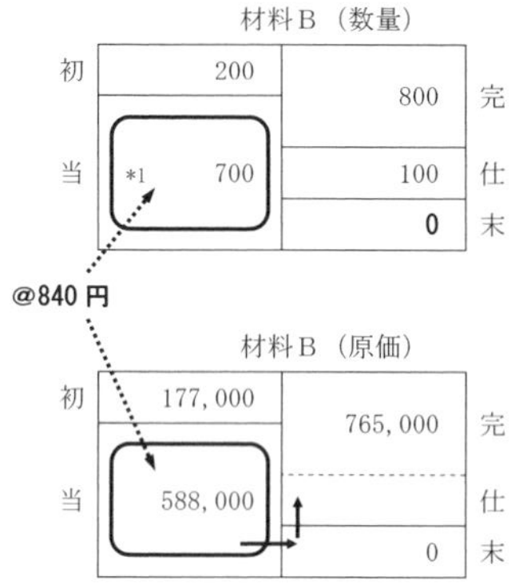

*1 貸借差額で求める

月末仕掛品数量が0個であるため、按分計算は必要なく、月初仕掛品原価と当月投入原価の合計額が完成品原価となる。

・完成品原価 （**仕損品評価額あり**）

材料A：975,000円**ー処分価値@80円×100個** ＝ 967,000円

材料B：765,000円 ＝ 765,000円

加工費：869,100円**ー処分価値@20円×100個** ＝ 867,100円

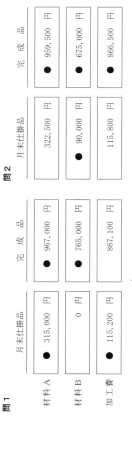

2．平均法・完成品負担 問２

（1）**材料Aと加工費**

仕損は**工程の終点**で発生しているため、**完成品負担**となる。

材料A（数量）

初＋当	*1 1,200	800	完
		100	仕
		300	末

@1,075円

材料A（原価）

初＋当	240,000	967,500	完
	1,050,000		仕
		322,500	末

*1 貸方合計で求める

加工費（数量）

初＋当	*4 1,020	800	完
		*2 100	仕
		*3 120	末

@965円

加工費（原価）

初＋当	139,500	868,500	完
	844,800		仕
		115,800	末

*2 100個×加工進捗度1
*3 300個×加工進捗度0.4
*4 貸方合計で求める

147

（2）**材料B** 工程を通じて平均的に投入

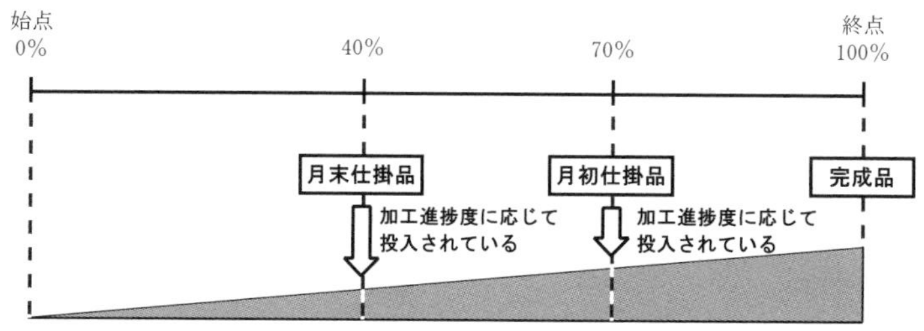

※ 結果的に加工費の数量ＢＯＸと同じになる。

材料B（数量）

初＋当	*3 1,020	800	完
		*1 100	仕
		*2 120	末

@750円

材料B（原価）

初＋当	177,000	675,000	完
	588,000		仕
		90,000	末

*1 100個×加工進捗度1
*2 300個×加工進捗度0.4
*3 貸方合計で求める

・完成品原価（**仕損品評価額あり**）

材料A：967,500円**－処分価値@80円×100個** ＝ 959,500円
材料B：675,000円 ＝ 675,000円
加工費：868,500円**－処分価値@20円×100個** ＝ 866,500円

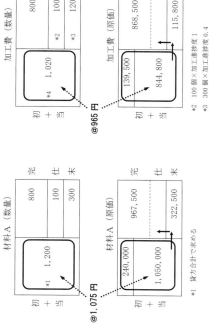

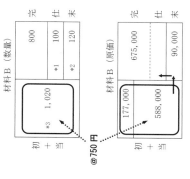

Ⅱ第2回 【解答】 ● 2点×8箇所 計16点

製造原価報告書 (単位：万円)

Ⅰ	直接材料費	(● 5,420)
Ⅱ	直接労務費	(● 1,794)
Ⅲ	製造間接費	(● 3,025)
	合計	(10,239)
	製造間接費配賦差異	(△25)
	当期製造費用	(10,214)
	期首仕掛品有高	(1,560)
	合計	(11,774)
	期末仕掛品有高	(1,640)
	当期製品製造原価	(● 10,134)

損益計算書 (単位：万円)

Ⅰ	売上高		(● 11,800)
Ⅱ	売上原価		
	期首製品有高	(2,100)	
	当期製品製造原価	(10,134)	
	合計	(12,234)	
	期末製品有高	(2,230)	
	差引	(● 10,004)	
	原価差異	(● +25)	(10,029)
	売上総利益		(1,771)
Ⅲ	販売費及び一般管理費		(1,200)
	営業利益		(● 571)

【解説】(図の単位はすべて万円とする)

1．材料費

(1) 勘定の流れ

問題文における以下の材料費に関する資料を使って、材料勘定をイメージする。

[資料]
1．素材：当期仕入高5,400万円　期首有高320万円　期末有高300万円
2．製造用切削油などの燃料：当期仕入高280万円　期首有高11万円　期末有高13万円

材料勘定をイメージし、差引で消費高を計算する。

以下の勘定の流れをイメージする。本問では勘定記入ではなく、製造原価報告書の作成が問われているため、以下の勘定を下書用紙に書く必要はない。頭の中でイメージし、直接答案用紙に記入してしまうとよい。

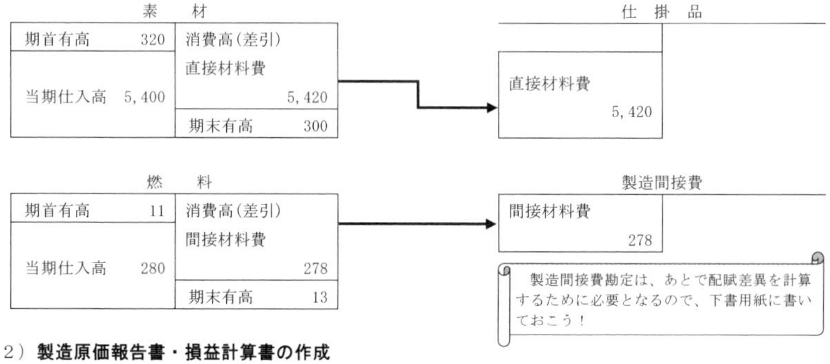

(2) 製造原価報告書・損益計算書の作成

(1)の勘定の流れをイメージし、以下の太字の金額を、直接、答案用紙の製造原価報告書に記入する。その際、以下の資料に関するものは金額を書き写せばよいだけなので、先に答案用紙を埋めておく。

[資料]
9．売上高：11,800万円
10．販売費及び一般管理費：1,200万円
11．仕掛品：期首有高1,560万円　期末有高1,640万円
12．製品：期首有高2,100万円　期末有高2,230万円

製造原価報告書 (単位：万円)

Ⅰ	直接材料費	(**5,420**)
	期首仕掛品有高	(**1,560**)
	合計	(　)
	期末仕掛品有高	(**1,640**)

損益計算書 (単位：万円)

Ⅰ	売上高		(**11,800**)
Ⅱ	売上原価		
	期首製品有高	(**2,100**)	
	当期製品製造原価	(　)	
	合計	(　)	
	期末製品有高	(**2,230**)	
Ⅲ	販売費及び一般管理費		(**1,200**)

2．労務費

（1）勘定の流れ

問題文における以下の労務費に関する資料を使って、賃金・給料勘定をイメージする。

［資料］
3．直接工賃金支払高：支払高 1,788 万円　期首未払高 24 万円　期末未払高 30 万円
4．製造関係の事務職員給料：支払高 1,000 万円　期首未払高 10 万円　期末未払高 8 万円
5．工場清掃工の賃金：支払高 600 万円　期首未払高 15 万円　期末未払高 12 万円

賃金・給料勘定をイメージし、差引で消費高を計算する。
以下の勘定の流れをイメージする。本問では勘定記入ではなく、製造原価報告書の作成が問われているため、以下の勘定を下書用紙に書く必要はない。頭の中でイメージし、直接答案用紙に記入してしまうとよい。

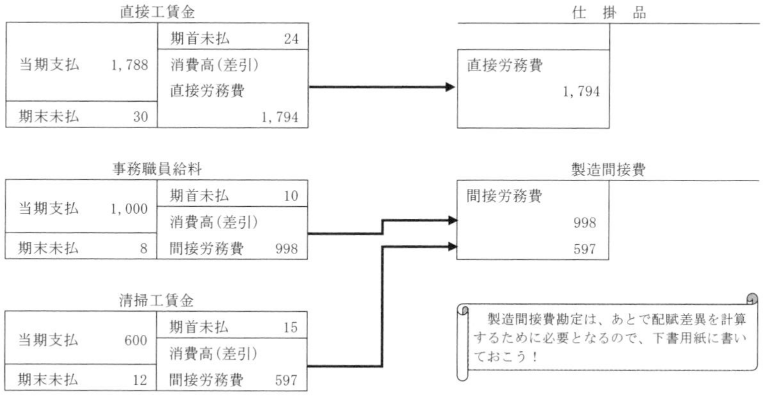

（2）製造原価報告書の作成

（1）の勘定の流れをイメージし、以下の太字の金額を、直接、答案用紙の製造原価報告書に記入する。

製造原価報告書　（単位：万円）
Ⅱ　直　接　労　務　費　（　**1,794**　）

3．経費

（1）勘定の流れ

問題文における以下の経費に関する資料を使って、各経費勘定をイメージする。

［資料］
6．工場電力料・ガス代・水道料：支払高 440 万円　期首前払高 25 万円　期末前払高 33 万円
7．工場減価償却費：720 万円

各経費勘定をイメージし、差引で消費高を計算する。
以下の勘定の流れをイメージする。本問では勘定記入ではなく、製造原価報告書の作成が問われているため、以下の勘定を下書用紙に書く必要はない。頭の中でイメージし、直接答案用紙に記入してしまうとよい。

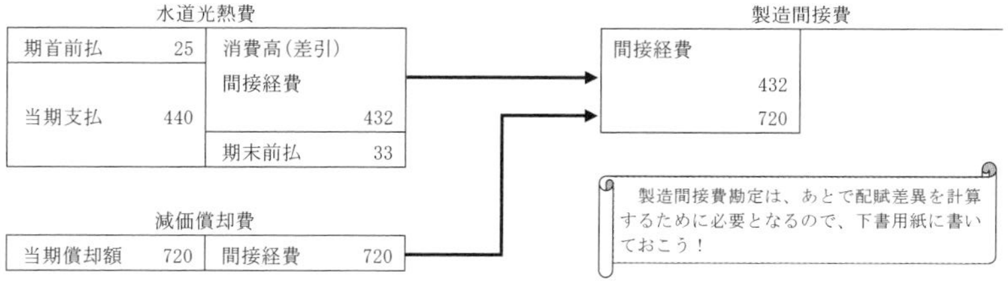

4．製造間接費

（1）勘定の流れ

下書用紙の製造間接費勘定の借方は、上記1．～3．の計算によって記入済みとなっている。以下の資料を使って、仕掛品への予定配賦を行い、製造間接費勘定の貸方を埋めていく。

［資料］
8．製造間接費予定配賦額：3,000 万円

3,000 万円を予定配賦額として計算し、下書用紙の製造間接費勘定に記入する。製造間接費勘定では貸借差額で配賦差異を計算する。

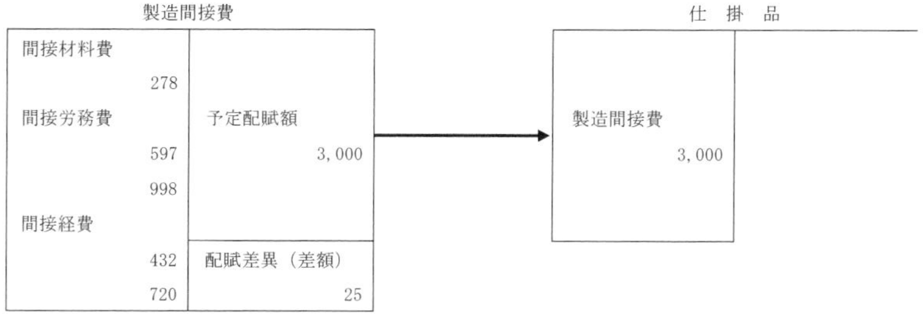

（２）**製造原価報告書の作成**

（１）の勘定の流れをイメージし、以下の太字の金額を、直接、答案用紙の製造原価報告書に記入する。ここで気を付けたいことは、製造間接費配賦差異をプラスするのか、マイナスするのかということである。

製造間接費の欄に書いている金額（以下の①の金額）は実際発生額である。（１）の**製造間接費勘定**で言うならば、**借方の金額**を記入している。

しかし、仕掛品勘定へ配賦する金額は予定配賦額である。したがって、**当期製造費用の欄に書かれる金額（以下の②の金額）**は、仕掛品勘定へ振り替えられる金額であるため、**予定配賦額**にならなければならない。

よって、一度、実際発生額の合計 3,025 万円で計上したものを、**より小さい金額である予定配賦額 3,000 万円に直す**ためには、**配賦差異 25 万円はマイナスしなければならない**。

実際発生額を予定配賦額へ修正する場合、以下のような関係になるため、しっかり理解する必要がある。

不利差異が生じて、より小さくする調整が必要　→　マイナスする
有利差異が生じて、より大きくする調整が必要　→　プラスする

製造原価報告書　（単位：万円）

Ⅰ	直接材料費	（ 5,420 ）	
Ⅱ	直接労務費	（ 1,794 ）	
Ⅲ	製造間接費	（ **3,025** ）	← ① 実際発生額 3,025 万円で記入
	合計	（ **10,239** ）	↓ 配賦差異をマイナスする
	製造間接費配賦差異	（ **△25** ）	
	当期製造費用	（ **10,214** ）	← ② 予定配賦額 3,000 万円で記入

5．**仕掛品・製品**

（１）**勘定の流れ**

仕掛品勘定の借方は、上記１．～４．の計算によって計算済みとなっているため、差額で当月完成高を計算するというイメージをする。本問では下書用紙に仕掛品勘定・製品勘定を書く必要はない。

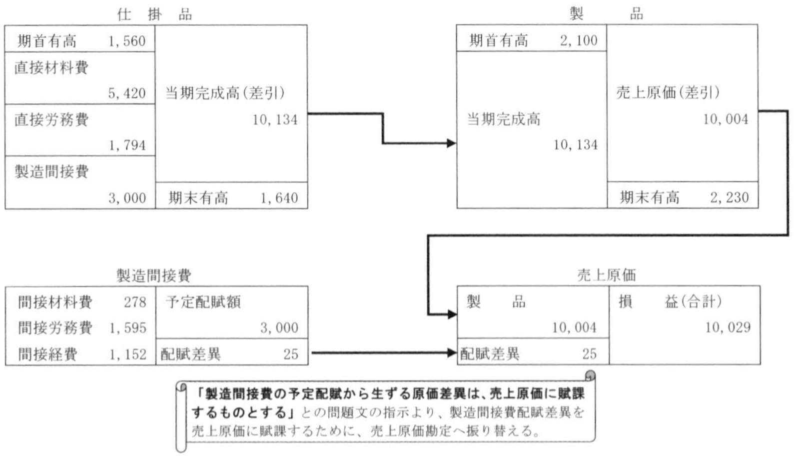

（２）**製造原価報告書の作成**

（１）の仕掛品勘定の流れをイメージし、以下の太字の金額を、直接、答案用紙の製造原価報告書に記入する。当期製造費用に対して期首仕掛品原価を加算する。これは仕掛品勘定の借方を意味するので、借方合計を計算するために合算する。

合計額から期末仕掛品原価を差し引いて、当期製品製造原価（当期完成高）を計算する。（１）の仕掛品勘定をイメージできれば、仕掛品勘定の借方合計額から、期末仕掛品原価を差し引くことで、当期完成高が計算できることがわかると思う。

製造原価報告書　（単位：万円）

当期製造費用	（ 10,214 ）	① 仕掛品勘定の借方
期首仕掛品有高	（ 1,560 ）	
合計	（ **11,774** ）	
期末仕掛品有高	（ 1,640 ）	② 仕掛品勘定の貸方
当期製品製造原価	（ **10,134** ）	

（３）**損益計算書の作成**

（１）の製品勘定の流れをイメージし、以下の太字の金額を、直接、答案用紙の損益計算書に記入する。ここで気を付けたいことは、原価差異をプラスするのか、マイナスするのかということである。

（１）の勘定の流れでもわかるように、不利な差異が生じた場合には、より費用がかかったのだから、借方差異として売上原価という費用にプラスされる。

以下のような関係になるため、しっかり理解しておく必要がある。

不利差異　→　より費用がかかった　→　費用である売上原価にプラスする
有利差異　→　費用が少なくて済んだ　→　費用である売上原価にマイナスする

損益計算書　（単位：万円）

Ⅰ	売上高		（ 11,800 ）	
Ⅱ	売上原価			
	期首製品有高	（ 2,100 ）		① 製品勘定の借方
	当期製品製造原価	（ **10,134** ）		
	合計	（ **12,234** ）		
	期末製品有高	（ 2,230 ）		② 製品勘定の貸方
	差引	（ **10,004** ）		
	原価差異	（ **+25** ）	（ **10,029** ）	
	売上総利益		（ **1,771** ）	
Ⅲ	販売費及び一般管理費		（ 1,200 ）	
	営業利益		（ **571** ）	

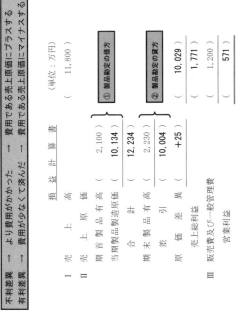

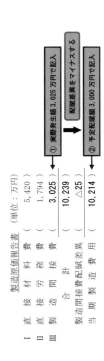

６．勘定連絡図

上記１．～５．で示した勘定の流れをつなげて、全体の勘定連絡図を作成すると以下のようになる。

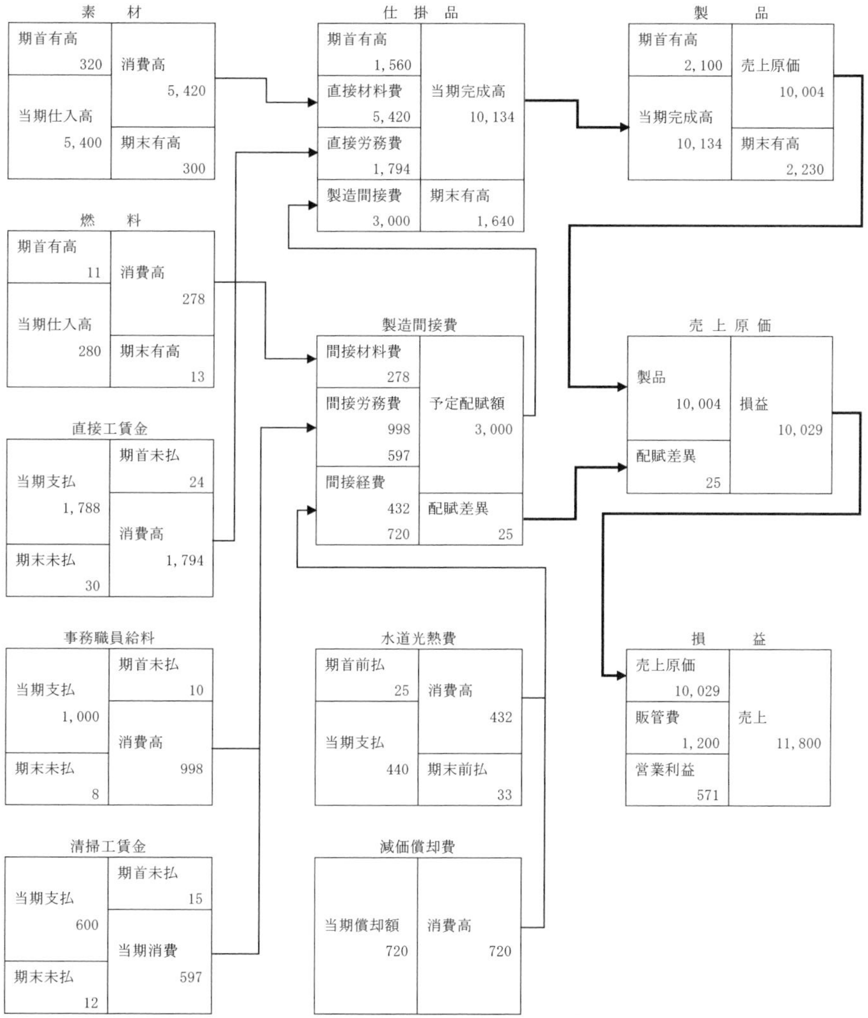

Ⅱ第3回 【解答】 ● 4点×2箇所 ○ 2点×4箇所 計16点

製造間接費－第1製造部 (単位：円)

諸口	552,000	仕掛品	(539,400)
(予算)差異	(○ 6,000)	(操業度)差異	(○ 18,600)
	(558,000)		(558,000)

製造間接費－第2製造部 (単位：円)

諸口	424,000	仕掛品	(435,200)
(操業度)差異	(○ 27,200)	(予算)差異	(○ 16,000)
	(451,200)		(451,200)

仕掛品 (単位：円)

製造間接費－第1製造部	(● 539,400)		
製造間接費－第2製造部	(● 435,200)		

【解説】

1．月次予算部門別配賦表の作成

（1）**修繕部費の配賦**

第1製造部：$\frac{144{,}000円}{90時間+70時間}$×90時間 ＝ 81,000円

第2製造部：$\frac{144{,}000円}{90時間+70時間}$×70時間 ＝ 63,000円

（2）**倉庫部費の配賦**

第1製造部：$\frac{72{,}000円}{26回+22回}$×26回 ＝ 39,000円

第2製造部：$\frac{72{,}000円}{26回+22回}$×22回 ＝ 33,000円

（3）**月次予算部門別配賦表の記入**

月次予算部門別配賦表 (単位：円)

費目	合計	製造部門		補助部門	
		第1製造部	第2製造部	修繕部	倉庫部
部門費	966,000	438,000	312,000	144,000	72,000
修繕部費		81,000	63,000		
倉庫部費		39,000	33,000		
製造部門費	966,000	558,000	408,000		
月間予定機械稼働時間		÷1,800h	÷1,200h		
予定配賦率		**310円/h**	**340円/h**		

2．勘定記入（単位：円）

（1）**予定配賦額・予算差異・操業度差異の記入**

① 上記1.で計算した各製造部門の予定配賦率に、各製造部門の当月実際機械稼働時間を乗じて、各製造部門の予定配賦額を計算し、各製造部門勘定の貸方、仕掛品勘定の借方に記入する。

② 各製造部門で差異分析を行い、算定した金額を各製造部門勘定の借方に有利差異、貸方に不利差異を記入する(金額は、下記(2)および(3)参照)。

第1製造部

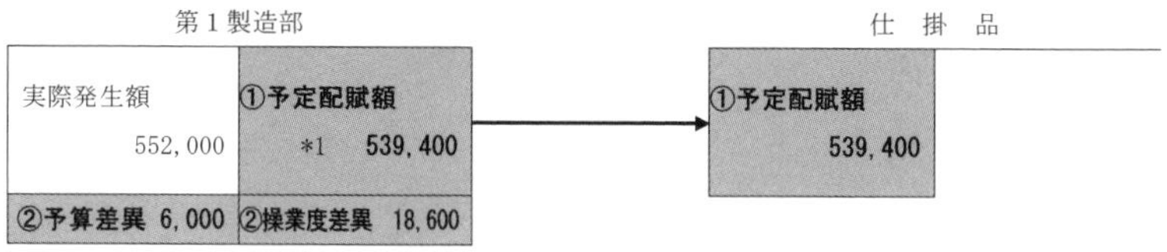

*1 予定配賦率310円/h×当月実際機械稼働時間1,740時間＝539,400円

第2製造部

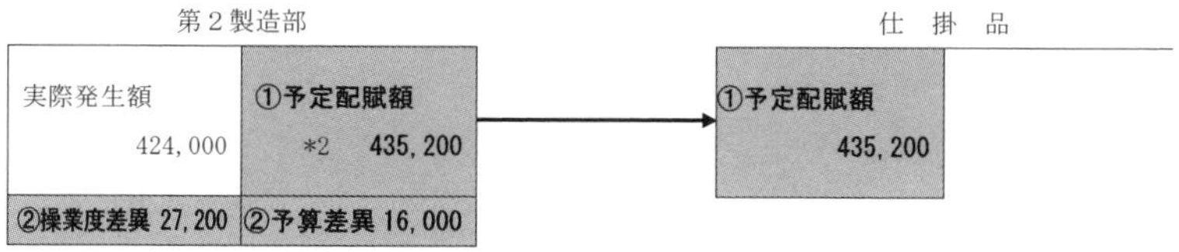

*2 予定配賦率340円/h×当月実際機械稼働時間1,280時間＝435,200円

（2） **第1製造部の差異分析**

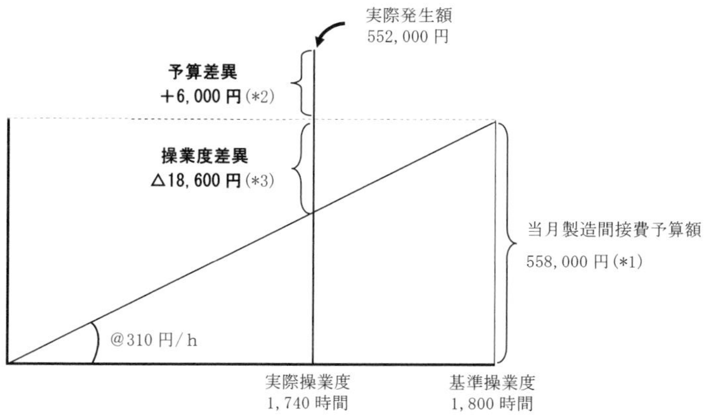

*1　当月製造間接費予算額：月次予算部門別配賦表の補助部門費予算配賦後の製造部門費 558,000円

*2　予算差異：当月製造間接費予算額558,000円－実際発生額552,000円＝＋6,000円（有利差異・貸方差異）

*3　操業度差異：予定配賦率 310円/h
×（実際操業度 1,740時間－基準操業度 1,800時間）＝△18,600円（不利差異・借方差異）

（3） **第2製造部の差異分析**

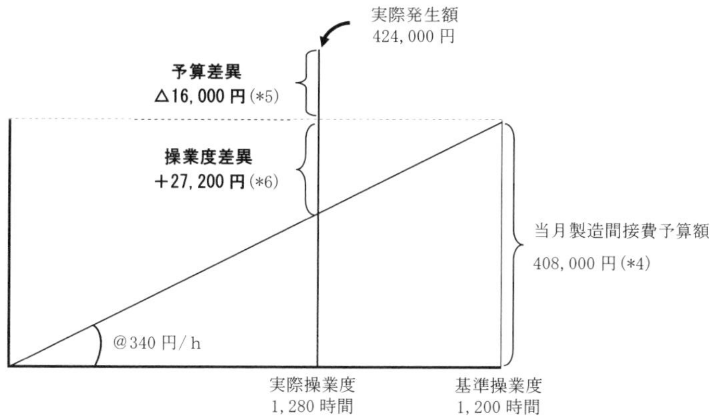

*4　当月製造間接費予算額：月次予算部門別配賦表の補助部門費予算配賦後の製造部門費 408,000円

*5　予算差異：当月製造間接費予算額408,000円－実際発生額424,000円＝△16,000円（不利差異・借方差異）

*6　操業度差異：予定配賦率 340円/h
×（実際操業度 1,280時間－基準操業度 1,200時間）＝＋27,200円（有利差異・貸方差異）

Ⅱ第４回 【解答】 ● 2点×8箇所　計16点

（単位：万円）

材　料（素　材）

期首有高	100	仕 掛 品	（● 3,350）
当期購入高	（3,450）	製造間接費	（5）
		期末有高	（195）
	（3,550）		（3,550）

製 造 間 接 費

間接材料費	（● 450）	仕 掛 品	（● 2,143）
間接労務費	（● 920）	原価差異	（27）
間接経費	（● 800）		
	（2,170）		（2,170）

賃金・給料（直接工）

当座預金	2,500	未払費用	（580）
未払費用	（620）	仕 掛 品	（● 2,200）
賃率差異	（● 34）	製造間接費	（374）
	（3,154）		（3,154）

仕　掛　品

期首有高	187	当期完成高	（● 7,850）
直接材料費	（3,350）	期末有高	250
直接労務費	（2,200）		
直接経費	（220）		
製造間接費	（2,143）		
	（8,100）		（8,100）

【解説】（図の単位はすべて万円とする）

1．素材勘定

問題文における以下の材料費（素材）に関する資料を使って、素材勘定を作成する。

> 1．素材　当期購入代価3,400万円、当期引取費用50万円、期末帳簿棚卸高200万円、期末実地棚卸高195万円。素材は、すべて直接材料として使用された。なお、帳簿棚卸高と実地棚卸高との差額は正常な差額である。

以下の塗りつぶしてある太字の金額を答案用紙に記入する。

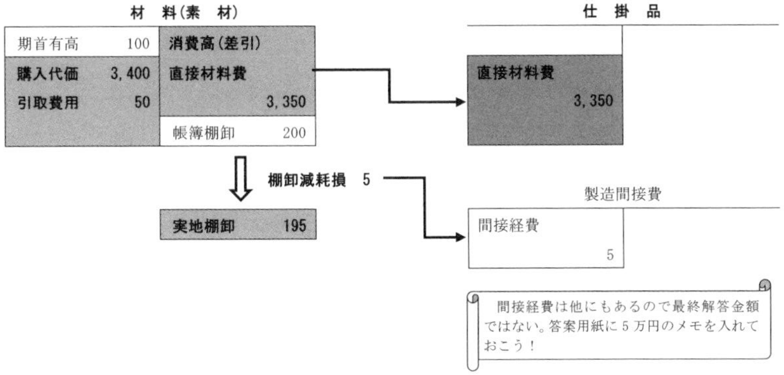

2．賃金・給料勘定

問題文における以下の労務費に関する資料を使って、賃金・給料勘定を作成する。

> 4．直接工賃金　前期未払高580万円、当期賃金・給料支給総額2,500万円、当期直接作業賃金2,200万円、当期間接作業賃金360万円、当期手待賃金14万円、当期未払高620万円。なお、当期の消費賃金および期首、期末の未払高は、予定平均賃率で計算されている。

以下の塗りつぶしてある太字の金額を答案用紙に記入する。

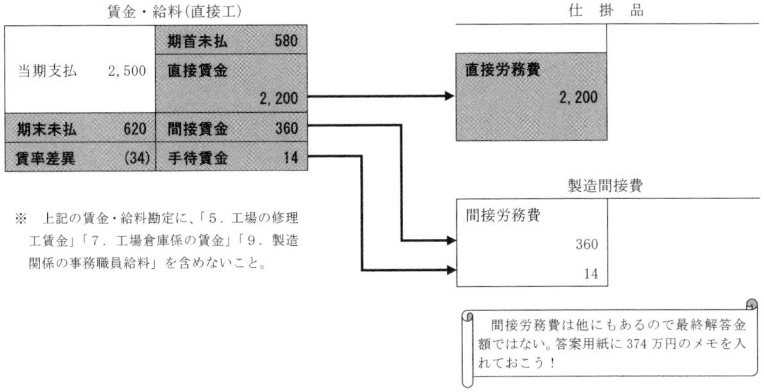

※ 上記の賃金・給料勘定に、「5．工場の修理工賃金」「7．工場倉庫係の賃金」「9．製造関係の事務職員給料」を含めないこと。

3．製造間接費勘定

以下の資料を使って、製造間接費勘定を作成する。どの項目が、間接材料費、間接労務費、間接経費になるのか、分類を正確に行うことに留意すること。

（1）間接材料費

2．工場補修用鋼材　期首有高 15 万円、当期仕入高 180 万円、期末有高 18 万円
6．製造用切削油、機械油など当期消費額 160 万円
10．耐用年数 1 年未満の製造用工具と測定器具 113 万円

以下の塗りつぶしてある太字の金額を答案用紙に記入する。

材　料（補修用鋼材）

期首有高	15	消費高（差引） 間接材料費	177
仕入高	180	期末有高	18

材　料（製造用切削油等）

		間接材料費	160

材　料（消耗工具器具備品費）

		間接材料費	113

製造間接費

間接材料費	**177** **160** **113**	合計 450	

（2）間接労務費

5．工場の修理工賃金　当期要支払額 200 万円
7．工場倉庫係の賃金　当期要支払額 180 万円
9．製造関係の事務職員給料　当期要支払額 166 万円

以下の塗りつぶしてある太字の金額を答案用紙に記入する。

賃　金（修理工）

		間接労務費	200

賃　金（倉庫係）

		間接労務費	180

給　料（事務職）

		間接労務費	166

製造間接費

間接労務費	**374** ← 2．賃金・給料勘定より **200** **180** **166**	合計 920	

（3）間接経費

3．工場固定資産税 10 万円
11．工員用住宅、託児所など福利施設負担額 50 万円
12．工場の運動会費 5 万円
15．工場電力料・ガス代・水道代 120 万円
16．工場減価償却費 610 万円

以下の塗りつぶしてある太字の金額を答案用紙に記入する。

その他経費

固定資産税	10	間接経費	795
福利施設負担額	50		
運動会費	5		
水道光熱費	120		
減価償却費	610		

製造間接費

間接経費	**5** ← 1．素材勘定より **795**	合計 800	

（4）製造間接費配賦差異

8．製造間接費予算差異 8 万円（貸方差異）
13．製造間接費操業度差異 35 万円（借方差異）

以下の塗りつぶしてある太字の金額を答案用紙に記入する。

製造間接費

間接材料費	450	**予定配賦額（差額）**	＊2 **2,143**
間接労務費	920		
間接経費	800	**配賦差異**	＊1 **27**

仕　掛　品

製造間接費	**2,143**		

原　価　差　異

操業度差異	35	予算差異	8

＊1　操業度差異 35 万円－予算差異 8 万円
＊2　貸借差額

4．仕掛品勘定

上記1．～3．と、問題文における以下の直接経費に関する資料を使って、仕掛品勘定を作成する。

14．外注加工賃（材料は無償支給。納入加工品は直ちに消費した。）220 万円

以下の塗りつぶしてある太字の金額を答案用紙に記入する。

仕　掛　品

期首有高	187	**当期完成高（差額）**	**7,850**
直接材料費	3,350		
直接労務費	2,200		
直接経費	**220**		
製造間接費	2,143	期末有高	250

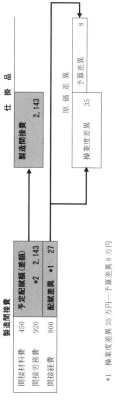

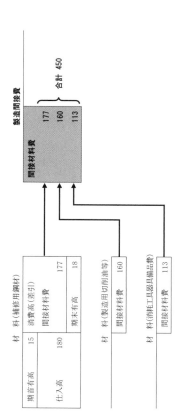

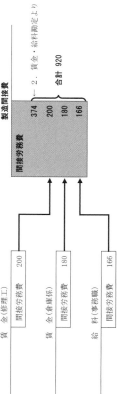

5．**勘定連絡図**

上記1．～4．で示した勘定の流れをつなげて、全体の勘定連絡図を作成すると以下のようになる。

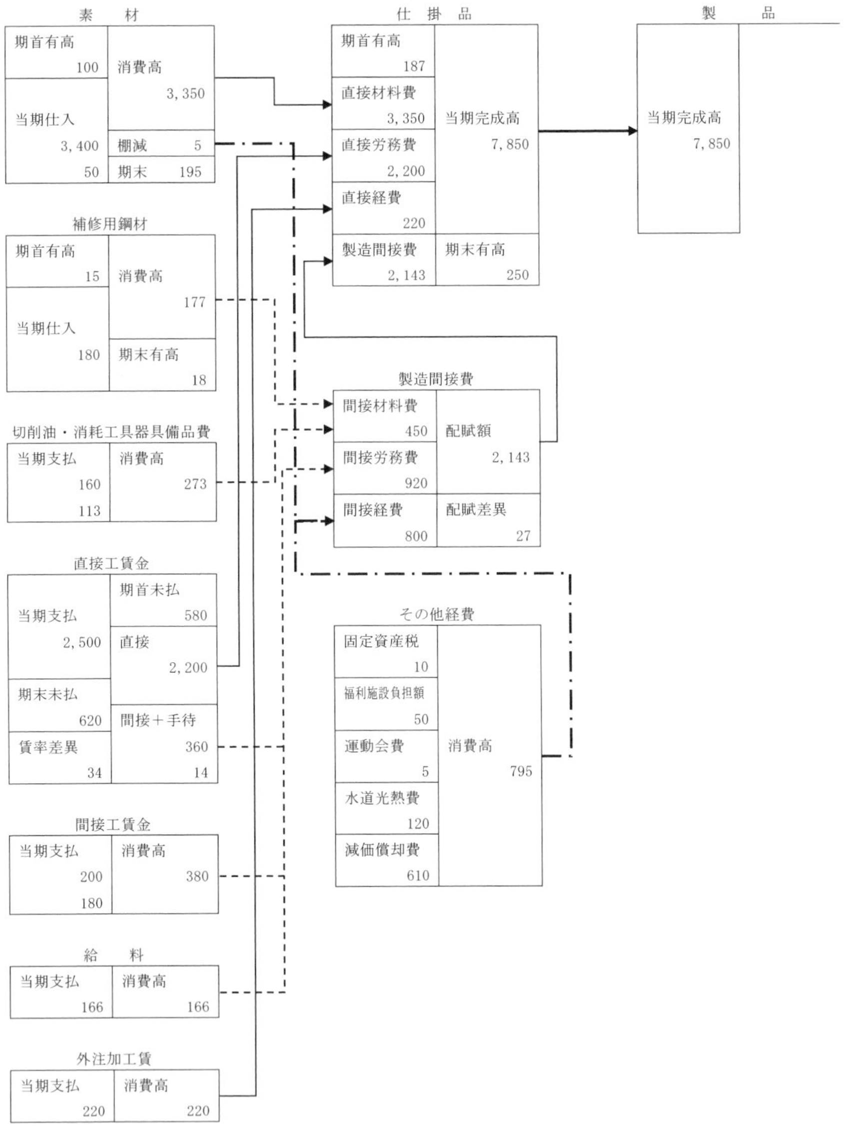

Ⅱ 第5回 【解答】 ● 2点×8箇所　計16点

製造原価報告書　(単位：円)

直接材料費	●	(1,100,000)
直接労務費	●	(510,000)
製造間接費		2,080,000
合　計		(3,690,000)
製造間接費配賦差異		(△40,000)
当月製造費用	●	(3,650,000)
月初仕掛品原価	●	(0)
合　計		(3,650,000)
月末仕掛品原価	●	(1,050,000)
当月製品製造原価		(2,600,000)

月次損益計算書　(単位：円)

売上高		8,500,000
売上原価	●	(3,325,000)
原価差異	●	(+40,000)
計		(3,365,000)
売上総利益		(5,135,000)
販売費及び一般管理費		1,450,000
営業利益	●	(3,685,000)

【解説】

1．原価計算表の作成

（1）**原価計算表の作成**

問題文の直接材料消費量および直接作業時間に対して、各予定単価を乗じることで、直接材料費、直接労務費、製造間接費を計算する。

		直接材料費 @2,000円	直接労務費 @1,500円	製造間接費 @6,000円(*)	合　計
No. 101	8月	400,000	180,000	720,000	1,300,000
No. 102	9月	500,000	240,000	960,000	1,700,000
No. 102-2	9月	100,000	45,000	180,000	325,000
No. 103	9月	200,000	75,000	300,000	575,000
No. 104	9月	300,000	150,000	600,000	1,050,000

＊ 年間製造間接費予算額 36,000,000円÷年間正常直接作業時間 6,000h

（2）**仕損の取扱い**

問題文(1)において、「No.102-2は、仕損品となったNo.102の一部を補修して合格品とするために発行した指図書であり、仕損は正常なものであった。」とある。

No. 102を製造したところ1,700,000円かかったが、その製造の過程でミスが生じて、そのままでは製品として合格できないことがわかった。これを補修して合格品とするために追加でNo. 102-2の325,000円のコストがかかってしまった。

No. 102を合格品とするためには、もともとの1,700,000円と追加の325,000円を**合計した2,025,000円の費用がかかった**といえる。そのため、**No. 102-2の325,000円をNo. 102の金額へ加える**必要がある。

		直接材料費	直接労務費	製造間接費	合　計
No. 101	8月	400,000	180,000	720,000	1,300,000
No. 102	9月	500,000	240,000	960,000	1,700,000
No. 102-2	9月	100,000	45,000	180,000	**325,000**
No. 103	9月	200,000	75,000	300,000	575,000
No. 104	9月	300,000	150,000	600,000	1,050,000

補修にかかった費用を加える
計 2,025,000

2．製造原価報告書・損益計算書の作成

作成した原価計算表をもとに、問題文の製造着手日、完成日、引渡日を参照して製造原価報告書、損益計算書の金額を求める。

各勘定の○番号の順番に求めるとよい。

		直接材料費	直接労務費	製造間接費	合　計	
No. 101	8月	400,000	180,000	720,000	1,300,000	← **① 月初製品**
No. 102	**9月**	**500,000**	**240,000**	**960,000**	1,700,000	**計 2,025,000**
No. 102-2	**9月**	**100,000**	**45,000**	**180,000**	325,000	
No. 103	**9月**	**200,000**	**75,000**	**300,000**	575,000	
No. 104	**9月**	**300,000**	**150,000**	**600,000**	1,050,000	← **③ 月末仕掛品**
② 9月分合計		**1,100,000**	**510,000**	**2,040,000**	**計 3,650,000**	

製造原価報告書　（単位：円）

直接材料費	（ ②	1,100,000 ）
直接労務費	（ ②	510,000 ）
製造間接費		2,080,000
合　計	（	3,690,000 ）
製造間接費配賦差異	（ ④	△40,000 ）
当月製造費用	（ ②	3,650,000 ）
月初仕掛品原価	（ ①	0 ）
合　計	（	3,650,000 ）
月末仕掛品原価	（ ③	1,050,000 ）
当月製品製造原価	（	2,600,000 ）

月次損益計算書　（単位：円）

売上高		8,500,000
売上原価	（ ⑤	3,325,000 ）
原価差異	（ ④	+40,000 ）
計	（	3,365,000 ）
売上総利益	（	5,135,000 ）
販売費及び一般管理費		1,450,000
営業利益	（	3,685,000 ）

① **月初製品・仕掛品の算定**

月初製品は、**月初（9/1）に完成している**ものが該当する。No.101が、8月に着手、8月に完成しているため、No.101の製造原価が月初製品となる。

月初仕掛品は、**月初（9/1）の時点で製造は着手しているが、完成していないもの**が該当する。この条件に該当する製造指図書はないため、月初仕掛品はゼロとなる。

② **当月製造費用の算定**

直接材料費・直接労務費・製造間接費の、**当月（9月）に発生した製造原価**が該当する。

なお、月初製品となるNo.101の原価まで集計しないように気を付けること。

③ **月末仕掛品の算定**

月末仕掛品は、**月末（9/30）の時点で製造は着手しているが、完成していないもの**が該当する。No.104が、9月に着手、9/30仕掛中であるため、No.104の製造原価が月末仕掛品となる。

④ **製造間接費配賦差異の算定**

②より製造間接費の予定配賦額は2,040,000円とわかる。しかし、答案用紙の製造間接費の欄には2,080,000円が記入されており、これは実際発生額を意味する。

したがって、予定配賦額2,040,000円－実際発生額2,080,000円＝**△40,000円の不利差異・借方差異**が発生していることがわかる。

問題文に「製造間接費配賦差異は合計に対して、原価差異は売上原価に対して加算する場合は「＋」、減算する場合は「△」を金額の前に付して解答すること。」と記載があるため、製造原価報告書の製造間接費配賦差異は「△」、月次損益計算書の原価差異は「＋」を付して解答することになる。

⑤ **売上原価の算定**

売上原価は当月(9月)に販売した原価であるから、当月(9月)に販売したNo.101(1,300,000円)、No.102(2,025,000円)を集計して求める。

2級 第2問・第3問 追加問題　解答

第1回 【解答】　完答2点×6箇所　仕訳各2点×4箇所　計20点

問1

銀行勘定調整表

×3年3月31日

企業残高		(667,400)	銀行残高		(656,400)
(加算)	[③]	(46,000)	(加算)	[④]	(89,000)
(減算)	[②]	(32,000)	(減算)	[①]	(64,000)
修正残高		(681,400)	修正残高		(681,400)

問2

東京商店の修正仕訳

	借方科目名	記号	金額	貸方科目名	記号	金額
①	仕訳なし	コ				
②	現金	ア	32,000	当座預金	イ	32,000
③	当座預金	イ	46,000	電子記録債権	ウ	46,000
④	仕訳なし	コ				

問3

貸借対照表に計上される現金の金額	¥ 309,000
貸借対照表に計上される当座預金の金額	¥ 681,400
損益計算書に計上される(雑益・(雑損))の金額	¥ 1,400

※　雑益または雑損のいずれかを○で囲むこと。

第2回 【解答】　完答2点×8箇所　仕訳各2点×2箇所　計20点

問1

総勘定元帳　(抜粋)

売掛金

年	月	日	摘要	借方	年	月	日	摘要	貸方
18	4	1	前月繰越	3,400,000	18	4	16	ウ	6,600,000
		10	ケ	6,600,000			21	ケ	1,950,000
		20	ケ	11,700,000			25	エ	1,600,000
							30	イ	11,550,000
				21,700,000					21,700,000

仕入

年	月	日	摘要	借方	年	月	日	摘要	貸方
18	4	5	ソ	2,900,000	18	4	6	ク	540,000
		6	ク	640,000			30	キ	3,683,000
		14	ソ	3,890,000			〃	セ	8,512,000
		30	キ	5,000,000					
		〃	シ	305,000					
				12,735,000					12,735,000

問2

① 当月の売上高 ¥ 16,350,000

② 当月の売上総利益 ¥ 7,838,000

問3

	借方科目名	記号	金額	貸方科目名	記号	金額
4/10	売掛金	イ	6,600,000	売上	オ	6,600,000
	売上原価	キ	3,320,000	商品	ウ	3,320,000
4/30	商品評価損	ケ	305,000	商品	ウ	305,000
	売上原価	キ	305,000	商品評価損	ケ	305,000

第3回 【解答】 各1点×20箇所 計20点

①	②	③	④	⑤
エ	オ	キ	カ	ク

⑥	⑦	⑧	⑨	⑩
ソ	￥ 910,000	￥ 5,000	セ	ニ

⑪	⑫	⑬	⑭	⑮
ス	イ	￥ 97,250	￥ 1,000	タ

⑯	⑰	⑱	⑲	⑳
ツ	ト	フ	ネ	ノ

第4回 【解答】 □ 完答各2点×7箇所 仕訳各2点×3箇所 計20点

問1

総勘定元帳

リース資産

年	月	日	摘要	借方	年	月	日	摘要	貸方
×19	4	1	リース債務	4,000,000	×20	3	31	減価償却費	800,000
							〃	次期繰越	3,200,000
				4,000,000					4,000,000

機械装置

年	月	日	摘要	借方	年	月	日	摘要	貸方
×19	9	1	諸口	12,000,000	×19	9	2	固定資産圧縮損	6,000,000
					×20	3	31	減価償却費	1,400,000
							〃	次期繰越	4,600,000
				12,000,000					12,000,000

減価償却費

年	月	日	摘要	借方	年	月	日	摘要	貸方
×20	3	31	建物	(※) 1,440,000	×20	3	31	損益	3,640,000
		〃	リース資産	(※) 800,000					
		〃	機械装置	(※) 1,400,000					
				3,640,000					3,640,000

(※) 順不同

問2

借方科目名	記号	金額	貸方科目名	記号	金額
繰延税金資産	ア	288,750	法人税等調整額	カ	288,750

問3

	借方科目名	記号	金額	貸方科目名	記号	金額
(1)	固定資産売却益	ア	10,000,000	土地	オ	10,000,000
	非支配株主持分	エ	2,500,000	非支配株主に帰属する当期純利益	ウ	2,500,000
(2)	未払金	カ	14,000,000	未収入金	イ	14,000,000

第5回 【解答】 ● 2点×10箇所　計20点

連結株主資本等変動計算書

自×6年4月1日　至×7年3月31日　(単位：千円)

	株主資本			非支配株主持分
	資本金	資本剰余金	利益剰余金	
当期首残高	(● 1,800)	(150)	(● 498)	(● 600)
新株の発行	(● 200)	(● 200)		
剰余金の配当			(● △300)	
親会社株主に帰属する当期純利益			(● 454)	
株主資本以外の項目の当期変動額(純額)				(● 40)
当期末残高	(2,000)	(350)	(● 652)	(● 640)

第6回 【解答】 ● 2点×10箇所

連結第2年度　連結精算表　(単位：円)

科目	個別財務諸表 P社	個別財務諸表 S社	修正・消去 借方	修正・消去 貸方	連結財務諸表
貸借対照表					連結貸借対照表
現金預金	872,000	746,000			1,618,000
売掛金	900,000	550,000		200,000	1,250,000
貸倒引当金	△ 27,000	△ 11,000			△ 38,000
商品	750,000	575,000		36,000	● 1,289,000
未収収益	3,000	—		3,000	—
貸付金	200,000	—		200,000	—
土地	500,000	250,000		50,000	● 700,000
S社株式	800,000	—		800,000	—
のれん	—	—			—
資産合計	3,998,000	2,110,000	0	1,289,000	4,819,000
買掛金	648,000	317,000	200,000		● 765,000
未払法人税等	350,000	140,000			490,000
未払費用	—	3,000	3,000		—
借入金	—	200,000	200,000		—
資本金	2,000,000	800,000	800,000		2,000,000
資本剰余金	100,000	100,000	100,000		100,000
利益剰余金	900,000	550,000	1,719,000	1,443,000	1,174,000
非支配株主持分	—	—	10,000	300,000	● 290,000
負債・純資産合計	3,998,000	2,110,000	3,032,000	1,743,000	4,819,000
損益計算書					連結損益計算書
売上高	5,500,000	3,600,000	1,300,000		● 7,800,000
売上原価	3,800,000	2,400,000	36,000	1,350,000	4,886,000
販売費及び一般管理費	970,000	785,000			1,755,000
営業外収益	262,000	253,000	43,000		● 472,000
営業外費用	192,000	218,000		3,000	407,000
特別利益	100,000	—			● 100,000
法人税等	350,000	100,000			450,000
当期純利益	550,000	350,000	1,379,000	1,353,000	874,000
非支配株主に帰属する当期純利益			70,000		70,000
親会社株主に帰属する当期純利益			1,449,000	1,353,000	● 804,000
株主資本等変動計算書					連結株主資本等変動計算書
利益剰余金当期首残高	450,000	250,000	270,000	40,000	470,000
剰余金の配当	100,000	50,000		50,000	● 100,000
親会社株主に帰属する当期純利益	550,000	350,000	1,449,000	1,353,000	804,000
利益剰余金当期末残高	900,000	550,000	1,719,000	1,443,000	1,174,000
非支配株主持分当期首残高				230,000	230,000
非支配株主持分当期変動額			10,000	70,000	● 60,000
非支配株主持分当期末残高			10,000	300,000	290,000

第7回 【解答】 ○ 勘定科目と金額をセットで正解2点×3箇所 ● 2点×7箇所 計20点

本支店合併損益計算書
自×13年4月1日 至×14年3月31日 (単位：円)

Ⅰ 売上高		(995,250)
Ⅱ 売上原価		(● 315,225)
売上総利益		(680,025)
Ⅲ 販売費及び一般管理費		
1 給料	(62,800)	
2 広告宣伝費	(● 31,700)	
3 減価償却費	(● 34,160)	
4 貸倒引当金繰入	(● 145)	
5 賞与引当金繰入	(● 27,000)	
6 (のれん償却)	(12,000)	(167,805)
営業利益		(512,220)
Ⅳ 営業外収益		
1 受取家賃	(5,980)	
2 受取利息	(3,200)	
3 (有価証券評価益)	(○ 34,000)	(43,180)
Ⅴ 営業外費用		
1 支払利息		(800)
当期純利益		(554,600)

本支店合併貸借対照表
×14年3月31日 (単位：円)

資産の部		負債の部	
Ⅰ 流動資産		Ⅰ 流動負債	
現金預金	(335,430)	買掛金	(62,000)
売掛金	(● 84,500)	賞与引当金	(27,000)
商品	(● 214,075)	前受収益	(4,000)
有価証券	(77,000)	(未払費用)	(○ 8,800)
前払費用	(1,000)	Ⅱ 固定負債	
(未収収益)	(2,000)	長期借入金	(90,000)
貸倒引当金	(△ 845)	負債合計	(191,800)
Ⅱ 固定資産			
建物	(420,000)		
減価償却累計額	(△ 114,000)	純資産の部	
備品	(100,000)	Ⅰ 株主資本	
減価償却累計額	(△ 69,760)	資本金	(500,000)
(のれん)	(○ 22,000)	繰越利益剰余金	(679,600)
長期貸付金	(300,000)	純資産合計	(1,179,600)
資産合計	(1,371,400)	負債及び純資産合計	(1,371,400)

第8回 【解答】 ○ 勘定科目と金額をセットで正解2点×1箇所 ● 2点×9箇所 計20点

問1 支店勘定の残高 ¥ ● 243,500

問2

① 支店の損益勘定（単位：円）

損 益

日付		摘要	金額	日付		摘要	金額
3	31	仕入	87,600	3	31	売上	270,000
3	31	(本店より仕入)	○ 78,000				
3	31	棚卸減耗損	8,100				
3	31	商品評価損	● 5,700				
3	31	給料	24,100				
3	31	広告宣伝費	● 38,000				
3	31	減価償却費	● 18,000				
3	31	貸倒引当金繰入	150				
3	31	退職給付費用	● 8,000				
3	31	(本店)	2,350				
			270,000				270,000

② 本店の損益勘定（単位：円）

損 益

日付		摘要	金額	日付		摘要	金額
3	31	仕入	● 689,400	3	31	売上	995,100
3	31	棚卸減耗損	23,200	3	31	支店へ売上	78,000
3	31	商品評価損	9,900	3	31	受取利息	2,400
3	31	給料	● 87,700	3	31	有価証券利息	● 8,400
3	31	広告宣伝費	43,790	3	31	(支店)	2,350
3	31	減価償却費	32,000				
3	31	貸倒引当金繰入	260				
3	31	退職給付費用	40,000				
3	31	支払利息	4,600				
3	31	法人税、住民税及び事業税	● 46,620				
3	31	(繰越利益剰余金)	108,780				
			1,086,250				1,086,250

第9回 【解答】 ○ 勘定科目と金額をセットで正解2点×4箇所 ● 2点×6箇所 計20点

損益計算書

自×8年4月1日 至×9年3月31日 (単位：千円)

Ⅰ	売上高		(2,045,000)
Ⅱ	売上原価		(● 1,420,300)
	売上総利益		(624,700)
Ⅲ	販売費及び一般管理費		
1	販売費	(339,750)	
2	減価償却費	(● 12,000)	
3	(貸倒引当金繰入)	(○ 3,350)	(355,100)
	営業利益		(269,600)
Ⅳ	営業外収益		
1	受取利息・配当金	(● 650)	
2	(有価証券利息)	(○ 80)	(730)
Ⅴ	営業外費用		
1	支払利息		(12,200)
	当期純利益		(258,130)

貸借対照表

×9年3月31日 (単位：千円)

資産の部

Ⅰ	流動資産		
	現金預金		(148,030)
	売掛金	(715,000)	
	貸倒引当金	(△ 7,150)	(707,850)
	製品		(24,700)
	材料		(● 27,000)
	仕掛品		(40,000)
Ⅱ	固定資産		
	建物	(1,500,000)	
	減価償却累計額	(△ ● 630,000)	(870,000)
	機械装置	(576,000)	
	減価償却累計額	(△ 432,000)	(144,000)
	土地		(900,000)
	(投資有価証券)		(○ 4,920)
	関係会社株式		(5,900)
	資産合計		(2,872,400)

負債の部

Ⅰ	流動負債		
	買掛金		(● 525,000)
	(未払費用)		(○ 4,000)
Ⅱ	固定負債		
	長期借入金		(200,000)
	負債合計		(729,000)

純資産の部

Ⅰ	株主資本		
	資本金		(250,000)
	利益準備金		(62,500)
	繰越利益剰余金		(1,830,900)
	純資産合計		(2,143,400)
	負債・純資産合計		(2,872,400)

追加問題の解説について

●追加問題の解説については、東京法令出版のWebページからダウンロードできます。

東京法令出版ホームページ →「とうほう（教育）」→「高等学校副教材」→「ダウンロード」

→「日商簿記 統一試験・団体試験模擬問題集」→「2級 追加問題解説データ（Ver.3.0）」

2級 仕訳コンプリートチェック 解答

商業簿記

	借方科目名	記号	金額	貸方科目名	記号	金額
1	社会保険料預り金	キ	162,000	当座預金	イ	324,000
	法定福利費	カ	162,000			
2	未収入金	ク	3,105,000	普通預金	イ	3,105,000
	保証債務	エ	3,000,000	保証債務見返	カ	3,000,000
3	当座預金	ア	700,000	売買目的有価証券	ウ	792,000
	有価証券売却損	カ	92,000			
4	子会社株式	ウ	1,098,000	当座預金	キ	984,000
				その他有価証券	ク	114,000
5	普通預金	ウ	26,000,000	子会社株式	カ	25,000,000
	関連会社株式	オ	7,000,000	子会社株式売却益	エ	8,000,000
6	未収配当金	キ	300,000	受取配当金	イ	300,000
7	その他有価証券	イ	84,000	有価証券利息	エ	24,000
				繰延税金負債	キ	18,000
				その他有価証券評価差額金	ク	42,000
8	建物	カ	500,000	建物減価償却累計額	イ	620,000
	減価償却費	キ	120,000			
9	リース資産	ア	320,000	リース債務	エ	320,000
	リース債務	エ	80,000	普通預金	オ	86,000
	前払利息	ウ	6,000			
10	備品減価償却累計額	カ	2,352,000	備品	ウ	3,000,000
	減価償却費	ア	324,000			
	固定資産除却損	ク	324,000			
11	退職給付引当金	キ	700,000	普通預金	ア	700,000
12	退職給付引当金	キ	550,000	普通預金	ア	700,000
	前払年金費用	ク	150,000			
13	普通預金	ア	31,832	受取配当金	キ	40,000
	仮払法人税等	ク	8,168			

工業簿記

	借方科目名	記号	金額	貸方科目名	記号	金額
1	材料	エ	930,000	買掛金	オ	800,000
				現金	イ	90,000
				内部材料副費	カ	40,000
2	仕掛品	ア	490,000	材料	ウ	584,000
	製造間接費	エ	94,000			
3	仕掛品	イ	1,809,600	材料	ウ	1,960,400
	製造間接費	オ	150,800			
4	仕掛品	ウ	1,656,000	材料	エ	1,761,000
	製造間接費	ア	105,000			
5	材料副費差異	ア	10,000	材料副費	カ	10,000
6	賃金・給料	ウ	900,000	所得税預り金	オ	100,000
				普通預金	イ	800,000
7	仕掛品	ウ	400,000	賃金・給料	オ	500,000
	製造間接費	カ	100,000			
8	製造間接費	イ	1,120,000	賃金・給料	カ	1,120,000
9	仕掛品	ウ	1,155,000	賃金・給料	カ	1,239,000
	製造間接費	エ	84,000			
10	賃金・給料	オ	3,000	賃率差異	エ	3,000
11	仕掛品	カ	823,000	現金	イ	2,121,500
	製造間接費	ウ	1,298,500			
12	仕掛品	ア	2,400,000	製造間接費	オ	2,400,000
13	製造間接費配賦差異	ウ	85,700	製造間接費	オ	85,700
14	製造間接費	ア	107,000	製造間接費配賦差異	オ	107,000
15	予算差異	カ	85,000	製造間接費	オ	285,000
	操業度差異	ウ	200,000			
16	予算差異	エ	9,600	製造間接費	オ	279,600
	操業度差異	ウ	270,000			
17	売上原価	オ	101,000	材料消費価格差異	ア	2,000
				賃率差異	ウ	27,000
				製造間接費	エ	72,000

	借方科目名	記号	金額	貸方科目名	記号	金額
18	仕掛品	ウ	1,184,000	材料	イ	1,216,000
	製造間接費	カ	32,000			
19	仕掛品	イ	240,000	賃金・給料	カ	300,000
	製造間接費	オ	60,000			
20	製品	ア	1,217,000	仕掛品	イ	1,217,000
21	仕掛品	イ	4,248,000	製造間接費	カ	4,248,000
22	仕掛品	イ	3,456,000	材料	ウ	3,456,000
23	仕掛品	イ	2,200,000	賃金・給料	オ	2,200,000
24	仕掛品	イ	1,625,000	製造間接費	カ	1,625,000
25	製品	ア	7,920,000	仕掛品	イ	7,920,000
26	工場	ア	273,000	買掛金	カ	273,000
27	減価償却費	オ	300,000	減価償却累計額	カ	940,000
	工場	イ	640,000			
28	売掛金	イ	1,000,000	売上	カ	1,000,000
	売上原価	エ	700,000	工場	ア	700,000
29	仕掛品	イ	800,000	本社	カ	940,000
	製造間接費	ア	140,000			
30	本社	カ	3,421,000	仕掛品	オ	3,421,000

仕訳コンプリートチェックの解説について

●仕訳コンプリートチェック（商業簿記）の解説については、東京法令出版のWebページからダウンロードできます。

東京法令出版ホームページ →「とうほう（教育）」→「高等学校副教材」→「ダウンロード」

→「日商簿記 統一試験・団体試験模擬問題集」

→「2級 仕訳コンプリートチェック解説データ（Ver.3.0）」

●仕訳コンプリートチェック（工業簿記）の解説については、該当する全国統一模擬試験の解説ページを適宜ご参照ください。

A2WO